曾國銅器銘文探賾

黃錦前 著

科學出版社
北京

内 容 簡 介

有關曾國的歷史，文獻記載極少，田野考古再現了兩周時期曾國的歷史文化面貌，本書緊扣當前學術研討的前沿，以曾國銅器銘文考釋爲基礎，按銘文考釋、歸屬繫聯、語言文字、歷史地理、名物制度等章節布局謀篇，以基本材料考證爲基礎和依托，層層遞進，逐步深入討論有關問題，對兩周時期曾國的語言文字、歷史文化及制度等方面多有討論，立足基本考古資料，以二重證據法爲指導，創建頗多。對傳世銅器年代與國別的認定、對有關銘文文例的總結歸納及特徵分析、對相關歷史地理及制度考證分析等，所論多有所據，對曾國歷史、考古研究有一定推動和促進作用。

本書可供考古學、歷史學等學科研究者，以及高等院校相關專業師生閱讀、參考。

圖書在版編目（CIP）數據

曾國銅器銘文探賾 / 黃錦前著. —北京：科學出版社，2020.9
ISBN 978-7-03-063517-4

Ⅰ.①曾⋯　Ⅱ.①黃⋯　Ⅲ.①周代銅器–金文–研究–中國
Ⅳ.①K877.34

中國版本圖書館CIP數據核字（2019）第265391號

責任編輯：王光明　蔡鴻博／責任校對：王曉茜
責任印制：肖　興／封面設計：張　放

科学出版社 出版
北京東黃城根北街16號
郵政編碼：100717
http://www.sciencep.com

中国科学院印刷厂 印刷
科學出版社發行　各地新華書店經銷

*

2020年9月第 一 版　開本：787×1092　1/16
2020年9月第一次印刷　印張：21 1/4
字數：500 000

定價：258.00圓
（如有印裝質量問題，我社負責調換）

自　　序

　　因生性愚鈍，手腳和腦殼都很落伍，什麼也趕不上趟兒，遂與潮流格格不入，索性就自絕於人民幣與國之大事，躲進小樓與書成一統，與書鬥，與字鬥，與器鬥，與自己鬥，其累也無窮，唯一的收獲，就是多寫了三五篇。

　　因之前專注於楚系青銅器的關係，新材料又層出不窮，近年我的主攻方向之一遂集中在南土的曾國。因新材料和新問題的刺激，對舊材料和舊問題的反思也隨之持續擴大，遂多寫了三五篇，屈指一數，竟有70餘篇之多。師友曾多次催促，囑我將有關論文匯成專集，以便同行和學界。但我生性疏懶，對出書毫無興趣，祇想就自己關心的材料和問題，一件件地摳，一點點地挖，修補修補，綴結成網，逐步向前推進，沒有時間和精力幹這勞什子的事兒，再說這些覆醬瓿的玩意兒，出則出矣，也不值得再浪費別人和自己的時間與精力。

　　三年前因師友規勸和偶然的機會，曾有一衝動的念頭，要將有關曾國的文集出版，初步選好了文章，寫了前言和後記，但因手續繁瑣，又不願求人擾人，遂棄之。此次因多方面因素影響，遂克服各種顧慮，豁出去了，將近年刊佈的有關論文匯成一集。此番所錄各文多係近年所作，也有十餘年前的舊稿，小書係由此整合而來，總體上無非是我固有的套路：認字、釋器、析文與考史。

　　古人云，文章千古事，得失寸心知。新材料正在整理刊佈，考古發掘仍在繼續。因學力學識之不逮，材料和問題尚未吃透，問題自然會不少。相關未刊小文此次未收，係另有苦衷，暫且祇能拿出這些首尾不相顧的已刊小文聊以湊數，不尷不尬，愧對師友和讀者的厚愛。

　　學術的目的祇是求真，不論對錯與有用否，東西也是寫給自己看的，一笑足矣，接下來要努力戰勝的，是昨天的自我。所以對同行和學界，我的基本原則和態度是，不爭論，不糾纏，走自己的路，讓別人說去吧，但也衷心歡迎師友拍磚批評。

　　學術本來就是自娛自樂，尤其是我們這行當，成天面對故人、死字和冰冷的銅器，與古物較真，與古人較真，與自己較勁，更是無聊至極，不能吃又不能喝，枯燥乏味不足以娛人，是喜之者甚寡，更談不上喜聞樂見，相關專業人員及編輯更是人見人厭，就沒有必要大張旗鼓、大肆吹捧了，也不願叨擾師友，所以乾脆這序也就自己悄悄地作了。

作　者
2019年4月12日

前　言

　　本集是近年我以曾國銅器銘文爲中心對有關問題探索與思考的結集。我對曾國問題的關注始於十年前寫作博士學位論文之時，因眾所周知的曾楚之間非同尋常的關係，以楚系青銅器銘文爲主要研究對象自然也就不能不或多或少地涉及曾國銅器銘文及有關材料，但在相當長一段時間內，充其量也祇能說是關注，做些初步的資料積累和整理的粗活兒，而未作精細和深入的研究，即便是在2011年湖北隨州葉家山曾侯家族墓地的發掘掀起了新一輪關於"曾國之謎"討論的熱潮之後，雖然我曾就葉家山墓地所出荊子鼎寫過幾篇初探性小文，但並未及時將時間和精力轉移到這方面的研究上來。

　　自葉家山墓地發掘後，2012年隨州文峰塔墓地、2013年葉家山墓地二期發掘、2013年隨州廟臺子遺址、2014年棗陽郭家廟墓地及2016年京山蘇家壟墓地等有關曾國考古發掘工作陸續展開，各種琳瑯滿目、激動人心的重要發現接踵而至，令人應接不暇。但自2012年10月至2015年10月，也就是外界曾國考古與研究工作正如火如荼之時，我自己則處於人生低潮和學術枯水期，整整三年時間，不能安心讀書、思考和寫作，基本沒有什麼像樣的收穫，雖然斷斷續續對一些問題有所思考，但多半途而廢，有的甚至剛開了個頭卻又立刻煞了尾，而僅有《隨州新出隨大司馬嘉有戈小議》《曾侯與編鐘銘文讀釋》《試說葉家山M28所出觚形器》等幾篇小文艱難地存活了下來。

　　2015年10月以後，狀況有所改變，在消沉了幾年之後，逐漸又回到讀書、思考與寫作的軌道上來。2016年年初以來，對郭家廟墓地新出材料時斷時續地進行研讀，漸漸地有了一些思考和積累，因而也就陸陸續續有一些相關小文問世，如《棗陽曹門灣M22出土邔君慮鼎及相關問題》《新出兩件曾子鼎繹讀》及《䣙伯貝柟盤釋讀——兼論中甗與士山盤之"方"》等在這一時期寫成。同時也有一些對舊材料的新思考，如《曾大保諸器繫聯》《伯家父䣛簋國別析論——兼談曾子仲宣喪鼎與番君贏匜》等也完成於此時。

　　2016年5月，因葉家山一些銅器銘文如"西宮"等材料公佈，又重新燃起了過去我對一些問題探索未盡的慾望，《由葉家山M107所出"西宮"銘文談曾國的族源問題》《曾國始封的新證據——重讀太保玉戈銘》《"宮伯""西宮"考——兼談召公諸子銅器》《公仲考論》《西周金文中的"西宫""東宫""南宫"及相關問題》《葉家山M107所出濮監簋及相關問題》等便在此時寫成。

至2016年9月，《商周青銅器銘文暨圖像集成續編》出版，公佈了一些近年流散到文物市場和私人手裏的曾國青銅器，《曾伯克父諸器析論》《續論曾卿事宣諸器》《讀新刊曾子叔齹諸器》《遣仲白虜鼎及相關銅器的繫聯》等係討論新著錄的流散曾器及有關問題。此後時間和精力又轉至西周青銅器和魯西南等其他時段和地域的研究方面，偶有《鼉壺蓋的年代與國別》《曾伯陭鉞銘文新釋》等對舊材料零星思考的小文。

2017年4月，因偶然在網絡上看到京山蘇家壠墓地考古發掘的有關報道，促使我將過去久存腦中而未寫出的有關曾伯霥的一些思考寫出來。在連續寫了《曾伯霥簠爲姬姓曾器申論》《敬事天王鐘與侯古堆M1所出編鐘、編鎛爲曾器說》《復議上曾太子般殷鼎國別及相關問題》《從棗陽郭家廟墓地的發掘看楚王熊章鐘鎛的"西陽"》《考古發現所見曾國都城的變遷》等幾篇小文後，決定集中時間和精力，對有關曾國的問題作一集中清理，於是自4月中旬至6月中旬，除就新見眞卣、族卣等重要西周青銅器寫了兩篇文字外，基本全身心地投入到對曾國有關問題進行思考與探索，集中寫了20篇左右的文字，或對具體器銘如嬭盤等進行考釋，或對上曾太子鼎及敬事天王鐘等舊材料進行重新解讀，將有關銅器加以繫聯，對年代、地理、職官、人物、名物制度、曾侯世系、曾都及疆域變遷等問題展開討論。《曾國青銅器的最新發現與研究》一文是對近年我就有關問題研習心得的初步總結，從中也可以看出我的關注點與旨趣所在。

回顧這一段不算太長但也不算短的關於曾國研究的歷史，也頗有感觸。現在回過頭來再看較早時候寫成的有關文字，有些頗顯幼稚，甚至可笑，但從另外一個角度講，這也是成長的足跡和印記，大家也都是這麼一步一步走過來的。關於曾國族姓問題，一開始就形成了"姒姓說"和"姬姓說"兩大派別，之所以會有如此激烈的爭論，也是因爲"姬姓說"所提供的證據不夠充分，一切祇是可能，而無死證。我個人傾向於"姒姓說"，因此也被納入反對派的陣營。曾侯與編鐘和犺簋銘文公佈後，爭論嘎然而止，因爲鐵證如山，無須再爭。因每個人所受專業訓練背景和成長環境的不同，其關注點和旨趣自然也就各異，水平也難免有高下。任何人都有自己不懂的地方和知識盲點，都有思考未周全或欠缺之處，因此，可能我們更多的是要看到別人的優點，從別人的成功或失敗中汲取教訓和營養，這也是我們前進的不可或缺的動力之一，每個人都是站在別人的肩膀上進步的，而不祇是負面的東西，更不是嘲諷甚至奚落。在我看來，文章其實是寫給自己看的，而不是爲了爭鳴甚至和誰決一雌雄，思考和探索的目的，也純粹是爲了滿足自己的好奇心和探索的欲望。一般來講，文章的好壞作者自己最清楚，就如同孩子的毛病父母是最瞭解的一樣，所謂"文章千古事，得失寸心知",此之謂也。就我個人而言,更偏好那種小眾的"笑傲江湖"與自娛自樂,因此別人的臧否好惡自然也就沒有那麼重要,甚至根本就沒有任何意義,就像穿衣服是爲了舒適自己的身心,而不在於在乎別人覺得好看與否。從根本上講,學術的最高追求是自我愉悅和自我超越,其終極目的也是爲己,祇有爲己,然後方能爲人。那種大眾的宣傳與普及也是別人的事,而並不是我所關心的。我所關心者,則是是否永葆一顆充滿好奇的心、懷疑的態度、無止境的探索欲望,持之以恒地用心用力("悄悄地幹活,打槍的不要"),不停地探索。

知識在不斷進步和更新,尤其是考古學、古文字與出土文獻學這種新材料日新月異、時效性很強的學科,任何認知和結論都祇是暫時的,觀點和結論不斷被更新甚至被推翻是絕對的,任何斤斤計較一時的得失與對錯都是徒勞的,而文字當中所蘊涵的對學術的敬畏之心、精益求精的求真精神,以及永不停息的探索欲望,纔是最緊要而值得追求的,那些滲透在字里行間的思想和隱藏在文字背後的感情能否得以傳承和發展,可能更值得重視。

雖然近年來"聯合攻關"業已成爲日益與時俱進的傳統人文學科研究的利器,但客觀地講,與應用型學科截然不同,傳統人文學科強調的是思想的積澱和傳承,注重研究者主體即個人的長期積累和心得,在很大程度上要靠研究者的一己之力不斷地進行自我挑戰和超越方能有所進步,不是一朝一夕的事情,急不得,快不了,也不是人多力量大的事兒,絕非像搞工程一樣限期聯合攻關就可以一蹴而就實現重大突破,而是要靠少數個人長期積累和堅持不懈地孜孜以求,需要靜下心來冷靜思考,纔能一點一滴地向前推進。

目　　錄

第一章　銘文考釋…………………………………………………………（1）
　　第一節　讀伯克父甘婁盨銘瑣記……………………………………（1）
　　第二節　曾伯克父諸器析論…………………………………………（11）
　　第三節　讀新刊曾子叔齋諸器………………………………………（29）
　　第四節　曾卿事季宣簋考釋…………………………………………（38）
　　第五節　續論曾卿事宣諸器…………………………………………（44）
　　第六節　讀近刊曾器散記……………………………………………（51）
第二章　歸屬繫聯…………………………………………………………（62）
　　第一節　黽壺蓋的年代與國別………………………………………（62）
　　第二節　齊公去余鼎的國別及器主…………………………………（70）
　　第三節　由新見陽小叔戲父鼎看叔姬鼎等銅器及相關問題………（73）
　　第四節　曾孫邵與曾孫懷銅器繫聯…………………………………（78）
　　第五節　曾大保諸器繫聯……………………………………………（83）
第三章　語言文字…………………………………………………………（89）
　　第一節　說荊子鼎銘文中的"麗"……………………………………（89）
　　第二節　新出兩件曾子鼎繹讀………………………………………（100）
第四章　歷史地理…………………………………………………………（114）
　　第一節　西周金文中的"西宮""東宮""南宮"及相關問題…………（114）
　　第二節　公仲考論……………………………………………………（129）
　　第三節　曾仲考論……………………………………………………（133）
　　第四節　隨州文峰塔墓地出土曾侯編鐘"穆穆曾侯"及其他………（137）
　　第五節　從棗陽郭家廟墓地的發掘看楚王熊章鐘鎛的"西陽"……（143）
　　第六節　出土資料所見曾國疆域的分佈及變遷……………………（147）
　　第七節　棗陽曹門灣M43出土銅器銘文及相關問題………………（158）
　　第八節　從吳叔襄鼎談到棗陽曾國墓地出土的矢、衛、邜諸器…（165）
　　第九節　棗陽郭家廟墓地出土的衛伯須鼎及相關問題……………（174）

第五章　名物制度 ……………………………………………………（181）
第一節　說"肆壺"與"田壺" ………………………………………（181）
第二節　由曾侯寶鼎再議升鼎的有關問題 …………………………（189）
第三節　銅器銘文所見曾國職官及其身份舉隅 ……………………（193）

第六章　曾國之謎 ……………………………………………………（200）
第一節　隨仲嬭加鼎補說 ……………………………………………（200）
第二節　隨州文峰塔新出隨大司馬嘉有戈小議 ……………………（201）
第三節　曾侯與編鐘銘文讀釋 ………………………………………（207）
第四節　隨州漢東東路墓地新出曾侯得銅器及相關問題 …………（225）
第五節　新出文獻與"曾國之謎"的新認識 …………………………（231）

第七章　葉家山墓地與西周早期的曾國 ……………………………（241）
第一節　西周早期曾侯世系與葉家山三座大墓的年代和墓主 ……（241）
第二節　荊子鼎與成王岐陽之盟 ……………………………………（258）
第三節　葉家山M107所出濮監簋及相關問題 ………………………（265）
第四節　新刊兩件胡國銅鼎讀釋 ……………………………………（271）

附錄 ……………………………………………………………………（282）
附錄一　鄂、曾、楚青銅器的新發現及意義 ………………………（282）
附錄二　曾國青銅器的最新發現及其意義 …………………………（315）

後記 ……………………………………………………………………（327）

第一章 銘文考釋

第一節 讀伯克父甘婁盨銘瑣記

一

最近，田率《内史盨與伯克父甘婁盨》介紹了中國國家博物館新近入藏的3件青銅盨[①]，其中一組伯克父甘婁盨，橢方形，子母口，斂口，鼓腹，腹兩端有一對附耳，與器身之間有短樑銜接，圈足有長方形缺，下有四獸首圓柱形矮足，蓋扉爲曲尺形，可卻置。蓋面、器腹均飾直棱紋，附耳外側飾重環紋。器身及蓋的形制與上海博物館藏翏生盨[②]近似。屬王世民等《西周青銅器分期斷代研究》盨的Ⅰ型2式[③]，年代爲西周末或春秋初。

蓋内及器内鑄有相同的銘文，作：

唯伯克父甘婁自作䵼䵼，用盛黍稷稻（稻）粱（粱），用之征行，用其及百君子宴饗。

"唯伯克父甘婁自作䵼䵼"，"伯克父甘婁"，作器者自名，其中"伯克父"係排行加字，"甘婁"爲其名。這種稱字又稱名的現象在金文中屢見[④]。

[①] 田率：《内史盨與伯克父甘婁盨》，《青銅器與金文》（第一輯），上海古籍出版社，2017年。

[②] 《中國青銅器全集》編輯委員會：《中國青銅器全集》（第5卷），文物出版社，1996年，八二；陳佩芬：《夏商周青銅器研究》（西周篇），上海古籍出版社，2004年，第488～490頁三九三。

[③] 王世民、陳公柔、張長壽：《西周青銅器分期斷代研究》，文物出版社，1999年，第102、103頁。

[④] 李學勤：《先秦人名的幾個問題》，《歷史研究》1991年第5期，後輯入氏著《古文獻叢論》，上海遠東出版社，1996年。

"搻"字原篆作 ▨、▨，从手从奉，據上下文，應表器之用途，即金文中常見的"饙"。田率隸定作"𢮦"，非是；讀作"饋"，可從。

"㐰"字原篆作 ▨，从二否。該字見於金文，如守宫盤[①]，據有關文例，與"环"應係一字之異構。在金文中常以"不（丕）环/㐰"等形式出現。或以爲應分析爲从二"不"，"不"亦聲，疑即"副"之異構。上述銅器銘文中的"环（副）"，應讀爲"福"[②]。據上下文，該字在本銘中應表器之自名，田率讀作"畚"，當非。應讀作"盨"。案該字从否，"否"爲幫母之部字（或理解爲从"不"，"不"爲滂母之部），"盨"爲心母侯部，之部與侯部爲旁轉，音近可通。

"用盛黍稷族（稻）椋（粱）"，"盛"字原篆作 ▨、▨，从西从又从皿，田率隸定作"𥂴"，可從。但讀作"受"，則非。該字所从之"西"或爲聲符，"西"爲心母脂部字，與古音爲禪母耕部的"盛"字聲爲鄰紐，韻爲通轉，音近可通。該字上部从西从又（手），下从皿，會以手持物置於皿中之意，或即"盛"字之會意。《說文》："盛，黍稷在器中以祀者也。从皿成聲。"據有關古文字字形來看，許氏所據以分析的形體應係較晚的形聲字形。盨銘的寫法，或係較早構形之遺留。稍後公佈的同人之器曾伯克父簠[③]"唯曾伯克父甘婁逎用吉父鏐鈗鋚金，用自作旅簠，用征用行，走追四方，用齍用爵/𨠁，用盛黍稷稻粱，用饗百君子辟王"[④]，可證此字當釋作"盛"。

"族"字原篆作 、▨，从广从禾，據上下文並結合有關銅器銘文，在本銘中應讀作"稻"。過去所見古文字中"稻"字的類似寫法一般寫作从广从舀，如 ▨、▨（伯公父簠[⑤]），或从广从米从舀，如 （史免簠[⑥]）、（叔家父簠[⑦]），舀

---

① 集成（中國社會科學院考古研究所：《殷周金文集成》，中華書局，1984~1994年。以下簡稱"集成"）16.10168。

② 徐在國：《談銅器銘文中的"不环"》，紀念"于省吾先生誕辰120周年、姚孝遂先生誕辰90周年"學術研討會論文，吉林大學古籍研究所，2016年。

③ 《銘續》（吳鎮烽編著：《商周青銅器銘文暨圖像集成續編》，上海古籍出版社，2016年。以下簡稱《銘續》）（第2卷），第281~286頁第0518、0519號。

④ 黃錦前：《曾伯克父諸器析論》，載中國文化遺產研究院編：《出土文獻研究》第18輯，中西書局，2019年，第43~63頁。

⑤ 集成9.4628。

⑥ 集成9.4579。

⑦ 集成9.4615。

亦聲。這種寫法的"稻"字係首見，據其構形，"禾"當爲義符，該字係會意字。

"椋"字原篆作 ▨、▨，从木从京，據上下文並結合有關文例，在本銘中應讀作"稻粱"之"粱"。"椋"和"粱"古音皆在來母陽部，聲韻皆同，故音近可通。本銘以"椋"爲"粱"，當係用字之假借。同樣的情形又見於伯句簠①"其朝夕用盛稻粱糕"，"粱"即寫作"京"（▨），"京"爲見母陽部字，與"粱"字韻部相同，已有學者作過討論②，不贅述。

"用之征行"，此句及下句"用其及百君子宴饗"皆係金文中常見的表示作器用途的套語。金文中類似的辭例如"用征用行""以征以行"屢見，我曾作過統計分析，據現有的材料，這種辭例主要流行於春秋早期的漢、淮流域及今魯西南一帶③。

又仲太師鼎④"仲太師作孟姬饙鼎，用宴旨飤"、仲太師壺⑤"仲太師作孟姬尊壺，用宴旨飤"、王子嬰次鐘⑥"王子嬰次自作龢鐘，永用宴喜"、秋氏壺⑦"吾以爲弄壺……吾以宴飲"等皆可與本銘末句"用其及百君子宴饗"對照，目前所見這些習語也皆爲春秋時期所流行。從這個角度講，該盨的年代或可晚至春秋早期前段，地域亦不出漢、淮流域及今魯西南一帶。通觀整篇銘文的立意、措辭及用語，皆頗具春秋早期銘文常見的特征。因此，該盨的年代，應以定爲春秋初期爲宜。

盨銘部分文字如"捧""舘""族""椋"等寫法和用法皆富有特色，頗值得注意。有關器物年代、文字及文句的理解先簡單分析至此。

二

下面再討論有關問題。

---

① Imperial Treasure: Archaic bronzes from the golden age of China. Hong Kong: Joyce Gallery, 2012, pp. 70-73；《銘圖》（吳鎮烽主編：《商周青銅器銘文暨圖像集成》，上海古籍出版社，2012年。以下簡稱《銘圖》）（第10卷），第339～341頁第04989號。

② 張懋鎔：《伯句簠考證》，Imperial treasure: Archaic bronzes from the golden age of China. Hong Kong: Joyce Gallery, 2012, pp. 8-12；謝明文：《伯句簠銘文小考》，《中國文字研究》（第十八輯），上海書店出版社，2013年。

③ 黃錦前：《伯碩父鼎的年代與國別》，《西部考古》（第十五輯），科學出版社，2018年，第37～49頁。

④ 《銘圖》（第4卷），第398、399頁第02196號。

⑤ 《銘圖》（第22卷），第274～276頁第12370號。

⑥ 集成1.52。

⑦ 集成15.9715。

盨銘"自作撵䍃，用盛黍稷䄰（稻）椋（粱）"，銅器銘文中相關者又有下列各例：

（1）伯紳簠①：伯紳作寶簠，其朝夕用盛粱稻糕，其用飤正、御史、朋友、尹人，其用匄眉壽萬年。西周中期

（2）伯旬簠：伯旬作寶簠，其朝夕用盛稻京（粱）糕，其用享于尹人眔朋友。西周中期

（3）䍙叔奐父盨②：䍙叔奐父作孟姞旅盨，用韽稻穛糯粱，嘉賓用饗有飤，則萬年無疆子子孫孫永寶用。春秋早期

（4）伯公父簠③：伯太師小子伯公父作簠，擇之金，唯鐈唯盧，其金孔吉，亦玄亦黃，用盛糕稻糯粱，我用紹卿士辟王，用紹諸考諸兄，用祈眉壽，多福無疆，其子子孫孫永寶用享。西周晚期

（5）弭仲簠④：弭仲作寶簠，擇之金，礦銑鎂鋁，其臬其玄其黃，用盛秫稻糕粱，用饗大正，歆王賓，䌾俱旨飤，弭仲受無疆福，諸友鉈飤俱飽，弭仲鼻壽。春秋早期

（6）鄁召簠⑤：鄁召作爲其旅筐，用實稻粱，用飤諸母諸兄，使受寶，毋有疆。春秋早期

（7）叔家父簠⑥：叔家父作仲姬筐，用盛稻粱，用速先後、諸兄，用祈眉考無疆，哲德不忘，孫子之覭。春秋早期

（8）史免簠⑦：史免作旅筐，從王征行，用盛稻粱，其子子孫孫永寶用享。西周晚期

---

① 《銘圖》（第11卷），第23～25頁第05100號。
② 河南省文物考古研究所、三門峽市文物工作隊：《上村嶺虢國墓地M2006的清理》，《文物》1995年第1期，封面；李清麗：《虢國博物館收藏的一件銅盨》，《文物》2004年第4期；《銘圖》（第12卷），第411、412頁第05655號。
③ 集成9.4628；《中國青銅器全集》編輯委員會：《中國青銅器全集》（第5卷），文物出版社，1996年，八三。
④ 集成9.4627；《銘圖》（第13卷），第297、298頁第05975號。
⑤ 山東大學考古系：《山東長清縣仙人臺周代墓地》，《考古》1998年第9期，圖版肆，3；圖七。《銘圖》（第13卷），第209頁第05925號。
⑥ 集成9.4615。
⑦ 集成9.4579；《銘圖》（第13卷），第190頁第05909號。

（9）曾伯霥簠[①]：唯王九月初吉庚午，曾伯霥慎聖元武，元武孔黹，克逖淮夷，抑燮繁湯，金道錫行，俱既卑方。余擇其吉金黃鋁，余用自作旅簠，以征以行，用盛稻粱，用孝用享于我皇祖文考。天錫之福，曾伯霥遐不黃耇，萬年眉壽無疆，子子孫孫永寶用之享。春秋早期

（10）叔原父甗[②]：唯九月初吉丁亥，陳公子子叔原父作旅甗，用征用行，用鬻稻粱，用祈眉壽，萬年無疆，子孫是尚。春秋早期

（11）王孫叔諆甗[③]：唯六月壬申，王孫叔諆擇其吉金，作鑄鑊甗，以征以行，以鹽稻粱，以飪父兄，其眉壽無疆，子孫永寶用享。春秋早期

（12）叔朕簠[④]：唯十月初吉庚午，叔朕擇其吉金，自作薦簠，以歠稻粱，萬年無疆，叔朕眉壽，子子孫孫永寶用享[⑤]/之/□□歠之寶。春秋早期

（13）叔夜鼎[⑥]：叔夜鑄其饒鼎，以征以行，用煮用享（烹），用其祈眉壽無疆。春秋早期

（14）夫跂申鼎[⑦]：唯正月初吉丁亥，甫遽眛甚六之妻夫跂申擇厥吉金作鑄飪鼎，余以煮以鬻（享—烹），以伐四方，以撻攻吳王，世萬子孫永寶用鬻（享）。春秋晚期

（15）庚兒鼎[⑧]：唯正月初吉丁亥，徐王之子庚兒自作飪鯀，用征用行，用龢用煮，眉壽無疆。春秋中期

例（3）曾叔奂父盨"用鹽稻穛糯粱"，"鹽"字原篆作 ![字]、![字]，从食从有从

[①] 集成9.4631、4632；湖北省文物考古研究所：《曾國青銅器》，文物出版社，2007年，第440、441頁。

[②] 集成3.947；《銘圖》（第7卷），第247頁第03361號。

[③] 《銘圖》（第7卷），第248、249頁第03362號。

[④] 集成9.4620～4622；故宮博物院：《故宮青銅器》，紫禁城出版社，1999年，234；《銘圖》（第13卷），第282～286頁第05967～05969號。

[⑤] 舊多釋作"之"，誤，如張亞初：《殷周金文集成引得》，中華書局，2001年，第98頁；《銘圖》（第13卷），第282頁第05967號。

[⑥] 集成5.2646。

[⑦] 江蘇省丹徒考古隊：《江蘇丹徒北山頂春秋墓發掘報告》，《東南文化》1988年第3、4期合刊，拓片三；商志䫒、唐鈺明：《江蘇丹徒背山頂春秋墓出土鐘鼎銘文釋證》，《文物》1989年第4期，圖四；楊正宏、肖夢龍主編：《鎮江出土吳國青銅器》，文物出版社，2008年，第135、136頁122。

[⑧] 集成5.2715、2716；《中國青銅器全集》編輯委員會：《中國青銅器全集》（第11卷），文物出版社，1997年，一五一；《銘圖》（第5卷），第86～89頁第02325、02326號。

皿。"食"爲邪母職部字，"盛"爲禪母耕部字，二者聲爲鄰紐，韻爲旁對轉，音近可通，故"盬"在本銘中應讀作"盛"。此字構形與伯克父甘婁盨的"盛"字作▨、▨等形可類比，分別以所從之"食"和"西"兼爲聲符。其右上所從之義符分別爲"有"和"又"，傳世文獻及出土古文字資料中，"有"和"又"常可互作[①]，是二者構形原則實相類同。

例（10）叔原父甗"用鬻稻粱"、例（11）王孫叔謹甗"以鬻稻粱"之"鬻""鬻"原篆分別作▨、▨，區別在於前者增從"匕"，後者下部改從"鬲"爲從"皿"。據字形及文義，二者當係一字之異構無疑。"巳"爲邪母之部，"盛"爲禪母耕部字，二者聲爲鄰紐，韻爲旁對轉。故將此二例之"鬻""鬻"讀作"盛"，於音理當屬可能。不過此二器器形皆爲甗，係蒸煮炊器，據文義，將"鬻""鬻"讀作"盛"，似與器形不合。▨字從鬲、從匕、從米、從巳[②]，匕係古代取食用具，據其構形，或係"煮"字之會意。"煮"爲照母魚部字，與"巳"聲爲鄰紐，韻爲旁轉，音近可通。因此，從字音的角度考慮，"鬻""鬻"亦應讀爲"煮"。同時也與此二器器形爲甗相吻合。過去一般將叔原父甗"用鬻稻粱"之"鬻"釋爲"鬻"或"鬻"，讀作"饎"[③]，從文義看大致可從（《周禮·地官·序官》："饎人，奄二人。"鄭玄注引鄭司農曰："饎人，主炊官也。"《儀禮·士虞禮》："饎爨在東壁西面。"），但據字形來看則非。

例（12）叔朕簠"以歠稻粱"，"歠"字從孚從欠，從"欠"應與飲食有關，當係形符或義符，"孚"或係聲符。"孚"係並母幽部字，與禪母耕部的"盛"字韻爲旁對轉，與神母質部的"實"字韻爲通轉，據上下文義，應讀作"盛"或"實"，表達的是"盛"或"實"一類的意思。

例（6）䣄召簠"䣄召作爲其旅笸，用實稻粱"，"實"謂容納。《楚辭·招魂》："瑤漿蜜勺，實羽觴些。"王逸注："實，滿也。"《莊子·逍遙遊》："魏王貽我大瓠之種，我樹之成，而實五石。"是"實"與"盛"義近。

例（1）~（9）與（12）器形皆爲簠、盨或簠類器，故銘文云"用盛××"或

[①] 高亨纂著，董治安整理：《古字通假會典》，齊魯書社，1989年，第369頁；王輝：《古文字通假字典》，中華書局，2008年，第11、12頁。

[②] 龏作母辛鬲（集成3.688）有字作▨，從鬲、從匕、從米、從量，與其構形可對照。

[③] 張亞初：《殷周金文集成引得》，中華書局，2001年，第26頁；《銘圖》（第7卷），第247頁第03361號。

"用實××",可謂名實相符。例（10）和（11）器形爲甗,將"鬻""鬵"釋为"煮",亦名至而實歸。

例（13）叔夜鼎"叔夜鑄其饙鼎,以征以行,用煮用享（烹）",該銘係摹本,其中"煮"字摹作🔲,對照例（10）叔原父甗"用鬻稻粱"之"鬻"字作🔲來看,其構形應相同,即从鬲、从米、从已、从匕,其中所謂"🔲"部分,應係从已、从匕,摹本稍有出入。下部摹作"皿"形,恐亦非。過去或將該字隸定作"鬵",讀作"鬻"①。"鬻"可通"煮"。《周禮·春官·肆師》:"及果,築鬻。"鄭玄注引鄭司農曰:"築煮,築香草煮以爲鬯。"陸德明《釋文》:"鬻音煮。"孫詒讓《正義》:"謂當有祼者,此官則築鬱煮之以授鬱人,使以和鬯而實彝也……凡經作鬱,注例用今字作煮。"因此,從文義角度講,殆無問題。不過從字形角度來看,這樣釋讀則不可取。或亦將其隸定作"鬵",但讀作"煮"②,同樣僅從文義的角度可取,而據字形則非。"享（烹）"字摹作🔲,對照例（14）夫跃申鼎的"享"字作🔲、🔲來看,基本可信,唯叔夜鼎此字增从"米"作爲義符,過去一般隸定作"鬻",或讀作"烹"③,或讀作"享"④,併可從。《易·鼎》:"以木巽火,亨飪也。聖人亨以享上帝,而大亨以養聖賢。"陸德明《釋文》:"亨,本又作亯,同普庚反,煮也。"陸云"亨,本又作亯,同普庚反",據上揭有關古文字字形來看,或有所本。《詩·豳風·七月》:"七月亨葵及菽。"《漢書·高帝紀上》:"羽亨周苛,并殺縱公。"顏師古注:"亨謂煮而殺之。"《正字通·亠部》:"亨與烹同。古惟亨字兼三義,加四點作烹。"

例（14）夫跃申鼎"余以煮以鬻（享—烹）","煮"字原篆作🔲,應係"鑄"字。對照例（13）叔夜鼎"用煮用享（烹）","鑄"在此應讀作"煮"。"鑄"爲照母幽部字,"煮"爲照母魚部字,二者聲紐相同,韻爲旁轉,音近可通。"鬻"字原篆作🔲,應分析爲从鬲、从亯。下文"世萬子孫永寶用鬻","鬻"字作🔲,與"余以煮以鬻"之"鬻"顯係同字,"世萬子孫永寶用鬻"之"鬻",據有關金文文例,顯然應讀作"享"。《墨子·非儒下》:"孔丘窮於蔡陳之間,藜羹不糂,十日,子路爲享豚。"孫詒讓《閒詁》引王念孫曰:"享即今之烹字也。"因此,"余

---

① 張亞初:《殷周金文集成引得》,中華書局,2001年,第43頁。
② 《銘圖》（第4卷）,第400頁第02197號。
③ 張亞初:《殷周金文集成引得》,中華書局,2001年,第43頁。
④ 《銘圖》（第4卷）,第400頁第02197號。

以煮以鬻"之"鬻"（即"享"），應讀作"烹"。

例（15）庚兒鼎"徐王之子庚兒自作飤繇，用征用行，用龢用煮"，其中"用征用行，用龢用煮"句，與例（13）叔夜鼎"以征以行，用煮用享（烹）"辭例近同。"龢"謂調和，調治，調適。《周禮·天官·食醫》："食醫掌和王之六食、六飲、六膳、百羞、百醬、八珍之齊。"鄭玄注："和，調也。"《呂氏春秋·孝行》："熟五穀，烹六畜，龢煎調，養口之道也。"將"龢"與"熟""烹"等詞對舉，可見其義應相當或相近。文獻又有"烹和"，猶烹調。《荀子·大略》："泔之傷人，不若奧之"，楊倞注："泔與奧，皆烹和之名。""烹"亦煮也。《左傳》昭公二十年："水火醯醢鹽梅，以烹魚肉，燀之以薪。"杜預注："烹，煮也。"《周禮·天官·亨人》："亨人掌共鼎鑊，以給水火之齊。職外內饔之爨亨煮，辨膳羞之物。"賈公彥疏："亨人主內外饔爨竈亨煮之事。"《周禮·天官·亨人》："（亨人）職外內饔之爨亨煮，辨膳羞之物。"總之，"煮""烹""龢"三詞，其義相當或相近。故諸銘曰"用煮用烹""以煮以烹""用龢用煮"，其義實一。同時也與其器形皆爲鼎相吻合。

另外，"享"爲曉母陽部字，"烹"爲滂母陽部字，二者韻部相同。"龢"爲匣母歌部字，與"享"聲爲鄰紐，與"烹"韻爲通轉。"煮"爲照母魚部字，與"享""烹"韻爲對轉，與"龢"韻爲通轉。總之，"享""烹""龢""煮"這幾個字，其聲韻之間也或多或少有一定聯繫，或表明其用字是經過一定選擇的。

《說文》："鬻，孚也。从䰜、者聲。𩰿，鬻或从火。𩰾，鬻或从水在其中。"其中"孚也"小徐本作"烹也"。《說文》："烰，烝也。从火，孚聲。《詩》曰：'烝之烰烰。'"①段玉裁注："烰烰，烝皃。謂火氣上行之皃也。"《說文》云："烰，烝也"，"烝"即"蒸"，上引《詩·大雅·生民》句孔穎達疏："炊之於甑𩰾而烝之，其氣浮浮然……既烝熟乃以爲酒食。"《楚辭·招魂》："炙鴰烝鳧，煔鶉敶只。"《呂氏春秋·本味》："有侁氏女子採桑，得嬰兒于空桑之中，獻之其君，其君令烰人養之。"高誘註："烰，猶庖也。"睡虎地秦簡《日書》甲《詰咎》："以桑皮爲□□之，烰（炮）而食之，則止矣。"又："夏大暑，室無故而寒，幼蠱處之。取牡棘烰（炮）室中，蠱去矣。"②總之，"烰"爲蒸、煮、烹、炮之義顯明。回過頭來再看大徐本《說文》云"鬻，孚也"、小徐本作"烹也"，"孚也"未必係"烹也"之誤（或係形近而致誤），而確有所本。又例（12）叔朕簠"以

---

① 今本《詩·大雅·生民》作"浮浮"。
② 睡虎地秦墓竹簡整理小組：《睡虎地秦墓竹簡》，文物出版社，1990年，第107頁圖版，第49～51頁簡背壹，第212頁"釋文注釋"。

歆稻粱"，上文指出，結合該器器形爲簠，"歆"應讀作"盛"或"實"。不過這個"歆"還有没有別的含義，也有待進一步研究。

例（13）叔夜鼎"叔夜鑄其饋鼎，以征以行，用煮用享（烹），用其祈眉壽無疆"，自"以征以行"以下與例（15）庚兒鼎"用征用行，用穌用煮，眉壽無疆"猶似，與例（14）夫跌申鼎"余以煮以鸞（享—烹），以伐四方，以擾攻吳王，世萬子孫永寶用鸞（享）"亦可對照。庚兒鼎與夫跌申鼎（甚六鼎）皆爲春秋時期徐國器，據此亦可推斷叔夜鼎或應係徐器。

上揭諸銘或曰"用/以盛/實/煮稻粱"，或云"用盛黍稷稻粱"，或作"用盛粱稻穛/稻粱穛/稻穛糯粱/穛稻糯粱/秫稻穛粱"，不一而足。

"稻"通常多指水稻，子實碾制去殼後即大米。《說文》："稻，稌也。"朱駿聲《通訓定聲》："今蘇俗，凡粘者不粘者統謂之稻。古則以粘者曰稻，不粘者曰秔。又蘇人凡未離稈去糠曰稻，稻既離稈曰穀。穀既去穗曰米。北人謂之南米、大米。古則穀米亦皆曰稻。"《詩·豳風·七月》："十月穫稻，爲此春酒，以介眉壽。"

"粱"即粟，通稱"穀子"，去殼後稱"小米"。古稱其優良品種爲粱，今無別。《詩·唐風·鴇羽》："王事靡盬，不能蓺稻粱，父母何嘗。"《楚辭·九辯》："鳧鴈皆唼夫粱藻兮，鳳愈飄翔而高舉。"或特指精細的小米。《禮記·曲禮下》："歲凶，年穀不登，君膳不祭肺……大夫不食粱，士飲酒不樂。"鄭玄注："粱，加食也。"孔穎達疏："大夫不食粱者，大夫食黍稷，以粱爲加，故凶年去之也。"或引申爲精美的飯食。《左傳》哀公十三年："粱則無矣，麤則有之。"孔穎達疏："食以稻粱爲貴，故以粱表精。"

銘文"用/以盛/實/煮稻粱""用盛黍稷稻粱"云云，所謂"稻粱"，即稻和粱，應係穀物的總稱。《詩·唐風·鴇羽》："王事靡盬，不能蓺稻粱。"《史記·禮書》："稻粱五味，所以養口也。"如文獻中常見以"稻麥""稻粟""稻黍""稻稷""稻粮"泛指穀物，係糧食的總稱一樣。同樣，所謂"黍稷"，亦非專指黍和稷，亦應泛指五穀。《書·君陳》："黍稷非馨，明德惟馨。"

"穛"，或從"食"作，古文字中"米""食"義近的偏旁可互作①。《說文》："穛，早取穀也。从米焦聲。一曰小。"文獻或作"穛"。《禮記·內則》："飯：黍稷、稻粱、白黍、黃粱、稰穛。"鄭玄注："熟穫曰稰，生穫曰穛。"孔穎達疏："穛是斂縮之名，明以生穫，故其物縮斂也。"

"糯"，或作"稬""稉""糯"，指黏性的稻米，可以釀酒。《說文》："稉，沛國謂稻曰稉。从禾、耎聲。"睡虎地秦簡《倉律》："已穫上數，別粲、稬

---

① 高明：《中國古文字學通論》，北京大學出版社，1996年，第148、149頁。

（糯）秥（黏）稻。別粲、穤（糯）之襄（釀）。"①明宋應星《天工開物·稻》："凡稻種最多：不黏者，禾曰秔，米曰粳；黏者，禾曰稌，米曰糯。"

"秫"，一般認爲即粱米、粟米之黏者，多用以釀酒。《說文》："秫，稷之黏者。从禾，朮，象形。𪎭，秫或省禾。"睡虎地秦簡《倉律》："計禾，別黃、白、青。櫱（秫）勿以稟人。"②《禮記·內則》："饘、酏、酒、醴、芼、羹、菽、麥、蕡、稻、黍、粱、秫，唯所欲。"孫希旦《集解》："秫，黏粟也；然凡黍稻之黏者，皆謂之秫，不獨粟也。"其說當是。

與"用/以盛/實/煮稻粱""用盛黍稷稻粱"略有不同，"用盛粱稻穤/稻粱穤/稻穤糯粱/糕稻糯粱/秫稻糯粱"等，所述各種穀物的名稱皆較爲具體，或係專指，但細繹上下文義，當係舉例未盡，而亦兼有泛指穀類的意思。

最後對以上所論略作總結。據器物形制及銘文辭例，判定伯克父甘婁盨的年代應爲春秋早期。銘文中表器物自名的"𥂖"應讀作"盨"，"盇"應係"盛"字異構。在此基礎上，對銅器銘文中"用盛黍稷稻粱""用煮用烹"等有關辭例進行了歸納，結合器物形制等作細致分析，從文字、文義及文例等方面釐清了過去一些錯誤的認識，對正確理解有關銘文和判定相關銅器國族皆有一定幫助。

附記：剛剛出版的《商周青銅器銘文暨圖像集成續編》（吳鎮烽：《商周青銅器銘文暨圖像集成續編》，上海古籍出版社，2016年）收錄了小文討論的2件伯克父甘婁盨（第2卷，第192~197頁第0474、0475號），該書將其時代定爲春秋早期，將 ▦、▦ 等釋作"盛"，皆與小文意見相同。另外該書還著錄有伯克父鼎1（第1卷，第279、280頁第0223號）、曾伯克父盨2件（第2卷，第181頁第0467號）、曾伯克父簠2件（第2卷，第281~286頁第0518、0519號）。其中曾伯克父簠"用盛黍稷稻粱"，可證 ▦、▦ 當釋作"盛"。據銘文可知，這些器物皆係同人所作，其國別爲曾，器主爲曾人；其年代據器形和銘文可定爲春秋早期無疑，驗證了小文推定其年代應爲春秋早期，地域不出漢、淮流域等地的論斷。我另有專文《曾伯克父諸器析論》對此組器物進行討論，茲不贅述。

2016年10月25日

---

① 睡虎地秦墓竹簡整理小組：《睡虎地秦墓竹簡》，文物出版社，1990年，第17頁"圖版"；第28頁第35、36號簡，"釋文 注釋"。

② 睡虎地秦墓竹簡整理小組：《睡虎地秦墓竹簡》，文物出版社，1990年，第17頁"圖版"；第28頁第35、36號簡，"釋文 注釋"。

再記：近日於新浪微博及微信平臺（東京中央春季拍賣 | 赫赫宗周 鬱鬱周文——西周晚期曾伯克父青銅組器，https://mp.weixin.qq.com/s/SxSaChJju4BNNVy4sL8_ZA）見有網友發佈未著錄之曾伯克父諸器一組，其中曾伯克父甘婁鼎及銘文1（伯克父甘婁迺執干戈，用伐我仇敵。迺得吉金，用自作寶鼎，用享于其皇考，用受眉壽、黃耇，其萬年子孫永寶用享）、甗及銘文1（唯曾伯克父甘婁迺用作旅甗，子孫永寶）、盨及銘文2（甲盨蓋銘見於《續編》，器銘未公佈）、罍及銘文1（曾伯克父自作用罍）、壺及銘文2（唯曾伯克父自作寶飲壺，用害（匄）眉壽、黃耇，其萬年子孫永寶用），另一簠銘（蓋銘）較《續編》著錄者清晰，器形亦係新公佈。據介紹此組器係民國時期收藏家所藏，當係故弄玄虛以隱匿真相，據器物看應係近年出土。略記於此。

2019年2月25日

第二節　曾伯克父諸器析論

新近出版的吳鎮烽《商周青銅器銘文暨圖像集成續編》（下文簡稱"《續編》"）著錄了一組曾伯克父甘婁銅器，這裏擬對其進行討論。

一

先將有關銘文釋寫如下：

（1）伯克父鼎①：唯伯克父甘婁迺自得吉叔鎜金，用自作寶鼎，用追孝于我大丕顯，甘婁其用害（匄）眉壽，其霝終萬年，子孫永寶用之。

（2）曾伯克父簠②：唯曾伯克父甘婁自作大寶簠，用追孝于我皇祖文考，曾伯克父其用受多福無疆，眉壽永命，黃耇令終，其萬年子子孫孫永寶用。

（3）伯克父盨③：唯伯克父甘婁自作媵盨，用盛黍稷稻粱，用之征行，用其及百君子宴饗。

（4）曾伯克父簠④：唯曾伯克父甘婁迺用吉父镠叔鎜金，用自作旅祜

---

① 《銘續》（第1卷），第279、280頁第0223號。
② 《銘續》（第2卷），第125、126頁第0445號。
③ 田率：《內史盨與伯克父甘婁盨》，《青銅器與金文》（第一輯），上海古籍出版社，2017年；《銘續》（第2卷），第192～197頁第0474、0475號。
④ 《銘續》（第2卷），第281～286頁第0518、0519號。

（簠），用征用行，走追四方，用齍用爵/牆，用盛黍稷稻粱，用饗百君子、辟王，伯克父其眉壽無疆，釆夫無若，雍人孔臭，用享于我皇考，子孫永寶，錫勾眉壽，曾邦氏保。

（5）曾伯克父盨①：唯曾伯克父甘婁迺用作旅盨，子孫永寶。

諸器皆係私人收藏，其中（3）伯克父盨新近入藏中國國家博物館，田率曾有介紹和討論②，我也曾有小文加以補充③。（4）曾伯克父簠藏於香港中華古美術公司。

先看該組器物的年代。

（1）伯克父鼎口微斂，窄沿，方唇，雙立耳，深腹，圜底，三蹄足較細，足內面呈弧形凹陷。頸飾無目竊曲紋，腹飾環帶紋，均不施地紋。形制、紋飾與1972年湖北棗陽曹門灣墓地所出龍紋銅鼎④接近，年代爲春秋早期前段。

（2）曾伯克父簋圖像未著錄，器形未知。

（3）伯克父盨爲橢方形，子母口，斂口，鼓腹，一對附耳，與器身之間有短樑銜接，圈足有長方形缺，下有四獸首圓柱形矮足，蓋扉爲曲尺形，可卻置。蓋面、器腹均飾直棱紋，附耳外側飾重環紋。我曾據其形制及銘文有關辭例推定其年代應爲春秋早期前段，地域不出漢、淮流域及今魯西南一帶⑤，今幸得驗證。

（4）曾伯克父簠爲長方體，敞口，平底，窄沿，方唇，斜壁，一對獸首半環形耳，長方形圈足，每邊有一個長方形缺口，口沿下和圈足飾"S"形變形獸紋，腹壁飾夔龍紋。蓋與器形制、紋飾、大小相同，唯蓋頂增飾一個大夔龍紋，每邊口沿各有一卡扣。與棗陽郭家廟曾國墓地出土的曾孟嬴剈簠（M1∶6）⑥、曹門灣M22出土的龍紋銅簠⑦及山東曲阜魯國故城春秋墓葬出土的（M48∶28）婦仲簠⑧形制、紋飾接近，年代爲春秋早期前段。

（5）曾伯克父盨據云同出一對，形制、紋飾、銘文相同，大小相若。器形未著

---

① 《銘續》（第2卷），第181頁第0467號。
② 田率：《內史盨與伯克父甘婁盨》，《青銅器與金文》（第一輯），上海古籍出版社，2017年。
③ 黃錦前：《讀伯克父甘婁盨銘瑣記》，《中國國家博物館館刊》2019年第4期。
④ 湖北省文物考古研究所：《曾國青銅器》，文物出版社，2007年，第64~66頁。
⑤ 黃錦前：《讀伯克父甘婁盨銘瑣記》，《中國國家博物館館刊》2019年第4期。
⑥ 湖北省文物考古研究所：《曾國青銅器》，文物出版社，2007年，第82、83頁。
⑦ 長江文明館、湖北省博物館、湖北省文物考古研究所等：《穆穆曾侯——棗陽郭家廟曾國墓地》，文物出版社，2015年，第146、147頁。
⑧ 山東省文物考古研究所、山東省博物館：《曲阜魯國故城》，齊魯書社，1982年，圖版柒柒，4。

錄，另一件銘文圖像亦未公佈。形制爲橢長方形，口稍斂，鼓腹，圈足，一對獸首半環形雙耳，圈足正中有弧形缺，蓋面隆起，上有四曲尺形扉，可卻置，蓋沿呈坡狀向下延伸。蓋沿和器口沿均飾竊曲紋，蓋面和器腹飾瓦溝紋。爲春秋早期器。

綜上，這組器物據器形、紋飾可定其年代爲春秋早期前段，應無疑問。

二

再看銘文及有關問題。

（2）曾伯克父簠與（5）曾伯克父盨，銘文簡單易懂，不贅述。

（1）伯克父鼎"唯伯克父甘婁廼自得吉叴鋚金"，"得"字原篆作 ，《續編》釋作"遣"①，不確。該字从鼎（貝）从又，當釋作"得"。"得……金"，金文屢見，如伯戍父簠②"得俘金五十鈞"、僕兒鐘③"得吉金鎛鋁"、攻吳王光鐸④"攻敔王光初得其壽金"及吳王光帶鉤⑤"工吾王光初得其壽金"等，均可證。其中伯戍父簠的"得"字分別作 、 ，寫法與本銘可對照。

"叴"字原篆作 ，《續編》釋作"取"，不確。該字从𠂤从又，與曾仲大父螽簠⑥"曾仲大父螽廼用吉鑒叴鏐金"的"叴"字分別作 、 、 等形可對照，辭例亦相類，當釋作"叴"。

"鋚"字⑦原篆作 ，《續編》視爲二字，釋作"休吉"，於字形、辭例均不合。"吉""叴""鋚"均爲金文中常見的用來形容"金"即銅者，其中"叴"與"鋚"皆用來表示不同顏色的銅合金，學者有專門研究，不贅述。

"用自作寶鼎，用追孝于我大丕顯"，家伯束卲簠⑧"用享用孝于其丕顯皇祖文太

---

① "遣"字的有關形體可參見董蓮池：《新金文編》，作家出版社，2011年，第184、185頁。
② 首陽齋、上海博物館、香港中文大學文物館：《首陽吉金——胡盈瑩范季融藏中國古代青銅器》，上海古籍出版社，2008年，第106、107頁36；朱鳳瀚：《由伯戍父簠銘再論周厲王征淮夷》，《古文字研究》（第27輯），中華書局，2008年，第198頁圖三。
③ 集成1.183、184。
④ 《銘續》（第3卷），第495、496頁第1047號。
⑤ 曹錦炎：《吳王光銅帶鉤小考》，《東南文化》2013年第2期，圖一～圖三。
⑥ 集成8.4203、4204。
⑦ "鋚"字的有關形體可參見董蓮池：《新金文編》，作家出版社，2011年，第1926頁。
⑧ 《銘續》（第2卷），第142～145頁第0451、0452號。

子、皇妣太師氏姜、皇考武公、皇母武姜"，與本銘後一句可比照。金文中類似的表達很多，如"丕顯文考/皇祖"之類。文獻中也有很多例子，如《書·康誥》："惟乃丕顯考文王，克明德慎罰。""丕顯"一般用作定語，用來形容"皇祖/文考/考"等。本銘則用作賓語，用以指代祖、考，而"大"則用來修飾"丕顯"，（2）曾伯克父簠"用追孝于我皇祖文考"可證。

"甘婁其用匄眉壽，其需終萬年，子孫永寶用之"，係金文中常見套語，不贅述。傳世的伯家父郙簠蓋①銘曰：

> 唯伯家父郙廼用吉金，自作寶簠，用享于其皇祖文考，用錫匄眉壽、黃耉、令終、萬年，子孫永寶用享。

伯克父鼎銘與其立意與措辭皆基本相似，部分文字如"眉"字（分別作 、 ）寫法也相類。

又（2）曾伯克父簠銘立意、措辭與上述二銘亦相似。"眉"字分別作 、 ，寫法也與上述二器相類。伯家父郙簠蓋，我曾從文字、文例等角度，佐以器物形態學方面的證據，論證其爲春秋早期曾國銅器，作器者"伯家父郙"，"伯家父"係其字，"郙"爲其名②。今曾器伯克父鼎、簠銘，又可提供新的佐證。

（3）伯克父盨，我曾有小文討論，指出"舂"與金文中屢見的"盃"字應係一字之異構，在此應讀作"盨"；"盠"係"盛"字之異構，其所從之"西"爲聲符，字或係"盛"字之會意。"稻"字作"旘"，寫法係首見，據其構形，"禾"當爲義符，該字係會意字③。（4）曾伯克父簠"用盛黍稷稻粱"，可證"盠"字當釋作"盛"。

伯克父盨"唯伯克父甘婁自作撙舂，用盛黍稷稻粱，用之征行，用其及百君子宴饗"，與（4）曾伯克父簠"唯曾伯克父甘婁……用自作旅簠，用征用行……用盛黍稷稻粱，用饗百君子、辟王……"等有關文字可對照，或可視爲係簠銘之減省形式。

---

① 集成8.4156。
② 黃錦前：《伯家父郙簠國別析論——兼談曾子仲宣喪鼎與番君贏匜》，《紀念于省吾先生誕辰120周年姚孝遂先生誕辰90周年學術研討會論文集》，待刊。
③ 黃錦前：《讀伯克父甘婁盨銘瑣記》，《中國國家博物館館刊》2019年第4期。

三

（4）曾伯克父簠銘内容較爲豐富，值得細加探討。

"唯曾伯克父甘婁廼用吉父鏐鈇鋚金，用自作旅簠"，"鏐"字原篆分別作、、、等形，《續編》隸定作"雒"，不確。該字與曾仲大父螽簠的、、應係一字，過去將曾仲大父螽簠該字視爲二字即"乃鶹"，將此句讀作"敀（搥）乃鶹（醻）金"等①，不確。該字从石、从翏，應即"磟"字。所从之"石"爲義符，"翏"爲聲符。在銘文中應讀作"鏐"，指精純的銅。《說文》："鏐，弩眉也。一曰黄金之美者。从金翏聲。"開始我們將該字分析爲从石从隻，釋作"磔"，讀作"鐫"，從字形角度看似優於釋"鏐"，但據上下文看似以前說爲優。

"鈇"字原篆作、，从夫、从又，"夫"爲聲符，"又"爲義符。在銘文中應讀作"鏞"，表示黑中帶有赤黄色的銅合金②。該字與（1）伯克父鼎"唯伯克父甘婁廼自得吉鈇鋚金"的"鈇"字或即一字之異構，待考。

"唯曾伯克父甘婁廼用吉父鏐鈇鋚金"，對照（1）伯克父鼎"唯伯克父甘婁廼自得吉鈇鋚金"及曾仲大父螽簠"曾仲大父螽廼用吉鋚鈇鏐金"等，"父"或亦應讀作"鏞"，用來修飾"金"。

"用征用行，走追四方"，"用征用行"，類似辭例東周金文屢見，我曾有小文加以歸納分析，指出"用征用行""以征以行"這種文例有明顯的時代和地域特色，主要流行於春秋早期的漢、淮流域及魯西南一帶③。

"走追四方"，"方"寫作"旁"。此句與夫跌申鼎（甚六鼎）④"余以煮以烹，以伐四方，以撻攻吴王"、作司𢆶匜⑤"作司𢆶彝，用率用〔征〕，唯之百

---

① 張亞初：《殷周金文集成引得》，中華書局，2001年，第77頁。
② 王輝：《古文字通假字典》，中華書局，2008年，第119、120、299頁。
③ 黃錦前：《伯碩父鼎的年代與國別》，《西部考古》（第十五輯），科學出版社，2018年。
④ 楊正宏、肖夢龍主編：《鎮江出土吴國青銅器》，文物出版社，2008年，第135、136頁122。
⑤ 集成16.10260。

〔蠻①〕，雩之四方"、伯有父劍②"用狄伐四方"、虢季子白盤③"壯武于戎功，經維四方"、晉公盞④"敎畏百蠻，廣闢四方……揉燮萬邦"及梁伯戈⑤"敎畏方蠻，廣闢四方"⑥等，均可對讀。"四方"，指四方諸侯之國。《詩·大雅·下武》："受天之祜，四方來賀。"孔穎達疏："武王既受得天之祜福，故四方諸侯之國皆貢獻慶之。"《左傳》襄公二十六年："今楚多淫刑，其大夫逃死于四方，而爲之謀主，以害楚國，不可救療。"《論語·子路》："子曰：'誦詩三百，授之以政，不達；使於四方，不能專對，雖多，亦奚以爲！'""走"係去意。《左傳》定公十年："魋懼，將走，公閉門而泣之，目盡腫。"《儀禮·士相見禮》"將走"註："走，猶去也。"《孟子·梁惠王上》："王好戰，請以戰喻：填然鼓之，兵刃既接，棄甲曳兵而走。"《史記·伍子胥列傳》："昭王出亡，入雲夢；盜擊王，王走鄖。"引申爲"驅逐"義。《史記·穰侯列傳》："秦使穰侯伐魏，斬首四萬，走魏將暴鳶，得魏三縣。""追"亦有"驅除"義。《文選·左思〈蜀都賦〉》："神農是嘗，盧跗是料；芳追氣邪，味蠲癘痾。"劉良注："此藥芬芬，能退去氣病與邪病。"因此，所謂"走追四方"，亦即上揭"狄伐四方""廣闢四方"等撻伐四方諸侯國之義。

又走可訓爲趨向，歸附。《左傳》昭公十八年："鄭有他竟，望走在晉。既事晉矣，其敢有二心？"杜預注："言鄭雖與他國爲竟，每瞻望晉歸赴之。"《呂氏春秋·蕩兵》："兵誠義，以誅暴君而振苦民……民之號呼而走之，若彊弩之射於深豀也，若積大水而失其壅隄也。"高誘注："走，歸。"《史記·穰侯列傳》："秦少出兵，則晉楚不信也；多出兵，則晉楚爲制於秦。齊恐，不走秦，必走晉楚。""追"可訓作召。《管子·七臣七主》："馳車充國者，追寇之馬也。"尹知章注："追，猶召也。言馳車所以召寇。"因此，所謂"走追四方"，或亦可理解爲使四方諸侯來歸附之義。但細審之，似以第一種理解較契合文義。

"用齋用爵/壏"，末字蓋銘作 ▨、▨，即"爵"字⑦；器銘則作 ▨、▨，即"壏"。《續編》將蓋銘釋讀作"雀（稱）"，將器銘釋作"壏"，後者明顯不確。

---

① 過去將此字補作"姓"，參見張亞初：《殷周金文集成引得》，中華書局，2001年，第157頁；《銘圖》（第26卷），第334頁第14956號。參照晉公盆（晉公盞，集成16.10342）"穌燮百蠻，廣司四方"句改爲"蠻"。
② 《銘續》（第4卷），第324頁第1351號。
③ 集成16.10173。
④ 集成16.10342。
⑤ 故宮博物院：《故宮青銅器》，紫禁城出版社，1999年，第233頁227；集成17.11346。
⑥ 該句舊釋作"抑鬼方蠻，抑攻方"，此據上揭晉公盞銘文改釋，詳另文。
⑦ 詳參黃錦前：《說瓚——從出土資料談觚形器之名稱、功用及相關問題》，未刊稿。

要準確把握該句的含義，需結合上下文有關文句、文義及金文有關文例。

1976年陝西扶風縣雲塘出土2件伯公父爵（H1∶8、H1∶9，或稱"勺""斗"）[①]，銘作：

　　伯公父作金爵[②]，用獻用酌，用享用孝，于朕皇考，用祈眉壽，子孫永寶用者。

與簠銘有關文句如"唯曾伯克父甘婁……用自作旅簠……用齍用爵/醴（用盛黍稷稻粱，用饗百君子、辟王）……用享于我皇考，子孫永寶，錫勻眉壽"多可對照。兩相比照，簠銘"用齍用爵/醴"與爵銘"用獻用酌"語位相當，語義亦應相仿。

"獻"謂進酒。《詩·大雅·行葦》："或獻或酢，洗爵奠斝。"鄭箋："進酒於客曰獻。"《儀禮·鄉飲酒禮》："主人坐取爵實之，賓之席前西北面，獻賓。"鄭玄注："獻，進也，進酒於賓。"《漢書·五行志上》："田狩有三驅之制，飲食有享獻之禮。"顏師古注："以禮飲食謂之享，進爵於前謂之獻。""酌"謂斟酒。《說文》："酌，盛酒行觴也。"《詩·周南·卷耳》："我姑酌彼金罍，維以不永懷。"《禮記·郊特牲》："縮酌用茅，明酌也。"鄭註："沛以酌酒，酌猶斟也。酒已沛，則斟之以實尊彝。"《儀禮·有司徹》："尸升坐，取爵酌。"鄭玄注："酌者，將酢主人。"因此，所謂"用獻用酌"，是指宴饗時進酒斟酒等活動，與上引《詩·大雅·行葦》所云表宴饗時賓主之間進獻酬答的"或獻或酢"句式相類，語義相關。《漢書·五行志上》顏注所謂"進爵於前謂之獻"，與爵銘"用獻用酌"對照來看，也相契合，與該器器形為爵亦吻合無間。

又"獻"可訓為勺或勺形物。《集韻·平支》："樨，勺也。或作獻。"《漢書·王莽傳下》："建華蓋，立斗獻。"顏師古注："獻音犧。謂斗魁及杓末，如勺之形也。""酌"亦可訓為酒杯。《儀禮·有司徹》："宰夫洗觶以升，主人受酌降。"鄭玄注："古文'酌'為'爵'。"《楚辭·招魂》："華酌既陳，有瓊漿些。"王逸注："酌，酒斗也。"曹丕《與吳質書》："每至觴酌流行，絲竹並奏，酒酣耳熱，仰而賦詩。"

"齍"在金文中屢見，字或作"齊""齌"等。所見用法主要有三類：第一類一般用作器名，如"齍""寶齍""䵼齍""盉齍""行齍""尊齍""寶尊齍""寶齍

---

① 集成16.9935、9936。
② "爵"字的釋讀及此類器物的定名學界有不同意見，詳參黃錦前：《說瓚——從出土資料談觚形器之名稱、功用及相關問題》，未刊稿。

鼎""寶尊薑鼎"等，其中後兩種或理解爲器之專名，如"薑"；或理解爲器之共名，如"寶尊薑鼎""尊薑"及"寶尊薑"之"尊"。第二類用例如"薑鼎""薑鬲"等之"薑"或係器之專名，或爲器之共名，或係表示器之用途。第三類用法如"薑從鼎"則明顯表示器之用途。總之，其用法主要有表示器名或表示器用兩種。

其部分文例爲：

(a) 榮有司再鼎①：榮有司再作薑鼎，用媵嬴女嬾母。
(b) 榮有司再鬲②：榮有司再作薑鬲，用媵嬴女嬾母。
(c) 方妝各鼎③：方妝各自作薑從鼎，其永用。
(d) 作文祖考鼎④：□□□肇諆作□穆穆文祖考薑鼎。

據上揭諸例，"薑"若表用途，諸器或爲生人所用，或用於死者，換言之，即用作宴饗或祭祀。

準以伯公父爵"用獻用酌"之例，"爵/𤰔"亦當與"薑"義相關，或表器名，或指器用。揆之文義，"薑"與"爵/𤰔"在簠銘中的含義應與器用相關。"爵/𤰔"當讀作"薑"，即金文中常見的"薑彝"之"薑"。《玉篇》："薑，賣也。亦作薑。"在本銘中應表祭祀。冶仲考父壺⑤、繁君季總盂⑥"用祀用饗"及姬鼎⑦"用烝用嘗，用孝用享"等，與之相類。"𤰔"與"薑"皆係精母陽部字，二者古音近同。河南上蔡郭莊楚墓出土的競之漁鼎⑧"唯王八月丁丑，競之漁自作𤰔（薑）彝鬻霝（鐈），用供盟祀"，"薑"即寫作"𤰔"，與簠銘同。"爵"爲精母沃部字，與"𤰔""薑"聲紐相同，韻爲旁對轉，古音也較近。換言之，無論是蓋銘的"爵"，還是器名的"𤰔"，其所表達的皆係"薑"這個詞，而非"爵"或"𤰔"，二者皆非本字。所謂"用薑用爵

---

① 集成4.2470。
② 集成3.679。
③ 張光裕：《雪齋學術論文二集》，藝文印書館，2004年，第204~210頁。
④ 《保利藏金》編輯委員會：《保利藏金（續）——保利藝術博物館精品選》，嶺南美術出版社，2001年，第102~105頁。
⑤ 集成15.9708。
⑥ 山東省文物考古研究所、臨沂市文化廣電新聞出版局、沂水縣文化廣電新聞出版局：《沂水紀王崮春秋墓出土文物集萃》，文物出版社，2016年，第86頁。
⑦ 集成5.2681。
⑧ 曹瑋主編：《南國楚寶 驚采絕艷：楚文物珍品展》，三秦出版社，2013年，第4、5頁；河南博物院：《鼎盛中華：中國鼎文化》，大象出版社，2013年，第122頁；黃錦前：《鐈鼎小議》，《楚系銅器銘文新研》，吉林大學博士後出站報告，2012年。

/醴"，亦即用於宴饗和祭祀，與伯公父爵"用獻用酌"相類。

初讀此銘時，我很自然地就想到"爵/齍"當讀作"齋"或"祼""觴"之類。《說文》："鬻，籀文觴从爵省。"從文字學角度來看，"觴"與"爵"關係密切，這一點當無疑問。或認爲所謂的"爵"其實就是"觴"字①。"爵"是否即係"觴"字，這個問題暫不論。但無論是宴饗還是祭祀，觴皆與祼饗或祼祭有關，簡言之，皆當與酒有關。而此器器形爲簋，爲盛食器，例以伯公父爵"用獻用酌"的器形爲爵係酒器來看，將簋銘的"爵/齍"釋作或讀作"觴"，則於情理、文例等皆不合。縣改簋②"錫汝婦爵，祼之，戈珮玉③，黃𩭤"，可見爵的功能也與祼祭或祼饗有關，所以上文指出"爵"非本字，它所表達的詞也與爵器名與器用皆無關，而應與"齍"義相類。時代相當、文例相仿的金文材料如：

（a）叔原父甗④：陳公子子叔原父作旅甗，用征用行，用鬻（煮）稻粱。春秋早期

（b）王孫叔諲甗⑤：王孫叔諲擇其吉金，作鑄鎗甗，以征以行，以鹽（煮）稻粱，以飤父兄。春秋早期

（c）叔夜鼎⑥：叔夜鑄其䱉鼎，以征以行，用煮用烹。春秋早期

（d）夫㱿申鼎⑦：甫遽昧甚六之妻夫㱿申擇厥吉金作鑄飤鼎，余以煮以鬻（享—烹），以伐四方，以撻攻吳王。春秋晚期

（e）庚兒鼎⑧：徐王之子庚兒自作飤繇，用征用行，用龢用煮。春秋中期

此組銘文云"用/以煮稻粱""用/以煮用/以烹""用龢用煮"等，其器形皆係鼎、甗等烹飪器；同樣，云"用盛黍稷稻粱"類者，其器形皆爲簋、簠及盨類器，幾無例外，可謂名實相副⑨。另外，上揭諸例與簋銘文句多相類而可對照，對正確理解簋銘亦

---

① 李春桃：《從斗形爵的稱謂談到三足爵的命名》，《出土文獻與中國古代文明再認識青年學術論壇論文集》，河南大學歷史文化學院，2016年10月28～30日。
② 集成8.4269。
③ 該句的重新斷句詳參黃錦前：《縣改簋新讀》，未刊稿。
④ 集成3.947。
⑤ 《銘圖》（第7卷），第248、249頁第03362號。
⑥ 集成5.2646。
⑦ 楊正宏、肖夢龍主編：《鎮江出土吳國青銅器》，文物出版社，2008年，第135、136頁122。
⑧ 集成5.2715、2716。
⑨ 黃錦前：《讀伯克父甘婁盨銘瑣記》，《中國國家博物館館刊》2019年第4期。

有參考作用。

總之，單從此句看，讀作"祼""觴"皆文從字順，但細究之，於上下文義並不契合，於器形則更有悖，故不取。

《續編》將"爵"字釋作"雀"，讀作"穛"，穛爲早熟的稻麥等穀物。《文選·張衡〈南都賦〉》："冬稌夏穛，隨時代熟。"劉良注："穛，麥也。"顯然與文義不合。

"用盛黍稷稻粱，用饗百君子、辟王"，在《讀伯克父甘婁盨銘瑣記》小文中，我曾對銅器銘文中"用盛黍稷稻粱"等有關辭例進行了歸納，結合器物形制等作細致分析，從文字、文義及文例等方面釐清了過去一些錯誤的認識[1]，不贅述。"用饗百君子、辟王"，與（3）伯克父盨"用其及百君子宴饗"可對讀。金文中類似文例很多，如：

（a）伯碩父鼎[2]：伯碩父作尊鼎，用道用行，用孝用享于卿事、辟王、庶弟、元兄。

（b）伯公父簠[3]：我用紹卿事、辟王，用紹諸考、諸兄。

（c）叔多父盤[4]：能多父眉壽考事，利于辟王、卿事、師尹，朋友、兄弟、諸子婚媾。

我曾有分析[5]，不贅述。

"伯克父其眉壽無疆，采夫無若，雍人孔臭"，"雍人"爲掌宰殺烹飪者。《儀禮·少牢饋食禮》："雍人摡鼎、匕、俎於雍爨。"鄭玄注："雍人，掌割亨之事者。"對照可知，上文"采夫"亦應係官名。"采"或可讀作"宰"，"采夫"即"宰夫"。"采"爲清母之部字，"宰"爲精母之部字，二者聲紐同屬齒頭，韻部相同，或可通。"宰夫"或稱"宰人"，爲掌膳食者。《左傳》宣公二年："晉靈公不君……宰夫胹熊蹯不熟，殺之，寘諸畚，使婦人載以過朝。"《韓非子·內儲說下》："宰人上食而羹中有生肝焉。"《漢書·五行志中之上》："（賀）聞天子不豫，弋獵馳騁如故，與騶奴宰人游居娛戲，驕嫚不敬。"顏師古注："宰人，主膳者

---

[1] 黃錦前：《讀伯克父甘婁盨銘瑣記》，《中國國家博物館館刊》2019年第4期。
[2] 《銘圖》（第5卷），第267、268頁第02438號。
[3] 集成9.4628。
[4] 《銘圖》（第25卷），第581～583頁第14532、14533號。
[5] 黃錦前：《伯碩父鼎的年代與國別》，《西部考古》（第十五輯），科學出版社，2018年。

也。"①"無若",中山王兆域圖銅版②"進退兆窆者,死亡(無)若(赦),不行王命者,殃及子孫",簠銘的"無若"顯然不相類。據上下文,當係"無不若"之義,相當於金文中常見的"無斁""無尤"及叔尊③、叔卣④的"亡不好"等。另"若"可訓"擇"。《晉語二》:"夫晉國之亂,吾誰使先若二公子而立之,以爲朝夕之急。"俞樾《群經平議·國語二》:"若者,擇也。"東周金文中"斁"與"擇"多有相通之例,如䜌書缶⑤"擇其吉金"及中山王䰎壺⑥"中山王䰎命相邦賈擇燕吉金"等的"擇"即寫作"斁"。因此,"無若"或可讀作"無擇",即"無斁"。

"孔臭","臭"《續編》讀爲"澤"。"臭"或應讀作"懌"。《說文》:"懌,說也。从心睪聲。經典通用釋。"《詩·小雅·頍弁》:"未見君子,憂心奕奕。既見君子,庶幾悅懌。"或可讀作"斁",中山王䰎壺"天不斁(斁)其有愿"可證。"斁"謂盛貌。《詩·商頌·那》:"庸鼓有斁,萬舞有奕。"毛傳:"斁,斁然,盛也。"

據上文有關分析來看,不排除"若"與"臭"二字位置互倒的可能,即此句本應作"采夫無臭,雍人孔若",待考。

"伯克父其眉壽無疆,采夫無若,雍人孔臭",據上下文及有關金文材料,"采夫無若,雍人孔臭"句或係承上一句"用盛黍稷稻粱,用饗百君子、辟王"而言,采夫和雍人或係伯克父的僚友。叔多父盤"能多父眉壽考事,利于辟王、卿事、師尹、朋友、兄弟、諸子婚媾"可佐證,其中"卿事、師尹"等,即相當於簠銘的采夫和雍人等。又弭仲簠⑦:

弭仲作寶簠,擇之金,鐈鋞鏷鋁,其臭其玄其黄,用盛秫稻糕粱,用饗大正,歆王賓,饙俱旨飲,弭仲受無疆福,諸友飪飲俱飽,弭仲畀壽。

---

① 謝明文引《禮記·雜記下》"成廟則釁之,其禮:祝、宗人、宰夫、雍人皆爵弁、純衣……","宰夫""雍人"連言,與簠銘同。參見謝明文:《曾伯克父甘婁簠銘文小考》,復旦大學出土文獻與古文字研究中心網站,2016年10月30日,http://www.gwz.fudan.edu.cn/SrcShow.asp?Src_ID=2925。
② 集成16.10478。
③ 中國國家博物館、中國書法家協會:《中國國家博物館典藏甲骨文金文集粹》,安徽美術出版社,2015年,第136~138頁35。
④ 《銘圖》(第24卷),第324~326頁第13347號。
⑤ 集成16.10008。
⑥ 集成15.9735。
⑦ 集成9.4627。

與簠銘文句多可對照，其中"用盛秌稻糕粱，用饗大正，歆王賓，饆俱旨飤，弭仲受無疆福，諸友飪飤俱飽，弭仲丏壽"與簠銘"用盛黍稷稻粱，用饗百君子、辟王，伯克父其眉壽無疆，采夫無若，雍人孔臭……錫勾眉壽"等內容基本能一一對應，而與"采夫無若，雍人孔臭"句所對應者爲"諸友飪飤俱飽"，可佐證上述采夫和雍人或係伯克父僚友的推斷。然則器主伯克父的身份也就大致清楚了。

"用享于我皇考"，該句與上文"用征用行，走追四方，用鼒用爵/甒，用盛黍稷稻粱，用饗百君子、辟王"等遙相呼應。

"子孫永寶，錫勾眉壽，曾邦氏（是）保"，"邦"字原篆分別作、、，《續編》釋作"鄍"，顯非。"氏"讀作"是"。郱公華鐘①"郱邦是保"及諽旟缶②"䜌土是保"等，均可證。《漢書·地理志下》："秦之先曰柏益……至玄孫，氏爲莊公，破西戎，有其地。"顏師古注："氏與是同，古通用字。""保"謂居有。《詩·唐風·山有樞》："子有鍾鼓，弗鼓弗考。宛其死矣，他人是保。"鄭箋："保，居也。"朱熹集傳："保，居有也。"該句與上文"伯克父其眉壽無疆，采夫無若，雍人孔臭"等句文義銜接，皆係祈福類文辭。

四

下面討論器主的身份問題。

據銘文，器主的全稱是"曾伯克父甘婁"，"曾"係國名，"伯克父"乃排行加字，"甘婁"爲其名。可見器主乃曾國貴族。其具體身份，可由銘文本身及該組器物的組合情況作進一步推定。

上述據銘文可以推斷，宰夫和雍人係伯克父的僚友。宰夫爲掌膳食者，雍人爲掌宰殺烹飪者。然則器主伯克父所任，或係太宰、膳夫類掌饌之官。"太宰"，文獻或作"大宰"，《大戴禮記·保傅》："青史氏之記曰：'古者胎教……太宰持斗而御戶右。'"盧辯注："太宰，膳夫也，冢宰之屬。"《儀禮·公食大夫禮》："宰右執鐙，左執蓋。"鄭玄注："宰謂太宰，宰夫之長也。"《左傳》隱公十一年："羽父請殺桓公，將以求大宰。"孔穎達疏："《周禮》：天子六卿，天官爲大宰。諸侯則并六爲三而兼職焉。""膳夫"掌宮廷飲食。《周禮·天官·膳夫》："膳夫掌王

---

① 集成1.245。
② 《銘續》（第3卷），第244～247頁第0910、0911號。

之食飲膳羞,以養王及后、世子。"《詩·小雅·十月之交》:"家伯維宰,仲允膳夫。"鄭箋:"膳夫,上士也,掌王之飲食膳羞。"伯克父或係大夫一級官員,不過作爲曾侯之近臣,其地位應較高。簠銘云"用征用行,走追四方……曾邦氏保",參照東周時期同類銘文來看,器主很可能係姬姓曾人貴族[1]。

再看器物的組合,先談銘文提供的信息。

從器主的稱謂看,稱"曾伯克父甘婁"者有(2)曾伯克父簠、(4)曾伯克父簋及(5)曾伯克父盨;稱"伯克父甘婁"者有(1)伯克父鼎與(3)伯克父盨。從銘文部分用語來看,稱"旅簠""旅盨",云"征行""宴饗"者如(3)伯克父盨、(4)曾伯克父簋及(5)曾伯克父盨;言"追孝"者有(1)伯克父鼎、(2)曾伯克父簠及(4)曾伯克父簋。再從內容相關性角度來看,(1)伯克父鼎、(2)曾伯克父簠、(3)伯克父盨及(4)曾伯克父簋關聯皆較大,關係應較爲密切。所以單從銘文來看,雖有一些細微的差異,但並不能就此判定其原非同組器物。

(3)伯克父盨和(5)曾伯克父盨器形、銘文皆明顯有別,稱謂也略異。一般來講,盨作爲隨葬品一般爲2件,但也有例外,尤其是下文將要談到的曾國墓葬中,常有如80劉家崖"鼎2、鬲4、簋2"和桃花坡M1"鼎2、鬲4、簋4"這種某類器物的數量超過常規的現象(或用以代替另一種同類禮器),這種現象在東周時期南土地區屢見不鮮,所以也沒有什麼明確的根據斷定這4件盨原非同組。

關於此組器物的組合,《續編》云同坑出土有鼎、鬲、簠、盨、簋、鋪、盤、盂等同人所作之器數十件,香港某收藏家藏有鬲2、簋2、盨2、鋪1、盤1、盂1件[2]。加上《續編》著錄而此未述及的鼎1、簋1、盨1件,該組器物已知有鼎1、簋1、鬲2、簠2、盨甲2、盨乙1、鋪1、盤1、盂1件,共12器,對照同時期曾國墓葬的銅器組合情況來看,鼎、簋、盨、鋪一般皆爲2件,酒器中缺壺,壺通常也爲2件,因此,至少還有鼎、簋、盨、鋪各1件及2件壺流散,該組器物原始組合至少爲18件容器。不過這也衹是根據東周時期曾國墓葬中銅器的一般組合規律所作推斷,現實中往往會有一些反常規的現象,是否如此,還有待進一步驗證。

若按上述組合情況最全的可能計,即該組器物有:鼎2、簋2、鬲2、簠2、盨甲2、盨乙2、鋪2、壺2、盤1、盂1件。即使按最少的可能,即已知的12件計,與其年代接近、可資比照者有下列幾批比較完整的曾國銅器群材料。

---

[1] 吳鎮烽也認爲該組器屬曾國公室之器,參見《銘續》(第1卷),第1頁"前言"。隨州文峰塔墓地出土有"曾太宰"銘文青銅器,據發掘可知,該墓地係曾國公室墓地,"曾太宰"的身份也因此可以確定應係曾侯公室成員,可以佐證小文的有關推論。

[2] 《銘續》(第2卷),第281頁。

（a）蘇家壟，33件①：鼎9、鬲9、甗1、簋7、簠2、方壺2、盉1、盤1、匜1件，車馬器。

（b）72熊家老灣，9件②：鼎3、甗1、簋2、罍1、盤1、匜1件。

（c）80劉家崖，12件③：鼎2、鬲4、簋2、壺2、勺2件，編鈴及車馬器。

（d）何家台，13件④：鼎2、甗1、鬲4、簋2、壺2、盤1、匜1件，車馬器。

（e）桃花坡M1，13件⑤：鼎2、鬲4、簋4、壺1、盤1、匜1件，車馬器。

（f）周家崗，10件⑥：鼎2、鬲2、簋2、壺2、盤1、匜1件，車馬器。

比照可知，就數量和器類而言，（b）72熊家老灣、（f）周家崗明顯較少。（a）蘇家壟的數量遠遠超出伯克父銅器群，但器類和器種則近似。其他如（b）72熊家老灣、（c）80劉家崖、（d）何家台及（e）桃花坡M1器物數量皆較伯克父銅器群少，器種和器類也不如後者豐富和多樣。可見伯克父銅器群的等級當介於（a）蘇家壟與（b）72熊家老灣—（f）周家崗之間。需要指出者，以上各組除（b）72熊家老灣外，其他皆有車馬器等出土，推測伯克父銅器群原來也應有車馬器等，因盜掘而流散。

據以上分析，可知伯克父的地位當處於蘇家壟與劉家崖等銅器群器主之間。蘇家壟為9鼎7簋，據該墓所出曾侯仲子斿父鼎⑦銘可知，其墓主可能為曾侯一級。（b）72熊家老灣—（f）周家崗一般皆為2鼎2簋（72熊家老灣3鼎、桃花坡M14簋），據所出銅器銘文可知，72熊家老灣、80劉家崖、桃花坡M1及周家崗的墓主分別為曾仲大父螽、洴叔、䍩右及伯歸夆，其中周家崗墓葬還出土有2件曾大保嬭簋⑧，據各墓隨葬品數量和等級來看，墓主或係卿大夫一級。

因此，從器物群的組合情況來看，器主伯克父當位於曾侯與卿大夫之間；據器類和器種皆與蘇家壟曾侯墓所出者相類而較一般卿大夫墓所出者豐富和多樣，數量也較多等現象來看，伯克父的身份當非一般的卿大夫，而是或與曾侯關係密切，這與上文據銘文推定其或為姬姓曾人，係曾侯之近臣，地位較高等結論相符。

或以為器主係曾侯一級，但銘文"用饗百君子、辟王"及"釆夫無若，雍人孔臭"

---

① 湖北省文物考古研究所：《曾國青銅器》，文物出版社，2007年，第11～47頁。
② 湖北省文物考古研究所：《曾國青銅器》，文物出版社，2007年，第158～179頁。
③ 湖北省文物考古研究所：《曾國青銅器》，文物出版社，2007年，第195～208頁。
④ 湖北省文物考古研究所：《曾國青銅器》，文物出版社，2007年，第209～229頁。
⑤ 湖北省文物考古研究所：《曾國青銅器》，文物出版社，2007年，第231～251頁。
⑥ 湖北省文物考古研究所：《曾國青銅器》，文物出版社，2007年，第271～292頁。
⑦ 湖北省文物考古研究所：《曾國青銅器》，文物出版社，2007年，第11～17頁。
⑧ 湖北省文物考古研究所：《曾國青銅器》，文物出版社，2007年，第279～283頁。

等所表達的器主身份信息明顯與曾侯不合，口氣也完全不若曾侯；器物等級、數量及組合也明顯不夠侯器的規格，所以曾侯一級當可排除。結合其稱謂來看，器主很可能係曾侯之子。

總之，據該銅器群的器物組合情況和銘文內容，器主伯克父或爲曾侯之子，所任或係太宰、膳夫類掌饌之官，大夫級，作爲曾侯之近臣，其地位頗高。

綜上，本文對新著錄的一組曾伯克父甘婁銅器進行討論。對銘文有關文字如"得""叔""鎣""鏐""叕"等重加釋讀，對一些關鍵文句如"走追四方""用齋用爵/觶""采夫無若，雍人孔臭"等的理解提出了一些新的看法，藉此糾正了過去對有關銘文中相關文字文句的誤釋和誤讀。據銘文內容和該銅器群的器物組合情況，推定器主伯克父甘婁爲春秋初年的曾侯之子，所任或係太宰、膳夫類掌饌之官，大夫級，作爲曾侯之近臣，其地位頗高。

附記：小文草成後，見謝明文《曾伯克父甘婁簠銘文小考》（復旦大學出土文獻與古文字研究中心網站，2016年10月30日，http://www.gwz.fudan.edu.cn/SrcShow.asp?Src_ID=2925）及石小力《〈商周青銅器銘文暨圖像集成續編〉釋文校訂》（清華大學出土文獻研究與保護中心網站，2016年11月6日，http://www.ctwx.tsinghua.edu.cn/publish/cetrp/6841/20161106193606520128251/1478432241132）對曾伯克父簠銘皆有討論，謝文關於"邦"字的改釋、讀"爵/觶"爲"齍"、"采夫"爲"宰夫"、"臭"爲"懌"，以及石文對"雍人"的看法等，與小文近同，餘則多異。

2016年11月17日

再記：近日於新浪微博及微信平臺（東京中央春季拍賣｜赫赫宗周 鬱鬱周文——西周晚期曾伯克父青銅組器，https://mp.weixin.qq.com/s/SxSaChJju4BNNVy4sL8_ZA）見有網友發佈未著錄之曾伯克父諸器一組（圖一），曾伯克父甘婁鼎及銘文1（圖二，伯克父甘婁廼執干戈，用伐我仇敵。廼得吉金，用自作寶鼎，用享于其皇考，用受眉壽、黃耇，其萬年子孫永寶用享）、甗及銘文1（圖三，唯曾伯克父甘婁迺用作旅甗，子孫永寶）、盨及銘文2（甲盨蓋銘見於《續編》，器銘未公佈，圖五）、鑪及銘1（圖六，曾伯克父自作用鑪）、壺及銘文2（圖七，唯曾伯克父自作寶飲壺，用害（匃）眉壽、黃耇，其萬年子孫永寶用），另一簠銘（蓋銘，圖四）較《續編》著錄者清晰，器形亦係新公佈。據介紹此組器係民國時期收藏家所藏，當係故弄玄虛以隱匿真相，據器物看應係近年出土。目前所知該批器物有鼎2、甗1、簠2、鬲2、簋2、盨甲2、盨乙2、鋪2、鑪1、壺2、盤1、盉1件等，共20器（其中鬲及鋪未見），與《續編》云同坑出土有同人所作之器數十件尚有出入。略記於此。

2019年2月25日

附圖

圖一　曾伯克父諸器

圖二　伯克父甘婁鼎及銘文

第一章 銘文考釋　　　　　　　　　　　　　　　·27·

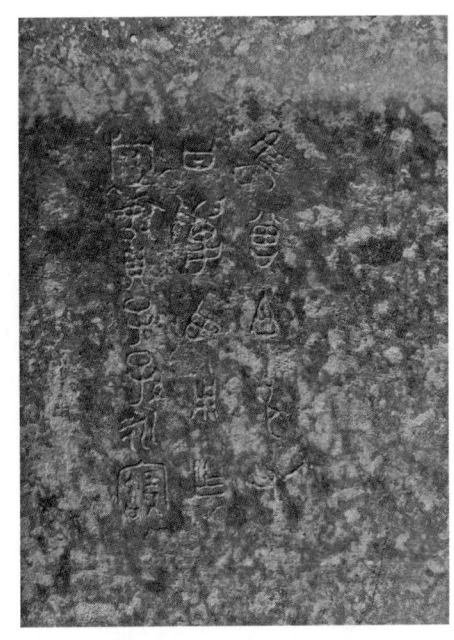

圖三　曾伯克父甘婁甗及銘文

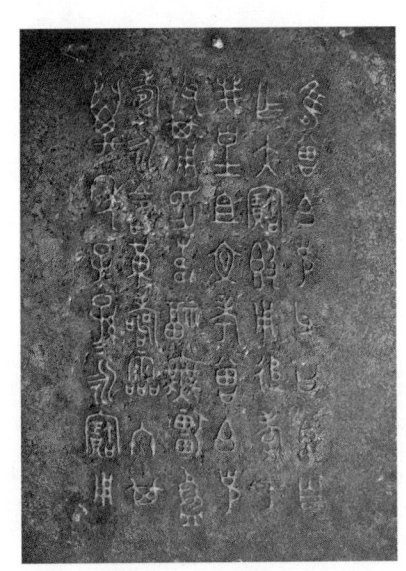

圖四　曾伯克父甘婁簋及銘文

圖五　曾伯克父甘婁盨及銘文

圖六　曾伯克父𦉥及銘文

第一章　銘文考釋　　　　　　　　　　　　　　　　　　　　　　　　　　　·29·

圖七　曾伯克父壺及銘文

第三節　讀新刊曾子叔嚭諸器

一

這裏擬討論的是《商周青銅器銘文暨圖像集成續編》著錄的一組曾子叔嚭銅器，先將有關銘文釋寫如下：

（1）叔嚭鼎[①]：大曾文之孫叔嚭之飤鼎。
（2）叔嚭甗[②]：大曾文之孫叔嚭自作飤甗，子子孫孫永保用之。
（3）叔嚭簠[③]：大曾文之孫孫叔嚭自作飤簠，子子孫孫永保用之。
（4）曾子叔嚭盤[④]：曾〔子叔嚭擇其吉金〕自作浣盤，其永寶用之。
（5）曾子叔嚭匜[⑤]：曾子叔嚭擇其吉金自作沬匜。

---

① 《銘續》（第1卷），第142、143頁第0139號。
② 《銘續》（第1卷），第379頁第0285號。
③ 《銘續》（第2卷），第230、231頁第0496號。
④ 《銘續》（第3卷），第277頁第0934號。
⑤ 《銘續》（第3卷），第356頁第0987號。

先看此組器物的年代。

叔嬭鼎子口內斂，圓腹，圜底，雙附耳，三蹄足；蓋面隆起，上有圈狀捉手，捉手有四個相對的穿孔，蓋上有一對寬大的附耳，與鼎體的附耳套合，蓋倒置後可作盤盞。蓋面和腹部箍棱以上飾如意形夔龍紋，箍棱之下飾三角紋。與該鼎形制、紋飾可資對比的典型材料有河南淅川下寺楚墓出土的以鄧鼎（M8：8）[①]、蔡子䣄鼎[②]及現分別藏於中國國家博物館和湖北省博物館的隨仲嬭加鼎[③]。以鄧鼎的年代爲春秋中期偏早後段；蔡子䣄鼎或認爲係春秋晚期器[④]，或定爲春秋末或春秋戰國之際，或定爲戰國早期[⑤]，殆以春秋晚期爲宜；隨仲嬭加鼎的年代一般認爲係春秋中期[⑥]，我曾有小文加以補充，論證其爲楚共王時器[⑦]，今由新見之加嬭簠[⑧]銘得以進一步印證[⑨]。總之，據有關材料，該鼎年代或應定爲春秋中期後段較妥。

叔嬭甗分體式，甗作盂形，直口，窄平沿，束頸，斂腹，一對附耳，平底有箅孔，下有子口套在鼎口內，頸飾蟠螭紋，肩下飾三角紋；下部作釜形鼎，侈口，圓腹，肩頸之間有一對斜耳，圜底，三蹄足，通體光素。可資對比者有楚王熊領甗[⑩]、王孫叔謣甗[⑪]及湖北隨州義地崗出土的曾公子棄疾甗（M6：6）[⑫]等。曾公子棄疾甗年代爲春秋晚期，其下部之鬲及蹄足的形制與叔嬭甗差別皆較明顯，二者年代當相距較遠。與其形制較爲接近的楚王熊領甗及王孫叔謣甗，年代也應相當。楚王熊領甗的楚

[①] 河南省文物研究所、河南省丹江庫區考古發掘隊、淅川縣博物館：《淅川下寺春秋楚墓》，文物出版社，1991年，圖版五。

[②] 故宮博物院：《故宮青銅器》，紫禁城出版社，1999年，第237頁231。

[③] 曹錦炎：《"曾"、"隨"二國的證據——論新發現的隨仲嬭加鼎》，《江漢考古》2011年第4期，圖一、圖二；中國國家博物館、中國書法家協會：《中國國家博物館典藏甲骨文金文集粹》，安徽美術出版社，2015年，第286～290頁69；《銘續》（第1卷），第251～253頁第0210號。

[④] 故宮博物院：《故宮青銅器》，紫禁城出版社，1999年，第237頁231。

[⑤] 黃錫全、劉江聲：《襄樊團山墓地出土一件蔡公子加戈》，《華學》（第九、十輯），上海古籍出版社，2008年。

[⑥] 曹錦炎：《"曾"、"隨"二國的證據——論新發現的隨仲嬭加鼎》，《江漢考古》2011年第4期；張昌平：《隨仲嬭加鼎的時代特徵及其他》，《江漢考古》2011年第4期。

[⑦] 黃錦前：《隨仲嬭加鼎補說》，《江漢考古》2012年第2期。

[⑧] 《銘續》（第1卷），第477頁第0375號。

[⑨] 《銘續》（第1卷），第13、14頁"前言"。

[⑩] 劉雨、嚴志斌：《近出殷周金文集錄二編》，中華書局，2010年，第145頁第124號。

[⑪] 《銘圖》（第7卷），第248、249頁03362號。

[⑫] 湖北省文物考古研究所、隨州市博物館：《湖北隨州義地崗曾公子去疾墓發掘簡報》，《江漢考古》2012年第3期，圖版五。

王熊領，學界看法不一①，嚴志斌贊同李零楚靈王熊虔說，可從②。楚靈王熊虔係春秋中期後段人，因此楚王熊領甗的年代也應定在春秋中期後段。王孫叔諲甗據器物形制和銘文字體，也不應晚於春秋中期。總之，據形制、紋飾並對照有關同類材料，叔蠧甗的年代應定在春秋中期後段爲允。

叔蠧簠直口，窄沿，斜壁，坦底，兩短壁各有一獸首耳，長方圈足呈坡狀外伸，每邊有一缺口，蓋與器形制、紋飾、大小相同，唯蓋沿每邊各有一獸面小卡扣。通體飾蟠螭紋。從形制角度講，這種型式的簠與春秋早期的簠如曾孟嬴剈簠③、曾伯克父簠④及春秋晚期的簠如曾公子棄疾簠⑤皆差別較大，而與春秋中期的簠如曾公子叔浸簠⑥則基本相差無幾，可見其年代應定爲春秋中期。結合紋飾來看，應以定爲春秋中期後段爲宜。

曾子叔蠧盤直口，淺腹，窄沿，方唇，底部平坦，下有三小足，一對環耳。《續編》所錄器形照片不完整，三足形制未知，故暫不作分析。但從盤銘"其永寶用之"，用"寶"而不用"保"，而叔蠧甗、叔蠧簠"子子孫孫永保用之"皆用"保"字的現象來看，其年代應不晚於春秋晚期，而又不早於春秋早期，即以定在春秋中期後段爲宜。

曾子叔蠧匜橫切面呈近桃形，口微斂，前有寬流槽，後有圓環鈕。與河南羅山高廟磚瓦廠墓出土的曾关臣匜形制近同⑦。曾关臣匜的年代爲春秋中期後段，曾子叔蠧匜的年代當與之相當。

綜上，據器物形制、紋飾及銘文用字等，該組器物的年代應以定在春秋中期後段爲宜。《續編》將其定爲春秋晚期前段，略偏晚。

---

① 有關說法可參見李零：《再論淅川下寺楚墓——讀〈淅川下寺楚墓〉》，《文物》1996年第1期；何琳儀：《楚王領鐘器主新探》，《東南文化》1999年第3期；鄒芙都：《楚系銘文綜合研究》，巴蜀書社，2007年，第43頁；李學勤：《有紀年楚簡年代的研究》，《文物中的古文明》，商務印書館，2008年；嚴志斌：《楚王"領"探討》，《考古》2011年第8期。

② 有關分析可參看黃錦前：《楚系銅器銘文新研》，吉林大學博士後出站報告，2012年，第277、278頁。

③ 湖北省文物考古研究所：《曾國青銅器》，文物出版社，2007年，第82、83頁。

④ 《銘續》第2卷，第281~286頁第0518、0519號。

⑤ 湖北省文物考古研究所、隨州市博物館：《湖北隨州義地崗曾公子去疾墓發掘簡報》，《江漢考古》2012年第3期，圖版四。

⑥ 《銘續》（第2卷），第251頁。

⑦ 湖北省文物考古研究所：《曾國青銅器》，文物出版社，2007年，第398頁。

二

再說銘文及有關問題。

該組器物銘文皆較爲簡質，但也有部分文字和文句值得分析討論。

曾子叔鬻盤銘《續編》釋作"曾子叔鬻自作浣盤，其永寶用之"，細看銘文照片，首列"曾子"字體較小，對照其他各列，其下尚有很大部分空間；次列端首之字和末端"自作"之間，也至少可容納三字。《續編》如此釋讀，很可能是將我們所說的頭兩列視爲一列，但據照片看這兩列的區分比較顯明，且第一列首字"曾"筆畫較爲清晰，第二列首字筆畫雖不甚清晰，但與首列之"曾"字無涉，亦較明顯。總之，銘文此處應係兩列而非一列文字，《續編》的處理和釋讀不可信。據有關文字的殘損筆畫，並對照曾子叔鬻匜銘，首列應係"曾子叔鬻"，第二列應爲"擇其吉金自作"，盤銘可釋作"曾〔子叔鬻擇其吉金〕自作浣盤，其永寶用之"。

曾子叔鬻匜銘末二字《續編》釋讀作"盥（沬）盈（匜）"，"沬"應係"沬"之誤植。"沬"字原篆作 ，寫法係首見，但對照 （毳盂①）、 （曾伯文簠②）、 （曾仲大父螽簠③）、 （陽飤生匜④）、 （陳逆簠⑤）等"沬"字的寫法來看，顯然是將"頁"下表人體之軀干部分移至表人面部分之上，並發生譌變，即因構件位移並譌變而導致，其實還應當分析爲从頁从皿，《續編》隸定作"盥"，顯誤。伯盥父簠⑥"盥"字作 ，其右上表眉毛部分與匜銘相關部分構形即截然不同。

"匜"字原篆作 ，寫法也較特別，但對照 （昶伯夏匜⑦）、 （蔡叔季之孫匜⑧）、 （賈子己父匜⑨）、 （荀侯稽匜⑩）等匜字的寫法，便也不難理解。該字

---

① 集成15.9442。
② 集成7.4053。
③ 集成8.4203。
④ 集成16.10227。
⑤ 集成7.4096。
⑥ 寶雞市考古研究所、扶風縣博物館：《陝西扶風五郡西村西周青銅器窖藏發掘簡報》，《文物》2007年第8期，圖三八，2。
⑦ 集成16.10237。
⑧ 集成16.10284。
⑨ 集成16.10252。
⑩ 集成16.10232。

應分析爲从它（或也）从皿，上部即匜之象形。《續編》謂其上部从易，恐非。

叔齎簠器主自稱"大曾文之孫孫叔齎"，"孫"下有重文號，器、蓋銘皆較明顯，衍誤可能性不大。對照哀鼎①"曩晏甥之孫孫哀""孫"下亦有重文號來看，應非衍誤。又河南南陽八一路中原機械工業學校建設工地M6出土的雌盤②銘曰"臧（莊）君之子子逃之子雌"，亦可佐證簠銘云"孫孫"不誤。《續編》將叔齎簠命名爲"孫叔齎簠"，據上下文義，顯然不妥。叔齎鼎和叔齎甗銘文照片不甚清晰，不能肯定"孫"下是否有重文號，但對照叔齎簠銘，或亦有重文號。即便沒有，也並不影響對銘文的理解。

叔齎簠"大曾文之孫孫叔齎"，可見器主叔齎係"大曾文"之"孫孫"，所謂"孫孫"，即孫之孫，亦即器主係"大曾文"之玄孫。《爾雅·釋親》："孫之子爲曾孫，曾孫之子爲玄孫。"郭璞注："玄者，言親屬微昧也。"那麼"大曾文"究竟是誰呢？下面進行分析。

三

所謂"大曾文"，"大"係敬詞。《史記·樗里子甘茂列傳》："大項橐生七歲爲孔子師。"司馬貞索隱："尊其道德，故云'大項橐'。"甲骨、金文（如何尊③）有"大邑商"，後世文獻有大秦、大漢、大唐、大宋，等等。"文"據上下文並對照同時期同類銘文材料，應係曾侯一類貴族的諡號或名字。結合器物年代，很可能即指曾國銅器銘文中的"曾伯文"。

曾伯文的銅器過去出土有4件簠④和1件罍⑤，係1970年湖北隨縣熊家老灣出土。簠弇口，鼓腹，子母口，獸首耳，下有垂珥，獸角呈螺旋形，蓋面隆起，上有圈狀捉手，矮圈足連鑄三獸面扁足。圈足飾重環紋，蓋口沿和器口沿飾大小相間的重環紋，蓋上和器腹飾瓦溝紋。罍侈口，長頸，折肩，收腹，小平底，肩上有一對環耳（耳殘經修補），蓋面高浮雕雙身龍，蟠曲於獸身上，周圍有四小龍卷曲環繞。肩飾蟠龍紋。此組器物年代一般認爲係西周晚期⑥，或將簠定爲西周晚期，而將罍定爲春秋早

---

① 吳鎮烽：《近年新出現的銅器銘文》，《文博》2008年第2期，圖一三；封二，5。
② 資料現存南陽市文物考古研究所，詳黃錦前：《雌盤考釋》，《考古與文物》2020年第1期。
③ 集成11.6014。
④ 集成7.4051、4052、4053；湖北省文物考古研究所：《曾國青銅器》，文物出版社，2007年，第144~148頁。
⑤ 集成16.9961；湖北省文物考古研究所：《曾國青銅器》，文物出版社，2007年，第149~153頁。
⑥ 如湖北省文物考古研究所：《曾國青銅器》，文物出版社，2007年，第144、151頁。

期①。據相關同類器物，應以定爲春秋初年爲宜。其銘文分別作：

唯曾伯文自作寶簠，用錫眉壽、黃耇，其萬年子子孫孫永寶用享。
唯曾伯文自作厥飲𬭚，用征行。

兩周金文中稱"曾伯"者相關材料還有：

（1）曾伯爵②：曾伯作西宮寶尊彝。西周早期（康王）
（2）曾伯霥簠③：唯王九月初吉庚午，曾伯霥慎聖元武，元武孔黹，克逖淮夷，抑燮繁湯，金道錫行，具既卑方。余擇其吉金黃鋁，余用自作旅簠，以征以行，用盛稻粱，用孝用享于我皇祖文考。天錫之福，曾伯霥遐不黃耇，萬年眉壽無疆，子子孫孫永寶用之享。春秋早期
（3）曾伯陭壺④：唯曾伯陭廼用吉金鐈鋚，用自作醴壺，用饗賓客，爲德無瑕，用孝用享，用錫眉壽，子子孫孫用受大福無疆。春秋早期
（4）曾伯陭鉞⑤：曾伯陭鑄毀鉞，用爲民，刑非歷，殹（繫）刑爲民政。春秋早期
（5）曾伯從寵鼎⑥：唯王十月既吉，曾伯從寵自作寶鼎，用。春秋早期
（6）曾伯鬲⑦：曾伯……寶尊鬲，其萬年永寶用。春秋早期

（1）曾伯爵（M107∶12）係隨州葉家山曾國墓地出土，"曾伯"應即首封曾侯"南

---

① 如中國社會科學院考古研究所：《殷周金文集成》（第七冊），中華書局，2007年，第38頁"銘文說明"；中國社會科學院考古研究所：《殷周金文集成》（第十六冊），中華書局，1994年，第19頁"銘文說明"。
② 湖北省文物考古研究所、隨州市博物館、出土文獻與中國古代文明研究協同創新中心：《湖北隨州葉家山M107發掘簡報》，《江漢考古》2016年第3期。
③ 集成9.4631、4632；湖北省文物考古研究所：《曾國青銅器》，文物出版社，2007年，第440、441頁。
④ 集成15.9712；湖北省文物考古研究所：《曾國青銅器》，文物出版社，2007年，第118~120頁；http://collection.imamuseum.org/artwork/32833/index.html#labeltxt。
⑤ 湖北省文物考古研究所：《曾國青銅器》，文物出版社，2007年，第114~117頁。銘文改釋詳參黃錦前：《曾伯陭鉞銘文新釋》，未刊稿。
⑥ 集成5.2550；湖北省文物考古研究所：《曾國青銅器》，文物出版社，2007年，第423、424頁。
⑦ 隨州市考古隊：《湖北隨州義地崗又出土青銅器》，《江漢考古》1994年第2期，圖三；湖北省文物考古研究所：《曾國青銅器》，文物出版社，2007年，第331~333頁。

宫"子、第二代曾侯伯生，我曾有小文討論①，不贅述。（2）曾伯黍簠從銘文内容和作器者的口氣來看，曾伯黍應係曾侯無疑②。（3）曾伯陭壺和（4）曾伯陭鉞據銘文内容如"爲德無瑕""用爲民，刑非歷，殹（繄）刑爲民政"等，應係曾侯一級。曾伯陭鉞（M21∶9）係2002年湖北棗陽郭家廟曾國墓地出土，體呈雲頭形，弧刃，兩翼作圓頭微向内卷，中有長方體柄，上薄下厚呈楔形，中空成銎，以安木柄。據有關考古材料，此類鉞一般皆爲王侯所用。結合其所自出的墓葬等材料，曾伯陭應係一代曾侯無疑③。（5）曾伯從寵鼎、（6）曾伯鬲據同類材料對比，器主很可能也爲曾侯。金文中諸侯國國君稱侯又稱伯者也不乏其例，如應國國君，所見就有稱"應公""應侯"及"應伯"者，同樣的情形又見於晉國，例多不贅舉。

　　比照可知，曾伯文很可能亦係一代曾侯。曾伯文簠等所自出的70熊家老灣墓葬，除上揭簠和鑪外，還出土有一件垂鱗紋方卣④。該墓早年曾被破壞，"這應當不是該器群完整的組合形式"⑤，所以單憑現有的情況推測"原組合形式可能有五鼎四簠"⑥，未必可靠。換言之，該墓墓主不排除爲曾侯一級的可能。

　　若以上分析不誤，曾伯文之玄孫當係其自身以下的第五代，按一代30年計，五代約150年，上述曾伯文諸器年代爲春秋早期，則其玄孫約當生活在公元前600年左右，這與上文據器形、紋飾及銘文等判定該組器物的年代爲春秋中期後段基本吻合。

　　綜上，據年代、稱謂及相關材料繫聯，叔鬲諸器的"大曾文"很可能即曾伯文諸器的"曾伯文"⑦。

　　叔鬲鼎、甗及簠器主自稱"大曾文之孫孫叔鬲"，曾子叔鬲盤和匜則稱"曾子叔鬲"，可見以往常見的東周時期曾國銅器銘文中稱"曾子"者，其身份皆爲曾國公室。同樣，東周時期楚國銅器銘文中常見的稱"楚子"者，其身份皆爲楚國公室。

---

① 黃錦前：《西周早期曾侯世系與葉家山三座大墓的年代和墓主》，《南方文物》2019年第3期。
② 詳黃錦前：《曾伯黍簠爲姬姓曾器申論》，未刊稿。
③ 襄樊市考古隊、湖北省文物考古研究所、湖北孝襄高速公路考古隊：《棗陽郭家廟曾國墓地》，科學出版社，2005年，第322~324頁；張昌平：《曾國青銅器研究》，文物出版社，2009年，第189頁。
④ 鄂兵：《湖北隨縣發現曾國銅器》，《文物》1973年第5期；湖北省文物考古研究所：《曾國青銅器》，文物出版社，2007年，第144~157頁。
⑤ 湖北省文物考古研究所：《曾國青銅器》，文物出版社，2007年，第157頁。
⑥ 湖北省文物考古研究所：《曾國青銅器》，文物出版社，2007年，第157頁。
⑦ 吳鎮烽也認爲"大曾文"極有可能指曾伯文，不過其具體看法與本文迥異，參見《銘續》（第1卷），第2頁"前言"。

楚子棄疾簠①的"楚子棄疾"即後即位爲王的楚共王子楚平王、楚子黑臀戈②之"楚子黑臀"即見於《左傳》襄公二十七年的楚共王子"黑肱"等均可證。這對稱"楚子""曾子"等器主身份的認定及有關古文字資料的理解皆有重要意義。這些稱"曾子"或"楚子"者，未必皆爲級别很高的貴族，但皆係曾侯或楚王之族，則可以肯定。如同楚國銅器銘文中常見的稱"競之×""昭之×"等係楚平王和昭王之族人，但也有像夕陽坡簡③"士尹昭④王之上"這種等級可能並不太高者。有關情況較爲複雜，擬另文再議，此不贅述。

四

下面再簡單討論該組器物的組合情況。爲便於討論，先將時代相當、可資比照的幾批比較完整的曾國銅器群材料列舉如下：

（a）蘇家壟，33件⑤：鼎9、鬲9、甗1、簠7、鋪2、方壺2、盉1、盤1、匜1件，車馬器。

（b）段營，9件⑥：鼎3、簠4、壺2件，兵器及車馬器。

（c）72熊家老灣，9件⑦：鼎3、甗1、簠2、罍1、盤1、匜1件。

（d）80劉家崖，12件⑧：鼎2、鬲4、簠2、壺2、勺2件，編鈴及車馬器。

（e）何家台，13件⑨：鼎2、甗1、鬲4、簠2、壺2、盤1、匜1件，車馬器。

（f）桃花坡M1，13件⑩：鼎2、鬲4、簠4、壺1、盤1、匜1件，車馬器。

---

① 《中國青銅器全集》編輯委員會：《中國青銅器全集》（第10卷），文物出版社，1998年，二五。

② 《銘續》第4卷，第116頁第1155號；黄錫全：《介紹一件新見楚子黑臀戈》，《古文字研究》（第31輯），中華書局，2016年。

③ 湖南省常德市文物局、常德博物館：《沅水下游楚墓》，文物出版社，2010年，彩版一五。

④ 董珊：《出土文獻所見"以謚爲族"的楚王族——附說〈左傳〉"諸侯以字爲謚因以爲族"的讀法》，《出土文獻與古文字研究》（第二輯），復旦大學出版社，2008年。

⑤ 湖北省文物考古研究所：《曾國青銅器》，文物出版社，2007年，第11～47頁。

⑥ 湖北省文物考古研究所：《曾國青銅器》，文物出版社，2007年，第51～63頁。

⑦ 湖北省文物考古研究所：《曾國青銅器》，文物出版社，2007年，第158～179頁。

⑧ 湖北省文物考古研究所：《曾國青銅器》，文物出版社，2007年，第195～208頁。

⑨ 湖北省文物考古研究所：《曾國青銅器》，文物出版社，2007年，第209～229頁。

⑩ 湖北省文物考古研究所：《曾國青銅器》，文物出版社，2007年，第231～251頁。

（g）周家崗，10件①：鼎2、甗2、簠2、壺2、盤1、匜1件，車馬器。

該組器物目前所見有鼎、甗、簠、盤、匜各1件。甗、盤、匜一般皆爲1件。就銘文所述器主的身份而言，鼎可能不止1件。這種形制的鼎較爲少見，上述可資對照者有下寺楚墓出土的以鄧鼎和蔡子枒鼎，以鄧的身份據以鄧鼎、匜②"楚叔之孫以鄧"可知其爲楚國公室。蔡子枒鼎③的"枒"張亞初謂應讀爲"散"，蔡散疑即蔡景侯固（或作"同"），"固"或"同"與散字義相關，很可能散與"固"或"同"是一名、一字。銘文的年代與蔡景侯的年代亦相合④。據上文有關討論，或未必。蔡子枒很可能亦應係蔡國公室。從這個角度來看，這種形制的鼎等級一般較高。

簠一般爲2件或更多，皆爲偶數。據以往所見時代相當較完整的曾國貴族墓葬銅器組合情況，可能還有壺1件或2件。

總之，目前所知的這批器物當非完璧，還有一些器物流散。

最後對以上所論略作總結。本文對新著錄的一組曾子叔齋銅器進行討論。據器物形制、紋飾及銘文等判定該組器物的年代爲春秋中期後段。據年代、稱謂及相關材料繫聯，叔齋諸器的"大曾文"很可能即曾伯文諸器的"曾伯文"。據銘文可知，以往常見的東周時期曾國銅器銘文中稱"曾子"者，其身份皆爲曾國公室，稱"楚子"者皆係楚國公室。這對稱"楚子""曾子"等器主身份的認定及有關古文字資料的理解皆有重要意義。通過與時代相當的幾批比較完整的曾國銅器群材料比照可知，這批器物當非完璧。

附記：關於東周銅器銘文中常見的"曾子""楚子"等稱謂的理解，拙文《"曾子""楚子"及"曾伯/仲/叔/季"等稱謂及其身份》（未刊稿）又有進一步討論，認爲稱"曾子"者，器主係曾侯之子，"曾子"或可視爲"曾公子""曾侯子"及"曾太子"等的省稱，又常在"曾子"和人名之間加"伯/仲/叔/季"等以示排行；稱"曾伯/仲/叔/季"者一般爲曾侯及公室。稱"曾孫"者，一般皆爲曾侯之孫，亦常在"曾孫"和人名之間加以"伯/仲/叔/季"等以排行。稱"楚子"者，器主皆係楚王之子，而楚王之孫一般則稱"王孫"。推而廣之，東周時期南土銅器銘文中的"蔡子""黃子""鄧子""鄀子""養子"等，亦應係各國公室；金文中凡稱"國族名+伯/仲/叔/

---

① 湖北省文物考古研究所：《曾國青銅器》，文物出版社，2007年，第271～292頁。
② 河南省文物研究所、河南省丹江庫區考古發掘隊、淅川縣博物館：《淅川下寺春秋楚墓》，文物出版社，1991年，第8頁圖五，第16頁圖一一。
③ 集成4.2087。
④ 張亞初：《蔡國青銅器銘文研究》，《文物研究》（第7輯），黃山書社，1991年。

季"者，器主一般皆爲該國族的公室。

2017年6月15日

第四節　曾卿事季宣簠考釋

2015年元旦，網友"@融齋朱冰"[①]在其微博上公佈了一件自藏的"曾卿簠"全形拓圖像資料。

該簠斂口，鼓腹，龍首雙耳，方形垂珥，圈足沿外侈，連鑄三獸面扁足，蓋面呈覆瓦形，上有圈狀捉手。通體飾瓦溝紋（圖一）。與之形制、紋飾皆近者，有1966年湖北京山蘇家壟出土的鼄乎簠[②]等，年代爲春秋早期前段。

此全形拓祇見一篇銘文拓本，不知是蓋銘還是器銘，銘作（圖二）：

唯曾卿事季宣用其吉金，自作寶簠，用享于皇祖文考，子孫用。

其中"事"字原篆作▨，从"聿"，此種寫法係首見。"宣"字原篆作▨，下从"廾"，亦係首見。

"祖"字原篆作▨，或釋作"白"，讀作"伯"，不辭。對照下列有關文例：

(1) 鼄乎簠[③]：用享孝皇祖文考，用匄眉壽、永命。

(2) 曾伯霖簠[④]：余用自作旅簠，以征以行，用盛稻粱，用孝用享于我皇祖文考。

(3) 曾大保簠[⑤]：曾大保嬛用吉金，自作寶簠，用享于其皇祖文考，子子孫孫永用之。

---

① 該微博鏈接爲：http://weibo.com/rongzhaizhubing?from=feed&loc=nickname&is_all=1。
② 湖北省博物館：《湖北京山發現曾國銅器》，《文物》1972年第2期；湖北省文物考古研究所：《曾國青銅器》，文物出版社，2007年，第24～29頁；湖北省博物館：《湖北出土文物精粹》，文物出版社，2006年，第83頁47。
③ 《文物》1972年第2期，第53頁圖十三；集成8.4157、4158。
④ 集成9.4631、4632；湖北省文物考古研究所：《曾國青銅器》，文物出版社，2007年，第440、441頁。
⑤ 隨州市博物館：《湖北隨縣發現商周青銅器》，《考古》1984年第6期；集成7.4054；陳偉武：《兩件新見曾國銅器銘文考述》，《中山大學學報》（社會科學版）2009年第5期；湖北省文物考古研究所：《曾國青銅器》，文物出版社，2007年，第279～283頁。

（4）曾者子𤔲鼎①：曾者子𤔲用作𩱦鼎，用享于祖，子子孫孫永壽。

可知應釋作"祖"，字当係"祖"之訛或範損所致。不過從金文中也有幾列類似寫法的"祖"字，如 ▨（祖甲爵②）、▨、▨③及 ▨（伯家父簋蓋④）等來看，或本不誤。

文字方面的問題大致如此。辭例方面，通常所見者，銘末一般爲"子孫用之"之類，而該銘無"之"而徑作"子孫用"，亦係首見。

下面着重要討論的，是作器者"曾卿事季宣"的身份問題。

首先需要說明者，按照一般名從主人的命名原則，該器不應稱作"曾卿簋"，而以稱"曾卿事季宣簋"爲允。

銘曰"曾卿事季宣"，"卿事"應係職官名，"宣"係私名，"季"或係排行，或係氏名。《左傳》載春秋早期曾國有大夫曰"季梁"，即係季氏。另出土銅器銘文如曾師季怡盤⑤"曾師季怡"的"季怡"、周王孫戈⑥"周王孫季怡"、曾大攻尹戈⑦"穆侯之子西宮之孫曾大工尹季怡"的"季怡"等，亦皆係季氏之人⑧。對照可知，"季"當係其排行兼氏稱，係曾國公室。

曾國的職官，過去所見主要有大司馬（隨大司馬嘉有戈⑨、曾大司馬國鼎⑩、曾大

---

① 集成5.2563；湖北省文物考古研究所：《曾國青銅器》，文物出版社，2007年，第436頁。
② 集成13.7846。
③ 董蓮池：《新金文編》，作家出版社，2011年，第28、29頁。
④ 集成8.4156。
⑤ 集成16.10138；湖北省文物考古研究所：《曾國青銅器》，文物出版社，2007年，第444頁。
⑥ 隨縣博物館：《湖北隨縣城郊發現春秋墓葬和銅器》，《文物》1980年第1期，第37頁圖七，2、3；集成17.11309；湖北省文物考古研究所：《曾國青銅器》，文物出版社，2007年，第317、318頁；湖北省博物館：《湖北出土文物精粹》，文物出版社，2006年，第104、105頁58。
⑦ 《文物》1980年第1期，第37頁圖八，2、3；集成17.11365；湖北省文物考古研究所：《曾國青銅器》，文物出版社，2007年，第319、320頁。
⑧ 周王孫戈、曾大攻尹戈"季怡"的"季"非氏稱，而應係排行，簋銘的"季"應係排行兼氏稱，詳黃錦前：《據人名稱謂例談對曾國銅器銘文中有關人物身份的理解》，未刊稿。
⑨ 湖北省文物考古研究所、隨州市博物館：《湖北隨州市文峰塔東周墓地》，《考古》2014年第7期。
⑩ 《考古》2014年第7期，第25頁圖一七。

司馬伯國簠[①]）、太保（曾大保簠、曾大保盨盆[②]）、太師（曾太師樂與鼎[③]、曾太師奠鼎[④]）、少師（曾侯乙177、210號簡[⑤]；《左傳》桓公六年："隨人使少師董成"，杜預注："少師，隨大夫。"）、師（曾師季萪盤）、少宰（曾少宰黃仲酉鼎、甗、簠、方壺、盤、匜等[⑥]）、大工尹（曾大攻尹戈、曾工尹喬缶[⑦]）、大沈尹（曾大沈尹壺[⑧]）、闇尹（闇尹䑁鼎[⑨]）、都尹（曾都尹法簠[⑩]）等，我們曾有初步討論[⑪]，隨著近年新材料的不斷出現，有進一步深入總結討論的必要。

"卿事"在曾國器銘中係首見，但屢見於較早的商周時期銅器銘文，如：

（1）小子𪓓簋[⑫]：乙未，卿事錫小子𪓓貝二百，用作父丁尊簋，𢦏。商代晚期

（2）𩵦伯豐鼎[⑬]：唯十月既生霸甲辰，在成周，窔史至，以茲命曰：內史曰：告𩵦伯，叔！伯氏宕。卿事司曰：俞，今我既即令曰，先王令尚付。西周早期

---

① 《考古》2014年第7期，第26頁圖一九，4。

② 集成16.10336；韓自強、劉海洋：《近年所見有銘銅器簡述》，《古文字研究》（第24輯），中華書局，2002年；湖北省文物考古研究所：《曾國青銅器》，文物出版社，2007年，第416～420頁。

③ 湖北省文物考古研究所：《曾國青銅器》，文物出版社，2007年，第4～7頁。

④ 《中國青銅器全集》編輯委員會：《中國青銅器全集》（第10卷），文物出版社，1998年，九。河南省文物考古研究所、南陽市文物考古研究所、淅川縣博物館：《淅川和尚嶺與徐家嶺楚墓》，大象出版社，2004年，彩版二；第12頁圖一〇。湖北省文物考古研究所：《曾國青銅器》，文物出版社，2007年，第401～403頁。

⑤ 湖北省博物館：《曾侯乙墓》（下冊），文物出版社，1989年，圖版二二四、圖版二三〇。

⑥ 湖北省文物考古研究所、隨州市曾都區考古隊、隨州市博物館：《湖北隨州義地崗墓地曾國墓1994年發掘簡報》，《文物》2008年第2期；湖北省文物考古研究所：《曾國青銅器》，文物出版社，2007年，第338～351頁。

⑦ 《考古》2014年第7期，第27頁圖二五；圖二六，1。

⑧ 《銘圖》（第22卷），第99、100頁第12225、12226號。

⑨ 河南省文物考古研究所、南陽市文物考古研究所、淅川縣博物館：《淅川和尚嶺與徐家嶺楚墓》，大象出版社，2004年，彩版一一，3；第27頁圖二五。

⑩ 隨州市博物館：《湖北隨州市安居鎮發現春秋曾國墓》，《江漢考古》1990年第1期，圖版一，5；隨州市博物館：《隨州出土文物精粹》，文物出版社，2009年，第112頁118；湖北省文物考古研究所：《曾國青銅器》，文物出版社，2007年，第266～269頁。

⑪ 黃錦前：《楚系銅器銘文研究》，安徽大學博士學位論文，2009年，第205、206頁。

⑫ 集成7.3904。

⑬ 《銘圖》（第5卷），第247、248頁第02426號。

（3）矢令方尊①、矢令方彝②：唯八月，辰在甲申，王命周公子明保尹三事四方，授卿事寮。丁亥，令矢告于周公宫，公令誕同卿事寮。唯十月月吉癸未，明公朝至于成周，誕命舍三事令，眔卿事寮、眔諸尹、眔里君、眔百工、眔諸侯：侯、田、男，舍四方令。西周早期

（4）番生簋蓋③：王命緫司公族、卿事、太史寮……西周中期

（5）毛公鼎④：王曰：父厝，已曰及茲卿事寮、太史寮于父即尹，命汝緫司公族，與參有司、小子、師氏、虎臣，與朕褻事，以乃族捍敔王身。西周晚期

（6）伯公父簠⑤：我用紹卿事、辟王，用紹諸考、諸兄。西周晚期

（7）叔多父盤⑥：能多父眉壽考事，利于辟王、卿事、師尹、朋友、兄弟、諸子婚媾。西周晚期

（8）伯碩父鼎⑦：唯王三月初吉辛丑，伯碩父作尊鼎，用道用行，用孝用享于卿事、辟王、庶弟、元兄。春秋早期

諸銘的"卿事"，文獻作"卿士"，孫詒讓認爲"卿士爲孤（即執政之卿）而亦爲諸卿之通稱"。綜合來看，"卿士"一詞有廣狹兩義，廣義泛指眾卿，狹義專指執政之卿⑧。

前者如《書·牧誓》："是信是使，是以爲大夫卿士。"孫星衍疏："大夫卿士不云卿大夫士，蓋以此士，卿之屬也。"《史記·宋微子世家》："殷既小大好草竊姦宄，卿士師師非度，皆有罪辜，乃無維獲，小民乃並興，相爲敵讎。"上揭例（3）~（8）應如此理解。

後者如《左傳》隱公三年："鄭武公、莊公爲平王卿士。"杜預注："卿士，王卿之執政者。"《詩·小雅·十月之交》："皇父卿士，番維司徒。"朱熹集注："卿士，六卿之外，更爲都官，以緫六官之事也。"《史記·周本紀》："厲王不聽，卒以

---

① 集成11.6016。
② 集成16.9901。
③ 集成8.4326。
④ 集成5.2841。
⑤ 集成9.4628。
⑥ 《銘圖》（第25卷），第581~583頁第14532、14533號。
⑦ 《銘圖》（第5卷），第267、268頁第02438號。
⑧ 李學勤：《論卿事寮、太史寮》，《松遼學刊》1989年第3期，後以《卿事寮、太史寮》爲題輯入氏著《綴古集》，上海古籍出版社，1998年。

榮公爲卿士，用事。"對照可知，上揭例（1）和（2）的"卿事"應如是解。

從上引諸銘中常與"卿事"並列者諸如"辟王""師尹""太史""內史""諸尹""里君""百工""諸侯"等來看，"卿事"的地位應較高。

僚謂"同官""僚友"。《詩·大雅·板》："我雖異事，及爾同寮。"毛傳："寮，官也。"《禮記·曲禮上》："夫爲人子者，三賜不及車馬，故州閭鄉黨稱其孝也，兄弟親戚稱其慈也，僚友稱其弟也，執友稱其仁也，交遊稱其信也。"鄭玄注："僚友，官同者。執友，志同者。"

矢令方尊、方彝"王命周公子明保尹三事四方，授卿事寮"，可見"卿事寮"應係其屬官。下文接著又對上文作進一步具體說明和解釋："誕命舍三事令，眔卿事寮、眔諸尹、眔里君、眔百工、眔諸侯：侯、田、男，舍四方令。""三事"，即後世所謂"三公"。《詩·小雅·雨無正》："三事大夫，莫肯夙夜。"孔穎達疏："三事大夫爲三公耳。"《漢書·韋賢傳》："天子我監，登我三事。"顏師古注："三事，三公之位，謂丞相也。"據該銘，"卿事寮""諸尹""里君""百工"等，應即"三事"的屬官。"四方"，指四方諸侯之國。《詩·大雅·下武》："受天之祐，四方來賀。"孔穎達疏："武王既受得天之祐福，故四方諸侯之國皆貢獻慶之。"《左傳》襄公二十六年："今楚多淫刑，其大夫逃死于四方，而爲之謀主，以害楚國，不可救療。"《論語·子路》："子曰：'誦詩三百，授之以政，不達；使於四方，不能專對，雖多，亦奚以爲！'"因此，所謂"尹三事四方"，用現在的話說，就是主管內政、軍事、外交及王室一切大小事務。從周公子明保的身份及其職掌來看，其屬官"卿事寮"亦當係顯職。

毛公鼎銘曰王命毛公"抄茲卿事寮、太事寮于父即尹"，命其"總司公族，與叁有司、小子、師氏、虎臣，與朕褻事，以乃族捍敔王身"，"叁有司"，即文獻的"三司"，亦即矢令方尊、方彝及古書中的"三事"，後世稱"三公"。《後漢書·順帝紀》："今刺史、二千石之選，歸任三司。"李賢注："三司，三公也，即太尉、司空、司徒也。"其位高權重，與矢令方尊、方彝所云"王命周公子明保尹三事四方"之權力可謂不相上下，但亦有別，即祇"尹三事"而不尹"四方"。番生簋蓋銘云王命番生"總司公族、卿事、太史寮"，其職掌相對更少。

從矢令方尊、方彝"尹三事四方，授卿事寮"及与矢、毛公、番生等人的職掌、身份等對照可知，杜預注云"卿士"乃"王卿之執政者"，朱熹云"更爲都官，以總六官之事也"等，其說併可信。

那麼這個"曾卿事季宣"究竟是誰呢？我們推測其可能即上述春秋時曾國著名的大夫季梁。下面試作討論。

首先，季梁事跡見於《左傳》桓公六年、八年等，魯桓公六年、八年分別即公元前706年、公元前704年，亦即季梁的主要活動年代，在公元前700年左右，係春秋早期人，與上揭簋的年代爲春秋早期前段相吻合。

其次，簋銘"曾卿事季宣"，據上文對"卿事"職掌及身份分析，又上引《左傳》桓公六年杜預注"季梁，隨賢臣"，以及《左傳》桓公六年、八年所記其在楚武王兩次伐隨時的作爲及諫隨侯等行爲所體現的身份來看，二者相當吻合。

最后，"宣"爲心母元部字，"梁"是來母陽部字，二者聲紐分別係齒音和舌音，屬鄰紐，關係較爲密切，韻爲通轉，於音理有相通的可能。但暫時還未找到合適的書證，因而有待進一步驗證。

要之，簋銘的"曾卿事季宣"，或即見於《左傳》被杜預稱爲"隨賢臣"的季梁。

果如此，則此簋對曾國歷史文化和曾、楚銅器斷代等相關研究而言，其意義是不言而喻的。

附記：2014年10月10～12日在廣州和東莞召開的"紀念容庚教授誕辰120周年學術研討會暨中國古文字研究會第20屆年會"上，張光裕教授提交的《淺談新見曾國青銅器銘的"卿事"》一文（http://www.gwz.fudan.edu.cn/srcShow_NewsStyle.asp?Src_ID=2342），未見公開發表，在《古文字研究》（第30輯）附《紀念容庚教授誕辰一百二十周年學術研討會暨中國古文字研究會第二十屆年會散發論文》裏，該文也祇有存目，不知道張文所談的"新見曾國青銅器銘"和本文討論的曾卿事季宣簋是否爲一器。

2016年2月3日

再記：剛剛出版的《商周青銅器銘文暨圖像集成續編》著錄有一組曾卿事宣（窡）之器，計有曾卿事宣鼎3件（第1卷，第162～164頁第0155～0157號）、曾卿事奐䖻2件（第1卷，第331～334頁第0250、0251號）、曾卿事奐簋1件（第2卷，第79～81頁第0427號）、曾季卿事奐壺2件（第3卷，第118、119頁第0835號。另一件未著錄），其中除鼎外，其他諸器作器者名與本文所討論的簋銘寫法皆有異，簋銘與此簋銘文亦有別，但該組器與此簋係一人之器無疑。對照此組器物可知，所謂的"宣"很可能即係"窡"字。有關問題將由另文《續論曾卿事宣諸器》討論，茲不贅述。

2016年10月26日

附圖

圖一　曾卿事季宣簠　　　　　　圖二　曾卿事季宣簠銘文

第五節　續論曾卿事宣諸器

此前，我曾對新近出現的曾卿事季宣簠銘文有初步考釋[①]，剛出版的吳鎮烽《商周青銅器銘文暨圖像集成續編》（下文簡稱"《續編》"）又著錄了一組曾卿事宣銅器，本文擬在前文的基礎上作進一步討論。

一

先將有關銘文釋寫如下：

（1）曾卿事宣鼎[②]：唯曾卿事宣用其吉金，自作薦鼎。
（2）曾卿事梁鬲[③]：曾卿事梁自作薦鬲，用享。
（3）曾卿事梁簠[④]：唯曾卿事梁用吉金自作寶簠，用享于朕文考，用錫

---

① 黃錦前：《曾卿事季宣簠考釋》，《楚學論叢》（第七輯），湖北人民出版社，2018年。
② 《銘續》（第1卷），第162～164頁第0155～0157號。
③ 《銘續》（第1卷），第331～334頁第0250、0251號。
④ 《銘續》（第2卷），第79～81頁第0427號。

眉壽，子子孫孫永寶。

（4）曾卿事季宣簠[①]：唯曾卿事季宣用其吉金，自作寶簠，用享于皇祖文考，子孫用。

（5）曾季卿事奐壺[②]：唯曾季卿事奐用其吉金，自作寶醴壺，子子孫孫用享。

先說器物年代問題。

（1）曾卿事宣鼎體呈半球形，直口，圜底，窄沿，方唇，立耳，三蹄足。頸飾大小相間的重環紋，腹飾環帶紋。《續編》定其年代爲西周晚期或春秋早期。該鼎與曾伯從寵鼎[③]、曾仲子敔鼎[④]形制、紋飾均近，應爲春秋早期前段器。

（2）曾卿事梁鬲侈口，寬沿，折肩，分襠，三款足。頸飾簡化竊曲紋。形制、紋飾與湖北隨州桃花坡M2出土的變形竊曲紋鬲[⑤]皆同，與隨州何家台出土的重環紋鬲[⑥]、棗陽郭家廟M17出土的重環紋鬲[⑦]及伯毃鬲[⑧]等形制亦近同，當爲春秋早期前段器。

（3）曾卿事梁簋斂口，鼓腹，一對龍首耳，方形垂珥，圈足沿外侈，連鑄三獸面扁足，蓋面呈覆瓦形，上有圈狀捉手。通體飾瓦溝紋。與湖北京山蘇家壟出土的瓦紋簋[⑨]、棗陽曹門灣出土的瓦紋簋[⑩]等形制、紋飾皆近，年代爲春秋早期前段。

（4）曾卿事季宣簠與（3）曾卿事梁簋形制、紋飾近同，但銘文有異。

（5）曾季卿事奐壺據云同墓出土一對，形制、紋飾、大小、銘文皆同。另一件未公佈。壺侈口，長頸，圓腹，圈足沿外侈，有階，頸部有一對獸首耳，耳銜圓環，內插式蓋，上有圈狀捉手，下有長榫形子口。蓋捉手內中部飾圓形竊曲紋，捉手外飾仰葉紋，蓋沿飾無目竊曲紋；頸上部飾環帶紋，下部飾無目竊曲紋；上腹飾夔龍紋，下腹飾環帶紋；圈足飾垂鱗紋。《續編》定其年代爲西周晚期或春秋早期。該壺與棗陽

---

① 此係"@融齋朱冰"在其微博上公佈了一件自藏的"曾卿簠"全形拓圖像資料，該微博鏈接爲：http://weibo.com/rongzhaizhubing?from=feed&loc=nickname&is_all=1。
② 《銘續》（第3卷），第118、119頁第0835號。
③ 湖北省文物考古研究所：《曾國青銅器》，文物出版社，2007年，第423、424頁。
④ 湖北省文物考古研究所：《曾國青銅器》，文物出版社，2007年，第426、427頁。
⑤ 湖北省文物考古研究所：《曾國青銅器》，文物出版社，2007年，第258、259頁。
⑥ 湖北省文物考古研究所：《曾國青銅器》，文物出版社，2007年，第215～217頁。
⑦ 長江文明館、湖北省博物館、湖北省文物考古研究所等：《穆穆曾侯——棗陽郭家廟曾國墓地》，文物出版社，2015年，第50、51頁。
⑧ 湖北省文物考古研究所：《曾國青銅器》，文物出版社，2007年，第276、277頁。
⑨ 湖北省文物考古研究所：《曾國青銅器》，文物出版社，2007年，第24～29頁。
⑩ 湖北省文物考古研究所：《曾國青銅器》，文物出版社，2007年，第68、69頁。

段營出土的環帶紋壺①、曹門灣出土的環帶紋壺②及曾伯陭壺③等形制、紋飾均接近，應爲春秋早期前段器。

綜上，據形制紋飾，此組器物年代可定爲春秋早期前段。

二

再看銘文及有關問題。該組器物銘文皆較簡單，無須解釋，要討論的主要是一些文字的釋讀問題。

首先是器主之名問題。此組器物銘文特別之處，在於每一類器銘文的器主名寫法皆不相同，即使（3）和（4）器形同爲簋，但因銘文內容不同，器主名寫法也有異。爲便於討論，先將有關字形列舉如下：

（1）曾卿事宣鼎： 、 、

（2）曾卿事梁鬲： 、

（3）曾卿事梁簋： 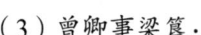、

（4）曾卿事季宣簋：

（5）曾季卿事奂壺： 、

（1）曾卿事宣鼎三篇銘文，其中第一、二篇從文字佈局及字距來看， 、下似已無筆畫的可能，即不從"廾"， 因照片不甚清晰，該字與下一字間空隙較大，是否從"廾"不確定，暫不論。因此，《續編》釋作"宣"，從字形來看應可信。（4）曾卿事季宣簋的 ，可分析爲從宣從廾，係首見。在《曾卿事季宣簋考釋》小文中，我曾將其徑釋作"宣"④。（5）曾季卿事奂壺的 、 明顯係

---

① 湖北省文物考古研究所：《曾國青銅器》，文物出版社，2007年，第60～63頁。
② 湖北省文物考古研究所：《曾國青銅器》，文物出版社，2007年，第76～79頁。
③ 湖北省文物考古研究所：《曾國青銅器》，文物出版社，2007年，第119、120頁。
④ 黃錦前：《曾卿事季宣簋考釋》，《楚學論叢》（第七輯），湖北人民出版社，2018年。

"奂"字。(1)曾卿事宣鼎和(5)曾季卿事奂壺據字形釋作"宣"和"奂"應無疑問，問題是(4)曾卿事季宣簠的 ▨ 究竟是應釋作"宣"還是"寏"，則需分析和解決。

首先應當確定者，這幾件器物的器主名字雖然寫法各異，但係一人應無疑。

《說文》："宣，天子宣室也。从宀亘聲。須緣切。"段注："蓋謂大室。如璧大謂之'瑄'也。""宣"又有廣、大義。漢焦贛《易林·井之恒》："方咮宣口，聖智仁厚，釋解倒懸，國家大安。"同書《小畜之噬嗑》作"方咮廣口"。"亘"即"亘"。《說文》："亘，求亘也。从二从囘。囘，古文回，象亘回形。上下所求物也。須緣切。"又："奂，取奂也。一曰大也。从廾，夐省。呼貫切。""奂"謂眾多、盛大。《禮記·檀弓下》："美哉輪焉，美哉奂焉。"鄭玄注："奂，言眾多。"《漢書·韋玄成傳》："既考致位，惟懿惟奂。"顏師古注："奂，盛也。"《說文》："寏，周垣也。从宀奂聲。院，寏或从阜。胡官切。又，爰眷切。""宣""亘"皆爲心母元部字，"奂""寏"皆爲曉母元部字，二者古音較近。總之，從音、義兩方面來看，"宣"與"奂"及"寏"關係皆較爲密切。▨ 可分析爲从宣从廾，爲"宣"之異構。對照(2)曾卿事梁鬲的"鬲"字作 ▨ 來看，所从之"廾"或係贅加義符。若分析爲从宀从昪，"昪"爲聲符(從亘得聲)，讀作"寏"，似亦可，不過似較迂曲。因此我們傾向於此字當徑釋作"宣"，視爲"宣"之異構較好。然則"宣"和"奂"或係一名一字，其實一也。

傳世曾子仲宣喪鼎①的"宣"字原篆分別作 ▨ 、▨ ，宣下似从廾。

(3)曾卿事梁簠的 ▨ 、▨ ，《續編》隸定作"窪"，據字形看恐非，其所从之 ▨ 、▨ 非"生"而係"木"。該字可分析爲从宀从梁，讀作"梁"。《說文》："梁，水橋也。从木从水，刅聲。▨ ，古文。呂張切。"《說文》云"梁"从木从水，所錄古文"梁"作"▨"，皆可證成該字應分析爲从梁，不過"▨"與簠銘所从之梁寫法略異，可能是字形演變或譌變所致，但不影響我們對有關字形的認識和分析。

---

① 集成5.2737。關於該鼎器主名的重新討論詳參黃錦前：《伯家父郜簠國別析論——兼談曾子仲宣喪鼎與番君贏匜》，《紀念于省吾先生誕辰120周年姚孝遂先生誕辰90周年學術研討會論文集》，待刊。

（2）曾卿事梁鬲的 ▨、▨，《續編》隸定作"寝"，據字形看恐亦非，不過認爲該字从宀从水則是。該字水旁右側部分筆畫不甚清晰，構形暫不知，但與（3）曾卿事梁簋的 ▨、▨ 應係一字，係其異體，殆無疑問。換言之，該字在銘文中也應讀作"梁"。

"梁"可訓屋梁，係木結構屋架中專指順著前後方向架在柱子上的長木。《爾雅·釋地》："屋脊柱曰棟，負棟曰梁。"《爾雅·釋宮》："楣謂之梁。"《商君書·兵守》："客至，而作土以爲險阻及耕格阱，發梁撤屋……使客無得以助攻備。"故"梁"與"宣""寝"等在文義上似乎也有一定關聯。

在《曾卿事季宣簋考釋》小文中，我曾指出，"曾卿事季宣"之"宣"係私名，"季"係氏名，器主係曾國公室；據器物年代、器主身份及文字學等方面證據，其人或即見於《左傳》的春秋時赫赫有名的曾大夫季梁[①]。若以上分析不誤，則新刊佈的該組器物正好驗證了這一推論。值得注意者，（5）曾季卿事奐壺銘云"曾季卿事奐"，可見此前我們將（4）曾卿事季宣簋"曾卿事季宣"之"季"理解爲氏稱不誤[②]。

關於器主之名暫討論至此。下面接著分析（1）曾卿事宣鼎的器物自名等問題。

鼎銘"自作薦鼎"，"薦"字原篆分別作 ▨、▨、▨，《續編》摹作 ▨，隸定爲"簫"。該字從構形看，與金文中的"薦"字作 ▨（鄭登伯鬲[③]）、▨（華母壺[④]）等形可類比。《說文》："薦，獸之所食艸。从廌从艸。"《續編》將"竹"之間部分理解爲从又从鼎，恐未必。據形體來看，很可能係表廌或相類動物，因此該字很可能即"薦"字異體。鄀公湯鼎[⑤]"鄀公湯用其吉金，自作薦鼎"及曾卿事梁鬲"曾卿事梁自作薦鬲"，皆可對照。《周禮·籩人》："薦羞之實。"鄭註："薦、羞皆進也。未食未飲曰薦，既食既飲曰羞。"《穀梁傳》桓公八年註："無牲而祭曰薦。"

（3）曾卿事梁簋"用享于朕文考"的"朕"，原篆分別作 ▨、▨（▨），蓋

---

① 黃錦前：《曾卿事季宣簋考釋》，《楚學論叢》（第七輯），湖北人民出版社，2018年。
② "季"應係排行兼氏稱，詳參黃錦前：《據人名稱謂例談對曾國銅器銘文中有關人物身份的理解》，未刊稿。
③ 集成3.597。
④ 集成15.9638。
⑤ 集成5.2714。

銘不清晰，器銘寫法與常見的"朕"字殊異①。金文中類似的文例很多，如公盤②"用享于朕文考"，師道簋③"用享于朕文考辛公"，倗伯鼎④"其用享孝于朕文考"，倗伯簋⑤、仲旬人盉⑥"用享孝于朕文祖考"，微䜌鼎⑦"䜌用享孝于朕皇考"，無更鼎⑧"用享于朕烈考"等。據上下文和相關文例，該字當係"朕"字無疑，但這種構形的"朕"字係首見，值得注意。

三

最後再看器物組合及器主身份等問題。

首先需要說明者，（3）曾卿事梁簋和（4）曾卿事季宣簋二簋形制、紋飾近同，但銘文內容相異，文字風格也有別。據銘文有關文字如"事"字的寫法及辭例如"子孫用"等皆較爲特殊的情況來看，（4）曾卿事季宣簋銘不排除係僞作的可能。近年考古出土的曾國銅器材料，常有一些"新奇"的東西，讓我們"大開眼界"，以前未見不等於必無，所以祇能存疑，而不敢遽定其爲僞器或僞銘。以往所見考古材料，同組器物中，同類器物銘文不同或器物形制不同的現象也屢見不鮮，所以暫時我們仍將其作爲一組器物處理。

就銘文內容來看，此組器銘或曰"自作薦鼎""自作薦鬲，用享""自作寶醴壺"，或云"自作寶簋，用享于朕文考""自作寶簋，用享于皇祖文考"，可見應係祭祀或宴饗用器。諸器可能原來即係同組。

總之，就已知者而言，這組銅器的組合爲鼎3、鬲2、簋2、壺2件，計9件器，係一套食器和一套酒器的組合。與其年代相當可資比照者有下列幾批比較完整的曾國銅器群材料：

---

① 金文"朕"字的有關形體可參見董蓮池：《新金文編》，作家出版社，2011年，第1208～1217頁。
② 《銘續》（第3卷），第296、297頁第30945號。
③ 上海博物館：《草原瑰寶——内蒙古文物考古精品》，上海書畫出版社，2000年，第16頁。
④ 山西省考古研究所、運城市文物工作站、絳縣文化局：《山西絳縣橫水西周墓發掘簡報》，《文物》2006年第8期，圖三六，4。
⑤ 陝西省考古研究院、上海博物館：《兩周封國論衡——陝西韓城出土芮國文物暨周代封國考古學研究國際學術研討會論文集》，上海古籍出版社，2014年，第94頁圖5。
⑥ 陝西省考古研究院、上海博物館：《兩周封國論衡——陝西韓城出土芮國文物暨周代封國考古學研究國際學術研討會論文集》，上海古籍出版社，2014年，第96頁圖6。
⑦ 集成5.2790。
⑧ 集成5.2814。

(a) 段營，9件①：鼎3、簋4、壺2件，兵器、車馬器。
(b) 72熊家老灣，9件②：鼎3、甗1、簋2、罍1、盤1、匜1件。
(c) 80劉家崖，12件③：鼎2、鬲4、簋2、壺2、勺2件，編鈴及車馬器。
(d) 何家台，13件④：鼎2、甗1、鬲4、簋2、壺2、盤1、匜1件，車馬器。
(e) 桃花坡M1，13件⑤：鼎2、鬲4、簋4、壺1、盤1、匜1件，車馬器。
(f) 周家崗，10件⑥：鼎2、鬲2、簋2、壺2、盤1、匜1件，車馬器。

該組器有鼎3件，與（a）段營、（b）72熊家老灣相同；鬲2件，與（f）周家崗相同；簋2件，與（b）72熊家老灣、（c）80劉家崖、（d）何家台及（f）周家崗相同；壺2件，與（a）段營、（c）80劉家崖、（d）何家台及（f）周家崗同。就器數、器類及器種等整體情況而言，與（a）段營及（c）80劉家崖較爲接近，皆係一套食器、一套酒器的組合，而無水器。以上各組除（b）72熊家老灣外，餘皆有車馬器等出土，推測曾卿事宣銅器群原來也應有車馬器等，因盜掘而流散。此組器物據銹色、器形、紋飾及銘文等看，當出自湖北隨州一帶。

上述各組銅器群一般皆爲2鼎2簋（段營、72熊家老灣3鼎，段營、桃花坡M1爲4簋），據所出銅器銘文可知，段營、72熊家老灣、80劉家崖、桃花坡M1及周家崗的墓主分別爲曾子仲諆、曾仲大父盨、洀叔、𠂤右及伯歸墨，其中周家崗墓葬還出土有2件曾大保嘉簋⑦，據各墓隨葬品數量和等級，墓主當係卿大夫一級。

據器物銘文，器主係曾國卿事。上述據器物年代、器主身份及文字學等方面證據，"曾卿事季宣"應即見於《左傳》的春秋時期曾大夫季梁。這與上述從器物組合角度分析所得結論相吻合。

最後對本文所論略作總結。本文對新近刊佈的一組曾卿事宣銅器進行討論。首先從形制、紋飾的角度指出此組器物的年代應係春秋早期前段。再就銘文有關文字的釋讀及器主、器物自名等問題進行分析。將該組銅器同年代相當的幾批比較完整的曾國銅器群材料作比照，指出器主身份當係卿大夫一級，這與銘文云器主係曾國卿事，即

---

① 湖北省文物考古研究所：《曾國青銅器》，文物出版社，2007年，第51~63頁。
② 湖北省文物考古研究所：《曾國青銅器》，文物出版社，2007年，第158~179頁。
③ 湖北省文物考古研究所：《曾國青銅器》，文物出版社，2007年，第195~208頁。
④ 湖北省文物考古研究所：《曾國青銅器》，文物出版社，2007年，第209~229頁。
⑤ 湖北省文物考古研究所：《曾國青銅器》，文物出版社，2007年，第231~251頁。
⑥ 湖北省文物考古研究所：《曾國青銅器》，文物出版社，2007年，第271~292頁。
⑦ 湖北省文物考古研究所：《曾國青銅器》，文物出版社，2007年，第279~283頁。

見於《左傳》的春秋時期曾大夫季梁相吻合。

第六節　讀近刊曾器散記

最近幾年，湖北境內隨棗走廊一帶有關曾國的考古工作如火如荼般地不斷開展，與此同時，有關盜掘活動也同步甚至提前猖獗地進行，考古發掘和盜掘出土的曾國青銅器等文物如井噴般地大批量面世，一些新材料陸續公佈。本文係在斷斷續續閱讀這些材料過程中的一些零星的想法，寫出來就正於大家。

一、曾子叔迖戈

曹錦炎《曾子戈小議》①公佈了一件紹興私人收藏的曾子叔迖戈②，銘曰：

　　曾子叔迖之䤨。

戈銘較爲簡單，係常見的"物勒主名"形式。

上海博物館藏有一件傳世的曾子叔牤父簠蓋③，該銘過去一般釋作④：

　　曾子叔牤（㹊）父作行器，永祐福。

簠銘文字粗獷，結體松散，如首字"曾"字即寫作 ![]，以至過去多釋作"八田日"三字⑤。所謂"牤父"二字原篆作 ![]，對照曾子叔迖戈銘的"迖"字 ![]，二者顯係一

---

① 曹錦炎：《曾子戈小議》，《江漢考古》2015年第1期。
② 《江漢考古》2015年第1期，第78頁圖版七、圖版八。
③ 集成9.4544。
④ 張亞初：《殷周金文集成引得》，中華書局，2001年，第96頁；《銘圖》（第13卷），第96頁第05840號。
⑤ 徐在國：《曾子叔口父簠蓋銘小考》，《古籍研究》2000年第3期；黃錦前：《楚系銅器銘文研究》，安徽大學博士學位論文，2009年，第65頁；黃錦前：《新出兩件曾子鼎繹讀》，《上古漢語研究》（第三輯），商務印書館，2019年。

字，祇是前者反書（水平翻轉後作￼），所從之"辵"旁寫法略異而已，被誤剔而成"牛""父"等，其實與"牛""父"等皆不似。因此，該字當改釋作"迖"，作器者即器主與曾子叔迖戈相同，皆係曾子叔迖，而非過去所謂的曾子叔牪父，器名亦當據改。

曹文指出曾子叔迖戈的形制與1982年湖北棗陽吳店公社（今棗陽市吳店鎮）趙家湖曹門灣出土的曾侯𦀚伯戈①等尤爲相近，其說是，但將其年代定爲春秋中期偏晚，則偏晚。曾侯𦀚伯戈的年代爲春秋早期，結合銘文字體來看，曾子叔迖戈的年代也應係春秋早期後段。

曾子叔迖簠圖像未公佈，形制未知，據銘文字體看應係春秋早期器。上述其銘文"曾"字筆畫分離的情況，類似現象也見於新近刊佈的曾侯寶鼎②，"曾"字寫作和￼，曾侯寶鼎係春秋中期器，可以佐證。簠銘"曾子叔迖作行器，永祜福"，這種"××作/鑄行器，（則/爾）永祜福"較爲固定的辭例格式，有一定的時代和地域性，主要流行於春秋早期漢、淮流域的曾、黃等國，我曾有小文分析③。因此，從辭例角度，也可佐證簠的年代應係春秋早期。過去多將其定爲春秋晚期④，偏晚。

總之，據新刊佈的曾子叔迖戈銘，可以確定傳世的曾子叔牪父簠蓋銘文所謂"牪父"二字其實應係"迖"字，作器者即器主與曾子叔迖戈皆係曾子叔迖，而非過去所謂的曾子叔牪父；簠、戈的年代皆爲春秋早期後段。器主曾子叔迖係曾侯之子⑤，"叔"係排行，"迖"爲其字。

---

① 集成17.11121；湖北省文物考古研究所：《曾國青銅器》，文物出版社，2007年，第70頁。
② 中國國家博物館、中國書法家協會：《中國國家博物館典藏甲骨文金文集粹》，安徽美術出版社，2015年，第262~265頁64。
③ 黃錦前：《新出兩件曾子鼎緟讀》，《上古漢語研究》（第三輯），商務印書館，2019年。
④ 中國社會科學院考古研究所：《殷周金文集成》（第九冊），中華書局，1988年，第26頁"銘文說明"；《銘圖》第13卷，第96頁第05840號。
⑤ 詳見黃錦前：《"曾子""楚子"及"曾伯仲叔季"等稱謂及其身份》，未刊稿。

二、曾公子叔浧簠

《商周青銅器銘文暨圖像集成續編》著錄有2件曾公子叔浧簠[①]，據云同坑出土2件，爲隨州市公安局繳獲，形制、紋飾、銘文相同，大小相若。簠直口，折沿，斜壁，兩端有一對獸首耳，方圈足外侈，寬平沿，每邊有長條圓角形缺。蓋與器形制、大小完全相同，唯口沿有一對小卡扣。通體及蓋頂皆飾蟠虺紋，年代爲春秋中期。簠銘作：

唯正月吉日丁亥，曾公子叔浧擇其吉金，自作飤簠，子子孫孫其永寶用之。

古代稱諸侯之庶子爲"公子"，以別於世子，亦泛稱諸侯之子。《儀禮·喪服》："公子爲其母，練冠，麻，麻衣縓緣。"鄭玄注："公子，君之庶子也。"《禮記·服問》："傳曰，有從輕從重，公子之妻，爲其皇姑。"孔穎達疏："公子謂諸侯之妾子也。"《禮記·玉藻》："公子曰臣孽。"鄭注："適而傳世曰世子，餘則但稱公子而已。"《詩·豳風·七月》："殆及公子同歸。"孔穎達疏："諸侯之子稱公子。"

2011年9月，隨州義地崗春秋墓地M6（曾公子棄疾墓）出土一批有銘銅器[②]，有曾公子棄疾鼎（M6：9、M6：10）[③]、甗（M6：6）[④]、簠[⑤]、壺[⑥]、缶（M6：5）[⑦]、斗（M6：4）[⑧]等，銘文分別作：

（1）曾公子棄疾之行鼎。
（2）曾公子棄疾之葬甗。

---

① 《銘續》（第2卷），第251~255頁第0507、0508號。
② 湖北省文物考古研究所、隨州市博物館：《湖北隨州義地崗曾公子去疾墓發掘簡報》，《江漢考古》2012年第3期。
③ 《江漢考古》2012年第3期，第7頁圖版二、拓片一，第8頁圖版三，第9頁拓片二；黃鳳春、郭長江：《出土大量青銅器的湖北隨州曾公子去疾墓》，《文物天地》2013年第6期。
④ 《江漢考古》2012年第3期，第13頁圖版五、拓片四。
⑤ 《江漢考古》2012年第3期，第10頁圖版四，第11頁拓片三。
⑥ 《江漢考古》2012年第3期，第14頁圖版六；拓片五，2；第15頁圖七。
⑦ 《江漢考古》2012年第3期，第16頁圖版七，第17頁拓片六。
⑧ 《江漢考古》2012年第3期，第19頁圖版八、拓片七。

（3）曾公子棄疾之葬簠。
（4）曾公子棄疾之行壺。
（5）曾公子棄疾之行缶。
（6）曾公子棄疾之沐斗。

銘文皆稱"曾公子棄疾"，表明棄疾應係曾侯之庶子，或泛指曾侯之子。此組器年代爲春秋晚期。

三、曾仲塱鬲

《商周青銅器銘文暨圖像集成》著錄有一組曾仲塱銅器，計有鼎1、鬲1、簋3、簠2件，銘文分別作：

（1）曾仲塱鼎①：唯王正月吉日庚申，曾仲塱擇其吉金，自作飤繁，其永用之。
（2）曾仲塱鬲②：曾仲塱自作䰞鬲，其永用之。
（3）曾仲塱簋③：唯王正月吉日庚申，曾仲塱擇其吉金，自作薦簋，其永寶用之。
（4）曾仲塱簠④：唯王正月吉日庚申，曾仲塱擇其吉金，自作飤簠，其永用之。

其中簋據云同坑出土4件，形制、紋飾、銘文相同，大小相若。據形制、紋飾，此組器年代應爲春秋中期。

據春秋時期曾國青銅器的一般組合規律來看，目前所見這套器物當非完璧，或應有壺或盤、匜等散佚，且鼎、鬲等器亦非著錄的僅各1件。

鼎係帶蓋鼎，簋爲方座簋，制做皆較精美，2件簠通體飾蟠虺紋，制做亦較精細，表明器主等級較高。器主稱"曾仲"，表明其係曾國公室⑤，亦可與器物所反映的器主

---

① 《銘圖》（第4卷），第481、482頁第02254號。
② 《銘圖》（第6卷），第250、251頁第02862號。
③ 《銘圖》（第10卷），第399~407頁第05029~05031號。
④ 《銘圖》（第13卷），第214~218頁第05930、05931號。
⑤ 說詳黃錦前：《"曾子""楚子"及"曾伯仲叔季"等稱謂及其身份》，未刊稿。

身份相互印證。

　　近日劉彬徽先生見示長沙某私人收藏的曾仲㯱鬲2件（圖一），與上揭《商周青銅器銘文暨圖像集成》著錄的曾仲㯱鬲形制、紋飾及銘文皆同，應係同組器物之流散。目前所見春秋時期曾國墓葬所出完整銅器群的組合，鬲的數量多爲偶數，如隨州劉家崖[①]（鬲4件）、何家台[②]（鬲4件）、桃花坡M1[③]（鬲4件）及周家崗[④]（鬲2件）等皆是，此套器物也不例外。

四、曾伯宮父鬲

　　黃旭初等《新見的一件曾伯宮父鬲》[⑤]介紹了湖北十堰某私人收藏的一件曾伯宮父鬲[⑥]，其形制、紋飾與上海博物館藏曾伯宮父鬲[⑦]皆同，但銘文略異，分別作：

　　（1）唯曾伯宮父穆用吉金，自作寶鬲，其萬年子子孫孫永寶用享。（私人）
　　（2）唯曾伯宮父穆迺用吉金，自作寶尊鬲。（上博）

新見鬲銘文前一部分"唯曾伯宮父穆用吉金，自作寶鬲"與傳世鬲銘文基本相同，唯少"迺""尊"等字，後一部分套語"其萬年子子孫孫永寶用享"則爲傳世鬲所無。

　　器主自稱"曾伯宮父穆"，據曾子仲宣喪鼎[⑧]"曾子仲宣喪"、曾仲大父螽

---

① 湖北省文物考古研究所：《曾國青銅器》，文物出版社，2007年，第195～208頁。
② 湖北省文物考古研究所：《曾國青銅器》，文物出版社，2007年，第209～229頁。
③ 湖北省文物考古研究所：《曾國青銅器》，文物出版社，2007年，第231～251頁。
④ 湖北省文物考古研究所：《曾國青銅器》，文物出版社，2007年，第271～292頁。
⑤ 黃旭初、李剛、柳毅等：《新見的一件曾伯宮父鬲》，《江漢考古》2015年第4期。
⑥ 《江漢考古》2015年第4期，第126頁圖版一，第127頁拓片一。
⑦ 曾昭岷、李瑾：《曾國和曾國銅器綜考》，《江漢考古》1980年第1期，第75頁圖四；集成3.699；湖北省文物考古研究所：《曾國青銅器》，文物出版社，2007年，第430頁。
⑧ 集成5.2737；湖北省文物考古研究所：《曾國青銅器》，文物出版社，2007年，第438頁；黃錦前：《伯家父部簋國別析論——兼談曾子仲宣喪鼎與番君贏匜》，《紀念于省吾先生誕辰120周年姚孝遂先生誕辰90周年學術研討會論文集》，待刊。

簋①"曾仲大父螽"、曾大保盆②"曾大保鸎叔亟"及伯家父部簋蓋③"伯家父部"等，"伯"應係排行，"宫父"係其字，"穆"爲其名，係"國名（曾）+排行+字+名"的稱謂格式，器主應係曾國公室④，而非曾侯。

上海博物館藏曾伯宫父鬲係1973年秋從廢銅中揀選，傳湖北出土⑤。其年代過去或定爲西周晚期⑥、兩周之際⑦、春秋中期⑧。新見鬲發表者亦據過去有關意見定爲兩周之際或春秋早期。這2件鬲銘文雖略異，但應係同時所作。從形制、紋飾看應爲春秋早期器。傳世鬲銘曰"唯曾伯宫父穆迺用吉金，自作寶尊鬲"，這種"（唯）×××迺用吉金，（用/自）作××"的辭例結構有一定的時代和地域性，主要流行於春秋早期漢、淮流域的曾、黄等國，我曾作歸納分析⑨，可見從辭例角度也佐證該鬲應係春秋早期姬姓曾國之器。

春秋早期銅器銘文中名"宫父"者較多，如"虢宫父""仲宫父""季宫父"等，分别見於河南三門峽上村嶺虢國墓地出土的虢宫父鬲（M2008：13、SG：049）⑩、虢宫父盤（SG：060）⑪、虢宫父匜（M2008：42）⑫、新近流散的仲宫父盨⑬及傳世的季宫父簠⑭等，其中後兩者稱謂格式與"曾伯宫父"相似，亦可佐證上述"伯"係排行等論斷。

---

① 集成8.4203、4204；湖北省文物考古研究所：《曾國青銅器》，文物出版社，2007年，第168~172頁。

② 集成16.10336；韓自强、劉海洋：《近年所見有銘銅器簡述》，《古文字研究》（第24輯），中華書局，2002年，第166~169頁；湖北省文物考古研究所：《曾國青銅器》，文物出版社，2007年，第416~418頁。

③ 集成8.4156；黄錦前：《伯家父部簋國别析論——兼談曾子仲宣喪鼎與番君贏匜》，《紀念于省吾先生誕辰120周年姚孝遂先生誕辰90周年學術研討會論文集》，待刊。

④ 黄錦前：《"曾子""楚子"及"曾伯仲叔季"等稱謂及其身份》，未刊稿。

⑤ 馬承源主編：《商周青銅器銘文選》（四），文物出版社，1990年，第451頁六九五。

⑥ 中國社會科學院考古研究所：《殷周金文集成》（第三册），中華書局，1989年，第30頁"銘文説明"。

⑦ 湖北省文物考古研究所：《曾國青銅器》，文物出版社，2007年，第430頁。

⑧ 馬承源主編：《商周青銅器銘文選》（四），文物出版社，1990年，第451頁六九一。

⑨ 黄錦前：《伯家父部簋國别析論——兼談曾子仲宣喪鼎與番君贏匜》，《紀念于省吾先生誕辰120周年姚孝遂先生誕辰90周年學術研討會論文集》，待刊。

⑩ 河南省文物考古研究所、三門峽市文物考古研究所：《河南三門峽虢國墓地M2008發掘簡報》，《文物》2009年第2期，圖六，1、2。

⑪ 《文物》2009年第2期，第24頁圖六，3。

⑫ 《文物》2009年第2期，第27頁圖一四。

⑬ 《銘圖》（第12卷），第309~313頁第05585、05586號。

⑭ 集成9.4572。

五、曾侯作季湯嬭鼎

2002年，棗陽郭家廟墓地出土一件曾侯作季湯嬭鼎[①]，侈口，淺弧腹，圜底，附耳，三蹄足。腹飾竊曲紋和凸弦紋各一周，附耳飾重環紋。年代爲春秋早期前段。銘曰：

曾侯作季湯嬭滕〔鼎〕，其永用〔之〕。

銘文云"曾侯"爲"季湯嬭"作滕器，"季湯嬭"或應係楚女，曾侯爲其作器以滕，可知當係楚女出嫁，曾女爲滕[②]。郭家廟墓地係春秋早期曾侯家族墓地，曾侯爲季湯嬭所作滕器出自曾侯家族墓地，原因不明。

據《左傳》等文獻記載，楚國在魯桓公六年（公元前706年）、魯桓公八年（公元前704年）、魯莊公四年（公元前690年）、魯僖公二十年（公元前640年），即楚武王、楚文王及楚成王時期，曾多次侵隨。上述據器物形制、紋飾等看該鼎當係春秋早期前段器，結合文獻來看，當作於楚武王侵隨即公元前706年之前。

"季湯嬭"這種"名/字+姓"的女子稱謂方式，過去金文中頗爲鮮見，以至我曾提出傳世王子申盞盂蓋的"嘉嬭"與新見隨仲嬭加鼎的"隨仲嬭加"係一人[③]，或提出質疑，認爲"嘉嬭"之"嘉"應係氏名或美稱。這種女子稱名方式在金文中不乏其例，如1990年河南淅川徐家嶺墓地出土的鄬子孟升嬭鼎（M3∶39）[④]的"鄬子孟升嬭"和鄬子孟青嬭簠（M1∶8）[⑤]的"鄬子孟青嬭"（器銘，蓋銘作"鄬子孟嬭青"），便是其例；曾侯作季湯嬭鼎"季湯嬭"的稱謂方式，又可爲其提供例證；另下文將要討論的加嬭簠的"加嬭"，也是同類的女子稱謂格式，併可證。

---

① 長江文明館、湖北省博物館、湖北省文物考古研究所等：《穆穆曾侯——棗陽郭家廟曾國墓地》，文物出版社，2015年，第12頁。
② 或認爲此鼎係曾侯爲某位嫁至曾國的羋姓女子作器，恐非，參看長江文明館、湖北省博物館、湖北省文物考古研究所等：《穆穆曾侯——棗陽郭家廟曾國墓地》，文物出版社，2015年，第13頁。
③ 黄錦前：《隨仲嬭加鼎補說》，《江漢考古》2012年第2期。
④ 河南省文物考古研究所、南陽市文物考古研究所、淅川縣博物館：《淅川和尚嶺與徐家嶺楚墓》，大象出版社，2004年，第130頁圖一二二。
⑤ 河南省文物考古研究所、南陽市文物考古研究所、淅川縣博物館：《淅川和尚嶺與徐家嶺楚墓》，大象出版社，2004年，第227頁圖二一二。

六、加嬭簠

《商周青銅器銘文暨圖像集成續編》著錄有一件加嬭簠[①]，亦爲隨州市公安局繳獲，係隨州義地崗一帶出土。簠斂口，鼓腹，子口，一對龍首耳，下有垂珥，矮圈足下連鑄三獸面小足；覆鉢形蓋，上有圈狀捉手。蓋沿、圈足和器口下均飾竊曲紋，蓋面、腹部均飾瓦溝紋。年代爲春秋中期。據云同坑出土4件，形制、銘文相同，現存3件，另2件蓋沿、口下、圈足飾重環紋，捉手内飾團鳥紋，殘破較甚。簠銘作：

　　　　加嬭之行簠，其永用之。

傳世的王子申盞盂蓋[②]銘曰：

　　　　王子申作嘉嬭盞盂，其眉壽無期永保用之。

王子申係楚共王之子，爲春秋中期人，與加嬭簠年代相當，因此，王子申盞盂的"嘉嬭"，與加嬭簠的"加嬭"應係一人。

現分藏於中國國家博物館和湖北省博物館的隨仲嬭加鼎[③]銘曰：

　　　　唯王正月初吉丁亥，楚王媵隨仲嬭加飤繇，其眉壽無期，子孫永寶用之。

隨仲嬭加鼎的年代一般認爲係春秋中期[④]，我曾有小文加以補充，論證其爲楚共王時器，"隨仲嬭加"應即見於王子申盞盂蓋銘的"嘉嬭"，盞係王子申爲嘉嬭出嫁所作媵器[⑤]。今驗之以新見之加嬭簠，可進一步證實加嬭簠的"加嬭"應即王子申盞盂蓋的

---

① 《銘續》（第1卷），第477頁第0375號。
② 集成9.4643。
③ 曹錦炎：《"曾"、"隨"二國的證據——論新發現的隨仲嬭加鼎》，《江漢考古》2011年第4期；中國國家博物館、中國書法家協會：《中國國家博物館典藏甲骨文金文集粹》，安徽美術出版社，2015年，第286~290頁69；《銘續》（第1卷），第251~253頁第0210號。
④ 曹錦炎：《"曾"、"隨"二國的證據——論新發現的隨仲嬭加鼎》，《江漢考古》2011年第4期；張昌平：《隨仲嬭加鼎的時代特徵及其他》，《江漢考古》2011年第4期。
⑤ 黃錦前：《隨仲嬭加鼎補說》，《江漢考古》2012年第2期。

"嘉嬭",亦即隨仲嬭加鼎的"隨仲嬭加"[①],隨仲嬭加鼎和王子申盞盂分别係楚共王和王子申爲嘉嬭出嫁所作媵器,加嬭簠應係其嫁至曾國後所作,稍晚於前二器。

上述楚武王、楚文王及楚成王時期,曾多次侵隨,楚武王時,楚人"不得志於漢東"(《左傳》桓公六年),楚成王以後,"隨世服于楚,不通中國"(《左傳》哀公元年杜預注),成爲楚之附庸。此後的百餘年間,雙方基本維持了一段較長時間的和平關係,王子申盞盂及隨仲嬭加鼎便是雙方通婚交好的證明。

2013年隨州文峰塔墓地出土一件孟嬭玄簠(M52:3)[②],直口,直壁,折腹,平底,蹼形足,腹兩側有一對獸首耳。通體飾蟠虺紋。蓋与器的形制、紋飾、大小相同,唯前後口沿各有一對獸面小卡扣,左右口沿各有一獸面小卡扣。年代爲春秋晚期。簠銘作:

孟嬭玄之行簠。

"孟嬭玄"應係嫁自楚國的曾夫人。亦表明此時曾楚之間婚姻往來不斷。

七、曾仲姬壺

1994年初,隨州義地崗曾國墓地出土一件曾仲姬壺(M3:20)[③],直口,長頸,圓腹,矮圈足,頸部有一對環紐,套接提鏈,蓋有子口與器相合,蓋面微隆,中有一小紐以鏈條與提鏈相連。通體有五組形狀不同的鳥獸畫像,以六道"工"字形紋飾間隔,腹中部前後各有一圓渦紋。紋飾均以黑褐色漆填充。年代爲春秋晚期後段。壺銘作:

曾仲姬之尊壺。

"曾仲姬"應係姬姓曾國女子,"仲"爲排行。

---

① 《銘續》(第1卷),第13、14頁"前言"。
② 湖北省文物考古研究所、隨州市博物館:《湖北隨州市文峰塔東周墓地》,《考古》2014年第7期,圖二〇,2。
③ 湖北省文物考古研究所、隨州市曾都區考古隊、隨州市博物館:《湖北隨州義地崗墓地曾國墓1994年發掘簡報》,《文物》2008年第2期,圖八,5;湖北省文物考古研究所:《曾國青銅器》,文物出版社,2007年,第365~368頁。

1996年，河南平頂山應國墓地M313出土2件曾仲姬缶[①]，該墓年代爲春秋晚期至戰國早期，2件曾仲姬缶的年代應不晚於墓葬的年代，應以定在春秋晚期後段爲宜。據年代和稱謂，壺與缶銘的"曾仲姬"或即一人，係姬姓曾國女子。

　　關於應國的滅亡時間，我曾有討論，可能是在春秋早中期之際的楚文王時[②]，此後，應國墓地的墓葬性質發生變化，已非應國墓葬，而應係楚墓[③]，因此，這2件曾仲姬缶出自應國墓地的戰國楚墓，應與曾楚聯姻有關。

八、小　　結

　　據新刊佈的曾子叔迄戈銘，可知傳世的曾子叔牸父簠蓋銘所謂"牸父"二字其實係"迄"字誤釋，簠、戈年代皆爲春秋早期後段。

　　曾公子叔浧簠、曾公子棄疾簠器主皆稱"曾公子"，表明其係曾侯之庶子，或泛指曾侯之子。

　　長沙某私人收藏的2件曾仲嫠鬲，可補《商周青銅器銘文暨圖像集成》著錄之缺。

　　曾伯宮父穆鬲的"曾伯宮父穆"，係"國名+排行+字+名"的稱謂格式，器主應係曾國公室。

　　曾侯作季湯嬭鼎的"季湯嬭"應爲楚女，係楚女出嫁，曾女爲媵，鼎當作於楚武王侵隨即公元前706年之前。

　　加嬭簠的"加嬭"應即王子申盞盂蓋的"嘉嬭"，亦即隨仲嬭加鼎的"嬭加"，隨仲嬭加鼎和王子申盞盂分別係楚共王和王子申爲嘉嬭出嫁所作媵器，嘉嬭簠係其嫁至曾國後所作。盞盂、鼎及隨州文峰塔出土的孟嬭玄簠是春秋中晚期曾楚交好聯姻的反映。

　　隨州義地崗出土的曾仲姬壺與河南平頂山應國墓地M313出土的曾仲姬缶的曾仲姬或即一人，係嫁至楚國的姬姓曾國女子。

　　附記：本文關於"曾公子"係曾侯之庶子或泛指曾侯之子的論斷不準確。據新出曾公得銘，所謂"曾公子"應即曾公亦即曾侯之子，而與嫡庶無關，其稱謂格式如此

---

① 王龍正：《古應國訪問記》，中國國際廣播出版社，2010年，第65、151頁。
② 黃錦前：《應侯啟戟考釋》，《華夏考古》待刊。
③ 楚文王時，應國爲楚所滅，此後，應國墓地的墓葬性質發生變化，已非原來的應國墓葬，而應係楚墓。從目前公佈和披露的有關應國墓地的考古資料來看，恐怕並不存在所謂的應國又在春秋晚期復國的情況，有關問題我在拙文《新出兩件曾子鼎繹讀》等中曾有涉及和討論，兹不贅述。

前銘文中所見之"曾侯子",東周時期曾國銅器銘文中的"曾子"應係曾侯之子,可視爲"曾侯子""曾公子"等的省稱,有關討論詳參收入本書的小文《隨州漢東東路墓地新出曾侯得銅器及相關問題》,不贅述。

2019年6月20日

附圖

圖一　曾仲嬭鬲(長沙私人藏)

第二章 歸屬繫聯

第一節 甹壺蓋的年代與國別

湖南省博物館藏有一件甹壺蓋[①],《考古》1963年第12期發表的《介紹幾件館藏周代銅器》[②]對其有報道。因原報道有關文字較短,將其徑錄如下:

> 蓮花壺蓋,器形甚大,造型粗獷。作蘭間綠色。顯係中原一帶出土。蓮瓣一層,蓋中空透。至少有五瓣蓮花上有銘文,惜已殘缺,僅存19字(圖版捌,4、5;圖一,5;圖三)。銘曰:"……叔……鄭……以……其吉……寶壺;用賜(錫)眉壽,子=孫=其永用之。"
>
> 蓋通高18.6、最大徑20、口徑15.7釐米。此件蓮花壺蓋,由其花紋、銘文看來,應是西周晚期之物,比新鄭蓮鶴方壺爲早。

報導對銘文的釋讀,除部分文字未釋、個別文字誤釋外,餘則大致可從。對壺的年代判定偏早(詳下文),這在當時的材料條件下也不能過分苛求。對壺出土地點的推定,也有一定道理。在目前的材料條件下,我們可對該壺的年代、國屬及銘文等有更進一步的明確認識,下面試作分析。

一

先說器形及年代。

報道將壺蓋的年代定爲西周晚期,其後的一些著錄皆從之[③]。壺蓋有子口,蓋上作蓮花瓣形的鏤空環帶紋捉手。蓋沿飾竊曲紋。造型風格與之相類者,除上揭報道所提

---

① 集成15.9677。
② 湖南省博物館:《介紹幾件館藏周代銅器》,《考古》1963年第12期。
③ 中國社會科學院考古研究所:《殷周金文集成》(第十五冊),中華書局,1993年,第66頁"銘文說明";《銘續》(第22卷),第265、266頁第12364號。

到的新鄭出土的蓮鶴方壺外，還有其他一些例子，如1940年陝西扶風任家村西周銅器窖藏出土的梁其壺[①]、1992年山西曲沃北趙晉侯墓地出土的晉侯邦壺（M8：25、M8：26）[②]、1966年湖北京山蘇家壟出土的曾仲斿父壺[③]及曾伯陭壺[④]等，其中後二者與之相似度更高。梁其壺和晉侯邦壺的年代皆爲西周晚期[⑤]，曾仲斿父壺和曾伯陭壺的年代爲春秋早期。

曾仲斿父壺橢方體，侈口，長頸，鼓腹，矮圈足外侈，頸兩側有獸首銜環耳一對，內插式蓋，蓋頂作盤口形，中透空，邊緣有蓮瓣形鏤空波曲紋裝飾。蓋外壁和頸部飾竊曲紋，腹上下皆飾波曲紋，圈足飾垂鱗紋。曾伯陭壺長頸，圓腹，口微侈，圈足外撇，頸部有一對銜環獸首耳，蓋有子口，捉手爲蓮瓣形鏤空環帶紋。頸飾環帶紋和"S"形雲紋，腹飾兩道環帶紋，圈足飾垂鱗紋，均無地紋。從形態上看，黽壺蓋與曾伯陭壺蓋最爲接近。

就銹色而言，曾仲斿父壺、曾伯陭壺皆係報道所謂的"作蘭間綠色"，近年漢淮流域尤其是湖北棗陽、隨州及京山等地考古出土的大量曾國青銅器也多這種銹色，最近的例子如湖北隨州葉家山曾國墓地所出西周早期曾國青銅器群[⑥]及棗陽郭家廟墓地所出春秋早期曾國銅器群[⑦]等，可見從器物形態和銹色上看，黽壺蓋的風格當與今隨棗走廊一帶所出春秋早期曾國青銅器風格最爲接近，而未必是中原一帶出土。

報道云黽壺蓋"器形甚大，造型粗獷"，黽壺蓋通高18.6、最大徑20、口徑15.7釐米。曾伯陭壺2件，現分別藏臺北故宮博物院和美國Indianapolis Museum of Art，前者通

[①] 《中國青銅器全集》編輯委員會：《中國青銅器全集》（第5卷），文物出版社，1996年，一四八；中國科學院考古研究所：《美帝國主義劫掠的我國殷周銅器集錄》，科學出版社，1962年，第1009、1010頁A699。

[②] 《中國青銅器全集》編輯委員會：《中國青銅器全集》（第6卷），文物出版社，1997年，四九；上海博物館編：《晉國奇珍——山西晉侯墓群出土文物精品展》，上海人民美術出版社，2002年，第96頁。

[③] 《中國青銅器全集》編輯委員會：《中國青銅器全集》（第10卷），文物出版社，1998年，一〇四；湖北省文物考古研究所：《曾國青銅器》，文物出版社，2007年，第34、37頁。

[④] 湖北省文物考古研究所：《曾國青銅器》，文物出版社，2007年，第119頁；http://collection.imamuseum.org/artwork/32833/index.html#labeltxt。

[⑤] 王世民、陳公柔、張長壽：《西周青銅器分期斷代研究》，文物出版社，1999年，第136、138頁。

[⑥] 湖北省博物館、湖北省文物考古研究所、隨州市博物館：《隨州葉家山——西周早期曾國墓地》，文物出版社，2013年。

[⑦] 襄樊市考古隊、湖北省文物考古研究所、湖北孝襄高速公路考古隊：《棗陽郭家廟曾國墓地》，科學出版社，2005年；長江文明館、湖北省博物館、湖北省文物考古研究所等：《穆穆曾侯——棗陽郭家廟曾國墓地》，文物出版社，2015年。

高41.2、腹深8.6、口徑14.1釐米，重9.355千克，後者器身高33.02、口徑13.97釐米。曾仲斿父壺亦2件，通高66釐米，口徑13.4釐米×21.5釐米，其一重32千克。這幾件壺皆與黽壺蓋所謂"器形甚大，造型粗獷"的特徵相符合。

二

爲進一步確認以上推論，下面再看銘文。銘文鑄在蓋冠的花紋間，現存19字（又重文2）。除上揭報道釋文外，其後主要流行的是張亞初所作釋文[①]：

　　□叔囗奠囗，黽以囗其吉〔金〕，囗寶壺，用賜（錫）眉壽，子子孫孫，其永用之。

較之報道所作釋文，張釋主要有幾個變化：一是將原釋的"鄭"字改從原篆作"奠"[②]，二是釋出"黽"字，三是在"吉"下擬補"金"字。不過張釋也有不如原釋文的地方，如原釋文在銘首用"……"，而張釋作"□"，意謂其上所缺僅一字，恐非（詳下文）。

最近又有吳鎮烽所作釋文[③]，與上揭張亞初釋文大同小異，應係沿襲張釋，唯一不同的地方就是在所謂的"叔"下又釋出一"作"字。然細察拓本，所謂的"叔"字下未必有字，即便有，據文例看亦非"作"字（詳下文）。

首列所謂"叔"字，原篆作 ，略殘，不過其主體部分尚存，構形與通常的"叔"即"弔"的寫法其實並不相似，而與"弟"字寫法近同[④]，顯非"弔"而應係"弟"字[⑤]。

第二列"奠"上之字上端殘，下部作 ，據殘劃及文例，當係"老"字[⑥]。

第四列"其"字之上部分殘，據相關文例，"其"上當係"用"字。

---

① 張亞初：《殷周金文集成引得》，中華書局，2001年，第143頁。
② 早在張亞初之前，陳夢家已有此說，參看陳夢家：《西周銅器斷代》，中華書局，2004年，第344頁。
③ 《銘續》（第22卷），第265、266頁第12364號。
④ 有關"弟"與"弔"字字形可參看董蓮池：《新金文編》，作家出版社，2011年，第713、714、1106～1115頁。
⑤ 陳夢家亦認爲係"弔"，參看陳夢家：《西周銅器斷代》，中華書局，2004年，第344頁。
⑥ 有關"老"字字形可參看董蓮池：《新金文編》，作家出版社，2011年，第1150頁。

第二章　歸屬繫聯

第五列"寶"上之字上端殘，僅存下部些微筆畫作 ▨ ，據殘劃、左側完整蓮瓣文字位置及有關文例，當係"作"字。其上之字據有關文例看應係"自"字。

銘文有關文字據現存者來看，衹有這些，沒有什麼特殊且值得深究的地方。但銘文前一部分究竟應該怎麼擬補，全銘當如何理解，卻值得仔細推敲。

從現存的文字來看，按現在諸家的釋讀順序，其前半"☐弟☐老奠☐，黽以☐其吉〔金〕，☐寶壺"讀起來總覺得扞格難通，頗令人費解。

值得注意的是，報道云"至少有五瓣蓮花上有銘文，惜已殘缺"。報道所錄壺銘拓本係一整體，而其後較爲通行的《集成》拓本則將其截爲兩段，其後一些著錄如《商周青銅器銘文暨圖像集成》亦如此，這在一定程度上妨礙了對銘文的正確釋讀和理解。

據報道所錄壺銘拓本，最左側一個完整的蓮瓣上銘文，即"用錫眉壽，子子孫孫其永用之"等文字係右行連讀，應可肯定。該蓮瓣上兩行銘文各容5字（重文佔一字位置，故不重復計算）。其右一蓮瓣上部殘缺，據有關文例，其上"☐☐〔用〕其吉〔金，自作〕寶壺"等文字亦係右行連讀。該蓮瓣上右行銘文包括擬補部分容5字，殆無疑問。由此及上述其左側蓮瓣上兩行銘文各容5字例之，左行"用其吉"上或缺2字，故補以"☐☐"；其右之殘缺蓮瓣上"☐☐☐老奠☐☐☐黽以"等字亦當係右行連讀；最右側殘蓮瓣上"☐☐☐☐弟"其前應還有其他文字。然則壺蓋銘初步可擬補復原爲[①]：

☐☐☐☐弟☐☐☐〔老〕奠☐☐☐黽以☐☐〔用〕其吉〔金，自作〕寶壺，用錫眉壽，子子孫孫其永用之。

金文中與其辭例和格式相似者主要有：

（1）曾子仲謱鼎[②]、甗[③]：唯曾子仲謱用其吉金，自作鬻彝/旅甗，子子孫孫其永用之。春秋早期

（2）曾大保盆[④]：曾大保𧊒叔亟用其吉金，自作旅盆，子子孫孫永用

---

① 陳夢家也有類似的復原方案，但也有不同，他將其復原爲"☐☐☐弔☐☐☐？奠☐☐☐ 以☐☐〔擇〕其吉〔金用作〕寶壺用賜眉壽子子孫孫其永用之"，參看陳夢家：《西周銅器斷代》，中華書局，2004年，第344頁。
② 集成5.2620。
③ 集成3.943。
④ 集成16.10336。

之。春秋早期

　　（3）曾季卿事夋壺①：唯曾季卿事夋用其吉金，自作寶醴壺，子子孫孫用享。春秋早期

　　（4）曾仲子敄鼎②：曾仲子敄用吉金，自作寶鼎，子孫永用享。春秋早期

　　（5）曾大保盨③：曾大保嬐用吉金，自作寶盨，用享于其皇祖文考，子子孫孫永用之。春秋早期

　　（6）曾卿事季宣簠④：唯曾卿事季宣用其吉金，自作寶簠，用享于皇祖文考，子孫用。春秋早期

　　（7）曾卿事梁簠⑤：唯曾卿事梁用吉金自作寶簠，用享于朕文考，用錫眉壽，子子孫孫永寶。春秋早期

　　（8）曾伯陭壺⑥：唯曾伯陭廼用吉金鐈鋚，用自作醴壺，用饗賓客，爲德無瑕，用孝用享，用錫眉壽，子子孫孫，用受大福無疆。春秋早期

　　（9）曾子伯𦉢盤⑦：唯曾子伯𦉢用其吉金，自作旅盤，其黃耉令終，萬年無疆，子孫永寶用享。春秋早期

　　（10）曾子仲宣喪鼎⑧：曾子仲宣喪用其吉金，自作寶鼎，宣喪用饗其諸父、諸兄，其萬年無疆，子子孫孫永寶用享。春秋中期

　　（11）伯家父𨨷簠蓋⑨：唯伯家父𨨷廼用吉金，自作寶簠，用享于其皇祖文考，用錫勾眉壽、黃耉、令終、萬年，子孫永寶用享。春秋早期

　　（12）䋣鼎⑩、甗⑪：唯䋣用吉金，自作寶鼎/甗，其子子孫孫永用享。春

---

① 《銘續》（第3卷），第118、119頁第0835號。
② 集成5.2564。
③ 集成7.4054；陳偉武：《兩件新見曾國銅器銘文考述》，《中山大學學報》（社會科學版）2009年第5期。
④ 此係"@融齋朱冰"在其微博上公佈了一件自藏的"曾卿簠"全形拓圖像資料，該微博鏈接爲：http://weibo.com/rongzhaizhubing?from=feed&loc=nickname&is_all=1。
⑤ 《銘續》（第2卷），第79～81頁第0427號。
⑥ 集成15.9712。
⑦ 集成16.10156。
⑧ 集成5.2737；黃錦前：《伯家父𨨷簠國別析論——兼談曾子仲宣喪鼎與番君贏匜》，《紀念于省吾先生誕辰120周年姚孝遂先生誕辰90周年學術研討會論文集》，待刊。
⑨ 集成8.4156；黃錦前：《伯家父𨨷簠國別析論——兼談曾子仲宣喪鼎與番君贏匜》，《紀念于省吾先生誕辰120周年姚孝遂先生誕辰90周年學術研討會論文集》，待刊。
⑩ 集成5.2539、2540。
⑪ 集成3.934。

秋早期

（13）伯歸墊鼎①、盤②：庥季之伯歸墊用其吉金，自作寶鼎/盥盤，子子孫孫永寶用之。春秋早期

（14）斾仲簹屨盤③：斾仲簹屨用其吉金，自作寶盤，子子孫孫其永用之。春秋早期

（15）鄬公湯鼎④：唯王八月既望，鄬公湯用其吉金，自作薦鼎，其萬年無疆，子子孫孫永寶用享。春秋早期

（16）鄬公伯韭簋⑤：鄬公伯韭用吉金，用作寶簋，子子孫孫永用享，萬年無疆。春秋早期

（17）番昶伯者君盤⑥：唯番昶伯者君用其吉金，自作旅盤，子孫永寶用之。春秋早期

（18）番君贏匜⑦：唯番君贏用吉金，自作⑧寶匜，其萬年，子孫永寶用享。春秋早期

（19）嘉仲盂⑨：嘉仲者比用其吉金，自作盂，子子孫孫其永用之。春秋晚期

（20）嘉子伯昜臚簠⑩：唯九月初吉壬申，嘉子伯昜臚用其吉金，自作寶簠，子子孫孫永壽用之。春秋晚期

（21）楚大師登編鐘⑪：唯王正月初吉庚午，楚大師登……用其吉金，自作鈴鐘……子子孫孫永寶鼓之。春秋早期

（22）中妃衛簋⑫：唯正月初吉丁亥，仲改衛用其吉金，自作旅簋，子

---

① 集成5.2644、2645。
② 湖北省文物考古研究所：《曾國青銅器》，文物出版社，2007年，第288～290頁。
③ 集成16.10134。
④ 集成5.2714。
⑤ 集成7.4016、4017。
⑥ 集成16.10140。
⑦ 集成16.10271。
⑧ "自""作"二字倒鑄，舊多依原次序釋作"作自寶匜"。
⑨ 集成15.9446。
⑩ 集成9.4605。
⑪ 周亞：《楚大師登編鐘及相關問題的認識》，《上海博物館集刊》（第11期），上海書畫出版社，2008年。
⑫ 河南省文物研究所、河南省丹江庫區考古發掘隊、淅川縣博物館：《淅川下寺春秋楚墓》，文物出版社，1991年，第33頁圖二五。

孫孫用之。春秋中期

（23）養伯受簠①：養伯受用其吉金，作其元妹叔嬴爲心媵饙簠，子子孫孫其永用之。春秋中期

（24）樊孫伯渚鼎②：樊孫伯渚用其吉金，自作寶鼎，其眉壽，子子孫孫永用之享。春秋早期

（25）戎偖生鼎③：戎偖生𪔗𪔗用吉金，作寶鼎，其萬年，子子孫孫永寶用享。春秋早期

（26）衛伯須鼎④：衛伯須用吉金，作寶鼎，子孫用之。春秋早期

據上述諸例，壺蓋銘"用其吉金"以上"□□□弟□□□老奠□□□黽以□□"等文字，應係作器者身份的表述。東周時期南方金文中，往往在銘文開頭用較多的文字來表述作器者的身份，如⑤：

（27）封子楚簠⑥：唯正月初吉丁亥，封子楚，鄭武公之孫，楚王之士，擇其吉金，自作飤簠，用會嘉賓、大夫及我朋友。虢虢叔楚，刺之元子，受命于天，萬世朋改，其眉壽無期，子子孫孫永保用之萬世。春秋晚期

（28）鄭莊公之孫盧鼎⑦：唯正六月吉日唯己，余鄭莊公之孫，余刺之痽子盧⑧，作鑄䵼彝，以爲父母。其遊于下都，曰："嗚呼哀哉！刺叔刺夫人萬世用之。"春秋晚期

---

① 集成9.4599。
② 《中國夏商周三代金銅器》，震榮堂，2011年，第71頁鼎26；黃錦前：《樊孫伯渚鼎考釋》，《中國文字》（第四十五期），藝文印書館，2019年。
③ 集成5.2632、2633。
④ 湖北省文物考古研究所：《曾國青銅器》，文物出版社，2007年，第131~133頁。
⑤ 更多的例子參看黃錦前：《東周時期南方地區"閥閱類"銅器銘文試析》，《華夏文明》2020年第3期。
⑥ 中國國家博物館、中國書法家協會：《中國國家博物館典藏甲骨文金文集粹》，安徽美術出版社，2015年，第302~306頁73。
⑦ 《考古》1991年等9期，第787頁圖八；湖北省博物館：《湖北出土文物精粹》，文物出版社，2006年，第96、97頁56。
⑧ 鄔可晶：《談鄭臧公之孫鼎銘中的"虘"》，《古籍研究》（2009卷·上、下）（總第55、56期），安徽大學出版社，2010年；復旦大學出土文獻與古文字研究中心網站，2010年4月29日，http://www.gwz.fudan.edu.cn/SrcShow.asp?Src_ID=1136。

（29）鄭莊公之孫盧缶①：余鄭莊公之孫，余剌之子，擇鑄羴彝，以爲父母。其正仲月（？）己亥，升剌之尊器，爲之若（？）缶。其獻下都，曰："嗚呼哀哉！剌叔剌夫人永寶用享。"春秋晚期

（30）哀成叔鼎②：正月庚午，嘉曰：余鄭邦之產，少去母父，作鑄飤器黃鑊，君既安惠，亦弗其盠雙，嘉是唯哀成叔，哀成叔之鼎，永用禋祀，死于下土，以事康公，勿或能已。春秋晚期

例以上揭諸例，壺蓋銘的"奠"字，或應讀作"鄭"，因銘文殘缺較甚，詳細情況不便作過多推測，存疑待考。據上揭文例，作器者名應係"用其吉金"之上的"□□"，而未必是"黽"；也有可能是"黽"與"□□"，"以"當讀作"與"，待考。

上揭諸例中，除例（26）衛伯須鼎的衛在中原、例（25）戒俉生鼎出土地點與國別皆不明外，其他基本係漢、淮一帶國族。衛伯須鼎出於湖北棗陽郭家廟曾國墓地，其形制、紋飾與該墓地所出曾器多有類似處，不排除其受曾文化的影響。戒俉生鼎據銘文風格及辭例特徵，很可能係漢、淮一帶國族之器。在上揭26例中，曾國佔16例，且其中有15例在春秋早期；其餘國族器物除少數爲春秋中晚期外，餘皆在春秋早期。總之，這類辭例和格式的銘文主要在春秋早期漢淮流域一帶的國族流行，而其他地區則基本未見。因此，從辭例角度來看，黽壺蓋很可能係春秋早期漢淮流域的器物，而非出自中原。這與上述從器物形態和銹色角度得出黽壺蓋與今隨棗走廊一帶所出春秋早期曾國青銅器風格最爲接近的結論互爲表裏，從而進一步驗證了黽壺蓋係春秋早期曾器的推論。

綜上，從器物形態、銹色及銘文辭例等角度，皆有充足的證據表明，黽壺蓋很可能係春秋早期曾器，而非西周晚期中原之器。

附記：最近湖北京山蘇家壟春秋早期曾國墓地M79、M88又各出土2件蓮瓣圓壺，與曾伯陭壺及黽壺的形制、紋飾接近，可進一步證成小文的有關意見。

2017年4月13日

---

① 《考古》1991年等9期，第790頁圖一一。
② 集成5.2782。

第二節　齊公去余鼎的國別及器主

近日，匡時香港2017秋季拍賣會"集瑞——中國藝術品專場"展出一件春秋時期的齊公去余鼎[①]，鼎内壁有銘文作：

齊公去余自作飤鼎，其子子孫孫永寶用之。

該鼎方唇，折沿，淺腹，圜底，立耳微外侈，三蹄足。頸飾變體獸面紋（無目竊曲紋），其下有一道弦紋，腹飾波曲紋（環帶紋）。形制、紋飾類似的器物較爲多見，如1979年4月湖北襄樊市（今襄陽市）文物管理處從廢品公司揀選據云係襄陽一帶出土的曾仲子敔鼎[②]、《商周青銅器銘文暨圖像集成續編》著録的現藏日本的陽小叔簋父鼎（該書稱"叔簋父鼎"）[③]、1957年河南陝縣上村嶺（今屬三門峽市湖濱區）虢國墓地出土的尹小叔鼎（M1819：5）[④]，等等，年代應爲春秋早期前段。拍賣介紹云，根據器形和紋飾，可以斷定此件爲春秋早期器，可信。

拍賣介紹云該鼎與1972年山東鄒縣出土的一件春秋早期的費敏父鼎（案：即弗奴父鼎）[⑤]大小和風格相近，也無大問題。但云該鼎國別屬位於今山東地區的齊國，器主是一代齊公去余，是春秋初年齊國一代國君自用之物，卻值得商榷。

上揭與該鼎形制、紋飾近似的鼎，過去在湖北襄樊（今襄陽）、河南陝縣（今三門峽市）等地都有出土，陽小叔簋父鼎係位於今江漢地區的姬姓唐國器[⑥]，換言之，這

[①] 北京匡時：《匡時香港2017秋拍｜重要青銅器和香港重要藏家專場擷珍》，2017年9月29日，https://mp.weixin.qq.com/s?__biz=MjM5NTc5MDc2MQ==&mid=2652523703&idx=3&sn=f546819c778f23b456efaf6ba6730b8b&chksm=bd1dc6718a6a4f67fb935addebab10089e34ca20e5c219a178e062bbda22af330a785e9e953f&mpshare=1&scene=23&srcid=0111aBV4iMNvIixYyzRQj9oq#rd；北京匡時國際拍賣有限公司：匡時香港2017秋季拍賣會集瑞——中國藝術品專場，0704 春秋早期青銅齊公去余鼎，http://auction.artron.net/paimai-art0069410704/，2017年10月2日。

[②] 襄樊市文物管理處：《湖北襄樊揀選的商周青銅器》，《文物》1982年第9期，圖三；集成5.2564；湖北省文物考古研究所：《曾國青銅器》，文物出版社，2007年，第425～427頁。

[③] 《銘續》（第1卷），第264、265頁第0215號。

[④] 中國科學院考古研究所：《上村嶺虢國墓地》，科學出版社，1959年，圖版伍捌，1；第37頁圖三四。集成4.2214。

[⑤] 《中國青銅器全集》編輯委員會：《中國青銅器全集》（第9卷），文物出版社，1997年，七九。

[⑥] 黄錦前：《由新見陽小叔簋父鼎看叔姬鼎等銅器及相關問題》，《東方考古》（第十五輯），科學出版社，2019年。

種類型的鼎在河南、山東、湖北等地皆有出土，僅據形制、紋飾還不足以判定其國屬。

拍賣介紹將其定爲齊國之器，主要依據是鼎銘作器者自稱"齊公"，但其銘文的字體風格顯然與同時期山東地區所出銅器銘文迥異，而與湖北地區所出曾國銅器銘文風格近似。從這個角度而言，該鼎是否是齊國之器，就很值得懷疑。

其頸部紋飾，與曾子斿鼎（曾子斿鼎）①、1966年7月湖北京山蘇家壟出土的曾侯仲子遊父鼎（1號）②、2002年湖北棗陽郭家廟曾國墓地出土的曾亘嫚鼎（M17：1、M17：2）③等近同。腹部紋飾與曾伯從寵鼎④相同，形制也與其近同。

就銹色而言，該鼎也與上揭曾仲子敔鼎、曾子斿鼎、曾侯仲子遊父鼎、曾亘嫚鼎、曾伯從寵鼎等湖北地區出土的同時期器物銹色接近，而與陽小叔敔父鼎及弗奴父鼎等同時期山東地區所出銅器銹色區別較大。

總之，從形制和銹色兩方面來看，該鼎應非齊國之器，而很可能是湖北地區所出曾國之器。

1974年，湖北隨縣尚店（今屬隨州市曾都區）出土1件鄀公湯鼎⑤和2件鄀公伯盄簋⑥，銘文分別作：

唯王八月既望，鄀公湯用其吉金，自作薦鼎，其萬年無疆，子子孫孫永
寶用享。
鄀公伯盄用吉金，用作寶簋，子子孫孫永用享，萬年無疆。

據銘文及鼎、簋同出等情況，鼎銘的"鄀公湯"與簋銘的"鄀公伯盄"應係一人，"湯"爲其名，"伯盄"係排行加字。

鄀公湯鼎平沿外折，雙立耳，鼓腹，三蹄足，口沿下及腹均飾竊曲紋，耳飾重環紋。鄀公伯盄簋斂口，鼓腹，一對龍首耳，方形垂珥，圈足沿外撇，連鑄三獸面扁足，弧面形蓋，上有圈狀捉手，蓋沿和器口沿下飾竊曲紋，蓋面和器腹飾瓦紋，圈足飾鱗紋。年代皆爲春秋早期。據器物出土地點、年代及銘文內容，鄀公湯或鄀公伯盄應係春

---

① 湖北省文物考古研究所：《曾國青銅器》，文物出版社，2007年，第428、429頁。
② 湖北省文物考古研究所：《曾國青銅器》，文物出版社，2007年，第11～17頁。
③ 湖北省文物考古研究所：《曾國青銅器》，文物出版社，2007年，第93～97頁。
④ 湖北省文物考古研究所：《曾國青銅器》，文物出版社，2007年，第423、424頁。
⑤ 隨州市博物館：《湖北隨縣劉家崖發現古代銅器》，《考古》1982年第2期，圖二，2；集成5.2714；隨州市博物館：《隨州出土文物精粹》，文物出版社，2009年，第71頁76。
⑥ 《考古》1982年第2期，第140頁圖二，1；集成7.4016、4017；《銘圖》（第10卷），第326～329頁第04980、04981號。

秋早期曾國人，其身份很可能係曾國封君一類的貴族。

齊公去余鼎的銘文內容、用語及風格等皆與隨州出土的䣄公湯鼎和䣄公伯䚄簋接近，作器者自稱"齊公去余"，其身份應同䣄公湯或䣄公伯䚄近似，很可能也是曾國封君一類的貴族。

綜上，據器形、紋飾、銹色、銘文及其風格，指出近出齊公去余鼎與湖北地區所出曾國銅器器形、紋飾、銹色及銘文風格尤爲接近，而與同時期山東地區所出銅器銹色、字體等區別較大，應非位於今山東地區的齊國而應係南土姬姓曾國之器。該鼎銘文內容、用語及風格等皆與隨州出土的䣄公湯鼎和䣄公伯䚄簋接近，器主齊公去余的身份應同䣄公湯或䣄公伯䚄近似，當爲曾國封君一類的貴族，而非所謂的一代齊公。

附圖

圖一　齊公去余鼎

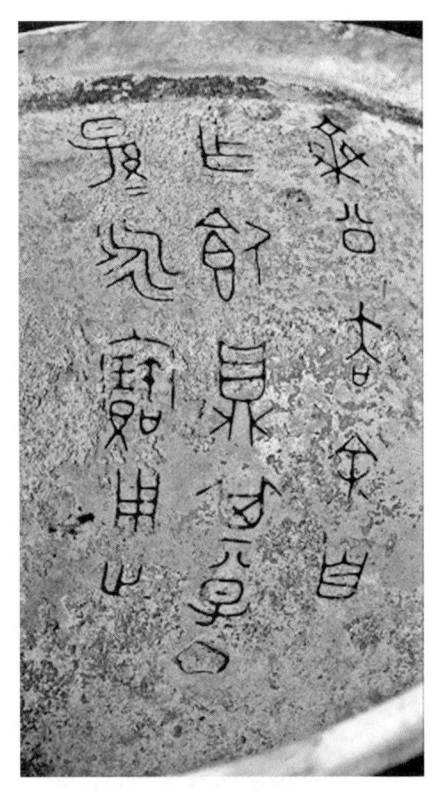

圖二　齊公去余鼎銘文

第三節　由新見陽小叔戝父鼎看叔姬鼎等銅器及相關問題

一

新近出版的《商周青銅器銘文暨圖像集成續編》著錄有一件陽小叔戝父鼎（該書稱"叔戝父鼎"）[1]，見於2014年9月日本東京中央秋季拍賣會，原藏日本大阪某收藏家。體呈半球形，口微斂，窄沿，方唇，雙立耳，圜底，三蹄足，頸飾無目竊曲紋，腹飾環帶紋。與1957年河南陝縣上村嶺（今屬三門峽市湖濱區）虢國墓地出土的尹小叔鼎（M1819∶5）[2]形制近同，年代應爲春秋早期前段。鼎內壁鑄銘文作：

唯王正月吉日丁丑，陽小叔戝父作羋叔姬寶鼎，其萬年無疆，子子孫永寶用饗。

作器者陽小叔戝父，據江小仲母生鼎[3]"江小仲母生"、鄧小仲鼎[4]"鄧小仲"、尹小叔鼎"尹小叔"、衛鼎[5]"文考小仲姜氏"、盉尊（盉駒尊）[6]"朕文考大仲"及大簋（六月大簋）[7]"朕皇考大仲"等，稱"小"應與排行有關[8]，所謂"陽小叔"，實即"陽叔"，二者無別；"陽"應係國族名；"陽小叔"當係陽國公室。據上下文和有關文例，"羋叔姬"或即陽小叔之妻，"羋"爲其氏。

類似形制和紋飾的鼎在江漢地區的隨棗走廊一帶多有出土，如襄陽出土的曾仲子

---

[1]　《銘續》（第1卷），第264、265頁第0215號。
[2]　中國科學院考古研究所：《上村嶺虢國墓地》，科學出版社，1959年，圖版伍捌，1；第37頁圖三四。集成4.2214。
[3]　集成4.2391。
[4]　集成4.2528；李學勤、艾蘭：《歐洲所藏中國青銅器遺珠》，文物出版社，1995年，81。
[5]　集成5.2616。
[6]　集成11.6011。
[7]　集成8.4165。
[8]　黃錦前：《鄧國銅器銘文綜論》，未刊稿。

敔鼎[1]、棗陽曹門灣出土的龍紋鼎[2]、郭家廟墓地出土的衛伯須鼎[3]、隨州尚店出土的鄀公湯鼎[4]、熊家老灣出土的黃季鼎[5]、何家臺出土的竊曲紋鼎[6]、桃花坡出土的重環紋鼎[7]、曾伯從寵鼎[8]，等等，結合上揭銘文辭例特徵也與淮域諸國同類銘文接近來看，"陽"應讀作"唐"，係南土地區的姬姓唐國。

《國語·鄭語》載史伯云："當成周者，南有荆蠻、申、呂、應、鄧、陳、蔡、隨、唐。"韋昭注："應、蔡、隨、唐，皆姬姓也。"《左傳》宣公十二年："楚子使唐狡與蔡鳩居告唐惠侯。"杜預注："唐，屬楚之小國，義陽安昌縣東南有上唐鄉。"《史記·楚世家》："十一年……楚昭王滅唐，九月，歸入郢。"正義引《括地志》曰："《世本》云，唐，姬姓之國。"

據應國墓地出土的考史簋（M257：1、M257：2）[9]及傳世的周昭王時器中觶[10]銘可知，姬姓唐國至遲在昭王時已在南土；陽飤生簋蓋[11]、匜[12]所自出的棗陽縣資山一帶應即唐國疆域範圍。包山楚簡163、176號簡的"𡎸君"[13]，吳良寶認爲"𡎸"當讀作"唐"，即西周、春秋時期的唐國故地[14]，可信。將出土文獻和傳世文獻互證，可知唐國應在今隨棗走廊的隨州與棗陽之間[15]。

陽（唐）既爲姬姓國，上述陽小叔係陽國公室，羋叔姬係其妻，這似與古書所謂"同姓不婚"的原則相違背。

據文獻，古人有所謂"同姓不婚"的原則，但據銅器銘文，春秋晚期，因楚、蔡

---

[1] 湖北省文物考古研究所：《曾國青銅器》，文物出版社，2007年，第426頁。
[2] 湖北省文物考古研究所：《曾國青銅器》，文物出版社，2007年，第64～67頁。
[3] 湖北省文物考古研究所：《曾國青銅器》，文物出版社，2007年，第131～133頁。
[4] 湖北省文物考古研究所：《曾國青銅器》，文物出版社，2007年，第143頁；隨州市博物館：《隨州出土文物精粹》，文物出版社，2009年，第71頁76。
[5] 湖北省文物考古研究所：《曾國青銅器》，文物出版社，2007年，第158～161頁。
[6] 湖北省文物考古研究所：《曾國青銅器》，文物出版社，2007年，第209～211頁。
[7] 湖北省文物考古研究所：《曾國青銅器》，文物出版社，2007年，第252～255頁。
[8] 湖北省文物考古研究所：《曾國青銅器》，文物出版社，2007年，第423、424頁。
[9] 河南省文物考古研究院、平頂山市文物管理局、河南大學歷史文化學院：《河南平頂山應國墓地M257發掘簡報》，《華夏考古》2015年第3期。
[10] 集成12.6514。
[11] 集成7.3984、3985。
[12] 集成16.10227。
[13] 湖北省荊沙鐵路考古隊：《包山楚簡》，文物出版社，1991年，圖版七四、圖版八〇，第29、30頁"釋文"。
[14] 吳良寶：《戰國楚簡地名輯證》，武漢大學出版社，2010年，第313～316頁。
[15] 黃錦前：《新刊唐侯制隨夫人諸器及有關問題》，未刊稿。

關係惡化，蔡與同姓吳國以婚姻爲紐帶結盟，聯合抗楚[①]。最近公佈的一批春秋初年的賈國銅器，如賈伯簋[②]、壺[③]"賈伯作郵孟姬尊簋/壺"，賈叔鼎[④]、簋[⑤]"賈叔作晉姬尊鼎/簋"，賈子伯飲父壺[⑥]、盤[⑦]"賈子伯飲父作孟姬尊壺/寶盤"，銘文明確表明此時同爲姬姓的晉、賈二國之間有聯姻。《左傳》莊公二十八年"晉獻公娶于賈"，亦可進一步印證晉、賈兩國聯姻絕非偶然，而係常態[⑧]。近年發掘的湖北棗陽曹門灣墓地M43的墓主或即該墓所出矢叔匜（M43∶2）[⑨]的"孟姬"，應係嫁至曾國的姬姓虞國女子，亦係同姓通婚之例。總之，文獻所謂"同姓不婚"的原則，應靈活看待，而不能一味地死看所謂的原則[⑩]。

因此，身爲姬姓唐國公室的陽小叔，娶姬姓女子髸叔姬爲妻，並無不可，換言之，上述對鼎銘的理解，也就並無矛盾。

二

傳世有一件叔姬鼎（或稱"金父鼎"）[⑪]，原藏梁伯謨（《復齋》），現下落不明。鼎內壁鑄銘文過去一般釋作[⑫]：

🖼金父作叔姬寶尊鼎，其萬子孫永寶用。

此銘係摹本[⑬]。整體上看，所摹文字多失真，且有明顯錯誤，如按金文文例，"萬"字

---

① 詳參黃錦前：《楚系銅器銘文研究》，安徽大學博士學位論文，2009年，第207～213頁。
② 《銘圖》（第11卷），第73～78頁第05130～05132號。
③ 《銘圖》（第22卷），第344～347頁第12417、12418號。
④ 《銘續》（第1卷），第237、238頁第0203號。
⑤ 《銘續》（第2卷），第92、93頁第0432號。
⑥ 《銘續》（第3卷），第123、124頁第0838號。
⑦ 《銘續》（第3卷），第300頁第0947號。
⑧ 黃錦前：《讀賈國青銅器》，《文博》2020年第2期。
⑨ 湖北省文物考古研究所、湖北荊州文物保護中心、棗陽市博物館考古隊：《湖北棗陽郭家廟墓地曹門灣墓區（2015）M43發掘簡報》，《江漢考古》2016年第5期，圖版一九、圖版二二，拓片四。
⑩ 黃錦前：《從吳叔襄鼎談到棗陽曾國墓地出土的矢、衛、泥諸器》，《北方民族考古》（第四輯），科學出版社，2017年。
⑪ 集成5.2562。
⑫ 如張亞初：《殷周金文集成引得》，中華書局，2001年，第41頁。
⑬ 目前所錄拓本係《積古》據《復齋》、《攈古》據《積古》摹入，參見《銘圖》（第4卷），第262頁第02083號。

下應有"年"字,而此銘卻無,應係漏摹所致。

對照新見之陽小叔戲父鼎銘文,銘文開頭二字摹寫或有誤。具體而言,""字原摹作,不識,其構形頗爲奇特,仔細分析,很可能係"陽叔"二字即之誤摹,下文的"叔"字摹作, 可爲佐證;"金"字原摹作, 或係"戲"字( )之摹誤。換言之,作器者即過去所謂的" 金父"實際上應係"陽叔戲父",與新見陽小叔戲父鼎的作器者陽小叔戲父係同人。同樣,"叔姬"與陽小叔戲父鼎的"羋叔姬"亦係同人,爲陽叔戲父之妻。按照名從主人的原則,該鼎亦應改稱陽叔戲父鼎。

鼎銘年代,《殷周金文集成》等定爲西周晚期①,據銘文看,或偏早,而應與新見陽小叔戲父鼎年代相當,爲春秋早期前段。

傳世又有一件叔姬鼎②,原藏費念慈,現藏上海博物館。《殷周金文集成》定其年代爲春秋早期③,從銘文字體看可從。鼎銘作:

叔姬作陽伯旅鼎,永用。

"叔姬"與陽叔戲父鼎(叔姬鼎、金父鼎)的"叔姬"及陽小叔戲父鼎的"羋叔姬"或即同人。

鼎銘"叔姬作陽伯旅鼎",據上下文和有關同類銘文,陽伯應係叔姬之夫、君,如孟姬涓簋④"孟姬涓……其用追孝于其辟君武公"、南姞甗⑤"南姞庫乍厥皇辟伯氏寶甗彝"、胡應姬鼎⑥"胡應姬……用作厥嫡君公叔乙尊鼎"、姬鳧母鼎⑦"姬鳧

---

① 中國社會科學院考古研究所:《殷周金文集成》(第五冊),中華書局,1985年,第5頁"銘文說明"。

② 集成4.2392。

③ 中國社會科學院考古研究所:《殷周金文集成》(第四冊),中華書局,1986年,第102頁"銘文說明"。

④ 集成7.4071、4072。

⑤ 吳鎮烽:《狱器銘文考釋》,《考古與文物》2006年第6期,圖九。

⑥ 李學勤:《胡應姬鼎試釋》,《出土文獻與古文字研究(第六輯)——復旦大學出土文獻與古文字研究中心成立十周年紀念文集》,上海古籍出版社,2015年;《銘續》(第1卷),第274、275頁第0221號。

⑦ 《中國夏商周三代金銅器》,震榮堂,2011年,第58頁鼎13;《銘續》(第1卷),第160頁第0153號。

第二章　歸屬繫聯

母……用旨尊厥公厥姊"等，均可佐證。換言之，陽伯應係陽國之君，叔姬係其妻，此鼎係叔姬爲其亡夫陽伯所作。"陽伯"與陽叔戟父鼎（叔姬鼎、金父鼎）的"陽叔戟父"及陽小叔戟父鼎的"陽小叔戟父"很可能亦係同人，叔姬鼎稱"陽伯"，"伯"應非排行，而係爵稱。又古代妻子對丈夫稱伯，《詩·衛風·伯兮》："伯也執殳，爲王前驅。"朱熹集傳："伯，婦人目其夫之字也。"所以無論從哪個角度去理解，陽小叔又稱"陽伯"，其實並不矛盾。陽小叔戟父鼎及傳世的叔姬鼎（金父鼎）稱"陽（小）叔"，應係其即位之前作爲公室時的稱謂。

傳世和出土的唐國銅器，如觴仲多壺①、觴姬簋蓋②、陽飤生簋蓋③、陽飤生匜④等，年代皆爲春秋早期；湖北鄖縣五峰鄉蕭家河、喬家院出土的仲瀕兒鉳（M1：2）、盤（M1：4）、唐子仲瀕兒匜（M1：1）、唐子斯戈（M4：14）等⑤，年代爲春秋晚期；陝西西安張家坡出土的觴仲鼎（M319：1）⑥，年代爲西周晚期。東周時期的唐國銅器，除上述諸器外，《商周青銅器銘文暨圖像集成續編》著錄有一件私人收藏的陽侯制隨夫人壺（《續編》稱"陽侯杴隋夫人壺"）⑦，銘作"陽侯制隨夫人行壺，其永祜福"，年代爲春秋早期。據上博藏叔姬鼎銘，春秋早期唐國的君長稱"陽伯"，據陽侯制隨夫人壺，可見其又稱"陽侯"，這與同在南土地區的同宗姬姓曾國之君或稱"曾侯"、或稱"曾伯"⑧一樣。

綜上，據上下文及有關金文文例，陽小叔戟父鼎的"陽"應爲國族名，係位於今江漢地區的姬姓唐國；"陽小叔"係唐國公室，"羋叔姬"係其妻，"羋"爲其氏。

---

① 集成15.9572；周亞：《〈窓圖集古圖〉箋注》，上海古籍出版社，2012年，第75頁。
② 集成7.3945；〔日〕林巳奈夫：《殷周時代青銅器の研究：殷周青銅器綜覽一》圖版，吉川弘文館，1984年，第131頁，簋388。
③ 集成7.3984、3985。襄樊市博物館、谷城縣文化館：《襄樊市、谷城縣館藏青銅器》，《文物》1986年第4期，圖六、圖七。襄樊市博物館：《湖北谷城、棗陽出土周代青銅器》，《考古》1987年第5期，圖版叁，1；圖四，2。
④ 集成16.10227；《文物》1986年第4期，第17頁圖四、圖五。《考古》1987年第5期，圖版肆，3；第413頁圖四，3。
⑤ 鄖縣博物館：《湖北鄖縣肖家河出土春秋唐國銅器》，《江漢考古》2003年第1期；黃旭初、黃鳳春：《湖北鄖縣新出唐國銅器銘文考釋》，《江漢考古》2003年第1期；黃鳳春、黃旭初：《湖北鄖縣喬家院春秋殉人墓》，《考古》2008年第4期；王紅星主編：《塵封的瑰寶——丹江口水庫湖北淹沒區文物圖珍》，湖北美術出版社，2004年，第124、125、128頁；湖北省文物局：《漢丹集萃——南水北調工程湖北庫區出土文物圖集》，文物出版社，2009年，第137頁。
⑥ 中國社會科學院考古研究所：《張家坡西周墓地》，中國大百科全書出版社，1999年，圖版101；圖版4；第138頁圖103，3。
⑦ 《銘續》（第3卷），第110頁第30829號。
⑧ 黃錦前：《出土古文字資料所見曾侯世系》，未刊稿。

傳世叔姬鼎（金父鼎）的"🐛"字應係"陽叔"二字之誤摹，"金"字係"戜"字之誤摹，作器者"🐛金父"實應係"陽叔戜父"，與新見陽小叔戜父鼎的"陽小叔戜父"及上博藏叔姬鼎的"陽伯"係同人；"叔姬"與陽小叔戜父鼎的"䣄叔姬"及上博藏叔姬鼎的"叔姬"亦係同人，爲"陽（小）叔戜父"即"陽伯"之妻；該鼎年代應爲春秋早期。東周時期唐國的君長或稱"陽伯"，或稱"陽侯"，與同在南土地區的同宗姬姓曾國之君或稱"曾侯"、或稱"曾伯"相似。

附記：近日黃鳳春公佈了隨州市博物館藏銘文與唐侯制隨夫人壺銘基本相同的3件唐侯制隨夫人鼎等有關材料，推定這些器物可能都出自隨州義地崗的同一座墓葬（黃鳳春：《談"唐侯制隨夫人"壺的國別、年代及相關問題》，復旦大學出土文獻與古文字研究中心網站，2018年7月19日，http://www.gwz.fudan.edu.cn/Web/Show/4278；武漢大學簡帛網，2018年7月19日，http://www.bsm.org.cn/show_article.php?id=3193），據隨州所出與壺銘基本相同的3件唐侯制隨夫人鼎等有關材料，本文所討論的陽國諸器的國屬等問題可以坐實。

2018年7月28日

第四節　曾孫卲與曾孫懷銅器繫聯

2013年發掘的湖北隨州文峰塔曾國墓地[①]，出土曾孫卲壺（M21∶3）[②]和曾孫卲簠（M21∶5）[③]各1件，銘文分別作：

（1）曾孫卲之大行之壺。
（2）曾孫卲之行簠。

壺橫截面呈方形，侈口，長頸，鼓腹，平底，矮圈足，頸兩側有一對卷尾回首龍形耳，通體光素。簠直口，直壁，折腹，平底，蹼形足，腹兩側有一對獸首耳，通體飾蟠虺紋。蓋與器形制、紋飾、大小相同，唯前後左右口沿皆有獸面小卡扣。壺、簠的年代應爲春秋晚期後段。據銘文，作器者爲曾孫卲，係曾侯之孫。

[①]　湖北省文物考古研究所、隨州市博物館：《湖北隨州市文峰塔東周墓地》，《考古》2014年第7期。
[②]　《考古》2014年第7期，第27頁圖二四，1。
[③]　《考古》2014年第7期，第26頁圖一九，2。

該墓與曾孫卲壺、簠同出的銅器，目前公佈者還有隨大司馬嘉有戈（M21：1）[①]、吳公子光戟[②]及銅甗（M21：11）等，還有一批帶有"曾"字銘文的銅器未公佈，發掘者認爲墓主係曾孫卲[③]。

隨大司馬嘉有戈中直援，起脊，鋒略呈圭首形，中胡三穿，闌下端有齒，長方形內，上有一橫穿，援、內均較平直，內略上揚。形制與1972年湖北棗陽段營墓葬出土的□□伯戈[④]、2002年棗陽郭家廟曾國墓地採集的戈（G：01）[⑤]、1979年隨縣城郊季氏梁春秋墓出土的周王孫戈、曾大攻尹戈[⑥]、1975年隨縣溳陽鰱魚嘴出土的曾仲之孫戈[⑦]等接近，年代應在春秋中期左右[⑧]，較墓葬年代春秋晚期要早。

文峰塔M32又出土有曾孫伯國甗（M32：9）[⑨]、曾大司馬國鼎（M32：8）[⑩]和曾大司馬伯國簠（M32：6）[⑪]各1件，銘文分別作：

（1）曾孫伯國之行甗。
（2）曾大司馬國之行鼎。
（3）曾大司馬伯國之飤簠。

對照可知，"曾孫伯國"係曾侯之孫，"伯"係排行，"國"爲其字，職任曾國大司

[①] 湖北省文物考古研究所、隨州市博物館：《湖北隨州市文峰塔東周墓地》，《考古》2014年第7期，圖四〇、圖四一；湖北省文物考古研究所：《三苗與南土——湖北省文物考古研究所"十二五"期間重要考古收獲》，《江漢考古》編輯部，2016年，第104頁。

[②] 湖北省文物考古研究所：《三苗與南土——湖北省文物考古研究所"十二五"期間重要考古收獲》，《江漢考古》編輯部，2016年，第105頁。

[③] 湖北省文物考古研究所、隨州市博物館：《湖北隨州市文峰塔東周墓地》，《考古》2014年第7期；湖北省文物考古研究所：《三苗與南土——湖北省文物考古研究所"十二五"期間重要考古收獲》，《江漢考古》編輯部，2016年，第104頁。

[④] 湖北省博物館：《湖北棗陽縣發現曾國墓葬》，《考古》1975年第4期，圖版壹，1。

[⑤] 襄樊市考古隊、湖北省文物考古研究所、湖北孝襄高速公路考古隊：《棗陽郭家廟曾國墓地》，科學出版社，2005年，第200頁圖版二三，1、2。

[⑥] 隨縣博物館：《湖北隨縣城郊發現春秋墓葬和銅器》，《文物》1980年第1期，圖版叁，1、3；湖北省文物考古研究所：《曾國青銅器》，文物出版社，2007年，第317～320頁。

[⑦] 程欣人：《隨縣溳陽出土楚、曾、息青銅器》，《江漢考古》1980年第1期；湖北省文物考古研究所：《曾國青銅器》，文物出版社，2007年，第384頁。

[⑧] 黃錦前：《隨州新出隨大司馬嘉有戈小議》，《江漢考古》2013年第1期。

[⑨] 《考古》2014年第7期，第28頁圖三一，1。

[⑩] 《考古》2014年第7期，第25頁圖一七。

[⑪] 《考古》2014年第7期，第26頁圖一九，4。

馬。曾孫伯國亦即曾大司馬伯國，係M32的墓主①。結合上述M21出土曾孫卲壺、簠及隨大司馬嘉有戈等情況來看，曾孫卲與曾孫伯國關係應很密切，或皆係隨大司馬嘉有之後。

1975年冬，湖北隨縣均川劉家崖出土2件卲方豆②，口爲正方形，平頂，束頸，圜腹，頂正中有一紐已殘，四邊亦留有乳丁狀紐柱。飾繩索紋、三角紋和蕉葉狀雲紋各一道，年代爲春秋晚期後段。銘作：

　　　　卲之御盾。

結合文峰塔墓地新出曾孫卲之器來看，此器的器主卲應即曾孫卲。

1980年，四川新都馬家公社晒壩（今屬成都市新都區馬家鎮）戰國墓出土1件卲之飤鼎③，腹與蓋相合呈扁圓體，圜底，蓋上有一銜環龍紐和三個圓雕牛紐，附耳微外侈，三蹄足較高。蓋頂以兩周三角雷紋爲邊欄，形成三周紋帶，其外兩周爲鈎雲狀鳳鳥紋，內周飾弧綫勾雲紋；腹部凸弦紋上下各飾一周鳳鳥紋，足上部飾獸面紋。年代應爲春秋晚期後段。銘作：

　　　　卲之飤鼎。

據器形、年代、銘文內容及字體等，器主卲與隨州均川所出卲豆的器主應係同人④，亦即曾孫卲。

類似這種同人之器出土於多個不同地點的情況過去也很常見，如1958年2月湖北江

---

① 湖北省文物考古研究所、隨州市博物館：《湖北隨州市文峰塔東周墓地》，《考古》2014年第7期。

② 隨州市博物館：《隨州均川出土銘文青銅器》，《江漢考古》1986年第2期；集成9.4660、4661；湖北省文物考古研究所：《曾國青銅器》，文物出版社，2007年，第188、189頁。

③ 四川省博物館、新都縣文物管理所：《四川新都戰國木槨墓》，《文物》1981年第6期；集成4.1980；湖北省文物考古研究所：《曾國青銅器》，文物出版社，2007年，第190、191頁。

④ Xueqin Li. Chu bronzes and Chu culture, New perspectives on Chu culture during the eastern Zhou period. Thomas Lawton（ed.）. Princeton: Princeton University Press, 1991, pp. 1-22.（李學勤：《楚青銅器與楚文化》，《東周楚文化的新展望》（英文），美國沙可樂美術館，1991年），後輯入氏著《綴古集》，上海古籍出版社，1998年；黃錫全：《湖北出土商周文字輯證》，武漢大學出版社，1992年，第84、85頁。李學勤謂卲之飤鼎銘的格式和字體與擂鼓墩M1及其他同時期的楚青銅器一致。

陵長湖南岸楚墓出土的楚王孫漁雙戈戟[①]、2000年9月湖北荊門左塚楚墓M3出土的楚王孫漁矛[②]，以及2005年5月河南上蔡郭莊楚墓出土的競之漁鼎[③]、楚王之孫漁簠[④]等，器主皆爲王孫漁，所以曾孫邵之器出自多個地點也不奇怪。

有關曾孫邵的情況先討論至此，下面再看曾孫懷。

文峰塔墓地出土一件曾孫懷簠（M38∶7）[⑤]，直口，直壁，折腹，平底，蹼形足，腹兩側有一對獸首耳。通體飾蟠虺紋。蓋與器形制、紋飾、大小相同，唯前後左右口沿皆有獸面小卡扣。年代應爲春秋晚期。銘作：

　　曾孫懷之飤簠。

曾孫懷即該簠所自出的M38的墓主[⑥]。

《商周青銅器銘文暨圖像集成續編》著錄有2件私人收藏的褢簠[⑦]，直口，折腹，斜壁，坦底，兩短壁各有一獸首耳，長方圈足沿呈坡狀外伸，每邊有一長橢形缺口，通體飾細密的蟠虺紋，年代應爲春秋晚期。銘作：

　　褢擇其吉金，自作飤簠，其眉壽無期，永保用之。

據器形、年代及銘文字體來看，器主褢與曾孫懷簠的曾孫懷應係一人。出土和傳世古書中"懷"多作"褢"。如曾侯與編鐘[⑧]"褢（懷）燮四方"、馬王堆漢墓帛書甲本《老子·德經》"是以聖人被褐而褢（懷）玉"，"懷"皆作"褢"。《說文·衣

---

① 陳上岷：《湖北江陵發現戰國木槨墓》，《文物》1959年第2期；集成17.11152、11153；湖北省博物館：《湖北出土文物精粹》，文物出版社，2006年，第129頁73；中國國家博物館、中國書法家協會：《中國國家博物館典藏甲骨文金文集粹》，安徽美術出版社，2015年，第324、325頁79。

② 湖北省文物考古研究所、荊門市博物館、襄荊高速公路考古隊：《荊門左塚楚墓》，文物出版社，2006年，彩版四〇。

③ 曹瑋主編：《南國楚寶 驚采絕艷：楚文物珍品展》，三秦出版社，2013年，第4、5頁；河南博物院：《鼎盛中華：中國鼎文化》，大象出版社，2013年，第122頁。

④ 馬俊才：《流沙疑塚》，中國國際廣播出版社，2010年，第109、189頁。

⑤ 《考古》2014年第7期，圖一九，5。

⑥ 湖北省文物考古研究所、隨州市博物館：《湖北隨州市文峰塔東周墓地》，《考古》2014年第7期。

⑦ 《銘續》（第2卷），第221~223頁第0492、0493號。

⑧ 湖北省文物考古研究所、隨州市博物館：《隨州文峰塔M1（曾侯與墓）、M2發掘簡報》，《江漢考古》2014年第4期。

部》："裏，俠也。"段玉裁注："俠，當作夾，轉寫之誤。《亦部》曰：'夾，盜竊裏物也。'……腋有所持，裏藏之義也。在衣曰裏，在手曰握。今人用懷挾字，古作裏夾。"《漢書·地理志》"裏山"顏師古註："裏，古懷字。"因此，此二簠亦應係曾器，很可能即盜掘自隨州一帶。

無獨有偶，傳世有一件裏鼎①，係吳雲、潘祖蔭舊藏（《愙齋》《羅表》），現藏上海博物館。直口，深腹，附耳，圜底，三蹄足，蓋頂有輪狀捉手。蓋頂中部飾圓渦紋，蓋面外圍及器腹均飾蟠螭紋，間以絢索紋，係典型的春秋晚期器。銘作：

  裏自作飤礪餕，其眉壽無期，永保用之。

銘文部分文句及字體與上述近年面世的2件裏簠皆極似，當係同人之器無疑。

《商周青銅器銘文暨圖像集成》著錄有一件裏兒鎛②，據云一套共9件，形制、紋飾、銘文相同，大小相次，此為第一件。體呈橢圓筒形，上小、向下漸大，螭龍糾結成鏤空紐，與口平齊。鉦間和篆間以絢索凸棱作界格，每面有六組浮雕狀圓渦紋枚。篆間和鼓部均飾蟠螭紋。年代為春秋晚期。銘作：

  唯正月初吉丁亥，裏兒擇其吉金，自作穌鐘，中翰且揚，元鳴孔皇，以
  樂嘉賓，及我庶士，其眉壽無期，永保鼓之。

據器形、年代、銘文內容及字體等，"裏兒"與上述曾孫懷或裏應係一人。"兒"係南方地區銅器銘文中常見的人名後綴③，如河南南陽八一路春秋楚墓出土的彭子射諸器，器主名或作"彭子射"（如彭子射繁鼎④、彭子射湯鼎⑤、彭子射盤⑥、彭子射匜⑦），或作"彭子射兒"（彭子射盂鼎⑧、彭子射兒簠⑨），可證。該套編鎛或亦盜掘

---

① 集成5.2551；陳佩芬：《夏商周青銅器研究》（東周篇），上海古籍出版社，2004年，第294~296頁五五六。
② 《銘圖》（第29卷），第313~315頁第15805號。
③ 黃錦前：《東周金文人名"×兒"解》，未刊稿。
④ 南陽市文物考古研究所：《河南南陽春秋楚彭射墓發掘簡報》，《文物》2011年第3期，圖六，2、3。
⑤ 《文物》2011年第3期，第23頁圖五三，7。
⑥ 《文物》2011年第3期，第23頁圖五三，4。
⑦ 《文物》2011年第3期，第23頁圖五三，5。
⑧ 《文物》2011年第3期，第7頁圖五。
⑨ 《文物》2011年第3期，第23頁圖五三，1。

自隨州一帶。據兩周時期銅器組合中一般編鐘和編鎛共存的情況來看，應當還有一套同人所作的編鐘。

綜上，據近年隨州文峰塔墓地所出曾孫卲與曾孫懷等銅器銘文，將以往傳世與出土及近年流散的卲與裹的有關銅器繫聯起來，使其國族和器主皆有明確歸屬，使因盜掘而佚失的有關信息得以補充和完善，使互不相屬的分散材料變成系統而更有價值的史料，對器主曾孫卲與曾孫懷身份的進一步認識皆有幫助，對相關研究亦不無裨益。

第五節　曾大保諸器繫聯

1976年3月，湖北隨縣周家崗（今隨州市曾都區）墓地出土2件曾大保簠[①]。二簠形制相同，弇口，鼓腹，一對獸首耳，下有垂珥，圈足連鑄三卷鼻獸頭扁足，蓋頂有圈狀捉手，蓋沿和器口飾無目竊曲紋，腹部和蓋面飾瓦溝紋，圈足飾垂鱗紋，捉手內飾團鳥紋，年代爲春秋早期前段。

二簠同銘，作：

　　曾大保嬾用吉金，自作寶簠，用享于其皇祖文考，子子孫孫永用之。

銘文均被刮削，不清晰，部分文字如大保之名過去長期缺釋。

2008年，陳偉武公佈了一件流於香港古肆的曾大保簠[②]，形制、紋飾與上揭2件曾大保簠皆同，銘作：

　　曾大保嬾用吉金，自作寶簠，用享于其皇祖文考，子子孫孫永用之。

此簠器身、蓋皆有銘，其一亦被刮除，另一銘尚存。

太保之名原篆作 [圖]，从女、从嘉，應釋作"嬾"。周家崗墓地出土的2件曾大

[①] 隨州市博物館：《湖北隨縣發現商周青銅器》，《考古》1984年第6期；集成7.4054；湖北省博物館：《湖北出土文物精粹》，文物出版社，2006年，第76頁42；湖北省文物考古研究所：《曾國青銅器》，文物出版社，2007年，第279～283頁；《銘圖》（第10卷），第302頁第04963號。

[②] 陳偉武：《兩件新見曾國銅器銘文考述》，《中山大學學報》（社會科學版）2009年第5期。該文較早於2008年4月7～11日在安徽大學召開的"第五屆國際中國古文字學研討會"上公佈。剛剛出版的《商周青銅器銘文暨圖像集成續編》也收錄了該器，參看《銘續》（第2卷），第75頁第0425號。

保簋器主名字殘劃作 [圖], 對照看，其右下所從"女"旁尚清楚，其他部分輪廓與"嘉"相類，是此字應係"嬶"，此二簋與新見之簋係同人之器①。春秋時期簋數一般爲偶，然則同人所作之簋，至少應還有1件。

另，上述器主名 [圖] 字所從之"嘉"，或認爲從壴、從力。《說文》："嘉，美也。從壴加聲。"該字不從口，與金文常見的"嘉"字構形略異。細審之，所謂"力"之柄部，似殘存"冖"形。

傳世有一件容庚、劉體智舊藏，現藏廣州市博物館的曾大保盆②，寬平沿，束頸，折肩，收腹，平底，一對獸首耳，頸和上腹飾形狀不同的竊曲紋，年代爲春秋早期前段。銘作：

曾大保䜩叔亟③用其吉金，自作旅盆，子子孫孫永用之。

器主名字原篆作 [圖]，從麗、從會，舊或誤釋，如容庚以爲"双䜩叔其字，亟其名也"④。郭沫若釋作"䜩"，亦云"此曾大保名亟字䜩叔"⑤，可謂未達一間。張亞初正確隸定作"䜩"⑥。

無獨有偶，2002年，韓自強、劉海洋《近年所見有銘銅器簡述》又公佈了一件近

---

① 陳偉武：《兩件新見曾國銅器銘文考述》，《中山大學學報》（社會科學版）2009年第5期。

② 集成16.10336；湖北省文物考古研究所：《曾國青銅器》，文物出版社，2007年，第416～418頁；《銘圖》（第13卷），第485頁第06268號。

③ 或將"亟"屬下讀（湖北省文物考古研究所：《曾國青銅器》，文物出版社，2007年，第417頁），非是，陳偉武已指出其誤，參見陳偉武：《兩件新見曾國銅器銘文考述》，《中山大學學報》（社會科學版）2009年第5期。

④ 容庚：《頌齋吉金續錄·考釋》，考古學社專集第14種，1936年，第8頁；容庚：《頌齋吉金圖錄 頌齋吉金續錄 海外吉金圖錄》，《容庚學術著作全集》，中華書局，2012年，第401頁；曾憲通：《容庚先生和他的頌齋藏器》，《鎮海樓論稿——廣州博物館成立七十周年紀念》，嶺南美術出版社，1999年，後輯入氏著：《古文字與出土文獻叢考》，中山大學出版社，2005年。但其後出版的《商周彝器通考》《殷周青銅器通論》分別在"双䜩""叔亟"下劃綫，可見分別是以"双䜩""叔亟"爲字和名，參見容庚：《商周彝器通考》，上海人民出版社，2008年，第357頁；容庚、張維持：《殷周青銅器通論》，文物出版社，1984年，第70頁。

⑤ 郭沫若：《兩周金文辭大系圖錄考釋》，上海書店出版社，1999年，第188頁。

⑥ 張亞初：《殷周金文集成引得》，中華書局，2001年，第159頁。

年私人收藏的曾大保慶盆①，寬平沿，束頸，折肩，斂腹，平底，肩飾"S"形的變形獸體紋（又稱雲紋），年代爲春秋早期前段。銘作：

　　曾大保慶用作寶盆。

"慶"字原篆作▢，與上揭隸定作"䲵"的曾大保盆的器主名▢字可對照發明。

　　前者从"鹿"，後者从"麗"，《說文》："慶，行賀人也。从心、从夂。吉禮以鹿皮爲贄，故从鹿省。"又，"麗，旅行也。鹿之性，見食急則必旅行。从鹿、丽聲。《禮》：'麗皮納聘。蓋鹿皮也。'"可見"鹿"與"麗"關係密切，或可理解爲此二字形旁近同。"䲵"字从麗、从會，按照古文字構形的一般規律，該字很可能是一個形聲字，"麗"係形符，"會"表聲符，"會"是匣母月部字，"慶"是溪母陽部字，二者聲紐同屬牙音，爲旁紐，韻部互爲通轉，於音理可通。因此，"䲵"或即"慶"之異體，完全可能。然則上揭2件曾大保盆的器主"曾大保慶叔亟"與"曾大保慶"當係一人，"慶"爲其名，"叔亟"係其字。

　　要之，據器物年代、銘文內容、人物稱謂及文字學等方面的證據，2件曾大保盆係同人之器，殆無疑義。

　　關於這2件曾大保盆有關文字的釋讀及器主問題，過去學界曾有爭議，如韓自強、劉海洋指出②：

　　　　新見的曾太保皿，器主名慶，細審傳世的曾太保盆的拓片，所謂的"▢"應是一個字，"双"是鹿角的延伸，鹿腹內的圓形原是心的象形，心下的"口"字是增繁的無義偏旁，此字也應釋爲慶字。兩件盆、皿，形制相同，實爲同時代同一個人，即曾國太保慶叔亟所鑄的器物。

陳偉武非之，他說：

---

①　韓自強、劉海洋：《近年所見有銘銅器簡述》，《古文字研究》（第24輯），中華書局，2002年；韓自強主編：《阜陽·亳州出土文物文字編》，阜陽市博物館、阜陽市老年專家協會，2004年，第36、216頁；湖北省文物考古研究所：《曾國青銅器》，文物出版社，2007年，第419、420頁；《銘圖》（第13卷），第468頁第06256號。

②　韓自強、劉海洋：《近年所見有銘銅器簡述》，《古文字研究》（第24輯），中華書局，2002年。

兩器中䜌與慶字跡清晰，形體不近，不易致訛，韓、劉二氏之說不可信。曾國太保䜌叔亟與曾太保慶本應是兩人，職位俱爲太保，孰先孰後則不得而知。

關於字形的分析，韓文確有不妥之處。陳偉武認爲：

  陳漢平先生認爲："疑金文䜌字即獪、狹字之本字。"①所說近是，只是"䜌"字上部從"麗"，當隸作䜌。《說文》："亟，敏疾也。"名爲"亟"，與字作"䜌（獪或狹）弔（叔）"之"䜌（獪或狹）"可訓快捷正相對應。

《曾國青銅器》一書引述了韓文的意見②，在討論曾大保簠時，又云"曾太保器還有傳世的曾太保叔盆與新出現的曾太保慶盆，此2件盆的作器者可能是同一人，但與曾太保簠的關係不詳"③，可見其贊成韓文2件盆的器主爲同人之說。

這個問題暫補充介紹至此。接下來要討論的是，曾大保慶與曾大保嬨的關係問題。"慶"是溪母陽部字，"嬨"應從"嘉"聲，"嘉"爲見母歌部字，見母、溪母同屬牙音，爲旁紐，陽部與歌部互爲通轉，故音近可通。

"慶"與"嘉"義亦多有相通之處。如二者皆有"善"義。《書·呂刑》："一人有慶，兆民賴之。"僞孔傳："天子有善，則兆民賴之。"孔穎達疏："我天子一人有善事，則億兆之民蒙賴之。"《詩·大雅·皇矣》："則友其兄，則篤其慶。"毛傳："慶，善。"《詩·豳風·東山》："其新孔嘉，其舊如之何？"鄭箋："嘉，善也。""嘉"又有"慶"義，如《漢書·禮樂志》："休嘉砰隱溢四方。"顏師古注："嘉，慶也。"

總之，"慶"與"嘉"音相近、義相因，故可通。是曾大保慶與曾大保嬨很可能係一人，"慶"與"嘉"係其名，二者唯用字不同而已。

曾之職官，除本文討論的"大保"外，過去所見主要有"卿事"（曾卿事季宣

---

① 原注：陳漢平：《金文編訂補》，中國社會科學出版社，1993年，第572頁。
② 湖北省文物考古研究所：《曾國青銅器》，文物出版社，2007年，第420頁。
③ 湖北省文物考古研究所：《曾國青銅器》，文物出版社，2007年，第279頁。

簋①）、"大司馬"（隨大司馬嘉有戈②）、"太師"（曾太師奠鼎③）、"少師"（曾侯乙177、210號簡④；《左傳》桓公六年："隨人使少師董成。"杜預注："少師，隨大夫。"）、"師"（曾師季䣅盤⑤）、"少宰"（曾少宰黃仲酉鼎、甗、簠、方壺、盤、匜等⑥）、"大工尹"（曾大攻尹戈⑦）、"大沈尹"（曾大沈尹壺⑧）、"䦰尹"（䦰尹䞣鼎⑨）、"都尹"（曾都尹法簠⑩）等，類似的職官多見於西周金文和文獻。曾係周人宗親，故其設官分職，多因襲於周禮，本文討論的大保即是其例。

"大保"多見於西周金文和文獻，即通常所謂的"太保"，如著名的太保盉（克

---

① http://weibo.com/rongzhaizhubing?from=feed&loc=nickname&is_all=1；黃錦前：《曾卿事季宣簠考釋》，載劉玉堂主編：《楚學論叢》（第七輯），武漢：湖北人民出版社，2018年。
② 湖北省文物考古研究所、隨州市博物館：《湖北隨州市文峰塔東周墓地》，《考古》2014年第7期。
③ 《中國青銅器全集》編輯委員會：《中國青銅器全集》（第10卷），文物出版社，1998年，九。河南省文物考古研究所、南陽市文物考古研究所、淅川縣博物館：《淅川和尚嶺與徐家嶺楚墓》，大象出版社，2004年，彩版四，2；第12頁圖一〇。湖北省文物考古研究所：《曾國青銅器》，文物出版社，2007年，第401~403頁。
④ 湖北省博物館：《曾侯乙墓》（下冊），文物出版社，1989年，圖版二二四、圖版二三〇。
⑤ 集成16.10138；湖北省文物考古研究所：《曾國青銅器》，文物出版社，2007年，第444頁。
⑥ 湖北省文物考古研究所、隨州市曾都區考古隊、隨州市博物館：《湖北隨州義地崗墓地曾國墓1994年發掘簡報》，《文物》2008年第2期；湖北省文物考古研究所：《曾國青銅器》，文物出版社，2007年，第338~351頁。
⑦ 隨縣博物館：《湖北隨縣城郊發現春秋墓葬和銅器》，《文物》1980年第1期，圖八，2、3；集成17.11365；湖北省文物考古研究所：《曾國青銅器》，文物出版社，2007年，第319、320頁。
⑧ 《銘圖》（第22卷），第99、100頁第12225、12226號。
⑨ 河南省文物考古研究所、南陽市文物考古研究所、淅川縣博物館：《淅川和尚嶺與徐家嶺楚墓》，大象出版社，2004年，彩版一一，3；第27頁圖二五。
⑩ 隨州市博物館：《湖北隨州市安居鎮發現春秋曾國墓》，《江漢考古》1990年第1期；隨州市博物館：《隨州出土文物精粹》，文物出版社，2009年，第112頁118；湖北省文物考古研究所：《曾國青銅器》，文物出版社，2007年，第266~269頁。

盂）①、太保罍（克罍）②、太保玉戈③、大保方鼎④、大保簋⑤、大保卣⑥、大保盤⑦，等等。"太保"係三公之一，位次太傅，爲輔弼國君之官⑧。這些皆爲大家所熟知，不贅述。

綜上，通過對傳世與出土的幾件曾大保器的重新梳理和分析，可知2件曾大保盆的器主曾大保䕻叔巫與曾大保慶當係一人，"䕻"與"慶"係一字之異體，"慶"爲其名，"叔巫"係其字。"慶"與"嘉"音相近、義相因，可通，盆銘的曾大保慶與幾件曾大保簠的器主曾大保嬃當係一人，銘文中作爲人名的"慶""嬃"之別係用字習慣不同所致。凡此，對曾器繫聯和進一步深入研究皆頗有裨益。

附記：最近京山蘇家壟墓地又出土有曾太保慶鼎，表明曾太保慶與曾太保嬃可能並非一人，但二者關係密切應無疑問。

2018年9月20日

---

① 中國社會科學院考古研究所、北京市文物研究所琉璃河考古隊：《北京琉璃河1193號大墓發掘簡報》，《考古》1990年第1期，圖四，2；《中國青銅器全集》編輯委員會：《中國青銅器全集》（第6卷），文物出版社，1997年，二一。

② 《考古》1990年第1期，第25頁圖四，1。

③ 龐懷靖：《跋太保玉戈——兼論召公奭的有關問題》，《考古與文物》1986年第1期，圖二；徐錫臺、李自智：《太保玉戈銘補釋》，《考古與文物》1993年第3期，圖三。

④ 集成4.1735、2157~2159、2372；《中國青銅器全集》編輯委員會：《中國青銅器全集》（第5卷），文物出版社，1996年，四。

⑤ 集成8.4140；陳壽：《大保簋的復出和大保諸器》，《考古與文物》1980年第4期，圖二。

⑥ 集成10.5018；《中國青銅器全集》編輯委員會：《中國青銅器全集》（第5卷），文物出版社，1996年，一七六。

⑦ 集成16.10054。

⑧ 可參看張亞初、劉雨：《西周金文官制研究》，中華書局，1986年，第1頁。

第三章 語言文字

第一節 說荊子鼎銘文中的"麗"

2011年春，湖北隨州葉家山西周早期曾侯家族墓地出土一件荊子鼎（M2∶2）[①]，其銘文有相當重要的史料價值。

該銘公佈後，我們據有關字形和辭例，認爲"𣥂"實即"荊"字，"荊子"即"楚子"[②]，所幸有學者認同。如陳小三在此基礎上更前進了一步，認爲"荊子麗"即《史記·楚世家》中的楚王熊麗，與多數學者在"麗"字後斷讀不同，而將有關文句讀爲"荊子麗敝（賞）矩鬯卣、貝二朋"[③]，這樣理解我們不敢苟同。下面遂就銘文中的"麗"字試作討論，以就正於方家及同好。

一

爲方便討論，先將鼎銘隸釋於下：

丁巳，王大祐。戊午，荊子蔑曆，敝白牡一；己未，王賞多邦伯，荊子麗，賞鬯卣、貝二朋。用作文母乙尊彝。

如多數學者理解的那樣，該銘應在"麗"下斷讀，"麗"當讀作"邐"[④]。"邐"字見

[①] 湖北省文物考古研究所、隨州市博物館：《湖北隨州葉家山西周墓地發掘簡報》，《文物》2011年第11期，圖二一。

[②] 涂白奎、黃錦前：《試論𣥂子鼎國別》，待刊。該文釋字部分內容曾以《隨州葉家山M2所出荊子鼎銘文補釋》爲題刊於復旦大學出土文獻與古文字研究中心網站（以下簡稱"復旦網"），2011年11月4日，http://www.gwz.fudan.edu.cn/SrcShow.asp?Src_ID=1696。

[③] 陳小三：《新出荊子鼎與武王克殷的年代——兼論周武王時期的標準青銅器群》，復旦網，2012年1月18日，http://www.gwz.fudan.edu.cn/SrcShow.asp?Src_ID=1776。

[④] 在《湖北隨州葉家山西周墓地筆談》（《文物》2011年第11期）中李天虹已正確指出，鼎銘的"麗"，"用法當與聽簋和尹光鼎銘文中的'邐'相同"。

於下列銘文：

  尹光鼎（乙亥父丁鼎）①：乙亥，王誎（？），在彙練，王饗酒，尹光麗，唯格，賞貝，用作父丁彝。唯王征井方。󰀀。商代晚期

  聽簋②：辛巳，王飲多亞，聽享，京麗，錫貝二朋，用作大子丁。󰀀。商代晚期

  保員簋③：唯王既燎，㡭伐東夷。在十又二④月，公返自周。己卯，公在㝨，保員麗，龏公錫保員金車，曰："用事。"施于寶簋二⑤，用饗公逆洀事。西周早期後段

諸銘在陳述作器緣由時皆在器主名後有一"麗"字⑥，即"某某（器主）麗"。荊子鼎銘文語境及辭例與諸銘皆類似，是"麗"應即"麗"。

  關於"麗"字的解釋，學界很早就進行過討論，如吳闓生耴彝（即聽簋）集釋曰⑦：

---

① 集成5.2709；劉雨、汪濤：《流散歐美殷周有銘青銅器集錄》，上海辭書出版社，2007年，第64頁。該器過去因對銘文理解不同，有多種命名，但稱作"麗方鼎"明顯不妥。下引聽簋過去又稱"麗簋"亦同。有關諸說可參見吳闓生：《吉金文錄》（卷一·九），1933年南宮邢氏刻本；楊樹達：《積微居金文說》（增訂本），中華書局，1997年，第145頁"尹光鼎跋"；何琳儀：《聽簋小箋》，《古文字研究》（第25輯），中華書局，2004年。

② 集成7.3975。

③ 張光裕：《新見保鼎簋銘試釋》，《考古》1991年第7期，圖一。

④ 張光裕、馬承源、劉雨、陳佩芬等及《山東金文集成》皆釋作"一月"，參見張光裕：《新見保鼎簋銘試釋》，《考古》，1991年第7期；馬承源：《新獲西周青銅器研究二則》，《上海博物館集刊——建館四十周年特輯》（第六期），上海古籍出版社，1992年；劉雨、盧岩：《近出殷周金文集錄》，中華書局，2002年，第368頁第484號；陳佩芬：《夏商周青銅器研究》（西周篇），上海古籍出版社，2004年，第95頁二三四；山東省博物館：《山東金文集成》，齊魯書社，2007年，第281頁。

⑤ "二"字之釋，參見山東省博物館：《山東金文集成》，齊魯書社，2007年，第281頁。

⑥ 從下文的有關討論來看，聽簋的器主應是"京"而非"聽"，故應名之為"京簋"。至於"聽"為人名（下引吳闓生、于省吾二氏說），抑或是地名（參見故宮博物院：《故宮青銅器》，紫禁城出版社，1999年，第57頁），暫不能確定，可能是人名。謝明文認為，于省吾釋"聽"為人名，似有可商。他將其釋作"聖"，訓為"虔敬"。"聖享"主語為多亞，係蒙上省（參見謝明文：《〈大雅〉〈頌〉之毛傳鄭箋與金文》，首都師範大學碩士學位論文，2008年，第49、50頁）。

⑦ 吳闓生：《吉金文錄》（卷二·十六），1933年南宮邢氏刻本。

耴、京，二人名。邐、儷同字，又見乙亥鼎（引案：即尹光鼎），又有亞耴作祖丁尊彝，即此聽也。

又乙亥鼎（尹光鼎）集釋云"邐，侍也"①。

于省吾注耴彝（聽簋）銘云②：

耴，與京皆亞也。《攈古錄》有亞丙彝、亞耴作祖丁尊彝，是耴爲亞之證。尹光鼎："王饗酒，尹光邐。"邐謂佐匹侑酒者也。《爾雅·釋詁》："獻食物曰享。"此言耴高京邐者，言耴饗王而京爲侑也。高饗古通。

謝明文認爲于省吾釋聽簋與尹光鼎銘文之"邐"爲"佐匹侑酒者"可從③。

楊樹達"尹光鼎跋"云④：

邐字吳闓生訓侍，于君釋侑，吳說爲近之。
……
適簋云："唯六月既生霸，穆穆王在莽京……王饗酒，適御，亡遣（譴）。穆穆王親錫適鞞……適……用作文考父乙尊彝。"按兩銘文體大同，此云"尹光邐，惟窓"，彼云"適御，無譴"，皆述王賞賜之由，文雖異而意相近也。

又云⑤：

銘文云："王鄉酉，尹光邐。"按《說文·二篇下·辵部》云："邐，行邐邐也"，與銘文義不相應。余疑此字當讀爲婐。《說文·十二篇下·女部》云："婐，婐妮也。一曰：女侍曰婐。从女果聲。"引孟軻曰："舜爲天子，二女婐。"按今《孟子·盡心下篇》字作果，趙岐注訓果爲侍。然則"尹光邐"謂"尹光侍"也。"麗"與"果"古音並在歌部，音相近，故得

---

① 吳闓生：《吉金文錄》（卷一·九），1933年南宮邢氏刻本。
② 于省吾：《雙劍誃吉金文選》，中華書局，1998年，第288頁。
③ 謝明文：《〈大雅〉〈頌〉之毛傳鄭箋與金文》，首都師範大學碩士學位論文，2008年，第49頁。
④ 楊樹達：《積微居金文說》（增訂本），中華書局，1997年，第145頁。
⑤ 楊樹達：《積微居金文說》（增訂本），中華書局，1997年，第145頁"尹光鼎再跋"。

相通假。婐字《廣韻》音烏果切，而祼字則郎（引案：應爲"郎"）果切，蓋婐字古音與祼同，故銘文以邐爲之也。邐字吳闓生訓侍，是矣，然無說，今爲明之如此。

辛子彝（引案：即聽簋）云："辛子，王舍多亞職高享，京麗"，文例與此銘同，麗亦當讀爲婐。

李學勤同意楊樹達的觀點，將荊子鼎"荊子麗"之"麗"訓作"侍"，銘文意思是說斗子（即我們所說的"荊子"）在周王賞賜諸侯時在旁隨侍，從而獲得鬯酒和貝的嘉獎①。

張光裕將尹方鼎（張文稱"乙亥父丁鼎"）與保員簋的"邐"均讀爲"侑"，謂有併行、襄助之意②。

馬承源解釋保員簋的"邐"字云"邐，附麗，即在公車之右親附不離，擔當公的近衛"③。

何琳儀將聽簋的"邐"讀爲"列"，指"列於其位"④（以下簡稱"何文"）。

徐在國將乙亥鼎（尹光鼎）的"邐"讀作"釃"⑤，《說文》："釃，下酒也。一曰，醇也。"

發掘者採取徐在國的意見，將荊子鼎的"麗"字讀爲"釃"⑥，又綜合了張光裕對尹光鼎與保員簋銘文"邐"字的看法，認爲"荊子麗"是說荊子在周王大賞多邦伯的過程中擔任"釃"的角色。同樣，尹光鼎的尹光和聽簋的享京（將"享京"理解爲人名不確，詳下文注）在王饗酒、飲多亞的過程中臨時充當釃酒的角色⑦。

---

① 李學勤：《斗子鼎與成王岐陽之盟》，《中國國家博物館館刊》2012年第1期。
② 張光裕：《新見保鼎簋銘試釋》，《考古》1991年第7期。
③ 馬承源：《新獲西周青銅器研究二則》，《上海博物館集刊——建館四十周年特輯》（第六期），上海古籍出版社，1992年。
④ 何琳儀：《聽簋小箋》，《古文字研究》（第25輯），中華書局，2004年。
⑤ 黃德寬：《古文字譜系疏證》，商務印書館，2007年，第2322頁。
⑥ 湖北省文物考古研究所、隨州市博物館：《湖北隨州葉家山西周墓地發掘簡報》，《文物》2011年第11期。後又進一步解釋說，讀爲"釃"乃依《古文字譜系疏證》的意見，參見黃鳳春、陳樹祥、凡國棟：《湖北隨州葉家山新出西周曾國銅器及相關問題》，《文物》2011年第11期；凡國棟：《隨州葉家山新出"荊子鼎"銘文簡釋》，《楚簡楚文化與先秦歷史文化國際學術研討會論文集》，武漢大學，2011年。
⑦ 凡國棟：《隨州葉家山新出"荊子鼎"銘文簡釋》，《楚簡楚文化與先秦歷史文化國際學術研討會論文集》，武漢大學，2011年；黃鳳春、陳樹祥、凡國棟：《湖北隨州葉家山新出西周曾國銅器及相關問題》，《文物》2011年第11期。

李天虹認爲,"兩器(引案:即聽簋和尹光鼎)中的'邐',何琳儀讀爲'列',指'列於其位'。本銘'耒子麗',也正是耒子列位其中之意"①。

二

對於這紛紜眾說,我們該如何擇從,下面試加辨析。

首先,馬承源將保員簋的"邐"解釋爲"附麗",將其理解爲"即在公車之右親附不離,擔當公的近衛",與上揭諸銘語境明顯不合,當可先予以排除。

其次,吳闓生將聽簋、尹光鼎的"邐"字訓作"侍"。楊樹達從其說,認爲字應讀爲"婐",並作進一步申說。楊說雖有音韻、文獻及金文辭例等多方面證據,但也並非毫無破綻。楊云尹光鼎與遹簋兩銘文體大同,遹簋②銘曰:

唯六月既生霸,穆王在葊京,呼漁于大池。王饗酒,遹御,無譴,穆王親錫遹爵。遹拜手稽首,敢對揚穆王休,用作文考父乙尊彝,其孫孫子子永寶。

與其辭例相類者還有年代相當(同爲西周中期前段)的剌鼎③,銘作:

唯五月,王在殷。辰在丁卯,王禘,用牡于太室,禘昭王,剌御。王錫剌貝卅朋,天子萬年,剌對揚王休,用作黃公尊齍彝,其孫孫子子永寶用。

楊樹達云,御者,侍也④。《書·五子之歌》:"厥弟五人,御其母以從。"僞孔傳:"御,侍也。"《漢書·王莽傳下》:"莽親之南郊,鑄作威斗……既成,令司命負之,莽出在前,入在御旁。"王念孫《讀書雜誌》:"漢書十五。此本作'莽出則在前,入則御旁',御,侍也,言出則在前,入則侍側也。"

楊樹達從吳闓生說,將"邐"字訓作"侍",若單從語言文字角度來看,自然沒有問題。但結合當時的禮制來看,明顯與語境不合,因侍者一般都是由專人充任。

其之所以認爲"此云'尹光邐,惟窓',彼云'遹御,無譴',皆述王賞賜之由,文雖異而意相近也",可能主要是因爲他將尹光鼎的"隹各"讀爲"惟窓",從

---

① 參見李學勤、王占奎、李天虹等:《湖北隨州葉家山西周墓地筆談》,《文物》2011年第11期。
② 集成8.4207。
③ 集成5.2776。
④ 楊樹達:《積微居金文說》(增訂本),中華書局,1997年,第143、144頁"剌鼎跋"。

而得出二者辭例相近的結論。實際上,"隹各"應讀爲"唯格"而非"惟窓"。因此,其所引以爲據的遹簋辭例,與上述諸銘並不相同。

因有上述諸矛盾,其說也就難以成立。

再次,于省吾將聽簋、尹光鼎的"遱"讀作"侑";張光裕亦將尹光鼎與保員簋的"遱"讀爲"侑",謂有併行、襄助之意。張說雖有文字文獻等方面依據,但亦有破綻,前引凡國棟文業已指出[①],故也應予以排除。

復次,發掘者據徐在國將尹光鼎的"遱"讀作"醴"說,將荊子鼎的"麗"字也讀爲"醴",認爲銘文的"荊子麗"是說荊子在周王大賞多邦伯的過程中擔任"麗"的角色,雖非毫無道理,但也還存在一些問題,下面試作闡述。

《晉語八》:

> 昔成王盟諸侯於岐陽,楚爲荊蠻,置茅蕝,設望表,與鮮牟守燎,故不與盟。

云楚君熊繹在岐陽盟會上曾任"置茅蕝"事[②]。"茅蕝",古擯相者習朝會之儀,束茅而列,以表位次。王引之《經義述聞‧國語下》:"《晉語八》:'置茅蕝,設望表。'韋注:'蕝謂束茅而立之,所以縮酒。'案:會盟無縮酒之文,韋注非也,當以賈說爲長。竊謂置茅蕝者,未盟之先,擯相者習儀也。習儀則必爲位,故以茅蕝表之。""擯相",即導引賓客,執贊禮儀。《周禮‧秋官‧司儀》:"掌九儀之賓客擯相之禮,以詔儀容辭令揖讓之節。"鄭玄注:"出接賓曰擯,入贊禮曰相。""習儀",謂演習禮儀。《左傳》昭公五年:"爲國君,難將及身,不恤其所。禮之本末將於此乎在,而屑屑焉習儀以亟。言善於禮,不亦遠乎?"

賈說雖去古未遠,一般而言,可能比韋注更可信,但綜合考慮,韋注未必毫無道理。若韋注不誤,則徐在國、凡國棟等的看法可能皆有道理。楚地產茅,故《左傳》僖公四年記齊桓伐楚責以"爾貢包茅不入,王祭不共,無以縮酒"。周以楚地產茅而以熊繹任此勞,或可能。

但問題並非如此簡單。

關於苞茅縮酒,上引《左傳》僖公四年杜預注"束茅而灌之以酒爲縮酒"孔穎達

---

① 凡國棟:《隨州葉家山新出"𣄰子鼎"銘文簡釋》,《楚簡楚文化與先秦歷史文化國際學術研討會論文集》,武漢大學,2011年;黃鳳春、陳樹祥、凡國棟:《湖北隨州葉家山新出西周曾國銅器及相關問題》,《文物》2011年第11期。

② 參加岐陽盟會的楚君爲熊繹,以前學者多有論述,最近的討論可參見李學勤:《論鳳雛卜甲中的周王與楚》,《楚文化研究論集》(第十集),湖北美術出版社,2011年。

《正義》：

> 《周禮·甸師》："祭祀，共蕭茅。"鄭興云："蕭字或爲茜，茜讀爲縮。束茅立之，祭前沃酒其上，酒滲下去，若神飲之，故謂之縮。縮，滲也。故齊桓公責楚不貢包茅，王祭不共，無以縮酒。"杜用彼鄭興之說也。

《說文·酉部》：

> 茜，禮祭，束茅，加于裸圭，而灌鬯酒，是爲茜。象神歆之也。一曰茜，榼上塞也。从酉从艸。《春秋傳》曰："尔貢包茅不入，王祭不供，無以茜酒。"

徐敏云[①]：

> 襄樊學者杜隸生先生曾告我，解放後，他曾在荊山地區南漳作社會調查，發現當地還保留苞茅縮酒的風俗。即祭祀時，先在地上鋪一層黃沙，將苞茅捆成束，豎立在沙上，然後將敬神的酒灑在苞茅上，讓神前來飲享，這叫"縮酒"。在楚器銘文中，楚國的國君不自稱熊氏，而稱"酓"，表明他是向天子貢苞茅縮酒的諸侯，這可能是一種光榮的稱號罷。

是縮酒之"縮"（字或作"茜"）與釃酒之"釃"在表示縮酒之義時，含義一致。
"茜"在殷墟甲骨文中（或隸作"䣱"）就大量出現，在兩周金文及戰國楚簡中皆能見到[②]，尤其是在西周金文如魯侯爵[③]、𤝸簋[④]、𤝸盨[⑤]及楚簡中多表示縮酒即濾酒

---

① 徐敏：《從祝融之興到熊繹建國的再考察》，《中國社會科學院研究生院學報》1986年第3期。類似的說法又見於張正明：《楚文化史》，上海人民出版社，1987年，第19頁；張正明：《楚史》，湖北教育出版社，1995年，第33、35、36頁。

② 高明、涂白奎：《古文字類編》（增訂本），上海古籍出版社，2008年，第946頁；劉釗、洪颺、張新俊：《新甲骨文編》，福建人民出版社，2009年，第807頁；湯餘惠主編：《戰國文字編》，福建人民出版社，2001年，第40頁。

③ 集成14.9096。

④ 吳鎮烽：《𤝸器銘文考釋》，《考古與文物》2006年第6期，圖三、圖四；《銘圖》（第12卷），第8～12頁第05315～05317號。

⑤ 《銘圖》（第12卷），第453～455頁第05676號。

之義。張家山漢簡《史律》有"茜御",整理者云即執行縮酒儀式的人①。因此,是否能將"麗"讀爲"釃",恐怕還需要再斟酌。此說也因此當予以排除。

最後,就祇剩下何琳儀讀"邋"爲"列"說。平心而論,何說在目前諸說中矛盾最少,因爲文字、音韻、訓詁、辭例及文獻等方面都有堅強的證據,於諸銘亦多能說通,因而最有說服力。但也並非無懈可擊,仔細推敲,亦有不妥之處。茲詳細辨析之。

第一,何文云,聽簋所謂"亯京"是相沿已久的誤釋,二字實乃一字,即"就"字,舊釋"京"爲人名或地名均不能成立。他進一步解釋說:

> 聽簋銘文第二行3字,而不是4字,這可由"就"與"邋"2字各佔高度相等的現象中得到證明。換言之,第二行祇能是"聑就邋",而不能是"聑亯京邋"。

何文所云"'就'與'邋'兩字各佔高度相等的現象",從下列圖像對比來看,二者高度確實相當,但僅此並不一定就能作爲前者定爲一字的證據,雖然從字形來看,這種可能性是存在的②。

第二,何文將聽簋銘文中所謂以往誤釋的"亯京邋"新釋爲"就邋",讀爲"就列",認爲尹光鼎銘文中的"邋"也應讀"列",是聽簋"就邋(列)"的簡稱。這種說法其實是有問題的。

何文認定所謂"亯京"實乃一字,即"就"字,其實更主要的還是從銘文辭例方面來考慮的,即將銘文讀作"聽就邋(列)"十分順暢,比以往斷讀爲"聽享,京邋"在理解上要曉暢得多。但是,尹光鼎"尹光邋,唯格",若按何文的理解,"尹光邋"的意思就是"尹光就位",猶言"尹光就於所列之位",但下文又云"唯格",則無法理解。"格"者,來,至也。《書·舜典》:"帝曰:格汝舜,詢事考

---

① 張家山二四七號漢墓竹簡整理小組:《張家山漢墓竹簡〔二四七號墓〕》,文物出版社,2001年,第45、205頁。

② 謝明文亦認爲當係兩字,參見謝明文:《〈大雅〉〈頌〉之毛傳鄭箋與金文》,首都師範大學碩士學位論文,2008年,第49頁注釋2。

言，乃言底可績。三載汝陟帝位。"僞孔傳："格，來。"《儀禮·士冠禮》："孝友時格，永乃保之。"鄭玄注："格，至也。"銅器銘文中常見此類銘文的格式一般皆先言"格×"，再言"即位（×）"，而未見有反其道而行之者。如頌鼎①"旦，王格太室，即位"、大克鼎②"王格穆廟，即位"，等等，例多不贅舉。尹光既已"就位"，爲何又"唯格"？是照此解釋，便致銘文扞格難通。故何文認爲所謂"亯京"實乃一字，即"就"字的意見，容有可商；將"邎"讀爲"列"，所謂"就邎"讀爲"就列"，雖有音韻、辭例及文獻等方面證據，據此和下文我們將要進行的討論來看，恐亦未安。因此，何文所謂"在此認識的基礎上，溝通商代金文'就列'和周代金文'即位'之間的承襲關繫"，自然也就失去了得以成立的前提。

最後，何文從"就"與"即"、"列"與"位"的音韻關繫加以論證，認爲聽簋的"就邎（列）"，相當於西周銅器銘文中習見的"即立（位）"，進而認爲：

> 由此看來，"就列"和"即立（位）"的音義關繫如此巧合，決非偶然。據《說文》"位，列中庭之左右謂之位。从人、立"的記載，已足以說明"位""列"都是在宗廟禮儀中性質相同的專用術語。至於"就邎（列）"用於宴飲，"即立（位）"用於冊命。二者之間的細微差別，似乎也就是所謂"周因於殷礼，所損益，可知也。"（《論語·爲政》）

但從大量的金文辭例來看，"即位"一般都有固定的位置或方向，如頌鼎"王在周康卲宮，旦，王格太室，即位"、南宮柳鼎③"武公佑南宮柳即位中廷，北嚮"、小盂鼎④"盂以□□入三門，即立中廷，北嚮"，等等。而上述諸銘則多無此類表示特定位置或方向的內容。是"就列"不等於"即位"。所謂"商代金文'就列'和周代金文'即位'之間的承襲關繫"，其實並不存在。

總之，通過以上分析可知，何文認爲聽簋和尹光鼎銘文中的"邎"當讀爲"列"，指"列於其位"等說法是經不住嚴格推敲的，當不能成立。李天虹據此而認爲"'耒子麗'，也正是耒子列位其中之意"的看法也就失去了得以成立的前提。

---

① 集成5.2827。
② 集成5.2836。
③ 集成5.2805。
④ 集成5.2839。

三

那麼，上述諸銘的"麗"與"邐"又該作何解釋呢？我們認爲，這需要結合有關出土及傳世文獻的記載進行分析，纔有可能得到出較爲準確的認識。

李學勤等皆已指出，荊子鼎銘文所錄，與保尊、保卣所記載的祭祀典禮有關①。現將保尊②、保卣③銘文（二器同銘）錄釋如下：

乙卯，王令保及殷東國五侯，誕㽞六品，蔑曆于保，錫賓，用作文父癸宗寶尊彝。遘于四方會，王大祀祐于周，在二月既望。

隨後，李學勤更進一步指出，卣、尊銘說"四方會"，可參照《尚書·康誥》所說"四方民大和會"，是指已屬周王統治的四方諸侯的大聚會，朝見周成王。保卣、保尊與斗子鼎記載的，正是周成王岐陽會盟諸侯的史跡④。

據前引《晉語八》可知，因"楚爲荊蠻"，故在這盛大的典禮上，荊子熊繹衹能做一些"置茅蕝，設望表，與鮮牟守燎"之類的雜役，"故不與盟"即並未能真正的與盟。這對我們準確理解荊子鼎銘文中的"麗"字的含義，亦即荊子在盟會上具體所扮演的角色很有幫助。

我曾認爲"麗"即"邐"，應讀爲"涖"或"位"，訓作臨⑤。現在看來應不準確。沈培指出，"麗"應讀爲"贊"，訓"助""佐"⑥。文獻中的"贊者"及青銅器銘文如小盂鼎中的"瓚"大都是贊賓，以"邐"或"麗"爲"贊"是贊王或比贊者地位高的人⑦。

上引王引之對《晉語八》"置茅蕝，設望表"韋注提出質疑，若其批評不誤，則沈培認爲荊子鼎等的"麗"或"邐"都應該讀爲"贊"的意見就很有啓發性。

---

① 如李學勤、王占奎、李天虹等，參見《湖北隨州葉家山西周墓地筆談》，《文物》2011年第11期。其中李學勤云：斗子鼎（即我們所說的"荊子鼎"）銘所記應與《殷周金文集成》5415保卣、6547保尊銘文是同一史事。
② 集成11.6003。
③ 集成10.5415。
④ 李學勤：《斗子鼎與成王岐陽之盟》，《中國国家博物館館刊》2012年第1期。
⑤ 參見黃錦前：《再論荊子鼎》，復旦網，2012年2月28日，http://www.gwz.fudan.edu.cn/SrcShow.asp?Src_ID=1789。
⑥ 參見黃錦前《再論荊子鼎》後的跟帖發言。
⑦ 引自沈培給作者的電子郵件。

《史記·劉敬叔孫通列傳》："（叔孫通）遂與所徵三十人西，及上左右爲學者與其弟子百餘人爲緜蕞野外。""蕞"，裴駰《集解》：

> 徐廣曰："表位標準。音子外反。"駰案：如淳曰"置設綿索，爲習肄處。蕞謂以茅翦樹地爲纂位。《春秋傳》曰'置茅蕝'也"。

司馬貞《索隱》：

> 徐音子外反。如淳云"翦茅樹地，爲纂位尊卑之次"。蘇林音"纂"。韋昭云"引繩爲緜，立表爲蕞。音茲會反"。按：賈逵云"束茅以表位爲蕝"。又《纂文》云"蕝，今之'纂'字。包愷音即悅反。又音纂"。

上引《史記·劉敬叔孫通列傳》之文，亦見於《漢書·叔孫通傳》，顏師古注：

> 應劭曰："立竹及茅索營之，習禮儀其中也。"如淳曰："謂以茅翦樹地，爲纂位尊卑之次也。《春秋傳》曰'置茅蕝'。"師古曰："蕞與蕝同，並音子悅反。如說是。"

沈培將荊子鼎的"麗"讀作"贊"，與古注所描述的演習禮儀之類的活動在意思上有相通之處，也合於《晉語八》的記載。因此，鼎銘"荊子麗"之"麗"，與《晉語八》云熊繹在岐陽盟會上任"置茅蕝"事，即在盟會上充任贊者即擯相的角色，實則一致。

附記：本文在寫作過程中，曾與涂白奎先生、沈培老師討論，初稿完成後，又蒙二位先生審閱並提出修改意見，從而避免了一些不必要的錯誤，謹向二位先生致謝！

2012年2月27日

第二節　新出兩件曾子鼎繹讀

　　本文擬討論的曾子澤鼎和曾子壽鼎[①]，於2014年出自湖北棗陽郭家廟墓地曹門灣M10和M13，剛剛出版的《穆穆曾侯——棗陽郭家廟曾國墓地》公佈了有關材料，我們在研讀之後有一些淺見，草此小文以就正於大家。

一

　　曾子澤鼎直口，侈脣，淺腹，圜底，橫斷面呈"C"形，長方形附耳，三蹄足粗壯，內面呈弧形內凹。頸飾無目竊曲紋，下有一道凸絃紋，耳飾兩道絃紋。形制、紋飾類似的鼎，以往出土的春秋早期曾國銅器多見，如曾亙嫚鼎[②]、曾子仲淒鼎[③]、曾子伯誩鼎[④]、曾子斿鼎[⑤]等，其年代爲春秋早期前段。

　　鼎內壁鑄銘文2列11字，右行：

　　　　曾子澤自作行器，其永用之。

　　"澤"字原篆作 ▨，從頁從睪，可釋作"𩒨"。此字或從"睪"得聲，故發掘者讀作"澤"，大致可從。

　　曾子壽鼎侈口，弧腹，圜底，長方形附耳，與器口間有圓梗相連，三蹄足粗壯，內面呈弧形內凹，頸下飾一周竊曲紋，腹飾兩周垂鱗紋，頸、腹紋飾之間間以一周凸

[①] 長江文明館、湖北省博物館、湖北省文物考古研究所等：《穆穆曾侯——棗陽郭家廟曾國墓地》，文物出版社，2015年，第140~143頁55、56。
[②] 襄樊市考古隊、湖北省文物考古研究所、湖北孝襄高速公路考古隊：《棗陽郭家廟曾國墓地》，科學出版社，2005年，彩版八，1；圖版五，2；圖版六、圖版七。湖北省文物考古研究所：《曾國青銅器》，文物出版社，2007年，第93~97頁。長江文明館、湖北省博物館、湖北省文物考古研究所等：《穆穆曾侯——棗陽郭家廟曾國墓地》，文物出版社，2015年，第40~43頁。
[③] 湖北省文物考古研究所：《曾國青銅器》，文物出版社，2007年，第52頁。
[④] 陳佩芬：《夏商周青銅器研究》（東周篇），上海古籍出版社，2004年，第22頁四四一；湖北省文物考古研究所：《曾國青銅器》，文物出版社，2007年，第435頁。
[⑤] 湖北省文物考古研究所：《曾國青銅器》，文物出版社，2007年，第429頁。

絃紋。與曾子伯皮鼎①、曾者子髎鼎②等形制、紋飾類似，年代爲春秋早期前段。

鼎內壁鑄銘文2列11字：

曾子壽自作行器，則永祐福。

文辭簡潔，毋庸解釋。

據介紹，河南平頂山應國墓地M3曾出土一件曾子壽簠③，同出還有一件許公買戈戟④。許公買器過去出土有許公買簠⑤，器主即許悼公買，其人見於《春秋》經傳，係春秋晚期人，公元前546～公元前523年在位。《春秋》昭公十九年："夏，五月，戊辰，許世子止弒其君買。"《左傳》云："夏，許悼公瘧。五月，戊辰，飲大子止之藥，卒。"這樣該墓的年代上限基本就可確定，即應不早於公元前546年許公買即位之時。

曾子壽鼎的年代爲春秋早期前段，曾子壽與許公買二者相差近200年，器物卻同出於同人之墓。M3的墓主，發掘者推測係"後應國時期"即應國復國後的第一代應侯⑥。關於應國的滅亡時間，我們曾有討論，可能是在春秋早中期之際的楚文王時⑦，若果如發掘者所言，應國在春秋晚期曾復國，那麼前後相差近200年，且在當時都不算太弱小的二國之君的器物，卻出自一個剛被復國、驚魂未定的應侯之墓，雖不說絕無可能，但實在頗令人費解。所以，M3的墓主，不大可能如發掘者所言是復國後的第一代應侯，而應係楚人。

情形相似可參考者，有2005年發掘的河南上蔡郭莊王金鼎一號春秋楚墓，該墓即出土有曾侯與浴缶、尊缶、提鏈壺各1件，許公戈1件，另外還有其他一些諸侯國的有銘銅器⑧。據發掘材料，墓主應係楚人無疑。我們曾據有關材料，推測其墓主爲曾率兵

---

① 陳偉武：《兩件新見曾國銅器銘文考述》，《中山大學學報》（社會科學版）2009年第5期。
② 集成5.2563；湖北省文物考古研究所：《曾國青銅器》，文物出版社，2007年，第436頁。
③ 王龍正：《古應國訪問記》，中國國際廣播出版社，2010年，第64、110頁。
④ 王龍正：《古應國訪問記》，中國國際廣播出版社，2010年，第64、110頁。
⑤ 集成9.4617；武漢市文物商店：《武漢市收集的幾件重要的東周青銅器》，《江漢考古》1983年第2期；吳曉松、洪剛：《盉公買簠》，《中原文物》2004年第1期。
⑥ 王龍正：《古應國訪問記》，中國國際廣播出版社，2010年，第64、65、108～110頁。
⑦ 黃錦前：《應侯戠戟考釋》，《華夏考古》待刊。
⑧ 馬俊才：《上蔡郭莊楚墓》，《河南文物考古年報》，2005年，第25頁；馬俊才：《上蔡郭莊楚墓》，《文物天地》2007年第1期；馬俊才：《河南上蔡周代墓地發掘獲重大發現》，《中國文物報》2007年5月9日，第2版；馬俊才：《上蔡郭莊楚墓疑雲》，中原國學講壇《國寶揭秘》系列第四期公益講座，河南博物院，2008年1月11日，http://zhywm.chnmus.net/html/20080114/909243.html；馬俊才：《流沙疑塚》，中國國際廣播出版社，2010年；馬俊才、張學濤：《上蔡縣郭莊楚墓》，《中國考古學年鑒（2007）》，文物出版社，2008年。

滅陳的楚武城尹公孫朝①。

另外，2003年發掘的應國墓地M321出土一件應侯啟錯金銘文銅戟，年代約爲春秋早中期之際，器主應侯啟應即末代應侯。而該墓墓主卻係楚人，很可能是當時楚國設在應國故地的最高軍事與行政長官。應侯啟戟出於其墓，可能與楚滅應，楚人掠其爲戰利品有關，此戈係墓主從其祖先處繼承而來②。

以上兩例，皆對確定M3的墓主有重要參考價值。該墓所出器物，據發掘者的介紹來看，應多爲楚器。

因此，據已披露的信息內外交驗，同時對照有關考古材料，應國墓地M3的墓主應係楚人，而非所謂的復國後的應侯，應可論定。

以上是要討論的第一個問題。

二

下面接著要分析的，是上揭兩篇銘文的有關辭例特徵。

上揭兩篇鼎銘，其器物自名皆曰"行器"，金文中自名"行器"者有下述各例：

（1）曾子澤鼎：曾子澤自作行器，其永用之。春秋早期
（2）曾子壽鼎：曾子壽自作行器，則永祐福。春秋早期
（3）曾子伯誩鼎③：曾子伯誩鑄行器，爾永祐福。春秋早期
（4）曾亘嫚鼎④：曾亘嫚非彔，□□□爲爾行器，爾永祐福。春秋早期
（5）曾子叔牀父簠蓋⑤：曾子叔牀父作行器，永祐福。春秋早期
（6）曾子沙簠⑥：曾子沙自作行器，則永祐福。春秋早期

---

① 黃錦前：《競之漁、王孫漁與公孫朝》，待刊。
② 黃錦前：《應侯啟戟考釋》，《華夏考古》待刊。
③ 集成4.2450；陳佩芬：《夏商周青銅器研究》（東周篇），上海古籍出版社，2004年，第22、23頁四四一；湖北省文物考古研究所：《曾國青銅器》，文物出版社，2007年，第434頁。
④ 襄樊市考古隊、湖北省文物考古研究所、湖北孝襄高速公路考古隊：《棗陽郭家廟曾國墓地》，科學出版社，2005年，第63頁圖五〇，1；彩版八，1；圖版五，2；圖版六；圖版七。湖北省文物考古研究所：《曾國青銅器》，文物出版社，2007年，第93～97頁。長江文明館、湖北省博物館、湖北省文物考古研究所等：《穆穆曾侯——棗陽郭家廟曾國墓地》，文物出版社，2015年，第40～43頁。
⑤ 集成9.4544。
⑥ 集成9.4528、4529；湖北省文物考古研究所：《曾國青銅器》，文物出版社，2007年，第438、439頁。

（7）黃君孟鼎①：黃君孟自作行器，子孫則永祜福。春秋早期

（8）黃君孟豆②：黃君孟自作行器，子孫則永祜福。春秋早期

（9）黃君孟壺③：黃君孟自作行器，子孫則永祜福。春秋早期

（10）黃君孟鑪④：黃君孟自作行器，子孫則永祜福。春秋早期

（11）黃君孟盤⑤：黃君孟自作行器，子孫則永祜福。春秋早期

（12）黃君孟匜⑥：黃君孟自作行器，子孫則永祜福。春秋早期

（13）黃子鼎⑦：黃子作黃夫人行器，則永祜福，靈終靈後。春秋早期

（14）黃子鬲⑧：黃子作黃夫人行器，則永祜福，靈終靈後。春秋早期

（15）黃子豆⑨：黃子作黃夫人行器，則永祜福，靈終靈後。春秋早期

（16）黃子壺⑩：黃子作黃夫人行器，則永祜福，靈終靈後。春秋早期

---

① 河南信陽地區文管會、光山縣文管會：《春秋早期黃君孟夫婦墓發掘報告》，《考古》1984年第4期，圖一〇；集成4.2497；《中國青銅器全集》編輯委員會：《中國青銅器全集》（第7卷），文物出版社，1998年，七八；花原：《信陽出土商周青銅器銘文介紹》，《中原文物》1991年第2期，圖一，48。

② 《考古》1984年第4期，第311頁圖一二，2；集成9.4686；《中國青銅器全集》編輯委員會：《中國青銅器全集》（第7卷），文物出版社，1998年，八二；《中原文物》1991年第2期，第100頁圖一，49。

③ 《考古》1984年第4期，第311頁圖一二，3；集成15.9636；《中國青銅器全集》編輯委員會：《中國青銅器全集》（第7卷），文物出版社，1998年，八四；《中原文物》1991年第2期，第100頁圖一，50。

④ 《考古》1984年第4期，第311頁圖一二，4；集成16.9963；《中國青銅器全集》編輯委員會：《中國青銅器全集》（第7卷），文物出版社，1998年，八六；《中原文物》1991年第2期，第100頁圖一，51。

⑤ 《考古》1984年第4期，第311頁圖一二，5；集成16.10104。

⑥ 《考古》1984年第4期，第312頁圖一二，6；集成16.10230；《中國青銅器全集》編輯委員會：《中國青銅器全集》（第7卷），文物出版社，1998年，九一。

⑦ 《考古》1984年第4期，第319頁圖二〇，2；集成5.2566。

⑧ 《考古》1984年第4期，第320頁圖二一，5；集成3.687；《中國青銅器全集》編輯委員會：《中國青銅器全集》（第7卷），文物出版社，1998年，八〇。

⑨ 《考古》1984年第4期，第319頁圖二〇，4；集成9.4687；《中國青銅器全集》編輯委員會：《中國青銅器全集》（第7卷），文物出版社，1998年，八三；《中原文物》1991年第2期，第102頁圖一，65。

⑩ 《考古》1984年第4期，第319頁圖二〇，3；集成15.9663、9664；《中國青銅器全集》編輯委員會：《中國青銅器全集》（第7卷），文物出版社，1998年，八五。

（17）黃子鱸①：黃子作黃夫人孟姬行器，則永祐福，靈〔終〕。春秋早期
（18）黃子盉②：黃子作黃夫人行器，則永祐福，靈終靈後。春秋早期
（19）黃子盤③：黃子作孟姬行器，則永祐福，靈終靈後。春秋早期
（20）黃子匜④：黃子作黃孟姬行器，則永祐福，靈終靈後。春秋早期
（21）黃子罐⑤：黃子作黃孟姬行器，則永祐福，靈終靈後。春秋早期
（22）伯彊簠⑥：伯彊為皇氏伯行器，永祐福。春秋早期
（23）邊子薁塦鼎⑦：邊子薁塦為其行器，其永壽用之。春秋晚期
（24）邊子塦簠⑧：邊子作飤簠，塦為其行器，永壽用。春秋晚期

此外名"器"者又有下列各例：

（25）黃子器座⑨：黃子作黃夫人孟姬器，則永囗。春秋早期
（26）黃子鬲⑩：黃子作黃夫人孟姬器，則囗。春秋早期
（27）黃子鼎⑪：黃子作黃夫人孟姬器，則永祐靈終。春秋早期

對照黃君孟、黃子諸器銘，可知此幾例的"器"實乃"行器"之省，故亦可等同視之。

---

① 《考古》1984年第4期，第320頁圖二一，4；集成16.9966；《中國青銅器全集》編輯委員會：《中國青銅器全集》（第7卷），文物出版社，1998年，八七；《中原文物》1991年第2期，第102頁圖一，61。
② 《考古》1984年第4期，第319頁圖二〇，6；集成15.9445；《中國青銅器全集》編輯委員會：《中國青銅器全集》（第7卷），文物出版社，1998年，八九；《中原文物》1991年第2期，第102頁圖一，62。
③ 《考古》1984年第4期，第319頁圖二〇，5；集成16.10122。
④ 集成16.10254。
⑤ 《考古》1984年第4期，第320頁圖二一，1；集成16.9987。
⑥ 集成9.4526。
⑦ 集成4.2498。
⑧ 集成9.4545。
⑨ 《考古》1984年第4期，第320頁圖二一，2；集成16.10355；《中國青銅器全集》編輯委員會：《中國青銅器全集》（第7卷），文物出版社，1998年，九三。
⑩ 《考古》1984年第4期，第320頁圖二一，3；集成3.624；《中國青銅器全集》編輯委員會：《中國青銅器全集》（第7卷），文物出版社，1998年，八一。
⑪ 《考古》1984年第4期，第319頁圖二〇，1；集成5.2567；《中國青銅器全集》編輯委員會：《中國青銅器全集》（第7卷），文物出版社，1998年，七九。

目前已公佈的27例，其中黃國器銘18件，皆出自春秋早期的黃君孟夫婦墓[①]；曾國6件，皆爲春秋早期；邊國（地）的2件，春秋晚期器；國別不明者1件[②]，據文字風格看應係淮域一帶器物，年代爲春秋早期。

黃國故城在今河南潢川境内，已爲歷年的考古工作所證實。邊之地望目前仍不太明確，但從過去所見有關銅器及銘文的風格來看，亦應不出漢淮流域一帶。換言之，東周金文中自名爲"行器"者，有一定的時代性和地域性，即主要流行於春秋早期的漢淮流域一帶。

若細加分析，就目前的材料顯示，這種習語可能較早於春秋早期出現並逐漸流行於曾、黃等國，後又擴展至鄰近地區。

與"行器"類似，東周銅器銘文中又多見自名爲"行×"者，這種現象很值得重視，需作具體細致的研究，但因材料較多，牽涉面較廣，非本文所能容納，更詳盡的分析，容另文再議。

曾子壽鼎"則永祜福"，"祜福"過去多見於曾國銅器銘文，如：

（1）曾子沙簠：曾子沙自作行器，則永祜福。
（2）曾孟嬴剈簠[③]：曾孟嬴剈自作行簠，則永祜福。
（3）曾子伯誩鼎：曾子伯誩鑄行器，爾永祜福。
（4）曾亘嫚鼎：曾亘嫚非彔，□□□爲爾行器，爾永祜福。
（5）曾子叔牫父簠蓋：曾子叔牫父作行器，永祜福。

另外，曾伯陭壺[④]銘曰：

唯曾伯陭廼用吉金鐈鋚，用自作醴壺，用饗賓客，爲德無瑕，用孝用享，用錫眉壽，子子孫孫，用受大福無疆。

---

① 河南信陽地區文管會、光山縣文管會：《春秋早期黃君孟夫婦墓發掘報告》，《考古》1984年第4期；花原：《信陽出土商周青銅器銘文介紹》，《中原文物》1991年第2期。

② 例（22）伯彊簠銘的"彊"爲群母陽部字，"戔"爲精母元部字，不知簠銘的"伯彊"與江仲之孫伯戔盆（集成16.10341）、伯戔盤（集成16.10160）的"伯戔"是否爲一人，存疑。

③ 襄樊市考古隊、湖北省文物考古研究所、湖北孝襄高速公路考古隊：《棗陽郭家廟曾國墓地》，科學出版社，2005年，第93頁圖七五，2；圖版一〇，3。湖北省文物考古研究所：《曾國青銅器》，文物出版社，2007年，第82、83頁。長江文明館、湖北省博物館、湖北省文物考古研究所等：《穆穆曾侯——棗陽郭家廟曾國墓地》，文物出版社，2015年，第44、45頁。

④ 集成15.9712；湖北省文物考古研究所：《曾國青銅器》，文物出版社，2007年，第120頁。

"用受大福"亦可與上引"(則/爾)永祜福"等對照。在上揭黃君孟夫婦墓出土的銅器銘文中,又有更多的"(則/爾)永祜福"的例子。

銅器銘文中帶"祜福"者,有下引各例:

(1)曾孟嬴剈簠:曾孟嬴剈自作行簠,則永祜福。春秋早期
(2)曾子壽鼎:曾子壽自作行器,則永祜福。春秋早期
(3)曾子伯誩鼎:曾子伯誩鑄行器,爾永祜福。春秋早期
(4)曾亘嫚鼎:曾亘嫚非彔,□□□爲爾行器,爾永祜福。春秋早期
(5)曾子叔牪父簠蓋:曾子叔牪父作行器,永祜福。春秋早期
(6)伯彊簠:伯彊爲皇氏伯行器,永祜福。春秋早期
(7)黃君孟鼎:黃君孟自作行器,子孫則永祜福。春秋早期
(8)黃君孟豆:黃君孟自作行器,子孫則永祜福。春秋早期
(9)黃君孟壺:黃君孟自作行器,子孫則永祜福。春秋早期
(10)黃君孟鑪:黃君孟自作行器,子孫則永祜福。春秋早期
(11)黃君孟盤:黃君孟自作行器,子孫則永祜福。春秋早期
(12)黃君孟匜:黃君孟自作行器,子孫則永祜福。春秋早期
(13)黃子鼎:黃子作黃夫人行器,則永祜福,靈終靈後。春秋早期
(14)黃子鬲:黃子作黃夫人行器,則永祜福,靈終靈後。春秋早期
(15)黃子豆:黃子作黃夫人行器,則永祜福,靈終靈後。春秋早期
(16)黃壺:黃子作黃夫人行器,則永祜福,靈終靈後。春秋早期
(17)黃子鑪:黃子作黃夫人孟姬行器,則永祜福,靈〔終〕。春秋早期
(18)黃子盉:黃子作黃夫人行器,則永祜福,靈終靈後。春秋早期
(19)黃子盤:黃子作孟姬行器,則永祜福,靈終靈後。春秋早期
(20)黃子匜:黃子作黃孟姬行器,則永祜福,靈終靈後。春秋早期
(21)黃子罐:黃子作黃孟姬行器,則永祜福,靈終靈後。春秋早期
(22)曾子沙簠:曾子沙自作行器,則永祜福。春秋早期

或單作"祜",如:

（23）作司⿰鸟⿱䇂阝匜①：作司⿰鸟⿱䇂阝彝，用達用〔征〕，唯之百〔蠻②〕，雩之四方，永作（？）祜。春秋早期

（24）黄子鼎：黄子作黄夫人孟姬器，則永祜靈終。春秋早期

故亦可等同視之。此外又有：

（25）黄子器座：黄子作黄夫人孟姬器，則永☐。春秋早期
（26）黄子鬲：黄子作黄夫人孟姬器，則☐。春秋早期

對照黄君孟、黄子諸器銘，可知此兩例之末尾實係"則永祜福"或"則永祜靈終"等之省，故不作爲樣本統計。

目前已公佈的24例，其中黄國器銘16件，皆出自春秋早期的黄君孟夫婦墓；曾國6件，皆爲春秋早期；國别不明者2件。但據文字風格看應係淮域一帶器物，年代皆係春秋早期。因此，東周金文中帶"祜福"者，亦有一定的時代和地域性，也主要流行於春秋早期的漢淮流域一帶。

同樣，據目前的統計材料顯示，"（則/爾）永祜福"這種習語亦可能於春秋早期出現於曾、黄等國並逐漸流行。

另外，在銘文中"行器"與"（則/爾）永祜福"往往同時出現，就上揭統計樣本而言，單獨使用的例子極少，僅有曾子澤鼎和邊子萈塦鼎、簠這三例。

綜上所述，東周金文中自名爲"行器"、帶"（則/爾）永祜福"者，皆有一定的時代性和地域性，即主要流行於春秋早期漢、淮流域一帶的曾、黄等國，且往往是"行器"與"（則/爾）永祜福"並舉，而形成"××作/鑄行器，（則/爾）永祜福"這種較爲固定的辭例結構。

三

雖然我們不能以簡單的數字來說明一切，但這種統計和分析有時會起到不可或缺的作用。這種辭例的條理、歸納研究，過去我們曾就楚系銅器銘文嘗試做過一些基礎

---

① 集成16.10260。
② 過去將此字補作"姓"，參見張亞初：《殷周金文集成引得》，中華書局，2001年，第157頁；《銘圖》第26卷，第334頁第14956號。參照晉公盆（晉公𥂴，集成16.10342）"龢燮百蠻，廣司四方"句改。

工作。這項工作看似簡單機械，實則煩瑣異常，殊費心力。但通過大量基礎性的扎實工作，對有關材料可獲得一些多方面的感性認識，同時有助於進一步深化認識，在研究中常能收左右逢源之效。如上述關於"行器""（則/爾）永祐福"等辭例在春秋早期流行於曾、黃等國的分析，或可佐證當時曾、黃之間密切來往的事實，有助於深化對於曾、黃關係的認識。

據傳世古書和出土銅器銘文，春秋時期，曾、黃之間往來較爲密切，常有婚姻關係。

《左傳》桓公八年："夏，楚子合諸侯于沈鹿。黃、隨不會。"文獻中的"隨"，即漢淮一帶所出銅器銘文中的"曾"，已爲歷年的考古發現所證實[1]。據上引《左傳》，可知黃、隨在對楚問題上是有默契的。

1972年湖北隨縣均川熊家老灣出土2件黃季鼎[2]，銘文分別爲：

黃季作季嬴寶鼎，其萬年子孫永寶用享。
黃季作□□□，其萬年永寶用。

黃季應係黃國貴族，前一鼎係其爲季嬴適曾所作媵器，後一鼎內容不完整，但可確定係黃器。器出曾國，亦當係曾、黃聯姻所致。

又2002年棗陽郭家廟曾國墓地出土的曾孟嬴剈簠（M1:6）銘曰"曾孟嬴剈自作行簠，則永祐福"，器主曾孟嬴剈或亦係黃女適曾者。

傳世春秋早期的曾侯簠（叔姬霝簠）[3]銘曰：

叔姬霝迮黃邦，曾侯作叔姬、邛嬭媵器黹彝，其子子孫孫其永用之。

銘文清楚顯示，此器係曾侯爲叔姬霝出嫁黃國所作媵器。

另上引1983年河南光山寶相寺上官崗磚瓦廠春秋早期黃君孟夫婦墓所出黃子鼎、鬲、鑪、器座、盤、匜、罐等，銘作"黃子作黃夫人孟姬〔行〕器""黃子作孟姬行器""黃子作黃孟姬行器"等，此黃夫人孟姬，很可能亦來自曾國。

總之，春秋時期，曾、黃關係密切，當無疑義。本文有關辭例分析的結論，或可

---

[1] 黃錦前：《曾侯膞編鐘銘文讀釋》，《中國國家博物館館刊》2017年第3期。
[2] 鄂兵：《湖北隨縣發現曾國銅器》，《文物》1973年第5期；集成5.2565；《中國青銅器全集》編輯委員會：《中國青銅器全集》（第7卷），文物出版社，1998年，七七；湖北省文物考古研究所：《曾國青銅器》，文物出版社，2007年，第158~164頁。
[3] 集成9.4598；湖北省文物考古研究所：《曾國青銅器》，文物出版社，2007年，第421頁。

從另外一個角度證實當時曾、黃之間這種密切的外交、婚姻往來及伴隨的文化交流[①]。

因此，這種研究往往能與出土和傳世文獻內容分析所得結果互爲表裏，虛實交匯，起到共同推進的作用，有時甚至能起到意想不到的效果。

四

這種條例性的歸納，還可用於判定有些信息缺失或文字乖異的有銘銅器的國別和歸屬，下面再略舉兩例加以說明。

上引曾子叔牧父簠蓋，銘作：

曾子叔牧（妖）父作行器，永祜福[②]。

其首字原篆作 ，或釋作"八田日"[③]，不辭。

該器現藏於上海博物館，圖像等資料未公佈，歸屬不易確定。細審之，並對照金文中有關"曾"字的構形[④]，可知其實係"曾"字筆畫之分離，佔據了三個字的位置而致，這種情況在以往所見金文材料中亦不乏其例，新近刊佈的曾侯寶鼎[⑤]的"曾"字寫作 和 ，即可佐證。《說文》："曾，詞之舒也。从八从曰，囧聲。"與此形對照，倒頗爲切合。再聯繫上文"行器""祜福"等有關辭例的論述，以及上引同時期曾國銅器銘文中較多這種辭例來看，將首字釋作"曾"，該器爲曾器，就更加確

---

① 有關曾、黃之間的青銅文化所體現的共性與交流，近年張昌平曾有分析，可參看張昌平：《曾國青銅器研究》，文物出版社，2009年，第296～301頁。

② 所謂"牧父"二字當改釋作"迌"，作器者係曾子叔迌，而非過去所謂的曾子叔牧父，詳參黃錦前：《讀近刊曾器散記》，《秦始皇帝陵博物院院刊》（第8輯），三秦出版社，2018年。

③ 張亞初：《殷周金文集成引得》，中華書局，2001年，第96頁；《銘圖》第13卷，第96頁第05840號。

④ 有關字形可參看董蓮池：《新金文編》，作家出版社，2011年，第86～88頁。

⑤ 中國國家博物館、中國書法家協會：《中國國家博物館典藏甲骨文金文集粹》，安徽美術出版社，2015年，第262～265頁64。

鑿了①。

　　以上是先確釋文字，再佐以典型風格的辭例的例子，下面再舉一個類似但更爲複雜的例子。

　　《商周金文錄遺》②《金文總集》③《殷周金文集成》④等著錄有一件簋，銘作：

　　　　䢵之行簋。

首字舊皆未釋。據介紹，此銘拓本係陳邦懷舊藏⑤，器已佚，亦無相關信息流傳。我們曾據其銘文風格等將其定爲楚系曾器⑥：

　　此銘文風格與卲方豆頗似，時代亦當相當。首字，對照卲方豆與卲之飤鼎之"卲"字，左半和中間部分皆从召，正反相對，該字釋讀似有兩種可能，一是"卲"之繁文，一是"卲""召"之合文，而以前者的可能性爲大。此幾器之卲可能爲人名，若爲姓氏（徐中舒云卲之飤鼎之"卲"爲楚王族三大姓氏之一的昭氏，參見徐中舒、唐嘉弘：《古代楚蜀的關係》，《文物》1981年第6期），則銘文單稱姓氏，這在銅器銘文中極爲少見。

將該器歸爲曾器，應無問題，但首字非"卲"。

　　該字原篆《商周金文錄遺》《金文總集》《集成》分別錄作 、 、 ，部分筆畫皆不甚清晰，《商周青銅器銘文暨圖像集成》所錄拓本作，較《商周金文錄遺》《金文總集》《集成》等略清晰。《商周金文錄遺》《金文總集》《集成》及

---

①　此條源自十年前整理曾器時所作筆記，黃錦前：《楚系銅器銘文研究》（安徽大學博士學位論文，2009年，第65頁）亦收錄之。近日將其寫進此文時，檢得徐在國已在多年前撰文討論此器，將首字釋作"曾"，故記於此。徐文請見徐在國：《曾子叔口父簋蓋銘小考》，《古籍研究》2000年第3期。

②　于省吾：《商周金文錄遺》（于省吾著作集），中華書局，2009年，第133頁169。

③　嚴一萍：《金文總集》（五），藝文印書館，1983年，第1728頁2861。

④　集成9.4475。

⑤　中國社會科學院考古研究所：《殷周金文集成》（第九册），中華書局，1988年，第17頁"銘文說明"。

⑥　黃錦前：《楚系銅器銘文研究》，安徽大學博士學位論文，2009年，第67頁注2。

張亞初《殷周金文集成引得》與《商周青銅器銘文暨圖像集成》分別摹作[圖]①、[圖]、[圖]②、[圖]、[圖]③等形，對照清晰的拓本，皆有不同程度失真或誤摹之處。

諦審之，該字可分析爲从辵（或"止"）、从與，即"遱"字，與過去所見金文中各種"遱"字循規蹈矩的寫法相比較④，確實有些乖異。但細察之，也無非是部分筆畫位置稍有錯位或改變方向而已，並無根本性區別。對照曾子與、曾侯與諸器"遱"字的寫法，將該字釋作"遱"，應無問題。

簠銘的"遱"應即"曾子與"或"曾侯與"，據銘文單稱名看，應係"曾子與"，此器應係曾子與在即位任曾侯之前所作。

簠類銘文中自名爲"行簠"者，除此銘外，有下列各例：

（1）曾孟嬴剈簠：曾孟嬴剈自作行簠，則永祐福。
（2）曾子遱簠⑤：曾子遱之行簠。
（3）曾都尹法簠⑥：曾都尹法之行簠。
（4）黃仲酉簠⑦：曾少宰黃仲酉之行簠。
（5）可簠⑧：可之行簠。

上引諸銘，無一例外，皆屬曾器。可見如上述"行器"一樣，"行簠"的稱謂也有很明確的時代性和地域性。據其銘文風格與上述邵方豆⑨等年代明確的曾器比較來看，該

---

① 于省吾：《商周金文錄遺》（于省吾著作集），中華書局，2009年，第18頁。
② 張亞初：《殷周金文集成引得》，中華書局，2001年，第95頁。
③ 《銘圖》第13卷，第8頁第05758號。
④ 有關字形可參看董蓮池：《新金文編》，作家出版社，2011年，第141頁。
⑤ 集成9.4488、4489；湖北省文物考古研究所：《曾國青銅器》，文物出版社，2007年，第373、374頁。
⑥ 隨州市博物館：《湖北隨州市安居鎮發現春秋曾國墓》，《江漢考古》1990年第1期，圖版一，5；隨州市博物館：《隨州出土文物精粹》，文物出版社，2009年，第112頁；湖北省文物考古研究所：《曾國青銅器》，文物出版社，2007年，第266~269頁。
⑦ 湖北省文物考古研究所、隨州市曾都區考古隊、隨州市博物館：《湖北隨州義地崗墓地曾國墓1994年發掘簡報》，《文物》2008年第2期，圖八，2；隨州市博物館：《隨州出土文物精粹》，文物出版社，2009年，第113頁119；湖北省文物考古研究所：《曾國青銅器》，文物出版社，2007年，第344、345頁。
⑧ 《文物》2008年第2期，第15頁圖二三；湖北省文物考古研究所：《曾國青銅器》，文物出版社，2007年，第356、357頁。
⑨ 隨州市博物館：《隨州均川出土銘文青銅器》，《江漢考古》1986年第2期，圖一；集成9.4661；湖北省文物考古研究所：《曾國青銅器》，文物出版社，2007年，第188、189頁。

簠亦當係曾器，殆無疑義，其年代亦係春秋晚期後段。

過去見諸著錄者有上引2件曾子遜簠，銘作：

曾子遜之行簠。

又有曾子遜缶1件①，銘作：

曾子遜之行缶。

與遜簠銘年代、格式、字體等均近同，惟後者單稱器主之名。據此可推斷，"遜"當係"曾子遜"之省稱。

除上述曾子與簠、缶諸器外，曾子與即位爲曾侯後，即曾侯與的器物，歷年發現甚夥，如曾侯與尊缶②、曾侯與浴缶③、曾侯與壺④、曾侯遜盤（曾侯乙尊盤）⑤、曾侯遜雙戈戟⑥、曾侯遜三戈戟⑦、曾侯與編鐘⑧、曾侯與鬲⑨等，其銘文格式和文字風格多有與上述遜簠可資比較者。

總之，將與簠的器主定爲曾子與，在各方面皆有較充分的依據。

綜上所述，金文的有關辭例若分析、應用得當，在相關研究中會起到意想不到的作用，這在今後的研究實踐中應當引起足夠的重視。

附記：2015年棗陽郭家廟曾國墓地M56出土有春秋早期的曾嬴戚壺，銘曰"曾嬴

---

① 集成16.9996；湖北省文物考古研究所：《曾國青銅器》，文物出版社，2007年，第375頁。
② 馬俊才：《流沙疑塚》，中國國際廣播出版社，2010年，第186頁。
③ 馬俊才：《流沙疑塚》，中國國際廣播出版社，2010年，第179、180、186頁；"國家寶藏——慶祝河南博物院建院八十周年特展"，河南博物院，2007年12月。
④ 馬俊才：《流沙疑塚》，中國國際廣播出版社，2010年，第186頁；"國家寶藏——慶祝河南博物院建院八十周年特展"，河南博物院，2007年12月。
⑤ 湖北省博物館：《曾侯乙墓》，文物出版社，1989年，第228、229、231、234頁。
⑥ 同出2件（N.62、N.133），集成17.11178、11179。
⑦ 同出3件（N.204、N.205、N.206），集成17.11181、11180；湖北省博物館：《曾侯乙墓》，文物出版社，1989年，第264、268頁。
⑧ 湖北省文物考古研究所、隨州市博物館：《隨州文峰塔M1（曾侯與墓）、M2發掘簡報》，《江漢考古》2014年第4期。
⑨ 湖北省文物考古研究所、隨州市博物館：《隨州文峰塔M1（曾侯與墓）、M2發掘簡報》，《江漢考古》2014年第4期。

戚自作行壺，其永祜福"（湖北省文物考古研究所：《三苗與南土——湖北省文物考古研究所"十二五"期間重要考古收獲》，《江漢考古》編輯部，2016年，第84頁），豐富了相關材料，器主曾嬴戚或亦係黃女適曾者。

2017年4月23日

第四章 歷史地理

第一節 西周金文中的"西宮""東宮""南宮"及相關問題

一

此前，我曾撰小文《"宮伯""西宮"考——兼談召公諸子銅器》，通過對叔䊷諸器及相關銘文的繫聯，以銘文內容相互參證，確定叔䊷或繁爲召公奭子，"或"族氏之人；周成王時，他任師職，隨召公南巡，參與分封首任曾侯南宮，周康王時，南宮卒，他以宗親身份爲其作器；䊷尊、簋、繁卣、簋諸器應係周昭王時器；叔䊷諸器的"公"爲第二代召公㽙，"辛公"指召公奭，"祖癸"即周文王。叔䊷諸器及成康時期有關銅器銘文中的"宮伯""西宮伯""西宮"應指召公奭，與文王子、首封曾侯"南宮"係兄弟，關係極爲密切[1]。又有小文《由葉家山M107所出"西宮"銘文談曾國的族源問題》，通過對隨州葉家山M107出土曾伯爵的"西宮"與有關銅器銘文的繫聯，認爲其與伯曲甗、卣及盂的"西宮伯"、叔䊷鼎、季盤鼎、或者鼎及簋的"宮伯"、曾大攻尹季怡戈的"西宮"應爲一人，係召公奭。葉家山、文峰塔等所出有關銅器銘文中的"南公"即"南宮"，與M107爵銘的"西宮"爲宗親，係周文王子，因其居住宮室之稱謂而得名，與南宮适之南宮氏不同。文章還對西周早期金文中有關"東宮"的材料及其問題作了初步分析[2]。小文寫成後，曾呈多位師友審閱，引起熱烈討論。原計劃還應寫一篇《出土古文字資料所見西周時期的"西宮"及相關問題》，對金文中"西宮"和"東宮"等有關材料系統地清理一遍，把相關問題徹底講清楚。但因時間關係，故一直未能竣事。

近見《江漢考古》2016年第3期、第5期先後刊登黃鳳春、于薇等先生大作，都主

---

[1] 黃錦前：《"宮伯""西宮"考——兼談召公諸子銅器》，未刊稿。
[2] 黃錦前：《由葉家山M107所出"西宮"銘文談曾國的族源問題》，未刊稿。

張兩周金文中的"西宮"皆指宮室，且結合葉家山墓地的佈局有進一步深入的論述①。

二

"西宮"爲宮室，這一點當無疑問，否則"宮"字便無從落實。不過，金文的"西宮"問題遠較"南宮"和"東宮"複雜，應據材料的年代、内容及性質作明確的區分，結合銘文本身作實事求是的具體分析，而不可不加區別地一概而論，混淆事實，造成不必要的糾葛和混亂。

爲進一步具體翔實地說明問題，下面我們來看西周金文中有關"西宮""東宮""南宮"的具體用例。先說"西宮"，爲方便討論，先將有關銘文釋寫如下：

（1）曾伯爵②：曾伯作西宫寶尊彝。西周早期（康王）
（2）曾大攻尹季怡戈③：穆侯之子西宫之孫曾大工尹季怡之用。春秋中期前段
（3）散氏盤④：鮮、且、𢐳、武父、西宫襄……凡十又五夫……廷偫西宫襄、武父誓……西宫襄、武父則誓……西周晚期
（4）高卣蓋⑤：唯十又二月，王初饔旁，唯還，在周。辰在庚申，王飲西宫，烝，咸釐。尹錫臣，唯小槃，揚尹休，高對作父丙寶尊彝，尹其互萬年受厥永魯，亡競在服，㠱侯⑥其子子孫孫寶用，亞疑⑦。西周早期（康王）
（5）伯戏簋⑧：伯戏肇其作西宫寶，唯用綏神，懷虩前文人，秉德恭純，唯匄萬年子子孫孫永寶。西周中期前段

---

① 黃鳳春：《從葉家山新出曾伯爵銘談西周金文中的"西宮"和"東宮"問題》，《江漢考古》2016年第3期；于薇、常懷穎：《叶家山"西宫"爵與兩周金文"三宫"及其相關問題》，《江漢考古》2016年第5期。
② 湖北省文物考古研究所、隨州市博物館、出土文獻与中国古代文明研究協同創新中心：《湖北隨州葉家山M107發掘簡報》，《江漢考古》2016年第3期。
③ 隨縣博物館：《湖北隨縣城郊發現春秋墓葬和銅器》，《文物》1980年第1期，圖八，2、3；集成17.11365；湖北省文物考古研究所：《曾國青銅器》，文物出版社，2007年，第319、320頁。
④ 集成16.10176；陳夢家：《西周銅器斷代》，中華書局，2004年，第897頁27。
⑤ 集成10.5431；陳夢家：《西周銅器斷代》，中華書局，2004年，第892頁22。
⑥ 此字舊釋"長"，參照㠱侯盉（集成15.9439）來看，當係"侯"字誤摹。
⑦ "疑"字在"侯"字下，舊多釋作"㠱長疑"。
⑧ 集成7.4115。

（6）殷鼎①：唯正月既生霸丁亥，王在西宮，王命寢錫大具，殷拜稽首，敢對揚天子丕顯休，用作烈考皇母尊鼎，殷其萬年子子孫孫永寶用享。西周中期

　　（7）教叔微簋蓋②：唯王三月初吉癸（？）卯，教（？）叔微（？）祼③于西宮，錫貝十朋，用作寶簋，子子孫孫其萬年永寶用。西周晚期

　　（8）夷伯簋④：唯王正月初吉，辰在壬寅，夷伯尸于西宮，錫貝十朋，敢對揚王休，用作尹姞寶簋，子子孫孫永寶用。西周晚期

　　（9）幾父壺⑤：唯五月初吉庚午，凡仲客西宮，錫幾父开𠬪（？）六、僕四家、金十鈞。幾父拜稽首，對揚朕皇君休，用作朕烈考尊壺，幾父用追孝，其萬年孫孫子子永寶用。西周晚期

　　例（3）散氏盤"西宮襄"之"西宮"爲氏稱，類似於"南宮"，係以所居宮室爲氏⑥。"西宮"既爲氏稱，則其必與居"西宮"之人相關，殆其人當時或即以"西宮"爲稱，其子孫遂以之爲氏。

　　例（4）高卣僅存蓋。蓋面隆起，沿下折，上有四道扉棱。蓋面飾獸面紋，沿飾夔紋，均以雲雷紋填地。屬王世民等《西周青銅器分期斷代研究》卣的Ⅱ型1式b⑦，年代爲西周早期前段，約康王時器。

―――――――――

①　陳佩芬：《新獲兩周青銅器》，《上海博物館集刊》（第八期），上海書畫出版社，2000年；陳佩芬：《夏商周青銅器研究》（西周篇），上海古籍出版社，2004年，第258、259頁三〇五。

②　集成8.4130；《銘圖》（第11卷），第81頁第05135號。

③　該字舊釋"䍙"，改釋詳黃錦前：《說瓚——從出土資料談觚形器之名稱、功用及相關問題》，未刊稿。

④　周原扶風文管所：《陝西扶風強家一號西周墓》，《文博》1987年第4期，圖版壹，6；第9頁拓片二。曹瑋主編：《周原出土青銅器》，巴蜀書社，2005年，第1752～1765頁。《銘圖》第11卷，第125～130頁第05158、05159號。

⑤　集成15.9721、9722；陝西省博物館、陝西省文物管理委員會：《扶風齊家村青銅器群》，文物出版社，1963年，圖三、圖四；《中國青銅器全集》編輯委員會：《中國青銅器全集》（第5卷），文物出版社，1996年，一三八；曹瑋主編：《周原出土青銅器》，巴蜀書社，2005年，第84～96頁。

⑥　李學勤：《中方鼎與周易》，《文物研究》（第6輯），黃山書社，1990年，後輯入氏著《當代學者自選文庫：李學勤卷》，安徽教育出版社，1999年，又收入氏著《周易溯源》，巴蜀書社，2006年；李學勤：《柞伯簋銘考釋》，《文物》1998年第11期，後輯入氏著《重寫學術史》，河北教育出版社，2002年；黃錦前：《由葉家山M107所出"西宮"銘文談曾國的族源問題》，未刊稿。

⑦　王世民、陳公柔、張長壽：《西周青銅器分期斷代研究》，文物出版社，1999年，第124頁。

"王飲西宮"，"西宮"據上下文和有關文例應係宮室之名，麤卣①"公飲在館"可證。

例（5）伯**或**簋"伯**或**肇其作西宮寶，唯用綏神，懷虩前文人，秉德恭純，唯匄萬年子子孫孫永寶"，與善鼎②"善……用作宗室寶尊，惟用綏福虩前文人，秉德恭純……余用匄純魯霝萬年"可對讀，"西宮"與"宗室"相對應，據上下文和有關文例，"宗室"在此應作宗廟講。《詩·召南·采蘋》："于以奠之，宗室牖下。"毛傳："宗室，大宗之廟也。大夫士祭于宗廟，奠于牖下。"伯**或**簋"西宮"亦應理解爲宗廟。

例（6）殷鼎"王在西宮"之"西宮"爲宮室或宗廟名顯明，無須贅述。

例（7）敖叔微簋蓋"敖（？）叔微（？）祼于西宮"、例（8）夷伯簋"夷伯尸于西宮"，"西宮"據上下文亦當爲宗廟或宮室無疑。伯祼簋③"唯王七月初吉辛亥，伯祼于下宮"亦可爲證。

例（9）幾父壺"凡仲窨西宮"，"西宮"亦應爲宮室或宗廟。"窨"字郭沫若徑讀作"居"④。張富海認爲係動詞，義同"居"，"窨"字从宮九聲，其讀音當與聲旁"九"十分接近⑤。張說於銘文可通。不過據相關文例來看，"窨"在本銘中與金文中常見的"格×宮"或"在×宮"之"格"或"在"語位及語義相當。"九"爲見母幽部字，"格"爲見母鐸部字，與之同聲紐，韻爲旁對轉，有相通的可能，所以也不能完全排除讀"格"的可能性。

與曾伯爵"曾伯作西宮寶尊彝"之"西宮"相關者又有下列諸器銘：

（10）叔龜鼎（大都會）⑥：叔龜作宮伯盉。西周早期（康王）
（11）季盠鼎⑦：季盠作宮伯尊盉。西周早期（康王）

---

① 上海博物館：《上海博物館集刊》（第七期），上海书画出版社，1996年，第46頁圖三；陳佩芬：《夏商周青銅器研究》（西周篇），上海古籍出版社，2004年，第374～376頁三五〇。

② 集成5.2820。

③ Tao Wang, Chinese bronzes from the Meiyintang Collection, No. 103. London: Paradou Writng, 2009；《銘圖》（第11卷），第11頁第05091號。

④ 郭沫若：《扶風齊家村器群銘文彙釋》，《扶風齊家村青銅器群》，文物出版社，1963年。

⑤ 張富海：《金文从宮从九之字補說》，《古文字研究》（第29輯），中華書局，2012年。

⑥ http://www.metmuseum.org/collection/the-collection-online/search/44513?rpp=30&pg=1&ft=Ritual%2BTetrapod%2BCauldron%2B%28Fangding%29%2B&pos=1&imgno=0&tabname=online-resources；黄錦前：《叔龜鼎考釋及相關問題》，未刊稿。

⑦ 集成4.2340；中國科學院考古研究所：《美帝國主義劫掠的我國殷周銅器集錄》，科學出版社，1962年，第18、255、354頁R451、A76；《銘圖》第3卷，第452頁第01789號。

（12）或者鼎①：或者作旅鼎，用匄偁魯福，用綏福祿，用作文考宮伯寶尊彝。西周早期（康王）

（13）或者簋②：或者作宮伯寶尊彝。西周早期（康王）

（14）伯㣻方鼎③：唯公省，徂南國，至于漢。厥至于胡，公錫伯㣻寶玉五品、馬四匹，用鑄宮伯寶尊彝。西周早期（成王）

（15）伯曲甗④：伯曲作西宮伯寶尊彝。西周早期（康王）

（16）伯曲卣⑤：伯曲作西宮伯寶尊彝。西周早期（康王）

（17）伯曲盉⑥：伯曲作西宮伯寶尊彝。（蓋銘）曲作西。（器銘）西周早期（康王）

據（10）～（13），諸銘的"宮伯"應即一人，作器者叔黽與季盤及或者爲兄弟，或係宗親。對照（15）～（17），"宮伯"或即"西宮伯"之省，二者實即同人，伯曲與叔黽、季盤及或者等或爲兄弟，或係宗親⑦。例（14）伯㣻方鼎的"宮伯"，據上下文和有關銘文，應與（10）～（13）的"宮伯"及（15）～（17）的"西宮伯"係一人，即銘文上述之"公"。"公"李學勤據大保玉戈銘推定係召公⑧，可從。因此，"宮伯"應即召公奭。例（1）和例（2）的"西宮"應即"西宮伯"之省。總之，綜合分析上揭諸器，可知"西宮伯"或省稱"宮伯""西宮""西"，所指實係一人，即召公奭。

綜上，據現有材料，西周早期成、康時期金文中的"西宮"，或指宮室，或指具體的人，而非僅指宮室；西周中期一般皆指宮室或宗廟；西周晚期或指宮室和宗廟，或係氏稱。西周早期曾伯爵和春秋中期曾大攻尹季怡戈的"西宮"，皆指具體的人，皆較爲清楚。

---

① 集成5.2662；《銘圖》（第4卷），第472頁第02248號。

② 集成6.3675；《銘圖》（第9卷），第240頁第04483號。

③ 李學勤：《試說新出現的胡國方鼎》，《江漢考古》2015年第6期；《銘續》（第1卷），第261、262頁第0213號；黃錦前：《新刊兩件胡國銅鼎讀釋》，《出土文獻》（第十輯），中西書局，2017年。

④ http://collections.vam.ac.uk/item/O72237/food-vessel-yan-unknown/；呂章申主編：《海外藏中國古代文物精粹·英國國立維多利亞與艾伯特博物館卷》，安徽美術出版社，2014年，第204、205頁112。

⑤ 集成10.5340；《銘圖》第24卷，第145頁第13230號。

⑥ 集成15.9427；《銘圖》第26卷，第158頁第14750號。

⑦ 黃錦前：《叔黽鼎考釋及相關問題》，未刊稿。

⑧ 李學勤：《試說新出現的胡國方鼎》，《江漢考古》2015年第6期。

爲什麽不將例（1）和例（2）的“西宫”如例（4）~（9）的“西宫”一樣也理解爲宫室或宗廟呢？一是上述通過相關銅器銘文繫聯所揭示的這些銘文之間的内在關係；二是相關金文文例的限定；三是傳世文獻和出土資料等種種綫索表明，召公與曾國關係密切。下面對後兩點略作解釋。

金文中“宫”僅當宫室和宗廟講時，一般用法是“格（于）×宫”“在×宫”等，而鮮見爲僅當宫室和宗廟講的“宫”作器者。即便有，上文也必定有明確交待，而與具體的人有關，如應國墓地M84所出作嘼宫盤、盉（M84：28、M84：50）[①]“作嘼宫彝”（此“嘼”即嘼簋[②]之“嘼”，係人名[③]）、王鬲（王作王母鬲）[④]“王作王母嘼宫尊鬲”等。或下文有詳細説明，如伯㦰簋“伯㦰肇其作西宫寶，唯用綏神，懷虓前文人”，具體交待爲“西宫”作器乃是“用綏神，懷虓前文人”，即用以祭祀祖先，可知“西宫”應係其祖先的宗廟。若照伯㦰簋之例來理解曾伯爵的“西宫”，則“西宫”爲“曾伯”祖先宗廟。“曾伯”應即首封曾侯“南宫”子、第二代曾侯伯生，係文王孫[⑤]，其祖先即文王等人宗廟爲“西宫”，似無可能。因此，曾伯爵“曾伯作西宫寶尊彝”、曾大攻尹季怡戈“穆侯之子西宫之孫曾大工尹季怡之用”之“西宫”一定是指特定的人而非僅指宫室。所以從金文文例本身來講，主張“西宫”僅爲宫室，也不恰當。

《吕氏春秋·音初》云：

> 禹行功，見塗山之女。禹未之遇而巡省南土。塗山氏之女乃令其妾候禹于塗山之陽。女乃作歌，歌曰：“候人兮猗。”實始作爲南音。周公及召公取風焉，以爲“周南”“召南”。

又《毛詩序》：

> 《關雎》《麟趾》之化，王者之風，故系之周公。南，言化自北而南

---

① 河南省文物考古研究所、平頂山市文物管理局：《平頂山應國墓地Ⅰ》，大象出版社，2012年，第582頁圖二六八；彩版七六，4~6。

② 中國國家博物館、中國書法家協會：《中國國家博物館典藏甲骨文金文集粹》，安徽美術出版社，2015年，第216~219頁54。

③ 黄錦前：《嘼簋銘文讀釋》，《中國國家博物館館刊》待刊。

④ 集成3.602。

⑤ 詳黄錦前：《西周早期曾侯世系与叶家山三座大墓的年代和墓主》，《南方文物》2020年第1期。小文原認爲“曾伯”應即首封曾侯“南宫”，係文王子，不確。

也。《鵲巢》《騶虞》之德，諸侯之風也，先王之所以教，故系之召公。

毛傳：

> 自，從也。從北而南，謂其化從岐周被江漢之域也。

《正義》曰：

> 文王之國在於岐周，東北近於紂都，西北迫於戎狄，故其風化南行也。

《詩序》又云：

> 《甘棠》，美召伯也。召伯之教，明于南國。

傳云：

> 召伯，姬姓，名奭，食采于召，作上公，爲二伯，後封于燕。此美其爲伯之功，故言"伯"云。

李學勤據此指出周人的影響從文王時已南及江漢，以至周武王、成王時，召公在其間起了較大作用，這和太保玉戈銘文完全符合①。其說可從。

太保玉戈係清光緒二十八年（1902年）陝西岐山劉家塬出土，現藏於美國華盛頓弗利爾美術館②。銘作：

> 六月丙寅，王在豐，命太保省南國，帥漢，誕殷南。命曾侯䞗，用鼒走百人。

"曾侯"之"曾"原誤釋作"厲"，我有小文重加探討。戈銘與周成王初年的伯

---

① 李學勤：《太保玉戈與江漢的開發》，《楚文化研究論集》（第二集），湖北人民出版社，1991年，後輯入氏著《李學勤文集》，上海辭書出版社，2005年。
② 龐懷靖：《跋太保玉戈——兼論召公奭的有關問題》，《考古與文物》1986年第1期；徐錫臺、李自智：《太保玉戈銘補釋》，《考古與文物》1993年第3期；《銘圖》（第35卷），第373、374頁第19764號。

第四章　歷史地理

麥方鼎、春秋時期的曾侯與編鐘等有關内容可互相補充發明，補充了鐘銘闕載的召公奉命冊封曾侯的一些具體細節，是召公冊命曾侯的當時直接記録。戈銘"六月丙寅，王在豐，命太保省南國，帥漢，誕殷南"，與鼎銘"唯公省，徂南國，至于漢"等文字可對讀，記載周成王初年召公巡省南國之事①。

上揭大都會藏叔鼀鼎的"南宮"，即見於隨州文峰塔M1所出曾侯與編鐘②及葉家山M111出土的方座簋（M111：67）③的首封曾侯"南公"，與傳世叔鼀鼎的"宮伯"關係密切；太保玉戈銘云召公"命曾侯辟，用鼀走百人"，其所命曾侯，實即南公子曾侯諫。

總之，種種跡象和證據都指向"西宫"與曾國及"南宫"關係密切。葉家山墓地M107所出曾伯爵"曾伯作西宮寶尊彝"，"曾伯"應即首封曾侯"南宮"子、第二代曾侯伯生④，表明他與"西宮"關係密切。這與上述傳世文獻和出土文字資料的有關記載可互相印證，也以實物和文字的證據進一步證明了西宮確實與曾國及南宮關係非同尋常。

傳世有一件與大都會博物館藏叔鼀鼎係同人所作，亦爲康王時期的叔鼀鼎⑤，銘文分別作：

（1）大都會：叔鼀作宮伯盨。
（2）傳世：叔鼀肇作南宮寶尊。

"叔鼀"無疑應係一人。據銘文，"南宮"非本文所討論的"西宮"，而應與"宮伯"爲一人，似乎是最合理的解釋。在《叔鼀鼎考釋及相關問題》一文初稿中我們即如此理解。但後來隨著材料範圍的逐漸擴大和研究的進一步深入，我們發現，將"宮伯"理解爲"南宮"，很多金文材料根本解釋不通，人物關係皆無法理順，曾國的族源問題也無法落實。其中最大的障礙即癥結，就在於曾大攻尹季怡戈"穆侯之子西宮之孫曾大工尹季怡"句無法解釋。現在通過學者的共同努力，南宮是首封曾侯，基本

---

① 黄錦前：《曾國始封的新證據——重讀太保玉戈銘》，未刊稿。
② 湖北省文物考古研究所、隨州市博物館：《隨州文峰塔M1（曾侯與墓）、M2發掘簡報》，《江漢考古》2014年第4期。
③ 黄鳳春、胡剛：《說西周金文中的"南公"——兼論隨州葉家山西周曾國墓地的族屬》，《江漢考古》2014年第2期。
④ 黄錦前：《西周早期曾侯世系與葉家山三座大墓的年代和墓主》，《南方文物》2020年第1期。
⑤ 集成4.2342。

已成共識。即使現在有些學者認爲首封曾侯南公是南宮括，按照他們的理解，南宮括亦係周文王子。季怡既是曾穆侯之子①，就應當是南宮之孫，他怎麼又會是西宮之孫呢？這是一個不可調和的矛盾，或者說是對曾侯爲"南宮說"（無論是我們所主張的文王子南宮還是南宮括）的反證。照此理解，那麼首封曾侯就應當是西宮，而非南宮。

除非"穆侯"非曾穆侯，這樣問題纔有可能得到解決。與曾大攻尹季怡戈年代大致吻合、爲姬周後裔且又稱"穆侯"者，有蔡穆侯、晉穆侯及燕穆侯，結合有關考古和古文字資料來看，唯有召公奭後裔燕穆侯的年代、身份最有可能。

同時，若將"南宮"和"宮伯"切割，將"宮伯"理解爲"西宮"，則原來的一切問題皆不復存在。通過對叔簋諸器及相關銘文的繫聯，以銘文內容相互參證，確定叔簋或繁爲召公奭子，"或"族氏之人；簋尊、簋、繁卣、簋諸器應爲昭王時器；叔簋諸器的"公"爲第二代召公㱿，"辛公"指召公奭，"祖癸"即周文王。叔簋鼎的"叔簋"與簋尊、簋、繁卣、簋諸器的"簋""繁"爲一人，"宮伯"與成康時期有關銅器銘文中的"宮伯""西宮伯""西宮"應係同人，指召公奭。上述兩個途徑所得結論可互相證成。

"西宮"即召公奭與文王子、首封曾侯"南宮"係兄弟，關係極爲密切。也與上述文獻及考古、古文字資料所反映的有關信息完全吻合。作爲召公奭之子的叔簋，在周成王時任師職，隨召公南巡，參與分封曾侯，康王時，南宮卒，他以子輩宗親身份爲其作器（即上述大都會藏叔簋鼎），自然也是順理成章之事②。

三

下面接著分析西周金文中有關"東宮"的材料及其問題，先將有關銘文釋寫如下：

（1）東宮鼎③：東宮。西周早期

（2）鼓霉簋④：□肇貫，眔子鼓霉鑄旅簋。唯巢來迮，王命東宮追以六師之年。西周早期後段

---

① 李學勤：《論漢淮間的春秋青銅器》，《文物》1980年第1期，後輯入氏著《新出青銅器研究》，文物出版社，1990年；李學勤：《試說南公與南宮氏》，《出土文獻》（第六輯），中西書局，2015年。

② 黃錦前：《"宮伯""西宮"考——兼談召公諸子銅器》，未刊稿。

③ 集成3.1484；《銘圖》（第2卷），第20頁第00691號。

④ 集成7.4047；《銘圖》（第10卷），第338頁第04988號。

（3）效尊①、效卣②：唯四月初吉甲午，王雚于嘗，公東宮納饗于王。王錫公貝五十朋，公錫厥世子效王休貝廿朋。效對公休，用作寶尊彝。嗚呼，效不敢不萬年夙夜奔走揚公休，亦其子子孫孫永寶。西周早期後段

（4）馭簋③：唯三月初吉甲寅，王格于太室，伯東宮入佑馭，即位中廷，王呼内史册命馭：錫汝幽衡、鋚勒。馭稽首，敢對揚王休，用作尊簋，其萬年子子孫孫永寶用享。西周中期後段

（5）曶鼎④：昔饉歲，匡眔厥臣廿夫，寇曶禾十秭，以匡季告東宮，東宮乃曰……曶又以匡季告東宮……東宮乃曰……西周中期後段

（6）衞鼎⑤：唯王三月初吉，東宮佑衞入門，立中庭，北嚮，王命衞𤔲、金車、旂，用𤔲𤲗卓陽人，用作寶鼎，其子孫其永寶用。西周中期後段

"東宮"多見於金文，指太子所居之宫，常用來指太子⑥。

例（1）東宮鼎長方體，窄沿，方唇，雙立耳，腹壁向下漸收，四壁中部和四隅各有一道扉棱，平底，四柱足。四壁上、下分别飾雲雷紋填地的夔紋、獸面紋。屬王世民等《西周青銅器分期斷代研究》鼎的Ⅰ型1式⑦，年代爲西周早期前段。

例（2）鼓睪簋長子口内斂，圓腹，獸首雙耳，鉤狀垂珥，圈足下連鑄方座。口下和圈足均飾雲雷紋填地的花冠夔紋，器口下前後曾飾浮雕犧首，方座四壁飾雲雷紋填地的花冠夔紋。屬王世民等《西周青銅器分期斷代研究》簋的Ⅱ型2式⑧，年代爲西周

---

① 集成11.6009；《中國青銅器全集》編輯委員會：《中國青銅器全集》（第5卷），文物出版社，1996年，一六一；陳夢家：《西周銅器斷代》，中華書局，2004年，第664頁80；《銘圖》（第21卷），第289、290頁第11809號。

② 集成10.5433；《中國青銅器全集》編輯委員會：《中國青銅器全集》（第5卷），文物出版社，1996年，一七五；陳夢家：《西周銅器斷代》，中華書局，2004年，第665頁80附；《銘圖》（第24卷），第319~323頁第13346號。

③ 《銘圖》（第11卷），第307~309頁第05243號。該簋年代吳鎮烽定爲西周晚期，應係西周中期，參見黃錦前：《衞鼎小考》，《北方民族考古》（第五輯），科學出版社，2018年。

④ 集成5.2838；陳夢家：《西周銅器斷代》，中華書局，2004年，第742頁143。

⑤ 《格物致知——泓燊堂吉金》（Chinese bronzes from the Hong Shen Tang Collection），571，中國嘉德香港2016春季拍賣會，香港，2016年5月。

⑥ 李學勤：《中方鼎與周易》，《文物研究》（第6輯），黃山書社，1990年，後輯入氏著《當代學者自選文庫：李學勤卷》，安徽教育出版社，1999年，又收入氏著《周易溯源》，巴蜀書社，2006年；李學勤：《柞伯簋銘考釋》，《文物》1998年第11期，後輯入氏著《重寫學術史》，河北教育出版社，2002年；黃錦前：《由葉家山M107所出"西宫"銘文談曾國的族源問題》，未刊稿。

⑦ 王世民、陳公柔、張長壽：《西周青銅器分期斷代研究》，文物出版社，1999，第11~13頁。

⑧ 王世民、陳公柔、張長壽：《西周青銅器分期斷代研究》，文物出版社，1999，第73~79頁。

早期後段，康王前後器。

例（3）效尊喇叭口，低體垂腹，頸較長，圈足沿有邊圈。口下飾對鳥紋組成的仰葉紋，頸飾垂冠回首微下卷的夔紋，腹飾垂冠回首大鳥紋，圈足飾夔紋帶，均以雲雷紋填地。屬王世民等《西周青銅器分期斷代研究》尊的Ⅱ型3式[①]。效卣橢圓體，低體垂腹，矮圈足沿下折，蓋兩側有犄角，頂有圈狀捉手，提梁兩端作龍頭。蓋面及腹飾回顧式鳳鳥紋，頸飾回首夔龍紋。屬王世民等《西周青銅器分期斷代研究》卣的Ⅱ型4式a[②]。其年代，《殷周金文集成》分別定爲西周早期和西周中期[③]，顯然自相矛盾；王世民等《西周青銅器分期斷代研究》定爲西周中期偏早[④]，或偏晚；吳鎮烽定爲西周早期後段[⑤]，可從。

總之，據年代看這幾件銘文的"東宫"或即一人。

鼓霉簋"王命東宫追以六師之年"，與柞伯簋[⑥]"王命南宫率王多士"可參照，據稱謂看，此"東宫"應如李學勤所云指太子[⑦]。

效尊、效卣"王觀于嘗，公東宫納饗于王"，"公東宫"應當指太子。在"東宫"之前又冠以"公"，可能如"南宫"又稱"南公"、西宫又稱"西宫伯"和"宫伯"一樣，應係尊稱。馭簋的"伯東宫"，與此銘可互證，區別祇不過在於其前綴是"公"或"伯"而已。

例（4）馭簋弇口，鼓腹，一對龍首耳，方形垂珥，蓋面隆起，上置圈狀捉手，圈足外撇，連鑄獸面三小足。蓋沿和器沿飾無目竊曲紋，腹飾瓦溝紋，圈足飾兩道弦紋。屬王世民等《西周青銅器分期斷代研究》簋的Ⅳ型2式[⑧]，年代爲西周中期後段。

---

① 王世民、陳公柔、張長壽：《西周青銅器分期斷代研究》，文物出版社，1999年，第119、120頁。

② 王世民、陳公柔、張長壽：《西周青銅器分期斷代研究》，文物出版社，1999年，第128、129頁。

③ 中國社會科學院考古研究所：《殷周金文集成》（第十一冊），中華書局，1992年，第66頁"銘文說明"；中國社會科學院考古研究所：《殷周金文集成》（第十冊），中華書局，1990年，第85頁"銘文說明"。

④ 王世民、陳公柔、張長壽：《西周青銅器分期斷代研究》，文物出版社，1999年，第119、128、129頁。

⑤ 《銘圖》（第21卷），第289頁；《銘圖》（第24卷），第319頁。

⑥ 河南省文物考古研究所、平頂山市文物管理局：《平頂山應國墓地Ⅰ》，大象出版社，2012年，第151、152頁，第154頁圖六七，彩版二三。

⑦ 李學勤：《柞伯簋銘考釋》，《文物》1998年第11期，後輯入氏著《重寫學術史》，河北教育出版社，2002年。

⑧ 王世民、陳公柔、張長壽：《西周青銅器分期斷代研究》，文物出版社，1999年，第88頁。

與弭叔簋①形制、紋飾皆近，與師𩛥簋②形制亦近，弭叔簋一般認爲係懿孝時器③，師𩛥簋爲孝王時器④，綜合來看，馭簋約爲恭懿之際器。吳鎮烽定爲西周晚期，或偏晚。

例（5）曶鼎已佚，器形未知，其年代一般定爲西周中期後段，據銘文內容和字體看可從。

例（6）衍鼎體呈盆形，窄沿，方脣，淺腹，圜底，下部傾垂，雙附耳，三柱足。口沿下飾花冠式顧首龍紋，其下有一道絃紋，足上部飾浮雕獸面紋。屬王世民等《西周青銅器分期斷代研究》鼎的Ⅳ型5式⑤，年代爲西周中期前段，約穆恭之際。

然則此3件器銘之"東宮"或即一人。其中馭簋的"伯東宮"應即"東宮"，"伯"係尊稱，我們曾有討論⑥。

綜上，上述西周早中期金文中的幾例"東宮"皆指太子，如"南宮"和"西宮"一樣，亦因其所居宮室而得名。

四

除"西宮""東宮"外，"南宮"也屢見於西周金文及甲骨文。

（1）周原甲骨H31：2：曰：南宮辭⑦。西周早期前段
（2）𤞷簋⑧：𤞷作烈考南公寶尊彝。西周早期（康王）
（3）大盂鼎⑨：命汝盂型乃嗣祖南公……錫乃祖南公旂，用狩……盂用對王休，用作祖南公寶鼎。西周早期（康王）

---

① 郭沫若：《弭叔簋及訇簋考釋》，《文物》1960年第2期；段紹嘉：《陝西藍田縣出土弭叔等彝器簡介》，《文物》1960年第2期；《中國青銅器全集》編輯委員會：《中國青銅器全集》（第6卷），文物出版社，1997年，一三〇；陳夢家：《西周銅器斷代》，中華書局，2004年，第746頁147，第750頁149。
② 陳夢家：《西周銅器斷代》，中華書局，2004年，第790頁173；故宮博物院：《故宮青銅器》，紫禁城出版社，1999年，第200頁189。
③ 王世民、陳公柔、張長壽：《西周青銅器分期斷代研究》，文物出版社，1999年，第88頁。
④ 黃錦前：《𫊻器及相關銘文繫聯研究》，未刊稿。
⑤ 王世民、陳公柔、張長壽：《西周青銅器分期斷代研究》，文物出版社，1999年，第40、41頁。
⑥ 黃錦前：《由葉家山M107所出"西宮"銘文談曾國的族源問題》，未刊稿。
⑦ 曹瑋：《周原甲骨文》，世界圖書出版公司北京公司，2002年，第137頁。
⑧ 黃鳳春、胡剛：《說西周金文中的"南公"——兼論隨州葉家山西周曾國墓地的族屬》，《江漢考古》2014年第2期。
⑨ 集成5.2837；《銘圖》（第5卷），第443～446頁第02514號。

（4）曾侯與編鐘：王逑命南公，營宅汭土，君庀淮夷，臨有江夏。春秋晚期後段

（5）叔鼄鼎：叔鼄肇作南宮寶尊。西周早期（康王）

（6）中鼎①：唯王命南宮伐反虎方之年。西周早期（昭王）

（7）中觶②：王大省公族于唐③，振旅，王錫中馬自曾侯四騂（？），南宮貺④。西周早期（昭王）

（8）彀甗⑤：唯十又一月王命南宮伐豺方之年。西周早期（昭王）

（9）伯簋（伯作南宮簋）⑥：伯作南宮簋。西周早期（昭王）

（10）柞伯簋：王命南宮率王多士。西周早期（昭王）

（11）南宮柳鼎⑦：武公右南宮柳即位中廷，北嚮。西周晚期（夷王）

（12）南宮乎鐘⑧：司徒南宮乎……先祖南公、亞祖公仲必父之家……用作朕皇祖南公、亞祖公仲……西周晚期（宣王）

（13）善夫山鼎⑨：南宮乎入右膳夫山。西周晚期（宣王）

（14）南公有司䵼鼎⑩：南公有司䵼作尊鼎。西周晚期（宣王）

（15）吳王姬鼎⑪：吳王姬作南宮史叔飤鼎。西周晚期（宣王）

（16）䣙觶⑫：䣙作父己寶尊彝，南宮。西周中期前段

（17）南姬爵⑬：南姬作公寶彝。西周早期前段

---

① 集成5.2751、2752；《銘圖》（第5卷），第172～175頁第02383、02384號。

② 集成12.6514；《銘圖》（第19卷），第474頁第10658號。

③ 李學勤：《盤龍城與商朝的南土》，《文物》1976年第2期，後輯入氏著《新出青銅器研究（增訂版）》，人民美術出版社，2016年。

④ "曾""騂"的改釋及重新斷句參見黃錦前：《曾國始封的新證據——重讀太保玉戈銘》，未刊稿。

⑤ 孫慶偉：《從新出彀甗看昭王南征與晉侯燮父》，《文物》2007年第1期，圖二；《銘圖》（第7卷），第250～252頁第03363號。

⑥ 集成6.3499；《銘圖》（第8卷），第432頁第04177號。

⑦ 集成5.2805；《銘圖》（第5卷），第316頁第02463號。

⑧ 集成1.181；《銘圖》（第28卷），第383～386頁第15495號。

⑨ 集成5.2825；《銘圖》（第5卷），第369、370頁第02490號。

⑩ 集成5.2631；《銘圖》（第4卷），第448頁第02230號。

⑪ 集成5.2600；《銘圖》（第4卷），第385、386頁第02187號。

⑫ 集成12.6504；《銘圖》（第19卷），第461頁第10646號。

⑬ 首陽齋、上海博物館、香港中文大學文物館：《首陽吉金——胡盈瑩、范季融藏中國古代青銅器》，上海古籍出版社，2008年，第68～71頁21；《銘圖》（第17卷），第78～81頁第08527、08528號。

（18）南姬盂①：南姬作彝。西周早期前段

（19）南宫姬鼎②：南宫姬作寶尊鼎。西周早期後段

（20）㑋季簋（南宫姬簋）③：蓋銘：南宫姬作寶尊。西周早期後段

（21）南宫倗姬簋④：南宫倗姬自作寶尊旅簋。西周中期前段

我曾有小文對西周時期的"南宫"及有關問題加以討論。據現有材料，"南宫"或指具體的人，或作氏稱⑤，也比較清楚。

南宫與南公關係密切，上揭黄鳳春、于薇二文皆同意李學勤説⑥，認爲即歷史上赫赫有名的南宫括，學者也多同意此説。不過，隨州文峰塔墓地M1出土的曾侯與編鐘⑦云"曾侯與曰：余稷之玄孫"，這句話想必大家印象都極深刻。曾侯與既自稱爲稷之後裔，按照南公爲南宫括之説，則南宫括應係周文王子。

且不論文獻記載南宫括係"文王四友"之一，我們知道，周文王即位後很長時間皆稱"西伯"，稱王是其去世前幾年的事，而據有關文獻記載可知，南宫括投奔西伯是在其稱王之前，因而此時也就不存在所謂從王室得氏的"南宫氏"的前提條件。因此，此説恐不能成立，南宫括之南宫氏與周王室的宗支南宫氏，二者當不可混同。再證以上揭曾侯與編鐘銘曾侯與云"余稷之玄孫"，則曾源自姬周，就更加確定。又西周晚期宣王時器南宫乎鐘"司徒南宫乎……先祖南公、亞祖公仲必父之家……用作朕皇祖南公、亞祖公仲……"，"南公"應即曾侯與編鐘及葉家山M111所出方座簋（M111：67）的"南公"，亦即首封曾侯，"公仲"爲其子。據相關銅器銘文繫聯，可知"公仲"爲姬周之後，第二代曾侯，同時在王朝任職，與召公奭之後、燕國貴族往來密切⑧。凡此可進一步證成曾侯與編鐘銘曾侯與云"余稷之玄孫"確非虚言，曾侯一支確係姬周之苗裔無疑。

或有學者提出，南宫括可能爲周王朝賜姓，此即所謂的"賜姓説"。雖然我們不

---

① 《銘圖》（第26卷），第96頁第14685號。

② 北京大學考古系商周組、山西省考古研究所：《天馬-曲村（1980—1989）》，科學出版社，2000年，第348頁圖五一二，4、5；《銘圖》（第3卷），第361、362頁第01698、01699號。

③ 《銘圖》（第9卷），第212頁第04464號。

④ 《銘圖》（第9卷），第349頁第04603號。

⑤ 黄錦前：《出土古文字資料所見西周時期的"南宫"及相關問題》，未刊稿。

⑥ 李學勤：《曾侯膔（與）編鐘銘文前半釋讀》，《江漢考古》2014年第4期；李學勤：《試説南公與南宫氏》，《出土文獻》（第六輯），中西書局，2015年。

⑦ 湖北省文物考古研究所、隨州市博物館：《隨州文峰塔M1（曾侯與墓）、M2發掘簡報》，《江漢考古》2014年第4期。

⑧ 黄錦前：《公仲考論》，《文物春秋》2017年第5期。

能武斷地說這是"莫須有"的事,但這也僅僅是一種猜想,至少目前還無從證實。

另外,曾侯與編鐘銘在追溯其先祖時說"伯适上帝,佐佑文武,撻殷之命,撫定天下",李學勤認爲"伯适"即《尚書·君奭》的"南宮括",《論語·微子》作"伯适"①。"伯适上帝,佐佑文武",與晉公䀇②"我皇祖唐公,膺受大命,左右武王"句可對照。《說文》:"适,疾也。从辵昏聲。讀與'括'同。""括"可訓法。在此或用作動詞,意即曾伯承上帝之命,以佐文王和武王③。若將"伯适"理解爲南宮括,則"伯适上帝"句就成了沒有謂語動詞的病句。

總之,要確定南宮括爲首封曾侯,就得承認其係周文王子,就必須要解釋清楚以上諸問題。

金文中未見"北宮",或以爲"北宮"係王居,或可能。

五

以上通過對西周金文中"西宮""東宮""南宮"有關材料的系統梳理,可以確定,葉家山所出西周康王時器曾伯爵"曾伯作西宮寶尊彝"的"西宮"必有所特指,即召公奭無疑;春秋中期曾大攻尹季怡戈"穆侯之子西宮之孫曾大工尹季怡之用"之"西宮"也應指召公奭。

通過以上討論也可知,"西宮"問題不僅關乎"南宮"、曾國的族源及早期歷史等重大問題,也是西周歷史考古研究的重要問題,"西宮"問題是關鍵,若得不到合理解決,很多西周歷史考古的重要問題便無法解決,或說不透徹。所以首先要以葉家山新出"西宮"銘文爲契機,弄清楚"西宮"問題,有了這個前提和定點,其他討論也就有了基礎。

小文所呈鄙見,掛一漏萬,不奢望能將有關問題徹底解決,唯希望能起到拋磚引玉的作用,引起大家對有關問題的重視和思考,爲真正徹底、圓滿地解決這一問題,作共同的努力。

附記:最近清理發現的M111所出半環形鉞上鑄有"太保"銘文,據器形和銘文字體,應爲成康時器,太保應即召公奭,從而進一步印證了小文有關論斷。

2018年9月20日

---

① 李學勤:《曾侯䑵(與)編鐘銘文前半釋讀》,《江漢考古》2014年第4期。
② 集成16.10342。
③ 黃錦前:《由葉家山M107所出"西宮"銘文談曾國的族源問題》,未刊稿。

第四章　歷史地理

再記：湖北隨州棗樹林墓地M169出土加嬭編鐘[①]"伯舌受命，帥禹之堵，有此南洍。余文王之孫子，穆之元子，之邦於曾"，"伯舌"即"伯适"，李學勤認爲即南宮括，應可信。鐘銘可進一步明確首封曾侯南公即南宮括，係文王子。據周王孫戈"周王孫季怡"、曾大攻尹戈"穆侯之子西宮之孫曾大工尹季怡"及加嬭編鐘"余文王之孫子，穆之元子"，"西宮"應與"周王""文王"係同人，指周文王，而非召公奭，應據改。詳拙文《加嬭編鐘及有關曾楚史事》（未刊稿）。

2019年7月22日

第二節　公仲考論

西周銅器銘文中常見"公仲"，本文擬對有關銅器銘文進行繫聯分析，探討公仲的身份。爲方便討論，先將有關諸器銘釋寫如下：

（1）南宮乎鐘[②]：司徒南宮乎作大林協鐘，兹鐘名曰無斁。先祖南公、亞祖公仲必父之家，天子其萬年眉壽，畯永保四方，配皇天。乎拜手稽首，敢對揚天子丕顯魯休，用作朕皇祖南公、亞祖公仲……西周晚期（宣王）

（2）南方追孝鼎[③]：南方追孝作公仲寶尊齍彝，子子孫永寶。西周早期（昭王）

（3）亳鼎[④]：公侯錫亳杞土、麋土、禀禾，穧禾，亳敢對公仲休，用作尊鼎。西周早期後段

（4）𦉢簋[⑤]：唯八月甲申，公仲在宗周，錫𦉢貝五朋，用作父辛尊彝，寓。西周早期後段

（5）脣觶[⑥]：乙丑，脣錫貝于公仲，用作寶尊彝。西周早期後段

---

① 湖北省文物考古研究所、北京大學考古文博學院、隨州市博物館、曾都區考古隊：《湖北隨州棗樹林墓地2019年發掘收穫》，《江漢考古》2019年第3期；郭長江、李曉楊、凡國棟、陳虎：《嬭加編鐘銘文的初步釋讀》，《江漢考古》2019年第3期。
② 集成1.181；《中國青銅器全集》編輯委員會：《中國青銅器全集》（第5卷），文物出版社，1996年，一八五；《銘圖》（第28卷），第383~386頁第15495號。
③ 《銘圖》（第4卷），第251頁第02073號。
④ 集成5.2654；《銘圖》（第4卷），第444頁第02226號。
⑤ 集成16.10581；《銘圖》（第10卷），第283頁第04950號。
⑥ 集成12.6509；《銘圖》（第19卷），第467頁第10652號。

（6）庶觶（公仲觶）①：乙丑，公仲錫庶貝十朋，庶用作寶尊彝。西周早期後段

（7）公仲俅簋②：公仲俅作公姊寶簋，其萬年用。西周早期（昭王）

下面進行分析。

首先，例（1）的南宮乎係周宣王時人，據銘文，他時任周王朝的司徒之職。據其本人追溯說，其先祖、亞祖分別係"南公"和"公仲必父"，"南公"應即見於湖北隨州文峰塔M1所出曾侯與編鐘（M1：3、M1：5）③及葉家山M111出土方座簋（M111：67）④的周初曾國的立國之君"南公"⑤。南宮乎爲南宮氏之人，他的先祖爲"南公"，可知其祖先應係南公後裔未隨其至南土就封而留在王朝任職者，這與康王時期大盂鼎⑥的器主盂的情形完全相同。銘文云"亞祖公仲"，可知"公仲"爲西周早期人，或即"南公"之後第二代曾侯。

例（2）南方追孝鼎銘曰"南方追孝作公仲寶尊𪊧彝"，按照一般的理解，"南方追孝"或係作器者，其實不然。"追孝"一詞兩周金文屢見，不過通常的格式多是"××作器，用追孝……"之類，而鮮有例外。但確有例外者，如史伯碩父鼎⑦"史伯碩父追孝于朕皇考釐仲、皇母泉女尊鼎"，或可證成以上推斷。因此，爲避免誤解，鼎銘或可斷讀作"南方追孝，作公仲寶尊𪊧彝，子子孫永寶"。"南方"係作器者，"南"係國族名，"方"爲其名。"公仲"應係其祖考。

鼎之年代，或斷爲西周中期前段⑧。該鼎直口，方唇，雙立耳，下腹傾垂，三柱足上粗下細。頸飾垂冠回首尾上卷的夔龍紋，以雲雷紋填地。這種形制和紋飾的鼎，屬王世民等《西周青銅器分期斷代研究》鼎的Ⅳ型3式⑨，年代較早者可早至西周早期後

---

① 集成12.6510；《銘圖》（第19卷），第468頁第10653號。
② 《保利藏金》編輯委員會：《保利藏金（續）——保利藝術博物館精品選》，嶺南美術出版社，2001年，第118~121頁。
③ 湖北省文物考古研究所、隨州市博物館：《隨州文峰塔M1（曾侯與墓）、M2發掘簡報》，《江漢考古》2014年第4期。
④ 黃鳳春、胡剛：《說西周金文中的"南公"——兼論隨州葉家山西周曾國墓地的族屬》，《江漢考古》2014年第2期。
⑤ 黃錦前：《出土古文字資料所見西周時期的"南宮"及相關問題》《由葉家山M107所出"西宮"銘文談曾國的族源問題》，未刊稿。
⑥ 集成5.2837。
⑦ 集成5.2777。
⑧ 《銘圖》（第4卷），第251頁第02073號。
⑨ 王世民、陳公柔、張長壽：《西周青銅器分期斷代研究》，文物出版社，1999年，第29~31頁。

段，如與此鼎形制相近的廠鼎①等。鼎銘部分文字如"公"字的寫法，明顯係西周早期風格。因此，南方應係西周早期後段或西周中期前段即昭穆時人。據年代及稱謂，鼎銘與南宮乎鐘的"公仲"應係同人。

傳世有一件妝嬰母簋②，銘作：

妝嬰母作南旁寶簋，子子孫孫其永寶用。

簋的年代一般定爲西周晚期③。該簋窄沿，方唇，下腹收斂，圈足沿外侈，有階。獸首雙耳，下有垂珥。通體飾瓦紋。屬王世民等《西周青銅器分期斷代研究》簋的Ⅰ型3式④。這種型式的簋，年代一般都在西周中期之前，較晚者也在恭王前後。該簋形制較爲罕見，目前缺乏形制近同而可明確對比的器物，但據其雙耳及垂珥的形制，大概不會晚到西周晚期，至遲也應在西周中期前段，甚至可能早到西周早期後段。從年代上來講，"南旁"很可能與南方追孝鼎的"南方"係同人。

例（3）亳鼎銘曰"公侯錫亳杞土、麋土、㮚禾，齔禾，亳敢對公仲休，用作尊鼎"，或將"公侯"與"公仲"視爲二人，分別指亳的族長和長輩⑤，恐非。據上下文和有關金文文例，這裏的"公侯"與"公仲"應係一人，"侯"係爵稱，"仲"爲排行。"公仲"又稱"公侯"，則印證了上述其爲第二代曾侯的判斷。

首封曾侯南公（南宮），我們曾據傳世的叔黽鼎⑥"叔黽肇作南宮寶尊"推定其卒於周康王時⑦。然則公仲當爲康昭時人，這與上揭有關公仲諸器年代皆爲西周早期後段到西周中期前段正相符合。

南方或南旁既爲公仲之後，亦即南宮氏，則其氏稱省作"南"，也就不難理解。

公仲爲曾侯，爲何又賜予亳"杞土、麋土、㮚禾、齔禾"呢？推測公仲不但任曾侯，還同時在王朝兼任職務，這在西周時期是很常見的現象，不贅述。

例（4）𠬝簋"公仲在宗周，錫𠬝貝五朋"，銘文特別提到公仲在宗周得賜貝，或

----

① 〔日〕林巳奈夫：《殷周時代青銅器の研究：殷周青銅器綜覽一》（圖版），吉川弘文館，1984年，第22頁鼎248；《銘圖》（第5卷），第107頁第02340號。

② 集成7.3845；《銘圖》（第10卷），第89頁第0802號。

③ 中國社會科學院考古研究所：《殷周金文集成》（第七册），中華書局，1987年，第13頁"銘文說明"；《銘圖》（第10卷），第89頁。

④ 王世民、陳公柔、張長壽：《西周青銅器分期斷代研究》，文物出版社，1999年，第58~67頁。

⑤ 吳鎮烽：《金文人名彙編》（修訂本），中華書局，2006年，第56、57頁。

⑥ 集成4.2342。

⑦ 黃錦前：《"宮伯""西宮"考——兼談召公諸子銅器》，未刊稿。

可印證上述公仲同時在王朝兼職的推測。

例（5）䣄觶"䣄錫貝于公仲"，例（6）庶觶（公仲觶）"公仲錫庶貝十朋"，此二觶係1974年北京房山琉璃河西周墓地M251出土（M251：8、M251：9）[①]，器主或係燕國貴族。二者的"公仲"應係一人，當無問題。據年代看，"公仲"或即𦔪簋及南宮乎鐘等的"公仲"。公仲爲周文王子南宮之子，與召公之後燕國貴族爲宗親，故其作爲王朝大臣，賞賜召公之後貝等物，也很好理解。

例（7）公仲洮簋的年代過去一般定爲西周中期前段[②]，據其銘文字體尤其是"公"等字寫法看應係西周早期後段約昭王時器。簋銘"公仲洮作公姊寶簋"，從年代看，"公仲"與上揭諸公仲應係同人。或謂"公姊"爲公仲洮的姐姐[③]，或可從。

綜上，通過對有關銅器銘文的繫聯和分析，可知"公仲"應係康昭時人，係"南公"子、第二代曾侯，同時在王朝兼任卿士，故又稱"公侯"。南方係其子，昭穆時人。

附記：2013年，隨州葉家山M111出土一件犺簋（M111：67，黃鳳春、胡剛：《說西周金文中的"南公"——兼論隨州葉家山西周曾國墓地的族屬》，《江漢考古》2014年第2期）和2件曾侯犺簋（M111：59，M111：60，湖北省博物館、湖北省文物考古研究所、隨州市博物館：《隨州葉家山——西周早期曾國墓地》，文物出版社，2013年，第124、125頁），銘文分別作"犺作剌考南公寶尊彝""曾侯犺作寶尊彝"，可見曾侯犺即第二代曾侯，亦即本文所討論的公仲。在曾侯犺之前，還有曾侯伯生，爲曾侯犺之侄，爲第二任曾侯，是曾侯犺爲第三任曾侯，詳黃錦前：《西周早期曾侯世系與葉家山三座大墓的年代和墓主》，《南方文物》2020年第2期。

2017年5月2日

[①] 北京市文物研究所：《琉璃河西周燕國墓地（1973—1977）》，文物出版社，1995年，圖版壹佰肆拾柒；圖版陸拾伍，2、3；第173頁圖一○三，2～5。

[②] 《保利藏金》編輯委員會：《保利藏金（續）——保利藝術博物館精品選》，嶺南美術出版社，2001年，第118～121頁。

[③] 《保利藏金》編輯委員會：《保利藏金（續）——保利藝術博物館精品選》，嶺南美術出版社，2001年，第118～121頁。

第三節　曾仲考論

1976年湖北隨縣溳陽鰱魚嘴（今屬隨州市曾都區淅河鎮）出土一件曾仲之孫戈[①]，銘曰：

曾仲之孫不叡用戈。

戈援平伸，有中脊，中胡，闌側一小穿、二長穿，內上有一橫穿，後部飾勾連紋。年代應係春秋中期，或定爲春秋早期[②]，當偏早。

器主自稱"曾仲之孫"，係東周時期南方地區銅器銘文中常見的標示閥閲[③]，據有關同類材料來看，曾仲應爲曾國公室，係器主祖先中聲名顯著者，因而後人以其標示閥閲。其主要活動年代應不晚於春秋早中期，即係春秋早中期人。

春秋時期銅器銘文中稱"曾仲"者還有以下各例：

（1）曾仲盤[④]：曾仲自作旅盤，子子孫孫永寳用之。春秋早期
（2）曾仲子敔鼎[⑤]：曾仲子敔用吉金自作寳鼎，子孫永用享。春秋早期
（3）曾侯仲子遊父鼎[⑥]：曾侯仲子遊父自作羞彝。春秋早期
（4）曾仲斿父鋪[⑦]：曾仲斿父自作寳鋪。春秋早期

[①] 曾昭岷、李瑾：《曾國和曾國銅器綜考》，《江漢考古》1980年第1期，圖一；集成17.11254；湖北省文物考古研究所：《曾國青銅器》，文物出版社，2007年，第384頁。
[②] 中國社會科學院考古研究所：《殷周金文集成》（第十七册），中華書局，1992年，第72頁"銘文説明"。
[③] 黄錦前：《東周時期南方地區"閥閲類"銅器銘文試析》，《華夏文明》2020年第3期。
[④] 集成16.10097；湖北省文物考古研究所：《曾國青銅器》，文物出版社，2007年，第444頁。
[⑤] 襄樊市文物管理處：《湖北襄樊揀選的商周青銅器》，《文物》1982年第9期，圖三；集成5.2564；湖北省文物考古研究所：《曾國青銅器》，文物出版社，2007年，第425～427頁。
[⑥] 集成4.2423、2424；湖北省文物考古研究所：《曾國青銅器》，文物出版社，2007年，第11～17頁。
[⑦] 集成9.4673、4674；《中國青銅器全集》編輯委員會：《中國青銅器全集》（第10卷），文物出版社，1998年，一〇三；湖北省文物考古研究所：《曾國青銅器》，文物出版社，2007年，第30～32頁。

（5）曾仲斿父方壺①：曾仲斿父用吉金，自作寶尊壺。春秋早期

（6）曾仲大父螽簠②：唯五月既生霸庚申，曾仲大父螽廼用吉鑒，敓鏐③金，用自作寶簠，螽其用追孝于其皇考，用錫眉壽黃耈令終，其萬年子子孫孫永寶用享。春秋早期

（7）曾子仲謱甗④：唯曾子仲謱用其吉金，自作旅甗，子子孫孫其永用之。春秋早期

（8）曾子仲謱鼎⑤：唯曾子仲謱用其吉金，自作鱻彝，子子孫孫其永用之。春秋早期

（9）曾子仲宣喪鼎⑥：曾子仲宣喪用其吉金，自作寶鼎，宣喪用饔其諸父、諸兄，其萬年無疆子子孫孫永寶用享。春秋早期

（10）曾仲壴鼎⑦：唯王正月吉日庚申，曾仲壴擇其吉金，自作飤繁，其永用之。春秋中期

（11）曾仲壴鬲⑧：曾仲壴自作鬲鬲，其永用之。春秋中期

（12）曾仲壴簠⑨：唯王正月吉日庚申，曾仲壴擇其吉金，自作薦簠，其永寶用之。春秋中期

（13）曾仲壴簠⑩：唯王正月吉日庚申，曾仲壴擇其吉金，自作飤簠，其

---

① 《無產階級文化大革命期間出土文物展覽簡介》，《文物》1972年第1期，圖版伍、圖版陸；集成15.9628、9629；《中國青銅器全集》編輯委員會：《中國青銅器全集》（第10卷），文物出版社，1998年，一〇四；湖北省文物考古研究所：《曾國青銅器》，文物出版社，2007年，第33~38頁。

② 鄂兵：《湖北隨縣發現曾國銅器》，《文物》1973年第5期，圖九；集成8.4203、4204；湖北省文物考古研究所：《曾國青銅器》，文物出版社，2007年，第168~172頁。

③ 此句文字改釋及重新斷讀詳參黃錦前：《曾伯克父諸器析論》，《出土文獻研究》（第18輯），中西書局，2019年。

④ 鄭傑祥：《河南新野發現的曾國銅器》，《文物》1973年第5期，圖二；集成3.943；湖北省文物考古研究所：《曾國青銅器》，文物出版社，2007年，第54頁。

⑤ 湖北省博物館：《湖北棗陽縣發現曾國墓葬》，《考古》1975年第4期，圖三，1；集成5.2620；湖北省文物考古研究所：《曾國青銅器》，文物出版社，2007年，第53頁。

⑥ 集成5.2737；湖北省文物考古研究所：《曾國青銅器》，文物出版社，2007年，第438頁；黃錦前：《伯家父部簠國別析論——兼談曾子仲宣喪鼎與番君贏匜》，《紀念于省吾先生誕辰120周年姚孝遂先生誕辰90周年學術研討會論文集》，待刊。

⑦ 《銘圖》（第4卷），第481、482頁第02254號。

⑧ 《銘圖》（第6卷），第250、251頁第02862號。

⑨ 《銘圖》（第10卷），第399~407頁05029~05031號。

⑩ 《銘圖》（第13卷），第214~218頁第05930、05931號。

第四章　歷史地理　　　　　　　　　　　　　　　　　·135·

永用之。春秋中期

首先，（10）～（13）曾仲**塦**諸器年代爲春秋中期，似不早於曾仲之孫戈，因此曾仲**塦**係**丕**孰祖先的可能性當不大，故可排除。（6）曾仲大父䵼、（7）與（8）的曾子仲**諌**及（9）曾子仲宣喪等據銘文内容及稱謂等看，也看不出和**丕**孰有什麽明顯的聯繋，故亦可排除。下面着重要討論的是（1）曾仲盤的"曾仲"、（2）曾仲子敔鼎的"曾仲子敔"及（3）～（5）曾仲斿父諸器的"曾仲斿父"（曾侯仲子斿父）等。

曾仲盤係傳世器，原藏江都秦敦甫，現下落不明。其年代過去定爲西周晚期[①]，據銘文字體看應係春秋早期前段器。曾仲子敔鼎係1979年4月湖北襄樊市（今襄陽市）文物管理處從廢品公司揀選，據云係襄陽一帶出土。窄沿外折，淺腹，圜底，立耳，三蹄足。耳外側飾重環紋，頸飾無目竊曲紋，其下有一道絃紋，腹飾卷體夔龍紋。年代爲春秋早期前段。曾仲斿父諸器係1966年7月湖北京山坪壩鎮蘇家壟出土。鼎直口，平折沿，附耳，淺腹，三蹄足，腹部有一道箍棱。耳飾"S"形紋，頸飾無目竊曲紋，無地紋。鋪盤直壁，折沿，平底，束腰形高圈足。盤飾竊曲紋，圈足飾鏤空波曲紋。方壺呈橢方體，侈口，長頸，鼓腹，矮圈足外侈，頸兩側有一對獸首銜環耳，内插式蓋，蓋頂作盤口形，中透空，邊緣有蓮瓣形鏤空波曲紋裝飾。蓋外壁和頸部飾竊曲紋，上、下腹飾波曲紋，圈足飾垂鱗紋。年代均爲春秋早期前段。

曾侯仲子斿父鼎、曾仲斿父鋪及曾仲斿父方壺據銘文及同出情况可知應係同人之器無疑，鼎銘器主自稱"曾侯仲子斿父"，鋪及方壺則稱"曾仲斿父"，可知器主係"曾侯"之"仲子"，字"斿父"，"曾仲斿父"係其簡稱，"仲"係排行。

商周銅器銘文及傳世文獻常見"中子"，如《淮南子·道應》：

　　崇侯虎曰："周伯昌行仁義而善謀，太子發勇敢而不疑，中子旦恭儉而知時，若與之從，則不堪其殃。縱而赦之，身必危亡。冠雖弊，必加於頭。及未成，請圖之！"

又《逸周書·王會》：

　　西方東面正北方，伯父、中子次之。

[①] 中國社會科學院考古研究所：《殷周金文集成》（第十七册），中華書局，1992年，第36、37頁"銘文説明"。

孔晁注："中子，於王子中行者也。"王應麟云："中子，王之支子也。"[①]李學勤結合銅器銘文和歷史文獻，指出商末周初銘文中的"中子"爲支子[②]，其說可從。曾仲斿父諸器或稱"曾侯仲子遊父"，或稱"曾仲斿父"，"仲子"應指排行第二的兒子，即次子，而與金文及文獻中泛指支子的"中子"有別。

曾仲子敔鼎的"曾仲子敔"，對照有關文例如曾大攻尹戈[③]"穆侯之子、西宮之孫，曾大攻尹季怡"、雌盤[④]"蔡莊君之子子越之子雌"等，"子"應係美稱，"仲"爲排行，即器主爲"曾仲"，係曾侯"仲子"，名"敔"，而不能理解爲"曾仲"之子"敔"。結合曾仲斿父諸器年代等，曾仲子敔與曾仲斿父（曾侯仲子遊父）很可能係一人，"敔"爲其名，"斿父"係其字。同樣，曾仲盤的"曾仲"，很可能也是同一人。

曾侯仲子遊父鼎之"曾侯"，據研究當即上曾太子般殷鼎[⑤]的"上曾太子般殷"、曾子馭鼎[⑥]的"曾子馭"，二者係同人，"馭"爲其名，"般殷"爲其字，其身份爲曾國太子，後即位爲曾侯，即京山蘇家壟出土曾侯仲子斿父鼎、曾仲斿父鋪、曾仲斿父方壺等33件青銅禮器墓的墓主[⑦]。曾仲斿父（曾侯仲子遊父）爲其子，結合曾仲斿父本人所作有關銅器來看，其身份應較爲顯赫。另外，曾仲斿父壺係方壺，一般而言，方壺的等級較高，從這個角度來講，曾仲斿父身份之顯赫，也可見一斑。則其後人以其標示閥閱，也就不難理解。

總之，綜合分析有關古文字和考古資料，曾仲之孫戈的"曾仲"，很可能即京山蘇家壟所出曾仲斿父諸器的曾仲斿父（曾侯仲子遊父）、襄陽出土曾仲子敔鼎的"曾仲子敔"及傳世曾仲盤的"曾仲"，係曾侯般殷之仲子，即次子，名"敔"，字"斿父"。

---

① 黃懷興、張懋鎔、田旭東：《逸周書彙校集注》（修訂本），上海古籍出版社，2007年，第810頁。

② 李學勤：《長子、中子和別子》，《故宮博物院院刊》2001年第6期。

③ 集成17.11365。

④ 黃錦前：《雌盤考釋》，《考古與文物》2020年第1期。

⑤ 集成5.2750；臨朐縣文化館、濰坊地區文物管理委員會：《山東臨朐發現齊、鄩、曾諸國銅器國》，《文物》1983年第12期，圖版貳，3；第4頁圖一三。

⑥ 集成5.2757；湖北省文物考古研究所：《曾國青銅器》，文物出版社，2007年，第428、429頁。

⑦ 詳參黃錦前：《復議上曾太子般殷鼎國別及相關問題》《出土古文字資料所見曾侯世系》，未刊稿。

第四節　隨州文峰塔墓地出土曾侯編鐘 "穆穆曾侯" 及其他

一

2009年隨州文峰塔墓地M1出土的曾侯與編鐘（M1：1、M1：2）[①]銘曰：

> 唯王正月吉日甲午，曾侯與曰：伯适上庸，佐佑文武，達殷之命，撫定天下。王逝命南公，營宅汭土，君庇淮夷，臨有江夏。周室之既卑，吾用燮就楚。吳恃有眾庶，行亂，西征、南伐，乃加于楚。荆邦既㓷，而天命將誤。有嚴曾侯，業業厥聲，親敷武功，楚命是拯，復定楚王，曾侯之靈。穆穆曾侯，壯武畏忌，恭寅齋盟，代武之堵，懷燮四方。余申固楚成，整復曾疆。擇辝吉金，自作宗彝。和鐘鳴皇，用孝以享于辟皇祖，以祈眉壽、大命之長，其純德降余，萬世是常。

編鐘高大厚重，扁圓體，合瓦形，上窄下寬，銑邊有棱，八棱柱形甬，下粗上細，旋幹齊備，旋上有四個圓泡形突起，體正背面各有18個枚，鉦間和篆間以綯紋凸棱相隔。甬、旋、幹均飾浮雕狀細密的蟠虺紋，衡飾渦紋，舞部和篆間飾浮雕蟠螭紋，鼓部飾蟠龍紋，近口部有一鑲嵌紅銅的圓渦紋。形制、紋飾與安徽壽縣蔡侯墓、河南淅川下寺楚墓、湖北隨縣曾侯乙墓等出土的同類型編鐘[②]風格皆近似，年代亦應相當，應以定在春秋晚期後段爲宜。據鐘銘內容看，M1：1、M1：2記吳楚之戰吳師入郢之事，《左傳》定公四年載吳師入郢時在公元前506年，編鐘製作年代應晚於此。M1：1、M1：2銘文紀年曰"唯王正月吉日甲午"，李學勤認爲"吉日"即"朔日"[③]，查張培

---

① 湖北省文物考古研究所、隨州市博物館：《隨州文峰塔M1（曾侯與墓）、M2發掘簡報》，《江漢考古》2014年第4期，第15頁圖版二二；第17～25頁圖版二三～圖版三三，拓片三～拓片一三，摹本一～摹本六；第71頁圖一、圖二。

② 安徽省文物管理委員會、安徽省博物館：《壽縣蔡侯墓出土遺物》，科學出版社，1956年，圖版拾捌、圖版貳拾；河南省文物研究所、河南省丹江庫區考古發掘隊、淅川縣博物館：《淅川下寺春秋楚墓》，文物出版社，1991年，圖版五八～圖版六〇；湖北省博物館：《曾侯乙墓》，文物出版社，1989年，彩版四，圖版三七。

③ 李學勤：《由蔡侯墓青銅器看"初吉"和"吉日"》，《中國社會科學院研究生院學報》1998年第5期。

瑜《中國先秦史曆表》，公元前497年，周曆正月甲午朔①，與銘文吻合。M1：3紀年爲"唯王十月吉日庚午"②，查《中國先秦史曆表》可知，其制作年代可能爲公元前473年③。二者相差二十餘年④。

曾侯與器目前傳世和出土較多，除曾侯與編鐘外，還有：

（1）曾侯與鬲⑤：曾侯與之行鬲。
（2）曾子與簠⑥：曾子與之行簠。
（3）與簠⑦：與之行簠。
（4）曾子與缶⑧：曾子與之行缶。
（5）曾侯與浴缶⑨：曾侯與之浴缶。
（6）曾侯與壺⑩：曾侯與之尊壺。
（7）曾侯與盤（曾侯乙尊盤）⑪：曾侯與之尊（？）盤（？）。
（8）曾侯與編鐘（M1：3~M1：8）⑫：唯王十月〔吉〕日庚午，曾侯與曰：余稷之玄孫，穆（？）詰（？）敦敏（？），畏天之命，定猶曾

---

① 張培瑜：《中國先秦史曆表》，齊魯書社，1987年，第165頁。
② 《江漢考古》2014年第4期，第26~31頁圖版三四~圖版四二，拓片一四~拓片一八，摹本七~摹本一〇；第34頁拓片一九、拓片二〇，摹本一一、摹本一二；第36頁圖版五三，拓片二二；第39頁圖版五四~圖版五七；第40頁圖版五八~圖版六〇，拓片二三。
③ 張培瑜：《中國先秦史曆表》，齊魯書社，1987年，第171頁。
④ 黃錦前：《曾侯與編鐘銘文讀釋》，《中國國家博物館館刊》2017年第3期。
⑤ 《江漢考古》2014年第4期，第13頁圖版一九，拓片二。
⑥ 集成9.4488、4489；湖北省文物考古研究所：《曾國青銅器》，文物出版社，2007年，第373、374頁。
⑦ 集成9.4475；黃錦前：《新出兩件曾子鼎繹讀》，《上古漢語研究》（第三輯），商務印書館，2017年。
⑧ 集成16.9996；湖北省文物考古研究所：《曾國青銅器》，文物出版社，2007年，第375頁。
⑨ 馬俊才：《流沙疑塚》，中國國際廣播出版社，2010年，第179、180、186頁；"國家寶藏——慶祝河南博物院建院八十周年特展"，河南博物院，2007年12月。
⑩ 馬俊才：《流沙疑塚》，中國國際廣播出版社，2010年，第186頁；"國家寶藏——慶祝河南博物院建院八十周年特展"，河南博物院，2007年12月。
⑪ 湖北省博物館：《曾侯乙墓》，文物出版社，1989年，第228、229、231、234頁。
⑫ 《江漢考古》2014年第4期，第26~31頁圖版三四~圖版四二，拓片一四~拓片一八，摹本七~摹本一〇；第34頁拓片一九、拓片二〇，摹本一一、摹本一二；第35頁圖版四三~圖版四六；第36頁圖版四七~圖版四九；第37頁圖版五〇~圖版五二，拓片二一；第38頁圖版五三，拓片二二；第39頁圖版五四~圖版五七；第40頁圖版五八~圖版六〇，拓片二三。

土，恭寅齋盟。吾以祈眉壽……臨觀元洋，嘉樹華英。吾以及大夫，宴樂爰饗，進士備御，肅肅倉倉，余永用畯長，難老黃耇，彈終無疆。

（9）曾侯與編鐘（M1∶9、M1∶10）[①]：唯王□月吉日□□，……萬民其……有祀（？）是……保……

（10）曾侯與雙戈戟[②]：曾侯與之用戟。

（11）曾侯與三戈戟[③]：曾侯與之行戟。

劉彬徽曾指出，曾侯與盤銘與蔡侯申器格式相同，曾侯與的年代與蔡器相近而略晚，應屬春秋晚期[④]，或進一步指出約在春秋晚期後段[⑤]。據目前有關資料，曾侯與應係曾侯乙之父曾侯越的前一任曾侯[⑥]。文峰塔M1出土的曾侯與編鐘及曾侯與鬲皆有"曾侯與"之名，簡報據此結合該墓的規模及隨葬品規格等材料，推定其墓主爲曾侯與[⑦]，應可信。曾侯與的年代應與楚惠王大致相當。

曾侯與編鐘"吳恃有衆庶，行亂，西征、南伐，乃加于楚。荆邦既刜，而天命將誤。有嚴曾侯，業業厥謹，親敷武功，楚命是拯，復定楚王，曾侯之靈"，所謂"楚命是拯，復定楚王"，實即《左傳》等所載魯定公四年（公元前506年）吳師入郢，楚昭王奔隨，因受隨人保護纔倖免於難這段史事。《左傳》定公四年："冬，蔡侯、吳子、唐侯伐楚。舍舟于淮汭，自豫章與楚夾漢……五戰，及郢……庚辰，吳入郢，以班處宮……鬭辛與其弟巢以王奔隨。"清華簡《繫年》第十五章（簡82~84）："景平王即世，昭王即位。伍員爲吳太宰，是教吳人反楚邦之諸侯，以敗楚師于柏舉，遂入郢。昭王歸隨，與吳人戰于析。吳王子晨將起禍於吳，吳王闔盧乃歸，昭王焉復邦。"[⑧]所記與鐘銘皆可互相印證。然則鐘銘所云"有嚴曾侯，業業厥謹，親敷武功，楚命是拯，復定楚王"之曾侯，顯然應與楚昭王年代相當；下文"穆穆曾侯，壯武畏忌，恭寅齋盟，代武之堵，懷燮四方"等語，據上下文看，顯然還是表述這位曾侯的

---

① 《江漢考古》2014年第4期，第41頁圖版六一~圖版六三，拓片二四~拓片二六。
② 集成17.11178、11179。
③ 集成17.11180、11181；湖北省博物館：《曾侯乙墓》，文物出版社，1989年，第264、268頁。
④ 劉彬徽：《曾侯乙墓青銅禮器研究》，《湖北省考古學會論文選集》（一），《武漢大學學報》編輯部，1987年。
⑤ 黃錦前：《楚系銅器銘文研究》，安徽大學博士學位論文，2009年，第44頁。
⑥ 黃錦前：《出土古文字資料所見曾侯世系》，未刊稿。
⑦ 湖北省文物考古研究所、隨州市博物館：《隨州文峰塔M1（曾侯與墓）、M2發掘簡報》，《江漢考古》2014年第4期。
⑧ 清華大學出土文獻研究與保護中心編，李學勤主編：《清華大學藏戰國竹簡》（貳），中西書局，2011年，第80、81頁圖版，第170頁釋文。

武功。鐘銘接著說"余申固楚成,整復曾疆。擇辝吉金,自作宗彝……",所云即曾侯與本人,因此上文"親敷武功,楚命是拯,復定楚王"的"穆穆曾侯",應即曾侯與的前一任曾侯,與楚昭王年代大致相當,這與上文分析曾侯與應與楚惠王的年代大致相當也正吻合無間。

二

據研究,曾侯與的前一任曾侯應係曾侯炅[①]。曾侯炅見於曾侯炅戈及劍等:

(1)曾侯炅戈[②]:曾侯炅之用戈。
(2)曾侯炅劍[③]:曾侯子炅自作用劍。曾侯炅自作用之,吉玄鋁之劍。

曾侯炅戈共2件,其一係私人收藏,另一件係2001年襄樊(今襄陽市)梁老墳戰國墓(M11)出土,直援上揚,尖鋒有脊,中長胡,闌側有二長穿一小穿,內上有"T"形和圓穿各一,飾雙綫紋。曾侯炅劍原係紹興私人收藏,現藏武漢長江文明館。尖鋒有脊,前段收窄,窄格,劍首呈玉璧形。劍莖爲圓柱體,上有兩道箍棱。箍棱飾鑲嵌綠松石的雲雷紋(大部分脫落)。劍、戈年代皆爲春秋晚期,或定爲戰國早期,不確。

2011年9月發掘的隨州文峰塔曾國墓地M4又出土一件曾侯鐘(M4:016)[④],銘作:

……徇驕壯武,佐佑楚王,弗敢是黑。穆穆曾侯,畏忌溫恭,□□□□,頎□□命,以憂此鰥寡,綏遺彼無□,余……[⑤]

[①] 徐少華:《曾侯炅戈的年代及相關曾侯世系》,《古文字研究》(第30輯),中華書局,2014年;黃錦前:《出土古文字資料所見曾侯世系》,未刊稿。

[②] 曹錦炎:《鳥蟲書通考》(增訂版),上海辭書出版社,2014年,第430頁圖339,第431頁圖340;曹錦炎、吳毅強:《鳥蟲書字彙》,上海辭書出版社,2014年,第583頁圖三三九,第584頁圖三四〇;湖北省文物考古研究所:《曾國青銅器》,文物出版社,2007年,第388、389頁。

[③] 曹錦炎:《曾侯炅劍小考》,《中國考古學會第十三次年會論文集——三峽地區考古發現與研究暨紀念夏鼐先生誕辰100周年》,文物出版社,2011年,第273頁圖一;曹錦炎:《鳥蟲書通考》(增訂版),上海辭書出版社,2014年,第430頁圖338;曹錦炎、吳毅強:《鳥蟲書字彙》,上海辭書出版社,2014年,第582、583頁圖三三八。

[④] 湖北省文物考古研究所、隨州市博物館:《湖北隨州文峰塔墓地M4發掘簡報》,《江漢考古》2015年第1期。

[⑤] 《江漢考古》2015年第1期,第5頁拓片一、拓片二,第7頁圖版一,第8頁圖版二、圖版三,第9頁圖版四、圖版五,第10頁圖版六。

鐘體合瓦形，上窄下寬，細長甬呈八棱形，上細下粗，正背面各有長枚18個。鉦、篆之間以絢索凸棱相隔，甬體飾蟠虺紋，間以細密幾何紋；旋上飾四個渦紋，間飾幾何紋；幹、舞部及篆間均飾蟠虺紋，鼓部飾盤龍紋。與曾侯與編鐘形制紋飾均近，年代當相近，綜合有關同出材料看應在春秋晚期後段，略早於曾侯與諸器，墓葬年代也略早於M1即曾侯與墓。

M4因爲工程建設被破壞殆盡，僅存坑底，墓口東西殘長10.05、南北寬7.6米，現存墓底長8.2、寬7.3米。葬具腐朽，不詳，墓底所見複雜的墊木溝槽爲過去所未見，推測槨內原應分爲多室，屬大型墓，非一般貴族可以匹配。隨葬品殘存銅器16件，有禮器、兵器、車馬器及工具等，據編鐘和戈戟上的"曾侯"銘文，墓主應係曾侯[①]。綜合有關材料看墓主應即曾侯㠯。

曾侯鐘"徇驕壯武，佐佑楚王，弗救是嬰。穆穆曾侯，畏忌溫恭"，與曾侯與編鐘"有嚴曾侯，業業厥謹，親敷武功，楚命是拯，復定楚王，曾侯之靈。穆穆曾侯，壯武畏忌，恭寅齋盟，代武之堵，懷燮四方"等文句立意和措辭均接近，從這個角度來講，曾侯鐘與曾侯與編鐘的"穆穆曾侯"應指同人。

總之，文峰塔M1出土曾侯與編鐘及M4出土曾侯鐘的"穆穆曾侯"應係同人，即M4的墓主曾侯㠯。

三

1978年河南淅川下寺春秋楚墓出土的敬事天王鐘（M1：20～M1：28）[②]、1979年河南固始侯古堆一號墓所出"鄱子成周"編鐘（M1P：9～M1P：17）及□□□□編鎛（M1P：1～M1P：8）[③]，銘文分別作：

（1）敬事天王鐘：唯王正月初吉庚申，□□□□自作詠鈴，其眉壽無疆，敬事天王，至于父兄，以樂君子，江漢之陰陽，百歲之外，以之大行。

---

① 湖北省文物考古研究所、隨州市博物館：《湖北隨州文峰塔墓地M4發掘簡報》，《江漢考古》2015年第1期。

② 集成1.73～81；河南省文物研究所、河南省丹江庫區考古發掘隊、淅川縣博物館：《淅川下寺春秋楚墓》，文物出版社，1991年，第79～93頁圖版三四；圖版三五；圖版三六，1～3。

③ 固始侯古堆一號墓發掘組：《河南固始侯古堆一號墓發掘簡報》，《文物》1981年第1期。河南省文物考古研究所：《固始侯古堆一號墓》，大象出版社，2004年，第57頁圖五五；第59頁圖五七，1；第61頁圖五八，1；第62頁圖五九；第63頁圖六〇，1、2；第64頁圖六一，1、2；第65頁圖六二；第66頁圖六三，1、2；彩版二四、彩版二六；圖版二三、圖版二四、圖版二六、圖版二七。

（2）侯古堆編鐘：

A. 唯正月初吉丁亥，鄱子成周擇其吉金自作龢鐘，眉壽無期子子孫孫永保鼓之。（M1P：9、M1P：10、M1P：14、M1P：12）

B. 唯正月初吉丁亥，鄱子成周，余出自丞山，余城☐，兄父子孫，保此鐘鼓與楚，自作龢鐘，兼以☐（M1P：11、M1P：13）

C. 〔唯正月初吉丁亥，☐☐擇其吉金自作龢〕鐘，肅肅倉倉，嘉平元奏，孔樂父兄，萬年無期，☐☐參壽，其永鼓之，百歲外，遂以之遣①。（M1P：15、M1P：16、M1P：17）

（3）侯古堆☐☐鎛：唯正月初吉丁亥，☐☐擇其吉金自作龢鐘。肅肅倉倉，嘉平元奏，孔樂父兄，萬年無期，☐☐參壽，其永鼓之，百歲外，遂以之遣。

敬事天王鐘作器者名均被刮去，侯古堆鐘、鎛器主名亦皆被鏟去，其中M1P：9、M1P：11、M1P：13三件鐘再加刻"鄱子成周"之名。我曾撰小文，據以相關文例，從銘文內容、措辭及有關用語如"敬事天王""江漢之陰陽"等所體現的作器者身份及地理等信息，指出敬事天王鐘應係曾器，作器者爲春秋晚期前段的某一位曾侯，約與楚靈王年代相當，此套編鐘或即楚靈王時以戰爭途徑擄掠自曾人。據器物形制、紋飾、銘文字體及內容如"保此鐘鼓與楚""百歲外，遂以之遣"等，侯古堆編鐘和編鎛亦應係曾器，與敬事天王鐘爲同人所作，其來源亦同②。

楚靈王係楚共王子，楚康王之弟，楚平王的前一任楚王（其間又有初王，僅在位一個月），從年代上來講，侯古堆編鐘和編鎛及敬事天王鐘的這位與楚靈王年代相當的不知名的曾侯，應係曾侯昃的前一任曾侯（編案：應與楚靈年代相當，詳拙文《敬事天文鐘與侯古堆M1所出編鐘、編鎛爲曾器說》，《湖南省博物館館刊》（第十六輯），嶽麓書社，待刊）。

總之，春秋晚期的曾侯？、曾侯昃、曾侯與三位曾侯，分別與楚靈王、楚平王、楚昭王及楚惠王等時代與在位時間大致相對應（楚惠王在位時間較長，下及曾侯與之後的曾侯越及曾侯乙，至戰國早期）。

綜上所述，據考古資料、器物年代及銅器銘文，可知隨州文峰塔墓地M1、M4出

---

① 黄錦前：《固始侯古堆M1鐘鎛"百歲外，遂以之遣"與敬事天王鐘"百歲之外，以之大行"試解》，未刊稿。

② 黄錦前：《敬事天王鐘與侯古堆M1所出編鐘、編鎛爲曾器說》，《湖南省博物館館刊》（第十六輯），嶽麓書社，待刊。

土曾侯與編鐘及曾侯鐘的"穆穆曾侯"應係同人,即M4的墓主曾侯㬮,他曾"親敷武功,楚命是拯,復定楚王"。固始侯古堆一號墓所出編鐘和編鎛及淅川下寺楚墓出土敬事天王鐘的那位與楚靈王年代相當的不知名的曾侯,應係曾侯㬮的前一任曾侯。春秋晚期的曾侯?、曾侯㬮、曾侯與等三位曾侯,分別與楚靈王、楚平王、楚昭王及楚惠王等年代與在位時間大致相對應。

附記:發掘者據文峰塔墓地的佈局情況、M4出土曾侯殘戈等器物形制、M4與周鄰相關墓葬如東風油庫M3出土器物的關係等推定文峰塔M4的墓主爲曾侯越(方勤:《隨州文峰塔M4墓主人為曾侯㹂小考》,《曾國考古發現與研究》,科學出版社,2018年;黃鳳春:《曾侯世系編年的初步研究》,"曾侯乙編鐘出土四十周年學術研討會"論文,湖北省博物館、湖北省文物考古研究所,隨州,2018年8月26~28日)。文峰塔M4的年代據有關同出材料應以定在春秋晚期後段爲宜,曾侯越的年代下限據出土銅器銘文看應在戰國早期,因此該墓也就不可能是曾侯越之墓,從年代和墓主身份來看,M4的墓主祇能是曾侯㬮。詳拙文《再論"穆穆曾侯"及隨州文峰塔M4的墓主》(《文物春秋》待刊)。

2018年8月6日

第五節　從棗陽郭家廟墓地的發掘看楚王熊章鐘鎛的"西陽"

宋代安陸(今湖北省安陸市)出土有2件楚王酓章鐘[①](《薛氏》云:"得之安陸。"),銘文分別作:

> 唯王五十又六祀,返自西陽,楚王酓章作曾侯乙宗彝,奠之于西陽,其永持用享,穆啇,啇。
> 作曾侯乙宗彝,奠之于西陽,其永持用享,少羽反,宮反。

無獨有偶,1978年湖北隨縣擂鼓墩(今屬隨州市曾都區)曾侯乙墓出土一件楚王酓章鎛(c65下2:6)[②],銘作:

---

① 集成1.83、84。
② 集成1.85;《中國青銅器全集》編輯委員會:《中國青銅器全集》(第10卷),文物出版社,1998年,一五八。

唯王五十又六祀，返自西陽，楚王酓章作曾侯乙宗彝，奠之于西陽，其永持用享。

與宋代出土的鐘銘基本相同。據銘文，鐘、鎛的年代爲楚惠王五十六年，即公元前433年，亦即曾侯乙之逝年，作器者爲楚惠王酓章。

鐘、鎛皆云"返自西陽""酓章作曾侯乙宗彝，奠之于西陽"，可見"西陽"爲地名。"奠"謂置祭品祭祀鬼神或亡靈。《詩·召南·采蘋》："于以奠之，宗室牖下。"毛傳："奠，置也。"《禮記·檀弓下》："奠以素器，以生者有哀素之心也。"孔穎達疏："奠謂始死至葬之時祭名。以其時無尸，奠置於地，故謂之奠也。"莒小子簋①"作厥文考奠簋"等亦可證。楚王酓章既將爲曾侯乙所作"宗彝"即鐘、鎛等"奠之于西陽"，可見西陽當有曾侯乙及其先人宗廟，換言之，西陽應爲當時或稍早時候曾國都城所在。西陽的地望，劉節認爲在今河南光山一帶②，屈萬里認爲在今湖北襄陽境內③，張昌平認爲在隨州安居一帶④。究竟孰是孰非，抑或皆非，下面進行分析。

據目前的考古材料看，兩周時期的曾國，至少曾在湖北隨州、棗陽及京山一帶建都。上述據楚王酓章鐘、鎛銘可知曾侯乙的宗廟在西陽，而曾侯乙墓在隨州⑤，西陽和隨州顯非一地，所以隨州應該首先應予以排除。曾侯乙的宗廟在西陽，其墓卻在隨州，可見西陽距離隨州應不太遠，否則從情理和事實來講，可能性皆不大。就距離而言，光山離隨州有250千米左右，而考古發現有春秋早期前段曾國公室墓地的棗陽一帶，距離隨州葉家山卻不足60千米，因而可能性更大。再者，光山一帶雖在西漢時期置西陽國（《漢書·地理志》），但迄今尚未發現有與春秋早期曾國有關的遺存和遺跡，即便將來有所發現，也與上述棗陽一帶距離隨州較近且有春秋早期曾國公室墓地及政治中心所在等不能相比擬。另外，光山寶相寺一帶，1983年曾發現黃君孟夫婦墓⑥，表明該地在春秋早期應係黃國的疆域範圍，而與曾國無涉。《左傳》僖公十二年："黃人恃諸侯之睦于齊也，不共楚職，曰：'自郢及我九百里，焉能害我？'

---

① 集成7.4036、4037。
② 劉節：《壽縣所出楚器考釋》，《古史考存》，人民出版社，1958年。
③ 屈萬里：《曾伯簠考釋》，《歷史語言研究所集刊》（第33本），歷史語言研究所，1962年。
④ 張昌平：《曾國青銅器研究》，文物出版社，2009年，第343、344頁。
⑤ 湖北省博物館：《曾侯乙墓》，文物出版社，1989年。
⑥ 河南信陽地區文管會、光山縣文管會：《春秋早期黃君孟夫婦墓發掘報告》，《考古》1984年第4期。

夏，楚滅黃。"魯僖公十二年（公元前648年），黃滅於楚，其地入楚。即使是就疆域範圍來講，春秋早期的曾國也不會到達光山一帶，遑論其作爲曾都了①。因此，春秋早期曾都在光山一帶的可能性基本可以排除，而棗陽更可能是春秋早期曾都所在，即楚王酓章鐘、鎛銘所云之"西陽"。

京山坪壩蘇家壟一帶過去曾發現高等級曾國墓葬②，目前大規模的考古發掘工作正在進行，據發掘情況看，該地在春秋早期後段可能曾作爲曾都。該地雖距離隨州亦不遠（70千米左右），但相對棗陽而言，一是年代略晚，二是墓地規模較小。綜合來看，其爲"西陽"的可能性似不大。

在京山之南，古有西江，即今之天門河。唐趙璘《因話錄·商下》："千羨萬羨西江水，曾向竟陵城下來。"竟陵即今天門，天門河流經城西。京山在西江之南，符合古人所謂水北爲陽的觀念，但西江得名較晚，因而京山一帶在春秋時期也不大可能是"西陽"。

總之，京山一帶作爲曾都"西陽"的可能性應可排除。

那麼剩下的就祇有棗陽最有可能是"西陽"。

棗陽一帶如熊集段營、郭家廟等地，歷年曾國銅器續有出土，近年在周臺、郭家廟等地考古發掘工作多有開展③。在郭家廟等地發現、發掘了大量的春秋早期曾國公室墓，部分墓葬等級較高，墓主可能爲曾侯一級。曹門灣墓區發現有長32.7米，葬車28輛的車坑，長9米，葬馬49匹以上的馬坑；郭家廟墓區出土有曾伯陭鉞等曾侯一級及曾太保等人的銅器，凡此皆表明該墓地的等級很高，應係以曾侯爲中心的曾國公室墓地。

---

① 詳參黃錦前：《考古發現所見曾國都城的變遷》，《考古學報》待刊。
② 湖北省博物館：《湖北京山發現曾國銅器》，《文物》1972年第2期；熊學兵：《京山縣發現一批西周青銅器》，《江漢考古》1983年第1期。
③ 湖北省博物館：《湖北棗陽縣發現曾國墓葬》，《考古》1975年第4期；田海峰：《湖北棗陽縣又發現曾國銅器》，《江漢考古》1983年第3期；徐正國：《棗陽東趙湖再次出土青銅器》，《江漢考古》1984年第1期；徐正國：《湖北棗陽市博物館收藏的幾件青銅器》，《文物》1994年第4期；襄樊市考古隊、湖北省文物考古研究所、湖北孝襄高速公路考古隊：《棗陽郭家廟曾國墓地》，科學出版社，2005年；湖北省文物考古研究所：《曾國青銅器》，文物出版社，2007年，第48~140頁；襄樊市文物考古研究所、棗陽市文物工作隊：《棗陽周臺遺址發掘報告》，《襄樊考古文集》（第一輯），科學出版社，2007年；方勤、胡剛：《棗陽郭家廟曾國墓地曹門灣墓區考古主要收穫》，《江漢考古》2015年第3期；長江文明館、湖北省博物館、湖北省文物考古研究所等：《穆穆曾侯——棗陽郭家廟曾國墓地》，文物出版社，2015年；棗陽市博物館考古隊、湖北荊州文物保護中心、襄陽市文物考古研究所：《湖北棗陽郭家廟墓地曹門灣墓區（2014）M10、M13、M22發掘簡報》，《江漢考古》2016年第5期；武漢大學歷史學院、湖北省文物考古研究所、湖北荊州文物保護中心等：《湖北棗陽郭家廟墓地曹門灣墓區（2015）M43發掘簡報》，《江漢考古》2016年第5期；湖北省文物考古研究所：《三苗與南土——湖北省文物考古研究所"十二五"期間重要考古收穫》，《江漢考古》編輯部，2016年。

种种迹象表明，枣阳吴店一带当系春秋早期前段曾国的政治中心即曾都所在[①]，亦即楚王酓章钟、镈所云之曾都"西阳"。

随州文峰塔曾国墓地[②]等考古发掘表明，春秋晚期至战国早期的曾都应在今随州一带。曾侯乙之时，曾都既然在今随州，那么曾侯乙亦当逝於此，而其宗庙却在"西阳"即今枣阳一带，这应与上述枣阳一带之前曾为曾都，曾侯乙先人宗庙在此有关。

《左传》定公六年："四月己丑，吴太子终纍败楚舟师，获潘子臣、小惟子及大夫七人。楚国大惕，惧亡。子期又以陵师败于繁扬。令尹子西喜曰：'乃今可为矣。'於是乎迁郢於鄀，而改纪其政，以定楚国。"楚昭王所迁之鄀，或认为在今湖北钟祥市西北南迁後的鄀国所在、汉晋鄀县[③]，或认为在宜城东南的汉水东岸[④]，或认为在宜城西南[⑤]，或认为在丹水中游以北的故鄀都商密、汉晋丹水县[⑥]。

钟祥说徐少华曾予以辨析[⑦]，可能性不大。宜城东南的汉水东岸说，如陈伟所云，吴师入郢，系溯淮水而上[⑧]，汉东地区正是兵锋所向[⑨]，当不确。至於商密说，目前也并无确据。

---

① 方勤：《郭家庙曾国墓地的性质》，《江汉考古》2016年第5期。

② 湖北省文物考古研究所：《湖北随州文峰塔墓地考古发掘的主要收获》，《江汉考古》2013年第1期；湖北省文物考古研究所、随州市博物馆：《随州文峰塔M1（曾侯與墓）、M2发掘简报》，《江汉考古》2014年第4期；湖北省文物考古研究所、随州市博物馆：《湖北随州市文峰塔东周墓地》，《考古》2014年第7期；湖北省文物考古研究所、随州市博物馆：《湖北随州文峰塔墓地M4发掘简报》，《江汉考古》2015年第1期；湖北省文物考古研究所：《三苗与南土——湖北省文物考古研究所"十二五"期间重要考古收获》，《江汉考古》编辑部，2016年。

③ 各家之说详参徐少华：《鄀国铜器及其历史地理研究》，《江汉考古》1987年第3期；徐少华：《古鄀国、鄀县及楚鄀都地望辨析》，《石泉先生九十诞辰纪念文集》，湖北人民出版社，2007年；陈伟：《岳麓秦简〈三十五年质日〉"箬乡"小考》，武汉大学简帛网，2011年4月4日，http://www.bsm.org.cn/show_article.php?id=1431。

④ 谭其骧主编：《中国历史地图集》（第一册），中国地图出版社，1982年，29-3054；谭其骧主编：《中国历史地图集》（第二册），中国地图出版社，1982年，11-1225、2246。

⑤ 赵平安：《〈楚居〉"爲郢"考》，《中国史研究》2012年第4期；牛鹏涛：《清华简〈楚居〉与"迁郢於鄀"考辨》，《深圳大学学报》（人文社会科学版）2013年第6期。

⑥ 徐少华：《古鄀国、鄀县及楚鄀都地望辨析》，《石泉先生九十诞辰纪念文集》，湖北人民出版社，2007年；胡刚：《有"鄀"铜器与鄀国历史新论》，《文物》2013年第4期。

⑦ 徐少华：《古鄀国、鄀县及楚鄀都地望辨析》，《石泉先生九十诞辰纪念文集》，湖北人民出版社，2007年。

⑧ 石泉：《从春秋吴师入郢之役看古代荆楚地理》，《古代荆楚地理新探》，武汉大学出版社，1988年。

⑨ 陈伟：《岳麓秦简〈三十五年质日〉"箬乡"小考》，武汉大学简帛网，2011年4月4日，http://www.bsm.org.cn/show_article.php?id=1431。

第四章　歷史地理　　　　　　　　　　　　　　　　　　　　　· 147 ·

清華簡《楚居》第12號簡①：

　　至昭王自乾溪之上徙居𡩻郢，𡩻郢徙居鄂郢，鄂郢徙襲爲郢。

"爲郢"趙平安云即《左傳》昭公十三年、《史記·楚世家》靈王十二年的"鄢"，在今湖北宜城西南，可對應1990年發掘的宜城郭家崗遺址。"爲"即鄢可以涵括郢，《楚居》的"爲"和《左傳》定公六年的"郢"相當②，大致可信。則昭王所遷之都應在今宜城西南。

又清華簡《楚居》第13號簡③：

　　至獻惠王自𡩻郢徙襲爲郢。

即楚惠王時又遷回"爲郢"即今宜城西南。楚王酓章鐘、鎛銘云楚惠王"返自西陽"，即自棗陽返回宜城，棗陽距宜城不過130千米左右，當日可往返。這也表明將"西陽"地望定在棗陽一帶較爲合適。

總之，據有關考古發現尤其是近年棗陽郭家廟墓地的發掘情況來看，楚王酓章鐘、鎛銘"西陽"的地望應在今湖北棗陽一帶無疑。

第六節　出土資料所見曾國疆域的分佈及變遷

姬姓曾國自周初成王時受封立國於南土④，至戰國中晚期最終滅於楚，歷經長達700餘年的歷史，其間都城曾多次遷徙⑤，其疆域分佈及變遷情況，同樣也值得重視和探討，這裏拟以考古出土資料尤其是近年的有關考古新發現爲基礎，對該問題進行分析討論。

關於曾國疆域的分佈和變遷，有這樣幾點值得注意：

---

① 清華大學出土文獻研究與保護中心編，李學勤主編：《清華大學藏戰國竹簡》（壹），中西書局，2010年，第122頁圖版，第181頁"釋文 注釋"。
② 趙平安：《〈楚居〉"爲郢"考》，《中國史研究》2012年第4期；牛鵬濤：《清華簡〈楚居〉與"遷郢於郢"考辨》，《深圳大學學報》（人文社會科學版）2013年第6期。
③ 清華大學出土文獻研究與保護中心編，李學勤主編：《清華大學藏戰國竹簡》（壹），中西書局，2010年，第123頁圖版，第181頁"釋文 注釋"。
④ 黃錦前：《曾侯與編鐘銘文讀釋》，《中國國家博物館館刊》2017年第3期。
⑤ 黃錦前：《考古發現所見曾國都城的變遷》，《考古學報》待刊。

一是曾侯與編鐘"王逝命南公，營宅汭土，君庇淮夷，臨有江夏"，所謂"縈宅汭土"，即在河流匯合處建都營邑，"臨有江夏"即江漢流域皆在其統治之下，可知早期曾國的疆域範圍，大致在以今隨州爲中心的淮水、漢水及江水匯合處，約北起今南陽南部、東入隨棗走廊、南至京山一帶。"臨有江夏"與敬事天王鐘"江漢之陰陽"可對讀，皆指曾國的疆域範圍。

二是據隨州安居羊子山鄂侯家族墓地的發掘來看，西周早期鄂國的政治中心應在今隨州安居一帶，與曾爲鄰。西周晚期的禹鼎①記載鄂侯馭方叛周，"王迺命西六師、殷八師曰：'翦伐鄂侯馭方，勿遺壽幼。'……唯西六師、殷八師伐鄂侯馭方，勿遺壽幼。雩禹以武公徒馭至于鄂，敦伐鄂，休，獲厥君馭方"，鄂因此被王師翦滅而不復存在，其地應入曾疆。

三是曾侯與編鐘"余申固楚成，整復曾疆"，所謂"整復曾疆"，即整頓、穩定曾國的邊疆，鐘銘是說曾侯與進一步鞏固與楚和平相處的政策，穩定曾國的疆域。由此可以窺見，曾國在春秋中晚期以來楚國不斷北上、東進開疆拓土的侵迫下，雖未遭吞併，但也受到一定程度的沖擊。

四是據曾國遺址、墓葬的分佈及青銅器的出土地點來看，比較集中者主要是在隨州、棗陽及京山一帶。從時代上來講，西周早期主要集中在隨州一帶；春秋早期主要集中在隨州、棗陽及京山等地，北起河南新野，南至湖北京山一帶；春秋中晚期則主要集中在隨州及其周圍一帶，可見此時曾國的疆域範圍已有明顯收縮，顯係不斷爲楚國所蠶食的結果。

下面便對以上幾點展開論述。

一

2009年湖北隨州文峰塔墓地M1出土的曾侯與編鐘②銘曰：

　　王逝命南公，營宅汭土，君庇淮夷，臨有江夏。

所謂"縈宅汭土"，即在河流匯合處建都營邑，"汭"當指下文的"淮"（淮水）、"江"（江水）及"夏"（漢水）之匯合處，即今隨州一帶。"臨有江夏"，即江漢

---

① 集成5.2833、2834。
② 湖北省文物考古研究所、隨州市博物館：《隨州文峰塔M1（曾侯與墓）、M2發掘簡報》，《江漢考古》2014年第4期。

流域皆在其統治之下。可知早期曾國的疆域範圍大致在以今隨州爲中心的淮水、漢水及江水匯合處，約北起今南陽南部、東入隨棗走廊、南至京山一帶[1]。

1978年河南淅川下寺春秋楚墓出土的敬事天王鐘（M1∶20～M1∶28）[2]銘曰：

  唯王正月初吉庚申，□□□□自作詠鈴，其眉壽無疆，敬事天王，至于父兄，以樂君子，江漢之陰陽，百歲之外，以之大行。

作器者名均被刮去，據銘文内容、文例及措辭如"敬事天王""江漢之陰陽"等所體現的作器者身份及地理等信息，此套編鐘應係曾器，"江漢之陰陽"應指江、漢流域一帶，與曾侯與編鐘"臨有江夏"可對讀，皆指曾國的疆域範圍[3]。

過去石泉、李學勤曾據20世紀60年代以來河南新野，湖北谷城、棗陽、隨州及京山一帶曾國銅器頻出的情況，指出從西周晚期到春秋早期以至中期，西起南陽盆地南部，東入隨棗走廊，包括走廊東南端鄰近地帶的漳河谷地，這一片廣大地區都曾是古代曾國人的活動範圍[4]，主要在湖北北部的漢水以東，以新野爲其北限[5]。對照新出古文字資料，所說近是。

2011～2013年先後進行過兩次大規模發掘的隨州葉家山墓地，共揭露面積8000餘平方米，發掘墓葬140座、馬坑7座，出土大批西周早期的銅、陶、玉、原始瓷器等珍

---

[1] 黄錦前：《曾侯與編鐘銘文讀釋》，《中國國家博物館館刊》2017年第3期。

[2] 集成1.73～81；河南省文物研究所、河南省丹江庫區考古發掘隊、淅川縣博物館：《淅川下寺春秋楚墓》，文物出版社，1991年，第79～93頁圖版三四；圖版三五；圖版三六，1～3。

[3] 黄錦前：《敬事天王鐘與侯古堆M1所出編鐘、編鎛爲曾器說》，《湖南省博物館館刊》（第十六輯），嶽麓書社，待刊。

[4] 石泉：《古代曾國——隨國地望初探》，《武漢大學學報》（哲學社會科學版）1979年第1期，後修訂稿輯入氏著《古代荆楚地理新探》，武漢大學出版社，1988年。

[5] 李學勤：《曾國之謎》，《光明日報》1978年10月4日，《文物與考古》副刊第92期，後輯入氏著《新出青銅器研究》（增訂版），人民美術出版社，2016年。

貴文物，至少可確定有三位曾侯的墓葬①。據發掘情況看，該地應係西周早期曾侯家族墓地。距離葉家山僅1千米的西花園和廟臺子遺址很可能即係西周早期的曾國都城所在。調查和發掘表明，廟臺子遺址由南北兩個高出周圍2～5米的臺地組成，面積近14萬平方米，在南北臺子四周及之間均有環壕連接，並發現有西周早期大型建築基址和遺存，種種跡象表明，該地應為西周早期曾國的政治中心②。

西周中期及晚期的曾國，目前銅器及考古資料皆缺，有關情況尚不清楚。

春秋早期，從目前的考古資料來看，曾都應在棗陽吳店一帶。棗陽一帶如熊集段營、郭家廟、周臺等地，考古發掘工作續有開展③。郭家廟墓地2002年、2014～2015年、2015～2016年先後進行過多次大規模發掘，共清理春秋早期墓葬137座、車坑3

---

① 黃鳳春、陳樹祥：《湖北隨州葉家山西周墓地考古發掘獲階段性重大成果》，《中國文物報》2011年10月12日，第4版；湖北省文物考古研究所、隨州市博物館：《湖北隨州葉家山M65發掘簡報》，《江漢考古》2011年第3期；湖北省文物考古研究所、隨州市博物館：《湖北隨州葉家山西周墓地發掘簡報》，《文物》2011年第11期；湖北省文物考古研究所、隨州市博物館：《湖北隨州市葉家山西周墓地》，《考古》2012年第7期；湖北省文物考古研究所、隨州市博物館：《隨州葉家山西周墓地第二次考古發掘的主要收穫》，《江漢考古》2013年第3期；湖北省文物考古研究所、隨州市博物館：《湖北隨州葉家山M28發掘報告》，《江漢考古》2013年第4期；湖北省文物考古研究所、隨州市博物館、出土文獻與中國古代文明研究協同創新中心：《湖北隨州葉家山M107發掘簡報》，《江漢考古》2016年第3期；湖北省博物館、湖北省文物考古研究所、隨州市博物館：《隨州葉家山——西周早期曾國墓地》，文物出版社，2013年（以下簡稱《葉家山》）；湖北省文物考古研究所：《三苗與南土——湖北省文物考古研究所"十二五"期間重要考古收獲》，《江漢考古》編輯部，2016年，第54～73頁。

② 湖北省文物考古研究所：《三苗與南土——湖北省文物考古研究所"十二五"期間重要考古收獲》，《江漢考古》編輯部，2016年，第106、107頁。

③ 湖北省博物館：《湖北棗陽縣發現曾國墓葬》，《考古》1975年第4期；田海峰：《湖北棗陽縣又發現曾國銅器》，《江漢考古》1983年第3期；徐正國：《棗陽東趙湖再次出土青銅器》，《江漢考古》1984年第1期；徐正國：《湖北棗陽市博物館收藏的幾件青銅器》，《文物》1994年第4期；襄樊市考古隊、湖北省文物考古研究所、湖北孝襄高速公路考古隊：《棗陽郭家廟曾國墓地》，科學出版社，2005年；湖北省文物考古研究所：《曾國青銅器》，文物出版社，2007年，第48～140頁；襄樊市文物考古研究所、棗陽市文物工作隊：《棗陽周臺遺址發掘報告》，《襄樊考古文集》（第一輯），科學出版社，2007年；方勤、胡剛：《棗陽郭家廟曾國墓地曹門灣墓區考古主要收穫》，《江漢考古》2015年第3期；長江文明館、湖北省博物館、湖北省文物考古研究所等：《穆穆曾侯——棗陽郭家廟曾國墓地》，文物出版社，2015年；湖北省文物考古研究所、湖北荊州文物保護中心、襄陽市文物考古研究所等：《湖北棗陽郭家廟墓地曹門灣墓區（2014）M10、M13、M22發掘簡報》，《江漢考古》2016年第5期；武漢大學歷史學院、湖北省文物考古研究所、湖北荊州文物保護中心等：《湖北棗陽郭家廟墓地曹門灣墓區（2015）M43發掘簡報》，《江漢考古》2016年第5期；湖北省文物考古研究所：《三苗與南土——湖北省文物考古研究所"十二五"期間重要考古收獲》，《江漢考古》編輯部，2016年，第74～85頁。

座、馬坑2座、車馬坑4座及戰國墓葬3座。該墓地發現、發掘了大量的春秋早期曾國公室墓，部分墓葬等級較高，墓主可能爲曾侯一級，如GM21，墓主應爲曾伯陭。曹門灣墓區發現有長32.7米，葬車28輛的車坑，長9米，葬馬49匹以上的馬坑。郭家廟墓區出土有曾伯陭鉞等曾侯一級及曾太保等人的銅器，凡此皆表明該墓地的等級很高，應係以曾侯爲中心的曾國公室墓地。種種跡象表明，棗陽吳店一帶當係春秋早期前段曾國的政治中心即曾都所在①，亦即楚王酓章鐘②、鎛③所云之曾都"西陽"④。

　　春秋早期後段左右，曾都又遷至今京山蘇家壟附近。京山蘇家壟一帶過去曾有高等級曾國墓葬發現⑤，近年勘探表明，該墓地可分爲蘇家壟和石家壟兩個墓區，共有墓葬110餘座，均爲中小型墓葬，目前大規模的考古發掘工作正在進行⑥。蘇家壟墓地有一些規模較大、等級較高的墓葬，從隨葬的青銅器來看應係侯墓，如20世紀60年代出土包括9鼎7簋在内的33件青銅禮器墓。最近發掘的M79出土有曾伯桼鼎、簋、簠等器，與傳世的曾伯桼簋器主係一人，墓主應即曾伯桼⑦。發掘情況表明，該地在春秋早期後段可能係曾都所在。

---

① 方勤：《郭家廟曾國墓地的性質》，《江漢考古》2016年第5期。

② 集成1.83、84。

③ 集成1.85。

④ 黄錦前：《從棗陽郭家廟、曹門灣墓地的發掘看楚王熊章鐘鎛的"西陽"》，《華中國學》2019年秋之卷，待刊。

⑤ 湖北省博物館：《湖北京山發現曾國銅器》，《文物》1972年第2期；熊學兵：《京山縣發現一批西周青銅器》，《江漢考古》1983年第1期；湖北省文物考古研究所：《曾國青銅器》，文物出版社，2007年，第2~47頁。

⑥ 湖北省文物考古研究所：《三苗與南土——湖北省文物考古研究所"十二五"期間重要考古收獲》，《江漢考古》編輯部，2016年，第86、87頁；方勤、胡長春、席奇峰等：《湖北京山蘇家壟遺址考古收獲》，《江漢考古》2017年第6期；湖北省文物考古研究所：《湖北京山蘇家壟發現曾國大型城邑遺址》，《中國文報》2018年2月23日，第5版；湖北省文物考古研究所：《湖北京山蘇家壟墓群M85發掘簡報》，《江漢考古》2018年第1期。

⑦ 黄錦前：《曾伯漆簋爲姬姓曾器申論》，未刊稿。

随州义地岗一带，20世纪70年代以来不断发现和出土曾国青铜器[1]，年代主要在春秋晚期。义地岗曾国墓地的年代自春秋中期延续到战国中期，据有关材料来看应系曾国高级贵族墓地。

文峰塔墓地位於义地岗墓地的东南部，2012年7月～2013年1月共发掘墓葬66座、车马坑2座、马坑1座，墓主包括曾侯與、曾侯丙及大司马、大工尹等高级贵族，年代为春秋晚期[2]，表明此处应是春秋晚期曾国公室墓地。

擂鼓墩墓群隔㴲水与义地岗墓地相望，1978年在墓群东南部的东团坡发现曾侯乙墓（擂鼓墩M1）[3]，下葬时间为公元前433年或稍後。1997年在距离东团坡仅100米的西团坡发现擂鼓墩M2，年代为战国中期，墓主为曾侯一级[4]。调查与勘探表明，擂鼓墩墓群南北延续1千米，发现擂鼓墩土冢、王家湾、蔡家包M14、王家包四个带封土墓葬，多数墓葬规模与曾侯乙墓接近[5]，应系曾侯一级墓葬，擂鼓墩墓群应系布局比较完

---

[1] 程欣人、刘彬徽：《古盠小议》，《江汉考古》1983年第1期；湖北省文物考古研究所：《曾国青铜器》，文物出版社，2007年，第294～301页；随县博物馆：《湖北随县城郊发现春秋墓葬和铜器》，《文物》1980年第1期；湖北省文物考古研究所：《曾国青铜器》，文物出版社，2007年，第302～323页；随州市博物馆：《随州东城区发现东周墓葬和青铜器》，《江汉考古》1989年第1期；湖北省文物考古研究所：《曾国青铜器》，文物出版社，2007年，第324～330页；王善才、王世振：《随州市东城区等地春秋战国墓》，《中国考古学年鉴（1991）》，文物出版社，1992年；湖北省文物考古研究所：《曾国青铜器》，文物出版社，2007年，第338～372页；湖北省文物考古研究所、随州市曾都区考古队、随州市博物馆：《湖北随州义地岗墓地曾国墓1994年发掘简报》，《文物》2008年第2期；随州市考古队：《湖北随州义地岗又出土青铜器》，《江汉考古》1994年第2期；湖北省文物考古研究所：《曾国青铜器》，文物出版社，2007年，第331～337页；湖北省文物考古研究所：《曾国青铜器》，文物出版社，2007年，第377～380页；湖北省文物考古研究所、随州市博物馆：《湖北随州义地岗曾公子去疾墓发掘简报》，《江汉考古》2012年第3期。

[2] 湖北省文物考古研究所：《湖北随州文峰塔墓地考古发掘的主要收获》，《江汉考古》2013年第1期；黄凤春、郭长江：《湖北随州文峰塔墓地发掘获重大发现》，《中国文物报》2013年5月24日，第8版；湖北省文物考古研究所、随州市博物馆：《随州文峰塔M1（曾侯與墓）、M2发掘简报》，《江汉考古》2014年第4期；湖北省文物考古研究所、随州市博物馆：《湖北随州市文峰塔东周墓地》，《考古》2014年第7期；湖北省文物考古研究所、随州市博物馆：《湖北随州文峰塔墓地M4发掘简报》，《江汉考古》2015年第1期；湖北省文物考古研究所：《三苗与南土——湖北省文物考古研究所"十二五"期间重要考古收获》，《江汉考古》编辑部，2016年，第90～105页。

[3] 湖北省博物馆：《曾侯乙墓》，文物出版社，1989年；湖北省文物考古研究所：《曾国青铜器》，文物出版社，2007年，第372～376页。

[4] 湖北省博物馆、随州市博物馆：《湖北随州擂鼓墩二号墓发掘简报》，《文物》1985年第1期；随州市博物馆：《随州擂鼓墩二号墓》，文物出版社，2008年。

[5] 湖北省文物考古研究所、随州市文物局：《湖北随州市擂鼓墩墓群的勘查与试掘》，《考古》2003年第9期。

整的戰國時期曾國國君陵園區①。

搖鼓墩附近的安居遺址，調查和勘探確定係一處城址，年代主要在春秋時期②。1988年，安居徐家嘴汪家灣發現春秋墓，出土曾都尹法簠、曾孫法鼎等有銘銅器③，器主曾都尹法係職掌都城管理的官員，證明安居一帶確爲曾都所在。

隨州義地崗、文峰塔、搖鼓墩及熊家老灣等曾國墓地的發現和發掘，合觀以近年盜掘的部分曾器，表明春秋中期或春秋早期末至戰國中期的曾都應在今隨州安居一帶，搖鼓墩、義地崗及文峰塔係與之相對應的曾侯及公室墓地④。

上述曾侯與編鐘"營宅汭土"即在淮水、漢水及江水匯合處即今隨州一帶立國，建都營邑，這與考古發現西周早期曾都在今隨州廟臺子一帶相吻合。春秋時期曾都曾遷徙至棗陽、京山，復又遷回隨州安居一帶，也與曾侯與編鐘所見曾國疆域範圍大致在約北起今南陽南部、東入隨棗走廊、南至京山一帶及文獻所謂"漢東之國隨爲大"（《左傳》桓公六年）等相吻合。總之，考古材料與曾侯與編鐘"營宅汭土，君庇淮夷，臨有江夏"，敬事天王鐘"江漢之陰陽"及傳世文獻等所云有關曾都及疆域分佈情況皆可互爲印證和補充。

二

近年隨州安居羊子山鄂國公室墓地的發掘⑤，表明西周早期鄂國的政治中心應在今隨州安居一帶，即與曾爲鄰。據禹鼎，西周晚期厲王時，鄂侯馭方叛周，"亦唯鄂侯馭方，率南淮夷、東夷，廣伐南國、東國，至于歷內。王迺命西六師、殷八師曰：'翦伐鄂侯馭方，勿遺壽幼。'……唯西六師、殷八師伐鄂侯馭方，勿遺壽幼。零禹以武公徒馭至于鄂，敦伐鄂，休，獲厥君馭方"，鄂國因而遭王師翦伐，自此覆滅。

鄂國滅亡後，周王朝在南陽盆地以姬姓宗親重新建立鄂國，近年發掘的南陽夏餉

---

① 張昌平：《關於搖鼓墩墓群》，《江漢考古》2007年第1期；湖北省文物考古研究所：《曾國青銅器》，文物出版社，2007年，第372頁。
② 張昌平：《安居周代城址的發現及其意義》，《中國文物報》1998年8月26日，第3版。
③ 隨州市博物館：《湖北隨州市安居鎮發現春秋曾國墓》，《江漢考古》1990年第1期；湖北省文物考古研究所：《曾國青銅器》，文物出版社，2007年，第262～269頁。
④ 黃錦前：《考古發現所見曾國都城的變遷》，《考古學報》待刊。
⑤ 隨州市博物館：《隨州出土文物精粹》，文物出版社，2009年；深圳市博物館、隨州市博物館：《禮樂漢東——湖北隨州出土周代青銅器精華》，文物出版社，2012年，第9～63頁。

鋪鄂國墓地即爲其遺存。夏餉鋪春秋早期鄂國公室墓地的發掘[①]，表明春秋早期的鄂應在南陽一帶[②]，原隨州一帶的鄂國故地應納入曾國的疆域範圍。夏餉鋪墓地出土的銅器銘文顯示，此鄂爲姬姓，係姬周宗親所重新分封，而非原來姞姓鄂國的遷徙和延續，禹鼎"翦伐鄂侯馭方，勿遺壽幼"，即鄂國被斬草除根當係實錄，而非虛言。

三

兩周時期，江漢流域主要有鄂、曾、楚及鄀等國實力較强，除曾國外，鄂、楚、鄧及鄀等皆爲姬周異姓國，周王朝將曾、應等宗親分封於南土，目的是爲了牽制鄂、楚等異姓諸侯。相對地近中原的應國來講，江漢地區的曾國是第一道防綫。據考古資料和銅器銘文，周初成康時期，在南土地區，楚國的實力相對較弱，至少還不足以與曾、鄂相抗衡[③]。康王以後，隨著楚人實力漸趨上升，與周王室之間的矛盾也逐漸擴大，昭王時，以至兵戎相見，昭王曾親自涉漢伐楚，其本人也因而溺死於漢水之中，京師畯尊[④]"王涉漢伐楚"、古本《竹書紀年》[⑤]"周昭王十六年，伐楚荆，涉漢，遇大兕""周昭王十九年，天大曀，雉兔皆震，喪六師於漢"、《左傳》僖公四年"昭王南征而不復"等，皆指此事。昭王以後，直至西周滅亡，王師曾多次伐楚，可以說與楚之間的戰爭不斷。處在雙方夾縫中的曾國，既要"敬事天王"（敬事天王鐘），又要"保……楚"（侯古堆編鐘[⑥]），與銅器銘文所見春秋時期同爲姬姓的蔡國，既要

---

① 崔本信、王偉、曾慶碩：《河南南陽夏餉鋪周代鄂國貴族墓地》，《2012中國重要考古發現》，文物出版社，2013年。
② 黃錦前：《楚系銅器銘文新研》，吉林大學博士後出站報告，2012年，第251~254頁。
③ 黃錦前：《茄子鼎銘文及其所反映的歷史》《鄂、曾、楚青銅器的最新發現及意義》，《楚系銅器銘文新研》，吉林大學博士後出站報告，2012年，第55~66、267頁。
④ 李學勤：《由新見青銅器看西周早期的鄂、曾、楚》，《文物》2010年第1期，圖一、圖二；《銘圖》（第21卷），第253、254頁第11784號。
⑤ 方詩銘、王修齡：《古本竹書紀年輯證》（修訂本），上海古籍出版社，2005年，第45頁。
⑥ 固始侯古堆一號墓發掘組：《河南固始侯古堆一號墓發掘簡報》，《文物》1981年第1期；河南省文物考古研究所：《固始侯古堆一號墓》，大象出版社，2004年，第61頁圖五八，1；第62頁圖五九；第63頁圖六〇，1、2；第64頁圖六一，1、2；第65頁圖六二；第66頁圖六三，1、2；彩版二六。

"肇佐天子"（蔡侯申尊①、蔡侯申盤②），又要"佐佑楚王"（蔡侯編鐘③、編鎛④）的境遇完全相同⑤。

據《左傳》等文獻記載，楚國曾在魯桓公六年（公元前706年）、魯桓公八年（公元前704年）、魯莊公四年（公元前690年）、魯僖公二十年（公元前640年），即楚武王、楚文王及楚成王時期，多次侵隨。楚武王時，楚人仍"不得志於漢東"（《左傳》桓公六年），但楚成王以後，"隨世服于楚，不通中國"（《左傳》哀公元年杜預注），成爲楚之附庸。此後的百餘年間，雙方基本維持了一段較長時間的和平關係，春秋中期楚共王時的隨仲嬭加鼎便是雙方通婚交好的證明⑥。

上揭淅川下寺春秋楚墓出土的敬事天王鐘係曾器，作器者爲春秋晚期前段的某一位曾侯，約與楚靈王年代相當，此套編鐘或即楚靈王時以戰爭途徑擄掠自曾人⑦。無獨有偶，1979年河南固始侯古堆一號墓出土"鄬子成周"編鐘（M1P：9～M1P：17）及□□□□編鎛（M1P：1～M1P：8）⑧各1套：

（1）編鐘：

A. 唯正月初吉丁亥，鄬子成周擇其吉金自作龢鐘，眉壽無期子子孫孫永保鼓之。（M1P：9、M1P：10、M1P：14、M1P：12）

B. 唯正月初吉丁亥，鄬子成周，余出自丞山，余城□，兄父子孫，保此鐘鼓與楚，自作龢鐘，兼以□（M1P：11、M1P：13）

C. 〔唯正月初吉丁亥，□□擇其吉金自作龢〕鐘，肅肅倉倉，嘉平元奏，孔樂父兄，萬年無期，□□參壽，其永鼓之，百歲外，遂以之遺。（M1P：15～M1P：17）

---

① 集成11.6010。
② 集成16.10171。
③ 集成1.210、211、216～218。
④ 集成1.219～222。
⑤ 黃錦前：《敬事天王鐘與侯古堆M1所出編鐘、編鎛爲曾器說》，《湖南省博物館館刊》（第十六輯），嶽麓書社，待刊。
⑥ 黃錦前：《隨仲嬭加鼎補說》，《江漢考古》2012年第2期。
⑦ 黃錦前：《敬事天王鐘與侯古堆M1所出編鐘、編鎛爲曾器說》，《湖南省博物館館刊》（第十六輯），嶽麓書社，待刊。
⑧ 固始侯古堆一號墓發掘組：《河南固始侯古堆一號墓發掘簡報》，《文物》1981年第1期；河南省文物考古研究所：《固始侯古堆一號墓》，大象出版社，2004年，第57頁圖五五；第59頁圖五七，1；第61頁圖五八，1；第62頁圖五九；第63頁圖六〇，1、2；第64頁圖六一，1、2；第65頁圖六二；第66頁圖六三，1、2；彩版二四、彩版二六；圖版二三、圖版二四、圖版二六、圖版二七。

（2）□□鎛：唯正月初吉丁亥，□□擇其吉金自作龢鐘。肅肅倉倉，嘉平元奏，孔樂父兄，萬年無期，□□參壽，其永鼓之，百歲外，遂以之遣。

鐘、鎛器主名亦皆被鏟去，其中M1P∶9、M1P∶11、M1P∶13三件鐘再加刻"鄱子成周"之名。據器物形制、紋飾、銘文字體及內容如"保此鐘鼓與楚""百歲外，遂以之遣"等，該套編鐘和編鎛亦應係曾器，與敬事天王鐘爲同人所作，來源與其亦同①。這表明，楚平王時很可能曾伐曾。

《左傳》定公四年："冬，蔡侯、吳子、唐侯伐楚……五戰，及郢……庚辰，吳入郢，以班處宮……鬬辛與其弟巢以王奔隨，吳人從之，謂隨人曰：'周之子孫在漢川者，楚實盡之。天誘其衷，致罰於楚，而君又竄之，周室何罪？君若顧報周室，施及寡人，以獎天衷，君之惠也。漢陽之田，君實有之。'"可見楚昭王時期，"漢陽諸姬"除曾國外，餘已盡爲楚所吞併。而且不但"漢陽諸姬"，江漢一帶的其他諸侯國，此時也盡入楚人彀中，曾國可謂碩果僅存。

清華簡《繫年》第十五章（簡82～84）也有與上揭《左傳》定公四年相關的記載："景平王即世，昭王即位。伍員爲吳太宰，是教吳人反楚邦之諸侯，以敗楚師于柏舉，遂入郢。昭王歸隨，與吳人戰于析。吳王子晨將起禍於吳，吳王闔廬乃歸，昭王焉復邦。"②所述皆即公元前506年吳師入郢，楚昭王奔隨，因受隨人保護纔倖免於難之事，即曾侯與編鐘所謂"楚命是爭（拯），復定楚王"，文獻所云"吳之人楚，昭王奔隨，隨人免之，卒復楚國，楚人德之"（《左傳》哀公元年杜預注）。正因爲如此，楚人與曾國結下了特殊的情誼。昭王奔隨以後，曾楚關係進入新的轉折，自此曾、楚世代交好，直至戰國中期後段曾最後滅於楚，似未曾發生過較大的摩擦，上述楚王酓章鐘、鎛云楚王"酓章作曾侯乙宗彝，奠之于西陽"，即係這段歷史的見證，曾侯與編鐘所謂"申固楚成"，說的也就是這段相對和平的歷史。

曾侯與編鐘"余申固楚成，整復曾疆"，所謂"整復曾疆"，即整頓、穩定曾國的邊疆，鐘銘是說曾侯與進一步鞏固與楚和平相處的政策，穩定曾國的疆域，其背景即如上文所分析。由此可以窺見，曾國在春秋中晚期以來楚國不斷北上、東進開疆拓土的侵迫下，因受昭王奔隨後曾楚之間形成的特殊情誼的影響，雖未遭吞併，但也受到一定程度的沖擊。

---

① 黃錦前：《敬事天王鐘與侯古堆M1所出編鐘、編鎛爲曾器說》，《湖南省博物館館刊》（第十六輯），嶽麓書社，待刊。

② 清華大學出土文獻研究與保護中心編，李學勤主編：《清華大學藏戰國竹簡》（貳），中西書局，2011年，第80、81頁圖版，第170頁釋文。

四

　　據曾國遺址、墓葬的分佈及青銅器的出土地點來看，比較集中者主要是在隨州、棗陽及京山一帶。從時代上來講，西周早期主要集中在隨州（葉家山）一帶。春秋早期的曾國青銅器主要集中在隨州、棗陽及京山等地，北起河南新野，南至湖北京山一帶。主要發現地點有河南新野[①]、棗陽郭家廟、隨州均川熊家老灣[②]、劉家崖[③]、何家台[④]、桃花坡[⑤]、周家崗[⑥]及京山蘇家壟等地。春秋中晚期則主要集中在隨州及其周圍一帶，主要發現地點有汪家灣[⑦]、義地崗、文峰塔及擂鼓墩等地。可見春秋中晚期以後，曾國的疆域範圍已有明顯收縮。

　　春秋以降，尤其是春秋中期以後，隨著楚國實力的上昇，北上、東進併國掠地、開疆拓土是其既定方略，曾國作爲楚國的國中之國，自然不可避免地要受其影響，春秋中晚期以後，曾國疆域範圍的大幅收縮顯係楚國不斷蠶食的結果。

　　綜上所述，據考古和出土文獻資料，姬姓曾國在周初成王時受封立國於南土，早期曾國的疆域範圍大致在以今隨州爲中心的淮水、漢水及江水匯合處，約北起今新野、東入隨棗走廊、南至京山一帶。厲王時期，與其鄰近的鄂國被王師翦滅，其地入曾，版圖進一步擴大。春秋中晚期以後，在楚國不斷北上、東進開疆拓土的侵迫下，雖未遭鯨吞，但不斷被蠶食，其疆域已明顯收縮至今隨州及其周圍一帶。

---

① 鄭杰祥：《河南新野發現的曾國銅器》，《文物》1973年第5期。

② 鄂兵：《湖北隨縣發現曾國銅器》，《文物》1973年第5期；湖北省文物考古研究所：《曾國青銅器》，文物出版社，2007年，第144～179頁。

③ 隨州市博物館：《湖北隨縣劉家崖發現古代青銅器》，《考古》1982年第2期；隨州市博物館：《隨州均川出土銘文青銅器》，《江漢考古》1986年第2期；湖北省文物考古研究所：《曾國青銅器》，文物出版社，2007年，第180～208頁。

④ 隨州市博物館：《湖北隨縣新發現古代青銅器》，《考古》1982年第2期；湖北省文物考古研究所：《曾國青銅器》，文物出版社，2007年，第209～229頁。

⑤ 隨州市博物館：《湖北隨縣安居出土青銅器》，《文物》1982年第12期；湖北省文物考古研究所：《曾國青銅器》，文物出版社，2007年，第231～261頁。

⑥ 隨州市博物館：《湖北隨縣發現商周青銅器》，《考古》1984年第6期；左得田：《隨州旭光磚瓦廠出土青銅器》，《江漢考古》1985年第1期；湖北省文物考古研究所：《曾國青銅器》，文物出版社，2007年，第271～292頁。

⑦ 隨州市博物館：《湖北隨州市安居鎮發現春秋曾國墓》，《江漢考古》1990年第1期；湖北省文物考古研究所：《曾國青銅器》，文物出版社，2007年，第262～269頁。

第七節　棗陽曹門灣M43出土銅器銘文及相關問題

2015年發掘的湖北棗陽曹門灣M43，其發掘簡報業已發表[①]（下文稱"簡報"），這裏擬對該墓出土的銅器銘文及相關問題進行討論。

一

該墓出土的青銅禮器共5件，包括鼎1、簠2件和盤、匜各1件，其中有銘文者如下：

（1）曾子彚鼎：曾子彚自作行鼎，其永祜福。
（2）曾太保發簠：唯曾太保發用其吉金，自作寶盉，用享。
（3）矢叔匜：唯九月初吉壬午，矢叔鞏父媵孟姬元女匜盤，其永壽用之。

曾子彚鼎（M43：8）侈口，寬沿外折，附耳，耳上各有兩個橫梁與口沿相連，淺腹，圜底，三蹄足，内面凹陷。頸飾無目竊曲紋和一道絃紋。與傳世的曾子伯誩鼎[②]、棗陽段營出土的曾子仲諆鼎[③]及2014年曹門灣M10出土的曾子澤鼎[④]形制、紋飾均近同，年代爲春秋早期前段。

鼎銘"曾子彚自作行鼎，其永祜福"，我曾有小文論述，這種自名爲"行器"、帶"（則/爾）永祜福"辭例者，皆有一定的時代和地域性，主要流行於春秋早期漢、淮流域的曾、黄等國，且往往是"行器"與"（則/爾）永祜福"並舉，而形成"××作/鑄行器，（則/爾）永祜福"這種較爲固定的結構[⑤]。鼎銘進一步豐富了有關材料，也印證了上述論斷。

曾太保發簠共2件（M43：3、M43：4），長方形斗狀，直口，折沿，斜壁，平

[①] 武漢大學歷史學院、湖北省文物考古研究所、湖北荊州文物保護中心等：《湖北棗陽郭家廟墓地曹門灣墓區（2015）M43發掘簡報》，《江漢考古》2016年第5期。
[②] 陳佩芬：《夏商周青銅器研究》（東周篇），上海古籍出版社，2004年，第22頁四四一；湖北省文物考古研究所：《曾國青銅器》，文物出版社，2007年，第435頁。
[③] 湖北省文物考古研究所：《曾國青銅器》，文物出版社，2007年，第52頁。
[④] 長江文明館、湖北省博物館、湖北省文物考古研究所等：《穆穆曾侯——棗陽郭家廟曾國墓地》，文物出版社，2015年，第140、141頁55。
[⑤] 黄錦前：《新出兩件曾子鼎繹讀》，《上古漢語研究》（第三輯），商務印書館，2019年。

底，兩短壁各有一龍形半環耳，圈足下沿有一道邊圈，每邊有門洞形缺，蓋則變器之方圈足爲四個對稱的龍形扉棱，餘造型和紋飾與器相同，蓋口有獸面形卡扣。四壁及圈足均飾無目竊曲紋。形制、紋飾與傳世的季宮父簠[①]及河南三門峽上村嶺虢國墓地出土的虢碩父簠（SG：062）[②]接近，年代爲春秋早期前段。但這種蓋上飾以扉棱的形式同類器形係首見，而常見於同時期中原地區的盨等器物上，故簡報認爲可能源自盨的啟發，或可能。

簠銘"盂"字作 ，從皿宇聲，當係"盂"之異構。東周銅器中的盞常自名爲"盂"或"盞盂"，如楚王酓審盞[③]、王子申盞盂蓋[④]等，鼎亦常自名爲"鬴（或作'盂'）""食鬴（或作'盂'）""饎釪鼎""鼎鬴"，如倗鼎[⑤]、彭子射盂鼎[⑥]、蔡侯申鬴鼎[⑦]、丁兒鼎蓋[⑧]、鈇侯之孫陳鼎[⑨]及宋君夫人鼎蓋[⑩]等，盞盂與鼎皆爲食器，《說文》："盂，飯器也。"《方言》："盂，宋楚魏之間或謂之盌。"《漢書·東方朔傳》："置守宮盂下。"顏師古注："盂，食器也。若盌而大，今之所謂盌盂也。"可見盂與鼎、盞及簠一樣，係食器。此器器形爲簠，而以功能類似的器物盂之名稱之，這種現象在銅器銘文中很常見，學者或稱之爲"連類相及"[⑪]或"相關替代"[⑫]現象。

---

① 《銘圖》（第13卷），第154頁第05889號。

② 河南省文物考古研究所、三門峽市文物工作隊：《三門峽虢國墓》（第一卷），文物出版社，1999年，彩版四八，1。

③ 劉雨、汪濤：《流散歐美殷周有銘青銅器集錄》，上海辭書出版社，2007年，第338頁。

④ 集成7.4054；9.4643。

⑤ 河南省文物研究所、河南省丹江庫區考古發掘隊、淅川縣博物館：《淅川下寺春秋楚墓》，文物出版社，1991年，第52、54、107、108頁；圖版二三，1；第107頁圖八七。

⑥ 南陽市文物考古研究所：《河南南陽春秋楚彭射墓發掘簡報》，《文物》2011年第3期，第10頁圖八；第7頁圖五，2。

⑦ 安徽省文物管理委員會、安徽省博物館：《壽縣蔡侯墓出土遺物》，科學出版社，1956年，第6頁圖版三。

⑧ 尹俊敏、劉富亭：《南陽市博物館藏兩周銘文銅器介紹》，《中原文物》1992年第2期；徐俊英：《南陽博物館徵集一件應國銅器》，《文物》1993年第3期，圖一。

⑨ 容庚：《商周彝器通考》（下冊），大通書局，1973年，圖97。

⑩ 〔宋〕呂大臨、趙九成：《考古圖》《續考古圖》《考古圖釋文》，中華書局，1987年，影印明程士莊泊如齋刻本，第18、19頁。

⑪ 張亞初：《對商周青銅盉的綜合研究》，《中國考古學研究——夏鼐先生考古五十年紀念論文集》（二集），科學出版社，1986年。

⑫ 趙平安：《銘文中值得注意的幾種用詞現象》，《古漢語研究》1993年第2期，後修訂輯入氏著《金文釋讀與文明探索》，上海古籍出版社，2011年。

簠銘末曰"用享"，金文中辭例類似者如：

（1）陽飤生匜[①]：陽飤生自作寶匜，用錫眉壽，用享。
（2）曾卿事梁鬲[②]：曾卿事梁自作薦鬲，用享。
（3）單㚿生鋪[③]：單㚿生作羞豆，用享。

陽飤生匜年代過去或定為西周晚期[④]。該匜前有寬流槽，後有獸首鋬，獸口銜匜沿，四夔形扁足。口沿下飾重環紋，腹飾瓦紋。同類形制和紋飾的器物目前所見甚夥，其年代應係春秋早期無疑。曾卿事梁鬲侈口，寬沿，折肩，分襠，三款足。頸飾簡化竊曲紋。形制、紋飾與湖北隨州桃花坡M2出土的變形竊曲紋鬲[⑤]皆同，與隨州何家台出土的重環紋鬲[⑥]、棗陽郭家廟M17出土的重環紋鬲[⑦]及伯毁鬲[⑧]等形制亦近同，當爲春秋早期前段器[⑨]。上揭三器，除單㚿生鋪外，曾卿事梁鬲爲曾器，陽飤生匜係棗陽杜家莊出土，係與曾相鄰近的南土姬姓唐國器[⑩]，因而也可從辭例角度佐證上述據器形、紋飾判定曾太保發簠爲春秋早期器的結論。

矢叔匜（M43：2），瓢形腹，長流槽上揚，卷尾龍形鋬，龍口銜沿，下有四夔龍形扁足。流口下飾一對分尾龍紋，器口下飾竊曲紋，腹飾瓦紋。與河南羅山高店出土的奚季寬車匜[⑪]、確山竹溝鎮出土的囂伯歌夷匜[⑫]及永城輪窯廠出土的鄭伯匜[⑬]等形制、紋飾近同，年代爲春秋早期前段。

---

① 集成16.10227；襄樊市博物館、谷城縣文化館：《襄樊市、谷城縣館藏青銅器》，《文物》1986年第4期，圖四。
② 《銘續》（第1卷），第331～334頁第0250、0251號。
③ 集成9.4672；陳夢家：《西周銅器斷代》，中華書局，2004年，第740頁141.2。
④ 如中國社會科學院考古研究所：《殷周金文集成》（第十五冊），中華書局，1993年，第52頁"銘文說明"。
⑤ 湖北省文物考古研究所：《曾國青銅器》，文物出版社，2007年，第258、259頁。
⑥ 湖北省文物考古研究所：《曾國青銅器》，文物出版社，2007年，第215～217頁。
⑦ 長江文明館、湖北省博物館、湖北省文物考古研究所等：《穆穆曾侯——棗陽郭家廟曾國墓地》，文物出版社，2015年，第50、51頁。
⑧ 湖北省文物考古研究所：《曾國青銅器》，文物出版社，2007年，第276、277頁。
⑨ 黃錦前：《續論曾卿事宣諸器》，《楚學論叢》（第九輯），湖北人民出版社，2019年。
⑩ 黃錦前：《新刊唐侯制隨夫人諸器及有關問題》，未刊稿。
⑪ 信陽地區文管會、羅山縣文化館：《羅山縣高店公社又發現一批春秋時期青銅器》，《中原文物》1981年第4期，圖版陸，2。
⑫ 夏麥陵：《囂伯匜斷代與豗之地望》，《考古》1993年第1期，第74頁圖二。
⑬ 李俊山：《永城出土西周宋國銅匜》，《中原文物》1990年第1期，圖一。

第四章　歷史地理　　　　　　　　　　　　　　　　　　　　·161·

匜銘器主名字作▨，从將从羊，應隸定作牂，陽部字，具體爲何字待考。"孟姬"係矢叔牂父之女，"元女"對照有關金文文例，如：

（1）晉公盞（晉公盆）①：作元女孟姬宗彝媵盞四盞。春秋晚期
（2）晉公盤②：作元女孟姬宗彝盤。春秋晚期
（3）媻盤③：余邡君之元女余賈侄及婦媻。春秋晚期

"元"當理解爲"美""善"，而非"長"義④。據銘文，矢係姬姓，簡報已有說，可從。上揭金文中稱"元女"者，或擴充至金文中稱"元子"（其中部分稱"元子"者實指女兒，如梁伯可忌豆⑤"梁伯可忌作厥元子仲姞媵敦"）者，其年代也多爲春秋時期⑥，可見這種習慣性的稱謂也有其時代性，或可爲器物斷代提供佐證。

銘文皆較簡單，不贅述。

二

下面討論有關問題。

先說曾太保之器。曾太保的器物，之前著錄有：

（1）曾大保簠⑦：曾大保嬭用吉金，自作寶簠，用享于其皇祖文考，子子孫孫永用之。
（2）曾大保盆⑧：曾大保𨟻叔亟用其吉金，自作旅盆，子子孫孫永用之。

---

① 集成16.10342。
② 《銘續》（第3卷），第308～312頁第0952號。
③ 湖北省文物考古研究所、隨州市博物館：《湖北隨州市文峰塔東周墓地》，《考古》2014年第7期，圖三三。
④ 黃錦前：《從封子楚簠"虢虢叔楚，剌之元子"談金文"疚子""敗子""元子"及相關語詞的訓釋》，未刊稿。
⑤ 張龍海：《山東臨淄出土一件有銘銅豆》，《考古》1990年第11期，圖二。
⑥ 詳參黃錦前：《從封子楚簠"虢虢叔楚，剌之元子"談金文"疚子""敗子""元子"及相關語詞的訓釋》，未刊稿。
⑦ 湖北省文物考古研究所：《曾國青銅器》，文物出版社，2007年，第279～283頁；陳偉武：《兩件新見曾銅器銘文考述》，《中山大學學報》（社會科學版）2009年第5期。
⑧ 集成16.10336；湖北省文物考古研究所：《曾國青銅器》，文物出版社，2007年，第416～418頁。

（3）曾大保慶盆①：曾大保慶用作寶盆。

我曾有小文論證這幾件器物的年代皆在春秋初期，2件曾大保盆的器主曾大保䜌叔亟與曾大保慶當係一人，"䜌"與"慶"係一字之異體，"慶"爲其名，"叔亟"係其字。"慶"與"嘉"音相近、義相因，可通，盆銘的曾大保慶與曾大保簋的曾大保孈當係一人，作爲人名的"慶""孈"之別或係用字習慣不同所致②。最近京山蘇家壠墓地又出土有曾太保慶鼎，表明曾太保慶與曾太保孈可能並非一人，但二者關係密切，應無疑問。

上述幾件曾太保的器物，祇有2件簋係1976年湖北隨縣周家崗墓地出土，有明確的出土地點。這2件簋銘文均被刮削，僅殘存部分筆畫，顯然曾太保孈應非周家崗墓葬的墓主。據器物年代及稱謂，周家崗所出曾太保孈簋的曾太保孈當與曹門灣M43出土曾太保發簋的曾太保發關係密切，從其皆在春秋早期前段這一短暫的時間段內來講，二者或係前後任的關係。

三

再看器物的組合、年代及墓主的身份。

該墓還出有一件盤（M43：1），殘破，器壁極薄，制做粗糙，無銘，簡報認爲係非實用器。該墓銅禮器組合爲鼎1、簋2、盤1、匜1件，與之相當者有2014年發掘的曹門灣M22③，該墓隨葬青銅禮器有鼎1、簋2、盤1、匜1件，與M43相同。據與同時期曾國墓隨葬的銅禮器對比來看，簡報認爲其墓主爲士一級貴族，大致可信。

該墓隨葬品中無兵器和車馬器，有陶紡輪1件（M43：11），比照同類有關材料，推測墓主或係女性，簡報認爲或即矢叔匜銘之"孟姬"，曾子㠱鼎的器主曾子㠱或與其有關，與之相鄰的M45與其係夫妻異穴合葬墓。簡報認爲該墓墓主係女性，應無問題。上述孟姬係矢叔夆父之女，矢係姬姓，曾亦係姬姓，姬姓矢叔嫁女於姬姓曾國貴族，則有違古人所謂"同姓不婚"的原則。但據銅器銘文，春秋晚期，因楚、蔡關係惡化，蔡與同姓吳國以婚姻爲紐帶結盟，以聯合抗楚④。最近公佈的一批春秋初年的

---

① 湖北省文物考古研究所：《曾國青銅器》，文物出版社，2007年，第419、420頁。
② 黃錦前：《曾大保諸器繫聯》，《商周青銅器與先秦史研究論叢》，科學出版社，2017年。
③ 湖北省文物考古研究所、湖北荆州文物保護中心、襄陽市文物考古研究所等：《湖北棗陽郭家廟墓地曹門灣墓區（2014）M10、M13、M22發掘簡報》，《江漢考古》2016年第5期。
④ 黃錦前：《楚系銅器銘文研究》，安徽大學博士學位論文，2009年，第207~213頁。

賈國銅器，如賈伯簋①、壺②"賈伯作郵孟姬尊簋/壺"，賈叔鼎③、簋④"賈叔作晉姬尊鼎/簋"，賈子伯臤父壺⑤、盤⑥"賈子伯臤父作孟姬尊壺/寶盤"等，銘文明確表明同爲姬姓的晉、賈二國之間有聯姻關係。《左傳》莊公二十八年"晉獻公娶于賈"，亦可進一步印證當時晉、賈二國的聯姻絕非偶然，而係常態⑦。總之，文獻所謂"同姓不婚"的原則，應靈活看待，而不能一味地死看所謂的原則。所以發掘簡報推測曹門灣M43的墓主或即矢叔匜之"孟姬"，同出曾子羣鼎⑧的"曾子羣"或與其有關，與之相鄰的M45與其係夫妻異穴合葬墓等意見，均不無道理，"孟姬"係M43的墓主，殆無疑問。

簡報云，矢叔匜出於曾國墓地，反映了當時曾國與關中的政治勢力有密切的聯繫，此說也值得商討。匜銘的"矢"，並非一般認爲的關中地區的姬姓矢，而應係位於晉南地區的虞，此問題我有小文專門討論⑨，不贅述。

墓葬的年代，簡報認爲應略晚於曹門灣M22，約在春秋早期晚段，大致可從。不過云曾太保發簋的形態應較早，器物年代早於M43出土的其他幾件青銅器的年代，矢叔匜的年代爲西周晚期，恐怕皆有問題，且簡報將矢叔匜的年代定爲西周晚期，也與推斷該墓墓主爲孟姬或有矛盾。

先說後者，若矢叔匜的年代確爲西周晚期，則距墓葬年代春秋早期晚段的年限，即使按上下限最近者計算，也應在五六十年以上，而此器係媵器，其制作時間一般來講應在孟姬成人之後，據目前所知先秦時期人的壽命情況來看，雖非絕無可能，但也頗令人生疑。如上述，該匜據器物形態及銘文辭例看，皆應在春秋早期無疑。

關於曾太保發簋，簡報認爲其年代較早，主要有兩個依據，一是其蓋上所飾扉棱來源於銅盨，銅盨在春秋早期就徹底消失了，兩周之際是銅簋與銅盨的交替之際；二是該簋自名爲"盂"，而非春秋時期簋銘常見的"簋"。

這兩條所謂的依據其實皆不能成立。春秋早期的盨，目前所見之例甚夥，如曾伯

---

① 《銘圖》（第11卷），第73～78頁第05130～05132號。
② 《銘圖》（第22卷），第344～347頁第12417、12418號。
③ 《銘續》（第1卷），第237、238頁第0203號。
④ 《銘續》（第2卷），第92、93頁第0432號。
⑤ 《銘續》（第3卷），第123、124頁第0838號。
⑥ 《銘續》（第3卷），第300頁第0947號。
⑦ 黃錦前：《論賈國青銅器》，《文博》2020年第2期。
⑧ 《江漢考古》2016年第5期，第40頁圖版二、圖版五，拓片一。
⑨ 黃錦前：《從吳叔襄鼎談到棗陽曾國墓地出土的矢、衛、郖諸器》，《北方民族考古》（第四輯），科學出版社，2017年。

克父盨[1]、伯克父盨[2]、上鄀公盨[3]、三門峽虢國墓地出土的虢仲盨[4]、山東黃縣南埠村春秋墓出土的曩伯子宨父盨[5]、曲阜魯國故城春秋墓出土的魯司徒仲齊盨（M48：1、M48：2）[6]及魯伯悆盨[7]，等等，例多不繁舉。其中前幾例皆係南土之器，可見簡報所謂銅盨在春秋早期就徹底消失了，兩周之際是銅簠與銅盨的交替之際等說實無根據。

至於該簠自名爲"盂"，而非春秋時期簠銘常見的"簠"，上述這是因器物自名的"連類相及"或"相關替代"所致，上述盞稱"盂"或"盞盂"，鼎稱"鬲（或作'盂'）""食鬲（或作'盂'）""饙鈃鼎""鼎鬲"等，在春秋中晚期銅器銘文中皆有大量的例證[8]。因而這一點也不能作爲該簠年代較早的證據。

如上文所述，據器物形態和銘文辭例，兩件曾太保䂒簠的年代應爲春秋早期前段，與同墓所出其他諸器年代接近。

綜上，本文對棗陽曹門灣M43出土的銅器銘文及相關問題進行了討論。據器物形態和銘文辭例等角度，指出這組器物的年代皆在春秋早期。據器物年代及稱謂，周家崗所出曾太保孀簠的曾太保孀與曹門灣M43出土曾太保䂒簠的曾太保䂒關係密切，二者或係前後任。矢叔匜出於曾國墓，係曾虞聯姻而致，孟姬係M43的墓主。

附記：小文在寫作時即傾向於矢叔匜的"矢"應讀作"吴"即"虞"，係中原地區的姬姓虞國，而非傳統認爲的關中地區姬姓矢國，但因部分中間環節尚未能詳細論證，因而暫採取舊說。因材料缺乏，暫據文獻所謂"同姓不婚"的原則，認爲矢叔匜出於曾國墓，未必一定是婚姻關係，而或以饋贈、賵賻等形式而致，孟姬未必就是M43的墓主。現據最新公佈的有關虞國銅器銘文，矢叔匜的"矢叔鞏父"，應即吴叔襄鼎（吴鎮烽：《商周青銅器銘文暨圖像集成續編》（第1卷），上海古籍出版社，

---

① 《銘續》（第2卷），第181頁第0467號。
② 《銘續》（第2卷），第192~197頁第0474、0475號。
③ 《銘續》（第2卷），第191頁第0473號。
④ 《中國文物精華》編輯委員會：《中國文物精華》，文物出版社，1997年，58；劉社剛：《虢仲盨及相關問題考》，《文博》2011年第6期，圖一。
⑤ 《銘圖》（第12卷），第368、379頁第05631~05634號。
⑥ 山東省文物考古研究所：《曲阜魯國故城》，齊魯書社，1982年，圖版柒柒，1~3；第149頁圖九五。
⑦ 《中國青銅器全集》編輯委員會：《中國青銅器全集》（第6卷），文物出版社，1997年，六八。
⑧ 黃錦前：《說"盞盂"——兼論楚系盞盂的形態與功能》，《湖南考古輯刊》（第十一輯），科學出版社，2015年；黃錦前：《"石沱"新證——兼說其與"繁""鬲""鐈"的關係》，《海岱考古》（第十三輯），科學出版社，待刊。

2016年，第183頁第0171號）的"吳叔襄"，"夨""吳"皆應讀作"虞"，匜係其爲女孟姬出嫁曾國所作媵器，孟姬應係曹門灣M43的墓主。有關論述詳參黃錦前《試說青銅器銘文中的"吳""夨""虞"——兼說"呂王"及"申王"》（未刊稿）及《從吳叔襄鼎談到棗陽曾國墓地出土的夨、衛、䢵諸器》（《北方民族考古研究》（第4輯），科學出版社，2017年）。

2017年8月1日

第八節　從吳叔襄鼎談到棗陽曾國墓地出土的夨、衛、䢵諸器

一

吳鎮烽《商周青銅器銘文暨圖像集成續編》（下文簡稱"《續編》"）著錄有一件私人收藏的吳叔襄鼎[①]，侈口，方唇，淺腹，圜底，附耳，三蹄足。頸飾無目竊曲紋，兩耳內外分別飾變形龍紋和雙凹綫紋，紋飾填漆。這種形式和紋飾的鼎，在湖北境內的隨棗走廊一帶，尤其是近年棗陽郭家廟、曹門灣等地曾國墓葬續有出土，如2001年襄陽王坡墓地出土的鄧公孫無忌鼎（M1∶1）[②]、1966年京山蘇家壟出土的曾侯仲子遊父鼎[③]、1972年棗陽段營出土的曾子仲謀鼎[④]、2002年棗陽郭家廟出土的曾亘嫚鼎（M17∶1、M17∶2）[⑤]、2014年棗陽曹門灣出土的曾子澤鼎（M10∶1）[⑥]及2015年曹門灣出土的曾子㠱鼎（M43∶8）[⑦]，等等，不贅舉。其年代爲春秋早期前段。

鼎內壁鑄銘文作：

[①]　《銘續》（第1卷），第183頁第0171號。
[②]　湖北省文物考古研究所、襄樊市考古隊、襄陽區文物管理處：《襄陽王坡東周秦漢墓》，科學出版社，2005年，彩版四，1；圖版八，1、3。
[③]　湖北省文物考古研究所：《曾國青銅器》，文物出版社，2007年，第15頁。
[④]　湖北省文物考古研究所：《曾國青銅器》，文物出版社，2007年，第52頁。
[⑤]　湖北省文物考古研究所：《曾國青銅器》，文物出版社，2007年，第93～97頁。
[⑥]　長江文明館、湖北省博物館、湖北省文物考古研究所等：《穆穆曾侯——棗陽郭家廟曾國墓地》，文物出版社，2015年，第140、141頁55。
[⑦]　武漢大學歷史學院、湖北省文物考古研究所、湖北荆州文物保護中心等：《湖北棗陽郭家廟墓地曹門灣墓區（2015）M43發掘簡報》，《江漢考古》2016年第5期，圖版二。

唯吳叔襄自作寶盂，其子子孫孫其永用之。

銘文雖較簡單，卻值得細加玩味。銘文格式及辭例與金文中下揭諸例接近：

（1）曾侯簠（叔姬霝簠）①：叔姬霝迮黃邦，曾侯作叔姬、邛嬭䧹器𩰫彝，其子子孫孫其永用之。春秋早期

（2）曾子仲謱鼎②、甗③：唯曾子仲謱用其吉金，自作𩰫彝/旅甗，子子孫孫其永用之。春秋早期

（3）黽壺蓋④：□□□弟□□□〔老〕奠□□□黽以□□〔用〕其吉〔金，自作〕寶壺，用錫眉壽，子子孫孫其永用之。春秋早期

（4）欣仲鶪履盤⑤：欣仲鶪履用其吉金，自作寶盤，子子孫孫其永用之。春秋早期

（5）養伯受簠⑥：養伯受用其吉金，作其元妹叔嬴爲心媵饋簠，子子孫孫其永用之。春秋中期

（6）嘉仲盂⑦：嘉仲者比用其吉金，自作盂，子子孫孫其永用之。春秋晚期

上揭諸例，有兩個共同特徵：一是其時代多在春秋早期，二是其地域皆在漢淮流域一帶即周代的南土地區，其中以曾國器物最多（例（1）~例（4）），且在同時期其他地區則不見此特徵。

結合上述此鼎同湖北境內的隨棗走廊一帶尤其是近年棗陽郭家廟、曹門灣等曾國墓地出土的鼎形制、紋飾近同的情況來看，大致可以確定，該鼎當與南土地區或者更明確地說即曾國可能有較密切的關係。

鼎銘的"吳"當非南方的吳越之"吳"，就銅器銘文所見，吳越之"吳"一般多

---

① 集成9.4598。
② 集成5.2620。
③ 集成3.943。
④ 集成15.9677。該器年代、國屬的重新確定及銘文改釋，詳參黃錦前：《黽壺蓋的年代與國別》，《湖南省博物館館刊》（第十三輯），嶽麓書社，2017年。
⑤ 集成16.10134。
⑥ 集成9.4599。
⑦ 集成15.9446。

第四章 歷史地理

作"攻吴"或"句吴",如攻吴大叔盤①"攻吴大叔𢍰女"及宋公䜌簠②"句吴夫人季子"等,不贅舉。器物的形制、紋飾也與吴越地區所出同時期器物不似③,這也更加確定此"吴"當非彼"吴"。《續編》認爲該鼎係春秋早期吴國公室之物④,不確。

綜合以上分析可知,鼎銘的"吴"當讀作"虞",所謂"吴叔襄",應即"虞叔襄",該鼎應係虞國之器。

《說文》:"虞……从虍吴聲。""吴"和"虞"在金文中有很多相通之例,金文中掌山澤苑囿的"虞人"之"虞"就常寫作"吴",如同簋⑤"王命同佐佑虞大父司場、林、虞、牧"、免簠⑥"命免作司徒,司鄭還林、眔虞、眔牧"、卌三年逑鼎⑦、逑盤⑧"命汝胥榮兌總司四方虞、林"及逑鐘⑨"命總司四方虞林"等,"虞"皆寫作"吴"。戰國楚簡如郭店簡《唐虞之道》篇的"虞"亦寫作"吴"⑩。傳世文獻中也有很多"吴"和"虞"相通之例,如《詩·周頌·絲衣》"不吴不敖",《釋文》"吴"作"虞",云"《說文》作吴"。《國語·齊語》"西服流沙、西吴",《管子·小匡》"西吴"作"西虞"。《論語·微子》之"虞仲",《吴越春秋·太伯傳》作"吴仲"。《史記·周本紀》之"虞仲",《漢書·地理志》亦作"吴仲"。《史記·封禪書》"不吴不驚",《孝武本紀》"吴"作"虞",《索隱》:"此虞當爲吴。此作虞者,與吴聲相近,故假借也。"總之,從文字學的角度來看,將鼎銘的"吴"讀作"虞",沒有任何問題。

上述這種形制和紋飾的鼎,在春秋早期南土地區尤其是曾國墓葬出土較多。類

---

① 南京市博物館、六合縣文教局:《江蘇六合程橋東周三號墓》,《東南文化》1991年第1期,圖四,1。
② 集成9.4589、4590。
③ 有關器物可參看《中國青銅器全集》吴越部分及《鎮江出土吴國青銅器》等。《中國青銅器全集》編輯委員會:《中國青銅器全集》(第11卷),文物出版社,1997年,一五一;楊正宏、肖夢龍主編:《鎮江出土吴國青銅器》,文物出版社,2008年。
④ 《銘續》(第1卷),第14頁"前言"。
⑤ 集成8.4270、4271。
⑥ 集成9.4626。
⑦ 陝西省考古研究院、寶雞市考古研究所、眉縣文化館:《吉金鑄華章——寶雞眉縣楊家村單氏青銅器窖藏》,文物出版社,2008年,第48~127頁。
⑧ 陝西省考古研究院、寶雞市考古研究所、眉縣文化館:《吉金鑄華章——寶雞眉縣楊家村單氏青銅器窖藏》,文物出版社,2008年,第184~191頁。
⑨ 陝西省考古研究院、寶雞市考古研究所、眉縣文化館:《吉金鑄華章——寶雞眉縣楊家村單氏青銅器窖藏》,文物出版社,2008年,第285、291、295頁。
⑩ 荊門市博物館:《郭店楚墓竹簡》,文物出版社,1998年,第79、84頁"圖版",第39~41、157~160頁"釋文注釋"。

似形制和紋飾的鼎，在中原地區也有一些，如陝西韓城梁帶村出土的虢季鼎（M18：19）[①]、河南登封告成鎮出土的鄭䣜叔子寶登鼎（M3：6）[②]、子耳鼎（M3：181）[③]及傳世的戴叔朕鼎[④]等。尤其是虢、鄭，與虞同爲姬姓，又相鄰近。因此，從考古學文化因素角度來看，將鼎銘的"吳"當讀作"虞"，也有一定依據。

綜上，綜合器物形態、文化因素及銘文等方面的信息，將吳叔襄鼎判定爲春秋早期虞國之器，當可確定無疑。

二

虞本夏商古國，舜之先封于虞，故城在今山西省平陸縣東北。周武王克殷，封古公亶父之子虞仲後人于此，是爲姬姓虞國，包括今山西南部夏縣和平陸縣東北一帶，公元前655年爲所晉滅。其事見於《左傳》《史記·吳太伯世家》及《史記·晉世家》等。

1979年山西侯馬上馬墓地出土一件吳叔戈（M1284：14）[⑤]，銘作：

吳叔徒戈。

該戈三角鋒，援面較平，中胡二穿，闌上端援側有一個小方穿，長方內，下角有缺，中部有一長方橫穿，與河南三門峽上村嶺虢國墓地出土的虢太子元戈（M1052：53、M1052：54）[⑥]、元戈（M1721：17）[⑦]及戈戈（M1747：10）[⑧]等形制接近，年代爲春秋早期前段。

---

① 陝西省考古研究院、渭南市文物保護考古研究所、韓城市文物旅游局：《梁帶村芮國墓地：二〇〇七年度發掘報告》，文物出版社，2010年，彩版一七六。
② 鄭州市文物考古研究所、登封市文物局：《河南登封告成東周墓地三號墓》，《文物》2006年第4期，圖四，2。
③ 《文物》2006年第4期，第7頁圖四，1；張莉：《登封告成春秋鄭國貴族墓研究》，《中國歷史文物》2007年第5期，圖三；《銘圖》（第4卷），第480頁第02253號。
④ 《銘圖》（第5卷），第54、55頁第02305、02306號。
⑤ 山西省考古研究所：《上馬墓地》，文物出版社，1994年，圖版二六，1；第81頁圖六六，2。
⑥ 中國科學院考古研究所：《上村嶺虢國墓地》，科學出版社，1959年，圖版叁伍，2、3；第28頁圖二三。集成17.11116、11117。
⑦ 中國科學院考古研究所：《上村嶺虢國墓地》，科學出版社，1959年，圖版伍肆，6；第35頁圖三一。集成17.10809。
⑧ 中國科學院考古研究所：《上村嶺虢國墓地》，科學出版社，1959年，圖版貳拾，2；第41頁圖三八。集成17.10734。

戈銘亦與虢太子元戈"虢太子元徒戈"格式及辭例均近似。結合其出土地點來看，"吳叔"之"吳"或亦應讀作"虞"，"吳叔"即"虞叔"。據年代和稱謂等，吳叔與吳叔襄鼎的"吳叔襄"或即一人，待考。

2015年湖北棗陽曹門灣墓地出土一件矢叔匜（M43∶2）[①]，瓢形腹，長流槽上揚，卷尾龍形鋬，龍口銜沿，下有四夔龍形扁足。流口下飾一對分尾龍紋，器口下飾竊曲紋，腹飾瓦紋。與河南羅山高店出土的奚季寬車匜[②]、確山竹溝鎮出土的鄳伯歌夷匜[③]及永城輪窯廠出土的鄭伯匜[④]等形制、紋飾近同，年代爲春秋早期前段。

匜銘作：

唯九月初吉壬午，矢叔䍒父媵孟姬元女匜盤，其永壽用之。

矢叔之字原篆作▦，从將从羊，應隸定作"䍒"，應係陽部字，具體爲何字待考[⑤]。據銘文，矢係姬姓，發掘簡報已有說[⑥]，可從。"矢"據有關金文材料看應係"吳"即"虞"之省。《說文》："吳，……从矢口。"從文字學的角度來看，"吳"與"矢"相通，當無問題，有關情況我曾有小文作詳細論證[⑦]，不贅述。因此，所謂"矢叔"，實應係"吳叔"，即"虞叔"，與吳叔襄鼎的"吳叔"係同一族屬。

"䍒"从將从羊，按照古文字構形的一般規律，此字應從"將"聲，或"羊"亦聲，係雙聲字。"將"爲精母陽部字，"羊"爲喻母陽部字，"襄"爲心母陽部字，三者韻部皆同，精母與心母同屬齒頭音，喻母與心母爲舌齒鄰紐。總之，從"將"得聲或兼從"羊"聲的"䍒"字與"襄"古音極近，於音理可以通假。結合器物年代及銘文稱謂、國屬等，匜銘的"矢叔䍒父"應即鼎銘的"吳叔襄"，二者實係一人。"矢叔䍒父"係在字後加"父"字表美稱，而"吳叔襄"則不加"父"，類似

---

① 武漢大學歷史學院、湖北省文物考古研究所、湖北荊州文物保護中心等：《湖北棗陽郭家廟墓地曹門灣墓區（2015）M43發掘簡報》，《江漢考古》2016年第5期，圖版一九；第48頁圖版二二、拓片四。
② 信陽地區文管會、羅山縣文化館：《羅山縣高店公社又發現一批春秋時期青銅器》，《中原文物》1981年第4期，圖版陸，2。
③ 夏麥陵：《鄳伯匜斷代與鄳之地望》，《考古》1993年第1期，圖二。
④ 李俊山：《永城出土西周宋國銅匜》，《中原文物》1990年第1期，圖一。
⑤ 黃錦前：《湖北棗陽曹門灣M43出土銅器銘文及相關問題》，《四川文物》2018年第6期。
⑥ 武漢大學歷史學院、湖北省文物考古研究所、湖北荊州文物保護中心等：《湖北棗陽郭家廟墓地曹門灣墓區（2015）M43發掘簡報》，《江漢考古》2016年第5期。
⑦ 黃錦前：《試說青銅器銘文中的吳、矢、虞》，未刊稿。

者如邾慶簠[①]、壺[②]等的"邾慶"，邾慶父簠[③]、壺[④]則作"邾慶父"。"襄"和"肇父"也可能係一名一字的關係。鼎、匜當係同人所作。

據匜銘孟姬係矢叔肇父之女，此匜係其爲女孟姬出嫁曾國所作媵器。古人雖有所謂"同姓不婚"的原則，但據銅器銘文來看，春秋晚期，因楚、蔡關係惡化，蔡與同姓吳國以婚姻爲紐帶結盟，以聯合抗楚[⑤]。最近公佈的一批春秋初年的賈國銅器，如賈伯簠[⑥]、壺[⑦]"賈伯作郵孟姬尊簠/壺"，賈叔鼎[⑧]、簠[⑨]"賈叔作晉姬尊鼎/簠"，賈子伯舥父壺[⑩]、盤[⑪]"賈子伯舥父作孟姬尊壺/寶盤"，銘文明確表明此時同爲姬姓的晉、賈二國聯姻。《左傳》莊公二十八年"晉獻公娶于賈"，亦可進一步印證晉、賈二國聯姻絕非偶然，而係常態[⑫]。所以發掘簡報推測曹門灣M43的墓主或即矢叔匜銘之"孟姬"，同出的曾子彙鼎[⑬]的"曾子彙"或與其有關，與之相鄰的M45與其係夫妻異穴合葬墓等意見皆不無道理。

上述吳叔襄鼎無論器形、紋飾還是銘文，皆同湖北境內隨棗走廊一帶尤其是近年棗陽郭家廟、曹門灣等曾國墓地出土的鼎近同，可能與曾國有較爲密切的關係。據發掘者云，曹門灣墓地部分曾遭盜掘，如與M43相鄰、可能與其係夫妻異穴合葬墓的M45就被盜擾，隨葬的青銅禮器被盜掘。結合上文有關分析，吳叔襄鼎或即出自隨棗走廊一帶，不排除即盜自曹門灣墓地。該鼎銹色與近年隨棗走廊一帶出土的曾國銅器多有雷同，或亦可佐證此推斷。因該鼎係盜掘流散，以上所說當然祇不過是沒有多大根據的推測，需作進一步證實，但從上文分析所得的各種證據鏈來看，這種推測也有一定依據。

---

① 棗莊市政協臺港澳僑民族宗教委員會、棗莊市博物館：《小邾國遺珍》，中國文史出版社，2006年，第114~116頁。

② 棗莊市政協臺港澳僑民族宗教委員會、棗莊市博物館：《小邾國遺珍》，中國文史出版社，2006年，第117、118頁。

③ 《銘續》（第2卷），第13~16頁第0388、0389號。

④ 《銘續》（第3卷），第122頁第0837號。

⑤ 詳參黃錦前：《楚系銅器銘文研究》，安徽大學博士學位論文，2009年，第207~213頁。

⑥ 《銘圖》（第11卷），第73~78頁第05130~05132號。

⑦ 《銘圖》（第22卷），第344~347頁第12417、12418號。

⑧ 《銘續》（第1卷），第237、238頁第0203號。

⑨ 《銘續》（第2卷），第92、93頁第0432號。

⑩ 《銘續》（第3卷），第123、124頁第0838號。

⑪ 《銘續》（第3卷），第300頁第0947號。

⑫ 黃錦前：《論賈國青銅器》，《文博》2020年第2期。

⑬ 《江漢考古》2016年第5期，第40頁圖版二、圖版五，拓片一。

若果如本文所推測的那樣，吳叔襄鼎出自曹門灣曾國墓地，則其出於曾國墓葬的原因，當與匜銘所反映的曾、虞之間的聯姻有關。上述無論器形、紋飾還是銘文，吳叔襄鼎皆同曾國或南土地區同類器物及銘文接近，而與同時期中原地區的同類器物相似性卻較少，同樣的情況在矢叔匜及銘文上也有反映。器形、紋飾方面上文已有分析，銘文方面，如銘末"其永壽用之"的套語，常見於春秋早期漢淮流域的銅器銘文中，如陳侯鼎①、陳侯簠②、陳侯盤③、陳侯簋④、陳侯匜⑤、㡇公孫指父鈚⑥、陳伯元匜⑦、陳子匜⑧、子耴盆⑨、復公子伯舍簠⑩、原氏仲簠⑪及叔夜鼎⑫，等等。泗水流域及鄰近地區的魯、曹、宋及徐等國也有少量例子，部分器物年代也略晚至春秋中晚期，如魯正叔盤⑬、曹公簠⑭、曹公盤⑮、趞亥鼎⑯及宜桐盂⑰等。中原地區除楷侯微逆簠⑱外，目前未見他例。可見從辭例來看，矢叔匜銘亦與南土地區同時期器銘有一定共性。

因此，無論是吳叔襄鼎，還是矢叔匜，雖係中原地區的姬姓虞國之器，其實皆具有明顯的漢淮流域即南土的作風。這種情形在此前郭家廟出土的衛伯須鼎及曹門灣出土的䢵君嘼鼎等器形態和銘文上同樣皆有不同程度的體現。

---

① 集成5.2650。
② 集成9.4603、4604。
③ 集成16.10157。
④ 集成9.4606、4607。
⑤ 《銘圖》（第26卷），第375頁第14991號。
⑥ 集成16.9979。
⑦ 集成16.10267。
⑧ 集成16.10279。
⑨ 集成16.10335。
⑩ 集成7.4011～4013。
⑪ 秦永軍、韓維龍、楊鳳翔：《河南商水縣出土周代青銅器》，《考古》1989年第4期，圖二，2～4。
⑫ 集成5.2669。
⑬ 集成16.10124。
⑭ 集成9.4593。
⑮ 集成16.10144。
⑯ 集成5.2588。
⑰ 集成16.10320。
⑱ 集成9.4521。

三

2002年棗陽郭家廟曾國墓地出土一件衛伯須鼎（GM01∶01）[①]，斂口，平折沿，淺腹，圜底，雙立耳，三蹄足。耳飾重環紋，頸飾變形獸體紋（無目竊曲紋），腹飾卷體夔龍紋。與湖北襄陽出土的曾仲子敔鼎[②]及隨縣尚店（今屬隨州市曾都區）出土的鄖公湯鼎[③]等形制、紋飾均近同。

鼎銘"衛伯須用吉金作寶鼎，子孫用之"，這種"（唯）×××用（其）吉金，（自/用）作××"類較爲固定的辭例格式，以及銘末"子孫用之"類較爲减省的套語，亦皆係春秋早期南土地區普遍流行的辭例格式[④]。同吳叔襄鼎一樣，衛伯須鼎亦與中原地區同時期同類器物如虢文公子𣪘鼎[⑤]、芮公鼎[⑥]及芮太子鼎[⑦]等形制、紋飾較爲接近。相對而言，器形方面，似乎中原的風格要比南土的略濃厚。

2014年棗陽曹門灣墓地出土一件𨟻君虘鼎（M22∶6）[⑧]，敞口，弧腹，圜底，長方形附耳，三蹄足粗壯，内面呈弧形内凹，腹飾一道凸弦紋，上、下各飾一周竊曲紋和兩周垂鱗紋，耳飾重環紋。類似的鼎過去在該地區多有出土，如襄陽王坡M1出土的鄧公孫無忌鼎，即與之近同。京山蘇家壟出土的曾侯仲子斿父鼎、棗陽段營出土的曾子仲謀鼎等，形制亦與之近同。2002年及此前棗陽郭家廟也出土過一些類似的鼎，如

---

① 襄樊市考古隊、湖北省文物考古研究所、湖北孝襄高速公路考古隊：《棗陽郭家廟曾國墓地》，科學出版社，2005年，第187頁圖一四八；彩版七，1；圖版四，3。湖北省文物考古研究所：《曾國青銅器》，文物出版社，2007年，第131~133頁。

② 湖北省文物考古研究所：《曾國青銅器》，文物出版社，2007年，第426頁。

③ 隨州市博物館：《隨州出土文物精粹》，文物出版社，2009年，第71頁76。

④ 有關辭例的時代和地域性特徵討論可參看黃錦前：《伯家父𠭃簋國別析論——兼談曾子仲宣喪鼎與番君嬴匜》，《紀念于省吾先生誕辰120周年姚孝遂先生誕辰90周年學術研討會論文集》，待刊；黃錦前：《𩰬壺蓋的年代與國別》，《湖南省博物館館刊》（第十三輯），嶽麓書社，2017年；黃錦前：《伯多父壺的年代與國別》，《文物研究》（第23輯），科學出版社，2019年。

⑤ 故宫博物院：《故宫青銅器》，紫禁城出版社，1999年，第198頁187；《中國青銅器全集》編輯委員會：《中國青銅器全集》（第6卷），文物出版社，1997年，一四〇。

⑥ 《銘圖》（第4卷），第36~38頁第01879~01881號。

⑦〔日〕林巳奈夫：《殷周時代青銅器の研究：殷周青銅器綜覽一》（圖版），吉川弘文館，1984年，第32頁鼎351。

⑧ 長江文明館、湖北省博物館、湖北省文物考古研究所等：《穆穆曾侯——棗陽郭家廟曾國墓地》，文物出版社，2015年，第136~139頁54；棗陽市博物館考古隊、湖北荊州文物保護中心、襄陽市文物考古研究所等：《湖北棗陽郭家廟墓地曹門灣墓區（2014）M10、M13、M22發掘簡報》，《江漢考古》2016年第5期，第17頁圖版三，第18頁圖版六、拓片一。

第四章 歷史地理

竊曲紋鼎（M1∶05、M2∶1、M6∶1）、曾亘嫚鼎（M17∶1、M17∶2）①等。

鼎銘"郳君虘作其鼎，其萬年無疆，子孫永用之，其或唯喪，則盟殛之"，其中部分文句如"××作其××，其萬年無疆，子孫永用之"，亦係春秋早期南土地區常見的辭例格式。同吳叔襄鼎及衛伯須鼎一樣，無論是器物形態還是銘文，風格均與南土地區同類器、銘近似。

與虞國一樣，衛國亦係姬姓，地在中原。郳君虘鼎的"郳"應即《詩·邶風·泉水》"出宿于泲，飲餞于禰"的"禰"，或作"坭""泥"，即《式微》之"泥中"，在今河南濬縣一帶②，亦屬中原地區。

我曾指出，衛伯須鼎出自湖北棗陽郭家廟墓地，形制、紋飾與該墓地所出曾器多有類似，不排除其受曾文化的影響③。綜合這些器、銘材料來看，這種可能性當可進一步肯定。

衛伯須鼎及郳君虘鼎等器出自曾國墓地，其具體原因過去我們不曾確知，今佐以矢叔匜及吳叔襄鼎等，與矢叔匜所反映的曾人與中原地區的虞國聯姻關係類似，衛伯須鼎及郳君虘鼎等出自曾國墓地，亦係曾人與地處中原的衛、郳等國族以聯姻或其他形式密切交往的產物，是這段湮沒已久的歷史的忠實見證和原始記錄。

據以上分析，文獻所謂"同姓不婚"的原則，應靈活看待。以往文獻和出土古文字資料中雖有一些同姓聯姻的例子，但總體上講，"同姓不婚"的原則是共識，是否屬特例，則需在蒐集一些盡可能完整的信息後加以全面的分析和判斷。在運用文獻分析有關考古材料時，需將出土實物資料對文獻加以檢驗和印證，結合具體情況作辯證的分析和全面的把握，而不能一味地死看所謂的原則和文獻的記載。把這些零散的材料綴連起來，形成鏈條，互相發明，纔能更清楚地認識一些原來不能準確理解的考古資料，準確把握其所反映的有關史實。

綜上，本文通過對新近著錄的一件私人收藏的吳叔襄鼎形態、文化因素及銘文等多方面的分析，認爲鼎銘"吳叔襄"之"吳"當讀作"虞"，該鼎應係春秋早期姬姓虞國之器。山西侯馬上馬墓地出土吳叔戈的"吳叔"與吳叔襄鼎的"吳叔襄"或即

---

① 襄樊市考古隊、湖北省文物考古研究所、湖北孝襄高速公路考古隊：《棗陽郭家廟曾國墓地》，科學出版社，2005年，彩版七，2；彩版八；圖版五~圖版八。湖北省文物考古研究所：《曾國青銅器》，文物出版社，2007年，第80、81、87~89、93~97、136、137頁。長江文明館、湖北省博物館、湖北省文物考古研究所等：《穆穆曾侯——棗陽郭家廟曾國墓地》，文物出版社，2015年，第40~43、74~77頁。
② 黃錦前：《棗陽曹門灣M22出土郳君虘鼎及相關問題》，《江漢考古》待刊。
③ 黃錦前：《伯家父部簋國別析論——兼談曾子仲宣喪鼎與番君贏匜》，《紀念于省吾先生誕辰120周年姚孝遂先生誕辰90周年學術研討會論文集》，待刊。

一人。湖北棗陽曹門灣墓地出土矢叔匜的"矢叔肇父"應即鼎銘的"吳叔襄"，二者實係一人，匜係其爲女孟姬出嫁曾國所作媵器，孟姬係曹門灣M43的墓主。據器物形態、文化因素、銘文及鏽色等，吳叔襄鼎或即出自隨棗走廊一帶，不排除即盜自曹門灣墓地。

同此前出自棗陽曾國墓地出土的衛伯須鼎及邜君盧鼎等中原地區國族諸器一樣，其器、銘皆與同時期南土地區器、銘多有類似，當係受南土地區文化影響所致，是中原文化和南土文化交融的產物。矢叔匜、衛伯須鼎及邜君盧鼎等出自曾國墓地，以實物和文字的證據，揭示了湮沒已久的春秋時期南土的曾國與中原地區的虞、衛及邜等國族以聯姻等形式密切交往的史實，豐富和更新了我們的相關認識，同時對如何全面準確地把握有關文獻記載，正確認識和理解相關考古材料，也有一定啟發。

第九節　棗陽郭家廟墓地出土的衛伯須鼎及相關問題

2002年，棗陽郭家廟曾國墓地出土一件衛伯須鼎（GM01：01）[①]，斂口，平折沿，淺腹，圜底，雙立耳，三蹄足。耳飾重環紋，頸飾變形獸體紋（無目竊曲紋），腹飾卷體夔龍紋。與湖北襄陽出土的曾仲子敔鼎[②]及隨縣尚店（今屬隨州市曾都區）出土的邜公湯鼎[③]等形制、紋飾均近同，年代應爲春秋早期。

鼎銘作：

衛伯須用吉金作寶鼎，子孫用之。

黃錫全認爲：

鼎銘"衛伯須"不知屬於哪一位"伯"。頃與須形近，考慮到此器時代偏早，頗疑"須"乃"頃"字之誤。如果這種懷疑不誤，此鼎就是西周夷王之時衛頃侯稱侯之前（稱伯時）製作的器物。西周銅器稱"衛伯"者，目前僅見此器。

[①] 襄樊市考古隊、湖北省文物考古研究所、湖北孝襄高速公路考古隊：《棗陽郭家廟曾國墓地》，科學出版社，2005年，第188、189頁；第187頁圖一四八；彩版七，1；圖版四，3。湖北省文物考古研究所：《曾國青銅器》，文物出版社，2007年，第131～133頁。

[②] 湖北省文物考古研究所：《曾國青銅器》，文物出版社，2007年，第426頁。

[③] 隨州市博物館：《隨州出土文物精粹》，文物出版社，2009年，第71頁76。

若是西周晚期或春秋早期器，說明衛稱伯並非至夷王，而是延續至西周晚期或春秋早期。如果"須"並非"頃"誤，衛伯須是哪一位國君還需要進一步研究。

　　……

　　衛伯須鼎與曾伯陭之器時代相近，出現于曾國墓地可能是因某種原因所致。是否賄贈之器，有待深入研究①。

張昌平認爲：

　　此器形制、紋飾與曾國立耳鼎如72曹門灣完全相同，銘文"用吉金作寶鼎"的辭例在這一階段最常見於曾國及其周邊地區。衛伯須之器表現出曾國的特徵，值得注意。《禮記·祭統》："故衛孔悝之鼎銘曰：'乃祖莊叔，左右成公。成公乃命莊叔，隨難於漢陽，即宮於宗周，奔走無射。'"此漢陽，或可能即爲曾國之地。此鼎亦或可能在曾國所鑄②。

上述該鼎年代爲春秋早期，因此器主衛伯須就不可能是衛頃侯，"須"也不會是"頃"字之誤。張文引《禮記·祭統》所記衛成公命孔悝之祖莊叔"隨難於漢陽"之事加以解釋，認爲"漢陽"可能爲曾國之地，此鼎可能在曾國所鑄，但衛成公在位時間爲公元前634~公元前633年、公元前631~公元前600年，已至春秋中期，較衛伯須鼎的年代明顯要晚得多，這與張文將該鼎年代定爲兩周之際自相矛盾，所以無論"漢陽"是不是如張文所說係曾國之地，從年代上來講，這種可能性都絕不存在，有關推論因而也就不可信。

　　據衛伯須鼎銘文及有關金文文例，器主衛伯須應係衛國君主，殆無疑問。但衛伯須究竟是春秋早期的哪一位衛君，因證據不充分，目前尚不能定論。

　　上引黃文指出，衛伯須鼎出於曾國墓地可能是因某種原因所致，是否賄贈之器，有待深入研究。

　　上述衛伯須鼎與襄陽出土的曾仲子敔鼎及隨縣尚店出土的郘公湯鼎等同時期曾國銅器形制、紋飾均近同，不排除其受曾文化的影響③。同時也應當注意的是，該鼎亦與

---

① 黃錫全：《棗陽郭家廟曾國墓地出土銅器銘文考釋》，《棗陽郭家廟曾國墓地》，科學出版社，2005年。
② 湖北省文物考古研究所：《曾國青銅器》，文物出版社，2007年，第131頁。
③ 黃錦前：《伯家父諸簋國別析論——兼談曾子仲宣喪鼎與番君贏匜》，《紀念于省吾先生誕辰120周年姚孝遂先生誕辰90周年學術研討會論文集》，待刊。

中原地區同時期同類器物如虢文公子𝑈鼎①、芮公鼎②及芮太子鼎③等形制、紋飾也比較接近。相對而言，器形方面，似乎中原的風格要比南土的略濃厚。鼎銘"衛伯須用吉金作寶鼎，子孫用之"，這種"（唯）×××用（其）吉金，（自/用）作××"類較爲固定的辭例格式，以及銘末"子孫用之"類較爲減省的套語，亦皆係春秋早期南土地區普遍流行的辭例格式④。總之，據器物形制、紋飾及銘文等各方面，衛伯須鼎與同時期曾國銅器所體現的文化特徵多有類似，是不容忽視的客觀存在。

與衛伯須鼎情形類似者還有2014年棗陽郭家廟墓地曹門灣墓區出土的一件𨛫君虗鼎（M22∶6）⑤。鼎銘"𨛫君虗作其鼎，其萬年無疆，子孫永用之，其或唯喪，則盟䂫之"，"𨛫"應即《詩·邶風·泉水》"出宿于泲，飲餞于禰"的"禰"，或作"坭""泥"，即《式微》之"泥中"，在今河南濬縣一帶⑥，亦屬中原地區。鼎敞口，弧腹，圜底，長方形附耳，三蹄足粗壯，內面呈弧形內凹，腹飾一道凸弦紋，上、下各飾一周竊曲紋和兩周垂鱗紋，耳飾重環紋。類似的鼎過去在曾國故地隨棗走廊一帶多有出土，如襄陽王坡M1出土的鄧公孫無忌鼎（M1∶1）⑦、京山蘇家壠出土的曾侯仲子斿父鼎⑧、棗陽段營出土的曾子仲謱鼎⑨等，形制皆與之近同。2002年及此前棗陽郭家廟也出土過一些類似的鼎，如竊曲紋鼎（M1∶05、M2∶1、M6∶1）、曾亙

---

① 故宮博物院：《故宮青銅器》，紫禁城出版社，1999年，第198頁187；《中國青銅器全集》編輯委員會：《中國青銅器全集》（第6卷），文物出版社，1997年，一四〇。

② 《銘圖》（第4卷），第36~38頁第01879~01881號。

③ 〔日〕林巳奈夫：《殷周時代青銅器の研究：殷周青銅器綜覽一》（圖版），吉川弘文館，1984年，第32頁鼎351。

④ 有關辭例的時代和地域性特徵討論可參看黃錦前：《伯家父郜簋國別析論——兼談曾子仲宣喪鼎與番君嬴匜》，《紀念于省吾先生誕辰120周年姚孝遂先生誕辰90周年學術研討會論文集》，待刊；黃錦前：《鼉壺蓋的年代與國別》，《湖南省博物館館刊》（第十三輯），嶽麓書社，2017年；黃錦前：《伯多父壺的年代與國別》，《文物研究》（第23輯），科學出版社，2019年。

⑤ 長江文明館、湖北省博物館、湖北省文物考古研究所等：《穆穆曾侯——棗陽郭家廟曾國墓地》，文物出版社，2015年，第136~139頁54；棗陽市博物館考古隊、湖北荊州文物保護中心、襄陽市文物考古研究所等：《湖北棗陽郭家廟墓地曹門灣墓區（2014）M10、M13、M22發掘簡報》，《江漢考古》2016年第5期，圖版三、圖版六、拓片一。

⑥ 黃錦前：《棗陽曹門灣M22出土𨛫君虗鼎及相關問題》，《江漢考古》待刊。

⑦ 湖北省文物考古研究所、襄樊市考古隊、襄陽區文物管理處：《襄陽王坡東周秦漢》，科學出版社，2005年，彩版四，1；圖版八，1、3。

⑧ 湖北省文物考古研究所：《曾國青銅器》，文物出版社，2007年，第15頁。

⑨ 湖北省文物考古研究所：《曾國青銅器》，文物出版社，2007年，第52頁。

嫚鼎（M17∶1、M17∶2）[1]等。鼎銘的部分文句如"××作其××，其萬年無疆，子孫永用之"，亦係春秋早期南土地區常見的辭例格式。同衛伯須鼎一樣，該鼎雖係中原地區器物，但無論是器形還是銘文，風格均與南土地區同類器、銘近似。

類似情形又見於2015年棗陽郭家廟墓地曹門灣墓區出土的一件矢叔匜（M43∶2）[2]，匜銘"唯九月初吉壬午，矢叔肇父媵孟姬元女匜盤，其永壽用之"，據銘文，矢應係姬姓[3]；據有關金文材料，"矢"應係"吳"即"虞"之省[4]，所謂"矢叔"，實應係"吳叔"，即"虞叔"，與吳叔襄鼎[5]的"吳叔"係同一族屬，係中原地區的姬姓國族；"孟姬"係矢叔肇父之女，此匜係其爲女孟姬出嫁曾國所作[6]。該匜爲瓢形腹，長流槽上揚，卷尾龍形鋬，龍口銜沿，下有四夔龍形扁足。流口下飾一對分尾龍紋，器口下飾竊曲紋，腹飾瓦紋。與河南羅山高店出土的奚季寬車匜[7]、確山竹溝鎮出土的嚣伯歌夷匜[8]及永城輪窰廠出土的鄭伯匜[9]等形制、紋飾近同。銘文方面，銘末"其永壽用之"的套語，常見於春秋早期漢淮流域的銅器銘文，如陳侯鼎[10]、陳

---

[1] 襄樊市考古隊、湖北省文物考古研究所、湖北孝襄高速公路考古隊：《棗陽郭家廟曾國墓地》，科學出版社，2005年，彩版七，2；彩版八；圖版五～圖版八。湖北省文物考古研究所：《曾國青銅器》，文物出版社，2007年，第80、81、87～89、93～97、136、137頁。長江文明館、湖北省博物館、湖北省文物考古研究所等：《穆穆曾侯——棗陽郭家廟曾國墓地》，文物出版社，2015年，第40～43、74～77頁。
[2] 棗陽市博物館考古队、湖北省文物考古研究所、湖北荊州文物保護中心等：《湖北棗陽郭家廟墓地曹門灣墓區（2015）M43發掘簡報》，《江漢考古》2016年第5期，圖版一九、圖版二二，拓片四。
[3] 棗阳市博物館考古队、湖北省文物考古研究所、湖北荊州文物保護中心等：《湖北棗陽郭家廟墓地曹門灣墓區（2015）M43發掘簡報》，《江漢考古》2016年第5期。
[4] 黄錦前：《試說青銅器銘文中的吳、矢、虞》，未刊稿。
[5] 《銘續》（第1卷），第183頁第0171號。
[6] 黄錦前：《從吳叔襄鼎談到棗陽曾國墓地出土的矢、衛、邔諸器》，《北方民族考古研究》（第四輯），科學出版社，2017年。
[7] 信陽地區文管會、羅山縣文化館：《羅山縣高店公社又發現一批春秋時期青銅器》，《中原文物》1981年第4期，圖版陸，2。
[8] 夏麥陵：《嚣伯匜斷代與隊之地望》，《考古》1993年第1期，圖二。
[9] 李俊山：《永城出土西周宋國銅匜》，《中原文物》1990年第1期，圖一。
[10] 集成5.2650。

侯簠①、陳侯盤②、陳侯簠③、陳侯匜④、㢲公孫指父釶⑤、陳伯元匜⑥、陳子匜⑦、子諆盆⑧、復公子伯舍簠⑨、原氏仲簠⑩及叔夜鼎⑪，等等。泗水流域及鄰近地區的魯、曹、宋及徐等國也有少量例子，部分器物年代也略晚至春秋中晚期，如魯正叔盤⑫、曹公簠⑬、曹公盤⑭、趞亥鼎⑮及宜桐盂⑯等。中原地區除楷侯微逆簠⑰外，目前未見他例。可

---

① 集成9.4603、4604。
② 集成16.10157。
③ 集成9.4606、4607。
④ 《銘圖》（第26卷），第375頁第14991號。
⑤ 集成16.9979。
⑥ 集成16.10267。
⑦ 集成16.10279。
⑧ 集成16.10335。
⑨ 集成7.4011～4013。
⑩ 秦永軍、韓維龍、楊鳳翔：《河南商水縣出土周代青銅器》，《考古》1989年第4期，圖二，2～4。
⑪ 集成5.2669。
⑫ 集成16.10124。
⑬ 集成9.4593。
⑭ 集成16.10144。
⑮ 集成5.2588。
⑯ 集成16.10320。
⑰ 集成9.4521。

見從辭例來看，矢叔匜銘亦與南土地區同時期器銘有一定共性。

總之，同曾國或南土地區同類器物及銘文接近，卻與同時期中原地區的同類器物相似性較少，這種情況在郭家廟曾國墓地出土的衛伯須鼎、郘君虘鼎及矢叔匜等器物和銘文上皆有不同程度的反映。

衛國與虞國皆係姬姓，地亦皆在中原，"郘"即"禰"（或作"埿""泥"），亦係中原地區國族。我曾指出，衛伯須鼎出自湖北棗陽郭家廟墓地，其形制、紋飾與該墓地所出曾器多有類似，不排除其受曾文化的影響①。綜合這些器、銘材料來看，這種可能性當可進一步肯定。

衛伯須鼎及郘君虘鼎等器出自曾國墓地，其具體原因過去我們不曾確知，今佐以矢叔匜等器，與矢叔匜所反映的曾人與中原地區的虞國聯姻關係類似，衛伯須鼎及郘君虘鼎等出自曾國墓地，亦係曾人與地處中原的衛、郘等國族以聯姻或其他形式密切交往的產物，是這段湮沒已久的歷史的忠實見證和原始記錄。矢叔匜、衛伯須鼎及郘君虘鼎等出自曾國墓地，以實物和文字的證據，揭示了湮沒已久的春秋時期南土的曾國與中原地區的虞、衛及郘等國族以聯姻等形式密切交往的史實，豐富和更新了我們的相關認識。

又2002年棗陽郭家廟曾國墓地出土一件春秋早期的曾孟嬴剈簠（M1∶6）②銘曰"曾孟嬴剈自作行簠，則永祜福"，器主曾孟嬴剈應係淮域一帶的嬴姓江、黃之國女子嫁至曾國者，或即係黃國女子③。該墓又出土2件春秋早期的幻伯隹壺（M1∶8、M1∶9）④，銘作"幻伯隹作鴞寶壺，其萬〔年〕子孫用之"。黃錫全認為"幻"可讀作"弦"，弦國故地在今河南光山縣西北⑤。從地理上看，弦國與黃國緊鄰，因此，

---

① 黃錦前：《伯家父郜簠國別析論——兼談曾子仲宣喪鼎與番君嬴匜》，《紀念于省吾先生誕辰120周年姚孝遂先生誕辰90周年學術研討會論文集》，待刊。

② 襄樊市考古隊、湖北省文物考古研究所、湖北孝襄高速公路考古隊：《棗陽郭家廟曾國墓地》，科學出版社，2005年，第93頁圖七五，2；圖版一〇，3。湖北省文物考古研究所：《曾國青銅器》，文物出版社，2007年，第82、83頁。長江文明館、湖北省博物館、湖北省文物考古研究所等：《穆穆曾侯——棗陽郭家廟曾國墓地》，文物出版社，2015年，第44、45頁。

③ 黃錦前：《新出兩件曾子鼎繹讀》，《上古漢語研究》（第三輯），商務印書館，2019年。

④ 襄樊市考古隊、湖北省文物考古研究所、湖北孝襄高速公路考古隊：《棗陽郭家廟曾國墓地》，科學出版社，2005年，第91～94頁，第94頁圖七七；彩版一二，3；圖版一一，3、4。湖北省文物考古研究所：《曾國青銅器》，文物出版社，2007年，第84～86頁。長江文明館、湖北省博物館、湖北省文物考古研究所等：《穆穆曾侯——棗陽郭家廟曾國墓地》，文物出版社，2015年，第70、71頁。

⑤ 黃錫全：《棗陽郭家廟曾國墓地出土銅器銘文考釋》，《棗陽郭家廟曾國墓地》，科學出版社，2005年。

这2件幻伯隹壺出自嫁自黃國的曾夫人之墓，很可能也與曾黃之間的聯姻有關。《公羊傳》莊公十九年："媵者何？諸侯娶一國，則二國往媵之，以姪娣從。"循此思路，推測很可能是黃女孟嬴剈適曾，幻伯隹之女鴰隨媵，這2件壺係幻伯隹爲其女隨嫁至曾國所作媵器。曾夫人曾孟嬴剈去世後，其媵女鴰以其陪嫁之器隨葬，因而纔有這2件壺出自曾夫人孟嬴剈之墓的情況[①]。

綜上，棗陽郭家廟曾國墓地出土衛伯須鼎的年代應爲春秋早期，器主衛伯須不可能是衛頃侯，與《禮記·祭統》所記衛成公命孔悝之祖莊叔"隨難於漢陽"之事亦無涉；衛伯須應係春秋早期的衛國君主，具體不能肯定。結合近年郭家廟墓地出土的矢叔匜等器物來看，與矢叔匜所反映的曾人與中原地區的虞國聯姻關係類似，衛伯須鼎及邟君𥂁鼎等出自曾國墓地，亦係曾人與地處中原的衛、邟等國族以聯姻或其他形式密切交往的產物，是這段湮沒已久的歷史的忠實見證和原始記錄。曾國墓地出土的衛伯須鼎、矢叔匜及邟君𥂁鼎等中原地區國族諸器，其器、銘皆與同時期南土地區器、銘多有類似，當係受南土地區文化影響所致，是中原文化和南土文化交融的產物。郭家廟墓地出土的曾孟嬴剈簠的器主孟嬴剈係黃國女子，嫁爲曾夫人，幻伯隹壺的器主鴰爲幻伯隹之女，係其隨媵，該組器物共出於曾夫人孟嬴剈之墓，反映了曾與黃、弦之間聯姻的有關史實。

---

① 發掘報告推定該墓墓主爲曾國貴族夫人嬴剈，應可信，詳參襄樊市考古隊、湖北省文物考古研究所、湖北孝襄高速公路考古隊：《棗陽郭家廟曾國墓地》，科學出版社，2005年，第326、327頁。

第五章 名物制度

第一節 說"肆壺"與"田壺"

一

湖北隨州葉家山曾侯家族墓地出土有幾件曾侯（諫）壺，銘文分別作：

（1）曾侯諫壺[①]：曾侯諫作塊簪壺。
（2）曾侯壺[②]：曾侯作田壺。
（3）曾侯壺[③]：曾侯作田壺。

（2）（3）曾侯壺作器者"曾侯"雖未具名，但與（1）曾侯諫壺應係同人即曾侯諫所作，我曾有小文討論[④]，不贅述。

這幾件壺雖爲同人所作，但形態各異。（1）曾侯諫壺（M28∶178）體呈截尖棗核形，口微侈，長頸，鼓腹，圈足沿外撇，内插式蓋，上有圈狀捉手。蓋沿和器頸均飾體呈"S"形垂冠回首雙頭夔龍紋。（2）曾侯壺（M65∶31）橫截面呈橢圓形，直口，長頸，鼓腹，圈足，頸部有一對小紐，套接龍頭提梁，内插式蓋，蓋面隆起，上有圈狀捉手。蓋面和圈足各飾兩道絃紋，頸、腹飾絡帶紋，相交處有釘蓋形凸起。

[①] 湖北省文物考古研究所、隨州市博物館：《湖北隨州葉家山M28發掘報告》，《江漢考古》2013年第4期，圖版二六，拓片一九；湖北省博物館、湖北省文物考古研究所、隨州市博物館：《隨州葉家山——西周早期曾國墓地》，文物出版社，2013年，第88~91頁。

[②] 湖北省文物考古研究所、隨州市博物館：《湖北隨州葉家山M65發掘簡報》，《江漢考古》2011年第3期，圖版一九，圖一九；湖北省博物館、湖北省文物考古研究所、隨州市博物館：《隨州葉家山——西周早期曾國墓地》，文物出版社，2013年，第40、41頁。

[③] 湖北省博物館、湖北省文物考古研究所、隨州市博物館：《隨州葉家山——西周早期曾國墓地》，文物出版社，2013年，第130頁。

[④] 黄錦前：《西周早期曾侯世系與葉家山三座大墓的年代和墓主》，《南方文物》2020年第1期。

（3）曾侯壺（M111∶117）體修長，口微侈，長頸，鼓腹，圈足沿外撇然後下折，內插式蓋，蓋面隆起，上有半環紐，蓋沿有鏈條與器相連，前有管狀流，後有牛首半環形鋬。蓋沿和器頸均飾三列雲雷紋組成的獸面紋帶，上下以連珠紋鑲邊，圈足飾兩道絃紋。三壺年代相當，均爲西周早期約成康時器。

學者或據其形態差異與銘文分別稱"肆壺""田壺"，認爲前者即"肆壺"當係肆列之器，而盛鬯㔽以浴尸，用於喪禮；後二者即"田壺"之"田"義即田獵，"田壺"應爲田獵之游而作。田壺與肆壺名稱有別，唯見其用途不同，以致形制各異①。此說當然不乏新意，但細審之，或容有可商，兹略陳鄙意，以就正於方家及同好。

二

曾侯諫壺"簪壺"的"簪"應釋作"肆"，"簪壺"即"肆壺"。晨簋② "公錫晨宗彝一𨤲（肆）"，與"簪"一樣，"𨤲"亦從"希"得聲，可證將"簪壺"的"簪"釋作"肆"當無問題。"簪"字又見於下揭各器銘：

（4）簪鼎③：簪作祖乙寶尊彝。
（5）叔豊慶鬲④：叔豊慶□□寶鬲，其簪永寶。
（6）叔尊⑤、叔卣⑥：丕顯朕文考魯公，垂文遺功，不肆厥誨。余命汝自窇豨來誨魯人，爲余宮，有妹俱成，亦唯小羞。余既省，余既處，亡不好，不忓于朕誨。

簪鼎的"簪"爲人名，故不論。

對照伯尊（伯作蔡姬觶）⑦ "伯作蔡姬宗彝，其萬年世孫子永寶"、黄尊⑧ "黄肇

---

① 馮時：《葉家山曾國墓地剳記三題》，《江漢考古》2014年第2期。
② 集成8.4159。
③ 集成4.2244。
④ 《銘圖》（第6卷），第239頁第02853號。
⑤ 中國國家博物館、中國書法家協會：《中國國家博物館典藏甲骨文金文集粹》，安徽美術出版社，2015年，第136~138頁35。
⑥ 《銘圖》（第24卷），第324~326頁第13347號。
⑦ 集成11.5969。
⑧ 集成11.5976。

作文考宗伯旅尊彝，其百世孫子永寶"及班簋①"子子孫孫多世其永寶"等有關文例，叔豐慶鬲"其𦅫永寶"的"𦅫"即"肆"應讀作"世"。"肆"爲心母質部字，"世"古音爲審母月部，二者聲爲準雙聲，韻爲旁轉，古音很近，故可通。《老子》第五十八章："直而不肆。"馬王堆帛書乙本"肆"作"緤"。《説文》："緤，系也。从糸世聲。"可證"肆"與"世"古音確近。

叔尊、叔卣"不𦅫厥誨"，據上下文並對照有關文例如速盤②"零朕皇高祖零伯，粦明厥心，不墜□服"及者汈鐘③"王曰：者汈，汝亦虔秉不墜德"等，"𦅫"即"肆"，在銘文中有"棄"或"失"義。《漢書·揚雄傳下》："故平不肆險，安不忘危。"顔師古注："服虔曰：'肆，棄也。'"

總之，參照"𦅫"在金文中的有關用法，將"𦅫"釋作"肆"，"𦅫壺"即"肆壺"，應無問題。

據壺銘並參照有關文例，"𦅫壺"即"肆壺"的"肆"應讀作"彝"，"肆壺"即"彝壺"，"肆"即"彝"應表器之共名。"肆"爲心母質部字，"彝"爲喻母脂部字，二者聲爲鄰紐，韻爲對轉，古音較近，故可通。

葉家山墓地出土的曾侯諫爲其夫人媿所作其他各器，如：

（7）曾侯諫簋④：曾侯諫作媿寶尊彝。
（8）曾侯諫甗⑤：曾侯諫作媿寶彝。
（9）曾侯諫尊⑥：曾侯諫作媿寶尊彝。

---

① 集成8.4341。

② 陝西省考古研究院、寶鷄市考古研究所、眉縣文化館：《吉金鑄華章——寶鷄眉縣楊家村單氏青銅器窖藏》，文物出版社，2008年，第184~191頁。

③ 集成1.120~132。

④ 湖北省文物考古研究所、隨州市博物館：《湖北隨州市葉家山西周墓地》，《考古》2012年第7期，圖版柒，4；圖一八，7。湖北省文物考古研究所、隨州市博物館：《湖北隨州葉家山西周墓地發掘簡報》，《文物》2011年第11期，圖二五；圖八〇，2。《江漢考古》2013年第4期，圖版一一、圖版一二，第19頁拓片七。湖北省博物館、湖北省文物考古研究所、隨州市博物館：《隨州葉家山——西周早期曾國墓地》，文物出版社，2013年，第69~71、181~183頁。

⑤ 黃鳳春、陳樹祥：《湖北隨州葉家山西周墓地考古發掘獲階段性重大成果》，《中國文物報》2011年10月12日，第4版。《文物》2011年第11期，第22頁圖三〇；第52頁圖八〇，1。湖北省博物館、湖北省文物考古研究所、隨州市博物館：《隨州葉家山——西周早期曾國墓地》，文物出版社，2013年，第176~179頁。

⑥ 《江漢考古》2013年第4期，第23頁圖版一五，拓片一〇；湖北省博物館、湖北省文物考古研究所、隨州市博物館：《隨州葉家山——西周早期曾國墓地》，文物出版社，2013年，第82、83頁。

（10）曾侯諫卣[①]：曾侯諫作媿寶尊彝。

器物自名皆作"寶（尊）彝"，即使用器之共名；庚姬鬲[②]"庚姬作叔媿尊鬲"，銘文格式亦同；伯遲父鼎[③]"伯遲父作彝鼎"、作氒商簋[④]"作氒商彝簋"、作父丁尊[⑤]"作父丁寶彝尊"、涇伯尊[⑥]"涇伯作寶彝尊"、旅簋尊[⑦]"旅簋作父辛彝尊"、中山王譻壺[⑧]"鑄爲彝壺"、曾姬壺[⑨]"用作宗彝尊壺"及蔡侯申盤[⑩]"用作大孟姬賸彝盤"等，器物自名皆作"彝×"，即"共名+自名"，格式皆同。凡此皆可佐證。

曾侯諫壺體呈截尖棗核形，這種形式的壺俗稱"橄欖壺"，目前考古出土數量較多，部分有自名，如：

（11）鼒酖甗壺[⑪]：鼒酖甗作父丁彝。
（12）向壺[⑫]：向作厥尊彝，鼒。
（13）豐壺[⑬]：豐作旅壺。
（14）伯紳壺[⑭]：伯紳作母娟旅壺。
（15）旨作父辛壺[⑮]：旨作父辛彝。

---

① 《江漢考古》2013年第4期，第25頁圖版一七，第26頁拓片一一，第27頁圖版一八；湖北省博物館、湖北省文物考古研究所、隨州市博物館：《隨州葉家山——西周早期曾國墓地》，文物出版社，2013年，第85～87頁。

② 集成3.637～640。

③ 集成4.2195。

④ 集成6.3453。

⑤ 集成11.5829。

⑥ 集成11.5848。

⑦ 集成11.5926。

⑧ 集成15.9735。

⑨ 集成15.9710、9711。

⑩ 集成16.10171。

⑪ 《文物》2011年第11期，第28頁圖四五；第52頁圖八〇，6。湖北省博物館、湖北省文物考古研究所、隨州市博物館：《隨州葉家山——西周早期曾國墓地》，文物出版社，2013年，第208、209頁。

⑫ 《銘圖》（第22卷），第38頁第12169號。

⑬ 《銘圖》（第21卷），第465頁12114號。

⑭ 《銘圖》（第22卷），第75頁12204號。

⑮ Imperial Treasure: Archaic bronzes from the golden age of China. Hong Kong: Joyce Gallery, 2012, pp. 76-79.

（16）叔壺①：叔作寶。

其中（11）鼎酬夒壺亦係隨州葉家山西周墓地出土（M27∶3）。據其自名作"彝""尊彝""旅壺""寶"等來看，這類壺應係通常所見的用作祭祀、宴饗等用途的禮器，而並非肆列即所謂"盛鬱鬯以浴尸，用於喪禮"之器。

總之，"鬵壺"即"肆壺"的"肆"應讀作"彝"，"肆壺"即"彝壺"，"肆"即"彝"應表器之共名。所謂"肆壺"當係肆列之器，盛鬱鬯以浴尸，用於喪禮等說似求之過深而有附會之嫌。

三

同樣，"田壺"的"田"亦應讀作"彝"，"田壺"亦謂"彝壺"，"田"即"彝"亦應表器之共名。

"田"爲定母真部字，"彝"爲喻母脂部字，二者聲爲鄰紐，韻爲對轉，古音較近，故可通。上述"肆"（心母質部）與"彝"（喻母脂部）亦聲爲鄰紐，韻爲對轉，音近可通。同樣，"肆"（心母質部）與"田"（定母真部）聲亦爲鄰紐，韻亦爲對轉。可見"肆""田"及"彝"皆音近，故在銘文中，"肆"與"田"均應讀作"彝"，表器之共名。

與上述（2）（3）曾侯壺爲同一曾侯所作之器，又有如下：

（1）曾侯鼎②：曾侯作寶（尊彝）鼎。
（2）曾侯鼎③：曾侯作父乙寶尊彝。
（3）曾侯鬲④：曾侯作寶尊。

---

① 集成15.9512。
② 《中國文物報》2011年10月12日，第4版。《文物》2011年第11期，圖一四；圖七〇，6、7。《考古》2012年第7期，第37頁圖9，1、2。《江漢考古》2013年第4期，第10頁拓片二，第11頁圖版四。湖北省博物館、湖北省文物考古研究所、隨州市博物館：《隨州葉家山——西周早期曾國墓地》，文物出版社，2013年，第56、57、186頁。
③ 湖北省博物館、湖北省文物考古研究所、隨州市博物館：《隨州葉家山——西周早期曾國墓地》，文物出版社，2013年，第114~117頁。
④ 《江漢考古》2013年第4期，第20頁圖版一三，拓片八；湖北省博物館、湖北省文物考古研究所、隨州市博物館：《隨州葉家山——西周早期曾國墓地》，文物出版社，2013年，第68頁。

（4）曾侯䍙①：曾侯用彝。

（5）曾侯簋②：曾侯作旅彝。

（6）侯斝③：侯用彝。

（7）曾侯卣④：曾侯用彝。

（8）曾侯盤⑤：曾侯用彝。

（9）侯盉⑥：侯用彝。

這些器物自名，或用共名，如"寶尊彝""寶尊""彝""旅彝""用彝"，或以"共名+專名"，如"寶（尊彝）鼎"，所謂"旅彝""用彝"，通常也泛指作爲祭祀或宴響用的禮器，而並非用於喪禮等特定或專門的用途。

1992年山西曲沃北趙晉侯墓地出土的晉侯對盨⑦銘曰：

唯正月初吉庚寅，晉侯對作寶尊及盨，其用田狩，甚樂于原隰，其萬年永寶用。

學者或據此而認爲認爲古人或爲田狩而專門作器⑧。據此銘，此說殆無疑問，不過據此而將上述"田壺"之"田"理解爲義即田獵，"田壺"應爲田獵之游而作，則未必。首先，就辭例而言，盨銘雖云"其用田狩，甚樂于原隰"，表明其用途是用於田狩，

---

① 《江漢考古》2013年第4期，第21頁圖版一四，拓片九；湖北省博物館、湖北省文物考古研究所、隨州市博物館：《隨州葉家山——西周早期曾國墓地》，文物出版社，2013年，第66、67頁。

② 《考古》2012年第7期，圖版柒，5。

③ 湖北省博物館、湖北省文物考古研究所、隨州市博物館：《隨州葉家山——西周早期曾國墓地》，文物出版社，2013年，第126、127頁。

④ 湖北省博物館、湖北省文物考古研究所、隨州市博物館：《隨州葉家山——西周早期曾國墓地》，文物出版社，2013年，第129頁。

⑤ 湖北省博物館、湖北省文物考古研究所、隨州市博物館：《隨州葉家山——西周早期曾國墓地》，文物出版社，2013年，第131頁。

⑥ 《江漢考古》2011年第3期，第24頁圖版一八，圖一七；湖北省博物館、湖北省文物考古研究所、隨州市博物館：《隨州葉家山——西周早期曾國墓地》，文物出版社，2013年，第42、43頁。

⑦ 《中國青銅器全集》編輯委員會：《中國青銅器全集》（第6卷），文物出版社，1997年，四五；陳佩芬：《夏商周青銅器研究》（西周篇），上海古籍出版社，2004年，第499～505頁三九七；上海博物館：《晉國奇珍——山西晉侯墓群出土文物精品展》，上海人民美術出版社，2002年，第78～84頁；首陽齋、上海博物館、香港中文大學文物館：《首陽吉金——胡盈瑩、范季融藏中國古代青銅器》，上海古籍出版社，2008年，第115～117頁40。

⑧ 馮時：《葉家山曾國墓地劄記三題》，《江漢考古》2014年第2期。

但與曾侯壺"田壺"的辭例並不對應，二者語境也不同。其次，從器物自名的角度來看，曾侯壺的"田壺"，與晉侯對盨的"寶尊及盨"相對應，與"田"相對應的是"寶尊"等表示器物共名之修飾詞，再參照上揭同人所作其他各器之自名，或用共名（如"寶尊彝""寶尊""彝""旅彝""用彝"），或以"共名+專名"如"寶（尊彝）鼎"等情況來看，"田"在此顯然也應係表示器物共名之修飾詞，而非表其用途。因此，晉侯對盨是不足以爲據來證明"田壺"之"田"義即田獵，"田壺"應爲田獵之游而作的，即使退一步說可爲佐證，其說服力也很有限。

與晉侯對盨銘文相似的，還有一件私人收藏的伯太師鼎①，銘作：

　　伯太師作饙鼎，我用田用狩，用祈眉壽。

同樣，據"我用田用狩"可知，此鼎係爲田狩所作，但其自名"饙鼎"，表明其用途係（田狩時）用以飲食，鼎銘也並未徑稱"田鼎"之類，亦可佐證"田壺"之"田"未必即田獵義。

總之，"田壺"的"田"亦應讀作"彝"，"田壺"亦謂"彝壺"，"田"即"彝"亦應表之共名。所謂"田壺"之"田"義即田獵，"田壺"應爲田獵之游而作等說亦有附會之嫌。至於說"田壺與肆壺名稱有別，唯見其用途不同，以致形制各異"，更有前提證據不足而推論過度之嫌，事實則未必如此。

四

現藏於中國國家博物館的晉侯簋②，銘作：

　　晉侯作田嬛饙簋。

或將"嬛"讀爲"妻"，將"田嬛"視爲人名，即晉侯之妻田氏③，不確。"嬛"在金

---

① 《銘圖》（第4卷），第191頁第02027號。
② 朱鳳瀚：《對與晉侯有關的兩件西周銅簋的探討》，《古文字研究》（第29輯），中華書局，2012年，第330頁圖一、圖三；中國國家博物館、中國書法家協會：《中國國家博物館典藏甲骨文金文集粹》，安徽美術出版社，2015年，第184～188頁45。
③ 朱鳳瀚：《對與晉侯有關的兩件西周銅簋的探討》，《古文字研究》（第29輯），中華書局，2012年；中國國家博物館、中國書法家協會：《中國國家博物館典藏甲骨文金文集粹》，安徽美術出版社，2015年，第184頁45。

文中屢見，字或作"齊""𪗉"等，如：

(10) 鼇鼎①：鼇作寶𪗉鼎。
(11) 師昌鼎②：師昌其作寶𪗉鼎。
(12) 伯武父鼎③：伯武父作寶𪗉鼎。
(13) 紳鼎④：用作朕文考氏孟寶尊𪗉鼎。

顯然"𪗉"或"𪗉"在銘文中的作用是如同"尊""彝"等詞，表器之共名。同樣，"田"在銘文中亦應讀作"彝"，表器之共名。晉侯簋"田𪗉饙簋"，係"共名+用途+專名"，是較爲複雜的結構，尌仲簋蓋⑤"尌仲作朕皇考桓仲𪗉彝尊簋"、𩰫簋⑥"𩰫作𪗉彝寶簋"、王子午鼎⑦"自作𪗉彝鼎"及癸鼎⑧"癸作厥考凡公寶饙彝"等文例皆近似，併可佐證。

五

綜上，據文字、文例、器形及器物自名等，湖北隨州葉家山曾國墓地出土曾侯（諫）壺"𪗉壺"即"肆壺"的"肆"與"田壺"的"田"皆應讀作"彝"，"肆壺""田壺"皆謂"彝壺"，"肆"與"田"皆同於"彝"，表器之共名。所謂"肆壺"當係肆列之器，而盛鬱鬯以浴尸，用於喪禮，"田壺"之"田"義即田獵，"田壺"應爲田獵之游而作，田壺與肆壺名稱有別，唯見其用途不同，以致形制各異等說，並無確據，似求之過深而有附會之嫌。晉侯簋"田𪗉饙簋"的"田"亦應讀作"彝"，表器之共名，其自名格式爲"共名+用途+專名"，是較爲複雜的結構。

附記：據文例和文義，"肆壺"之"肆"似應理解爲"肆享""肆祀"較妥，

---

① 集成4.2067。
② 集成5.2557。
③ 中國國家博物館、中國書法家協會：《中國國家博物館典藏甲骨文金文集粹》，安徽美術出版社，2015年，第192~194頁47。
④ 《銘圖》（第5卷），第272、273頁第02441號。
⑤ 集成8.4124。
⑥ 集成8.4317。
⑦ 集成5.2811。
⑧ 《銘續》（第1卷），第136頁第0133號。

"田壺"之"田"也應如傳統看法理解爲"田獵""田遊"較好，小文將"肆壺"的"肆"與"田壺"的"田"皆讀作"彝"，似有矯枉過正、求之過深之嫌，是爲記。

2018年12月24日

第二節 由曾侯寶鼎再議升鼎的有關問題

《中國國家博物館典藏甲骨文金文集粹》著錄有2件國博新近入藏的曾侯寶鼎[1]，曾侯寶諸器據云盜自隨州義地崗墓地，同坑出數十件，目前所見有19件，包括鼎7、簋5、簠2、方罍2、圓壺1、盤1、匜1件，除器名外，銘文基本相同。吳鎮烽《商周青銅器銘文暨圖像集成》及其《續編》著錄有鼎5（包括上述國博所藏2件，另有一鼎爲隨州市公安局繳獲，現藏隨州市博物館[2]，餘2鼎及其他各器皆爲海內外私人收藏）、簋2、簠2、圓壺1、盤1件等，銘文分別作：

(1) 曾侯寶鼎[3]：唯王五月吉日庚申，曾侯寶擇其吉金，自作升鼎，永用之。

(2) 曾侯寶簋[4]：唯王五月吉日庚申，曾侯寶擇其吉金，自作飤簋，永用之。

(3) 曾侯寶壺[5]：唯王五月吉日庚申，曾侯寶擇其吉金，自作尊壺，永用之。

(4) 曾侯寶盤[6]：唯王五月吉日庚申，曾侯寶擇其吉金，自作盥盤。

其中鼎名"升鼎"，一般所謂的"升鼎"，係春秋中晚期曾、楚二國常見的一種平底束腰鼎的專稱，金文和楚簡中升鼎的"升"通常寫作"陞""鼟""䜼""盨""鼾"

---

[1] 中國國家博物館、中國書法家協會：《中國國家博物館典藏甲骨文金文集粹》，安徽美術出版社，2015年，第262～265頁64。

[2] 項章：《隨州博物館藏曾侯㝬鼎》，《文物》2014年第8期。

[3] 黃鳳春：《隨棗走廊話曾國 隨州的曾侯墓地》，《中國文化遺產》2013年第5期；項章：《隨州博物館藏曾侯㝬鼎》，《文物》2014年第8期，圖一、圖二；《銘圖》（第4卷），第432～435頁第02219、02220號；《銘續》（第1卷），第202～209頁第0185～0187號；中國國家博物館、中國書法家協會：《中國國家博物館典藏甲骨文金文集粹》，安徽美術出版社，2015年，第262～265頁64。

[4] 《銘圖》（第10卷），第317～320頁第04975、04976號。

[5] 《銘圖》（第22卷），第303、304頁第12390號。

[6] 《銘續》（第3卷），第290、291頁第0942號。

"阩""升"等,"升"或从登得聲,或从升聲;或从口,或从皿,或者从鼎,以表形、義。就器形而言,曾侯寶鼎非常見自名"升鼎"的平底束腰鼎(盤形鼎),而係盆形鼎(圖一),因此過去所謂"升鼎"專指那種平底束腰鼎的看法①,就需要重新考慮。

《商周青銅器銘文暨圖像集成》著錄有一件私人收藏的王孫燮鼎②(圖二),銘作:

王孫燮之𦕾鼎。

鑒於該鼎形制係盆形鼎,"𦕾"字我曾據相關金文文例和文獻認爲應讀作"烝","登鼎"即"烝鼎",爲祭祀用的鼎,而與以往所見楚系銅器銘文中與鼎連用、表示鼎之用途的"登"或从登讀作"升"即升鼎不同③。現在結合曾侯寶鼎來看,恐未必,雖然這樣讀釋於器形、銘文文字、文例及文義等均無礙,且較爲合理。

《商周青銅器銘文暨圖像集成續編》著錄有一組曾卿事宣鼎④,銘曰:

唯曾卿事宣用其吉金,自作△鼎。

"△"字原篆分別作 ⬚、⬚、⬚,《續編》摹作⬚,隸定爲"箟"。我曾據其構形有關文例,認爲該字很可能即"薦"字異體⑤。現在看來,該字有可能與萊敵鼎⑥"𤴰"字即⬚之右旁構形相類,祇不過筆畫更加類化,可能應釋作"登",讀作"升鼎"之"升"。

與曾侯寶鼎、王孫燮鼎一樣,曾卿事宣鼎亦係盆形鼎(圖三)。曾卿事宣鼎年代爲春秋早期,曾侯寶鼎、王孫燮鼎分別爲春秋中、晚期器。

古代祭祀時將燒熟的祭牲放入鼎中曰"升"。《儀禮·士冠禮》:"若殺,則特豚載合升,離肺實于鼎,設扃鼏。"鄭玄注:"煮於鑊曰烹,在鼎曰升,在俎曰

---

① 黃錦前:《關於升鼎來源問題的一點看法》,《楚學論叢》(第三輯),湖北人民出版社,2014年。
② 《銘圖》(第3卷),第335頁第01672號。
③ 黃錦前:《王孫燮鼎器主小考》,《華夏文明》2017年第1期。
④ 《銘續》(第1卷),第162~164頁第0155~0157號。
⑤ 黃錦前:《續論曾卿事宣諸器》,《楚學論叢》(第九輯),湖北人民出版社,2019年。
⑥ 集成4.2065。

載。"又《儀禮·少牢饋食禮》:"司馬升羊右胖,髀不升。"鄭注:"升,猶上也。"可見所謂"升鼎"之"升"應係就鼎的用途而非其形制而言。

從器物組合角度來講,上述目前所知曾侯寶鼎7、簋5件,根據同時期曾國墓葬的青銅器組合情況,簋至少應係6件,因此另有一件未知。參照曾侯乙墓所出曾侯乙的隨葬青銅禮器組合爲9鼎8簋,其中9鼎皆爲升鼎的情況[1],曾侯寶的7件鼎亦爲升鼎,也完全可能。曾卿事宜鼎的器主"曾卿事季宜",據器物組合、年代、器主身份及文字學等方面證據,其人或即見於《左傳》的春秋時赫赫有名的曾大夫季梁,係曾國公室,"卿事"係其所任職名[2]。作爲曾侯家族和曾國權力核心成員,其身份等級應很高,升鼎也與其身份相匹配。同樣,王孫鑾鼎的器主王孫鑾係楚王孫,其地位自不待言,亦合乎使用升鼎的禮制規格。

總之,綜合曾侯寶鼎、曾卿事宜鼎及王孫鑾鼎器形及自名等各方面情況來看,過去所謂"升鼎"專指春秋中晚期曾、楚二國常見的一種平底束腰鼎的看法,應重新考慮,"升鼎"之"升"應係就鼎的用途而非其形制而言,"升鼎"似不僅指平底束腰鼎,至少還應包括盆形鼎。據現有資料,升鼎在曾國出現的時間要早於楚國,楚國升鼎的出現或係受曾國文化影響所致。

上揭傳世的西周中期的茉歔鼎(圖四),銘作:

茉歔作寶。

字過去一般都隸定作"鐙",讀作"鼾"[3],或進一步結合其形制,謂其可能即後來楚式升鼎即鼾之原型[4]。我曾指出,就此問題而言,單憑銘文或形制方面的某些所謂貌似恐怕難以遽定[5]。單從語言文字學的角度,將"鐙"讀作"鼾",當然沒有問題,但"鐙"是否就是"鼾",茉歔鼎是否係楚式升鼎即鼾之原型,證據恐怕皆不夠充分,而

---

[1] 湖北省博物館:《曾侯乙墓》,文物出版社,1989年。
[2] 黃錦前:《曾卿事季宜簋考釋》,《楚學論叢》(第七輯),湖北人民出版社,2018年;黃錦前:《續論曾卿事宜諸器》,《楚學論叢》(第九輯),湖北人民出版社,2019年;黃錦前:《據人名稱謂例談對曾國銅器銘文中有關人物身份的理解》,未刊稿。
[3] 如張亞初:《殷周金文集成引得》,中華書局,2001年,第34頁。
[4] 李零:《楚鼎圖說》,《文物天地》1995年第6期,後輯入氏著《入山與出塞》,文物出版社,2004年;李零:《論楚國銅器的類型》,《入山與出塞》,文物出版社,2004年。
[5] 黃錦前:《關於升鼎來源問題的一點看法》,《楚學論叢》(第三輯),湖北人民出版社,2014年。

有待進一步研究。

一般認爲升鼎係流行於春秋中晚期曾、楚等地的一種平底束腰鼎，現在據新出土資料可以確認，曾卿事宣鼎、曾侯寶鼎及王孫燮鼎等也應係升鼎，這幾件鼎的年代分別爲春秋早、中、晚期，那麼升鼎最早的來源究竟是什麼？是楚文化的首創還是楚文化受姬周文化影響所致？同樣也需重新考慮。

附記：據近年新出材料，東周時期楚系銅器銘文中常見的"登鼎""脰鼎""頣鼎"的"登""脰""頣"等皆應讀作"登""烝"，"登鼎""烝鼎"即"升鼎"；"升鼎"即"登鼎""烝鼎"，係祭祀時用以陳列進獻犧牲的鼎，是從鼎作爲烝祭的用途即器用而非器形的角度予以命名；春秋早期以來南方地區曾楚蔡等國流行的升鼎，其較早的來源應係西周時期的萊獸鼎等"鐙鼎"即"鬴鼎"，是楚文化受姬周文化影響所致，而並非楚人的首創，詳見黃錦前：《南陽楚彭氏家族墓地出土鄭環鼎及有關問題》（未刊稿）。

2018年9月30日

附圖

圖一　曾侯寶鼎

圖二　王孫燮鼎

第五章　名物制度

圖三　曾卿事宜鼎

圖四　萊歜鼎

第三節　銅器銘文所見曾國職官及其身份舉隅

　　曾國的職官，我曾有初步討論[①]。近年隨著新材料的日新月異，有關内容也不斷豐富，有進一步深入探討的必要。目前就銅器銘文所見，曾國職官主要有大司馬（隨大司馬嘉有戈[②]、曾大司馬國鼎[③]、曾大司馬伯國簠[④]）、卿事（曾卿事宜鼎[⑤]、曾卿事梁鬲[⑥]、曾卿事梁簠[⑦]、曾卿事季宜簠[⑧]、曾季卿事奐壺[⑨]）、太保（曾大保簠[⑩]、曾大

---

①　黄錦前：《楚系銅器銘文研究》，安徽大學博士學位論文，2009年，第205、206頁。
②　湖北省文物考古研究所、隨州市博物館：《湖北隨州市文峰塔東周墓地》，《考古》2014年第7期，圖四〇、圖四一。
③　《考古》2014年第7期，第25頁圖一七。
④　《考古》2014年第7期，第26頁圖一九，4。
⑤　《銘續》（第1卷），第162～164頁第0155～0157號。
⑥　《銘續》（第1卷），第331～334頁第0250、0251號。
⑦　《銘續》（第2卷），第79～81頁第0427號。
⑧　此係"@融齋朱冰"在其微博上公佈了一件自藏的"曾卿簠"全形拓圖像資料，該微博鏈接爲：http://weibo.com/rongzhaizhubing?from=feed&loc=nickname&is_all=1。
⑨　《銘續》（第3卷），第118、119頁第0835號。
⑩　集成7.4054；湖北省文物考古研究所：《曾國青銅器》，文物出版社，2007年，第279～283頁；陳偉武：《兩件新見曾國銅器銘文考述》，《中山大學學報》（社會科學版）2009年第5期。

保慶盆[①]、曾太保𤼈簠[②]）、太師（曾太師樂與鼎[③]、曾太師奠鼎[④]）、少師（曾侯乙177、210號簡[⑤]；《左傳》桓公六年"隨人使少師董成"杜預注"少師，隨大夫"）、師（曾師季䡅盤[⑥]）、少宰（曾少宰黃仲酉鼎、甗、簠、方壺、盤、匜等[⑦]）、大工尹（曾大攻尹季怡戈[⑧]、曾工尹喬缶[⑨]）、工佐（曾工佐臣簠[⑩]）、大沈尹（曾大沈尹壺[⑪]）、閽尹（閽尹臧鼎[⑫]）、都尹（曾都尹法簠[⑬]）等，另有作爲宮廷內官繫統的采夫和雍人（曾伯克父簠[⑭]）。

上揭諸器，其器主多係曾侯子孫，或爲姬周宗親，這種現象頗爲典型，也很有趣，因而值得進一步深入總結和分析。這裏主要就曾大司馬伯國、曾都尹法及曾大攻尹等幾組銅器銘文所見器主職任及其身份等情況試加總結，併談一點粗淺的認識，不當之處，請大家教正。

---

① 集成16.10336；韓自強、劉海洋：《近年所見有銘銅器簡述》，《古文字研究》（第24輯），中華書局，2002年；湖北省文物考古研究所：《曾國青銅器》，文物出版社，2007年，第416～420頁。
② 武漢大學歷史學院、湖北省文物考古研究所、湖北荊州文物保護中心、棗陽市博物館考古隊：《湖北棗陽郭家廟墓地曹門灣墓區（2015）M43發掘簡報》，《江漢考古》2016年第5期。
③ 湖北省文物考古研究所：《曾國青銅器》，文物出版社，2007年，第4～7頁。
④ 《中國青銅器全集》編輯委員會：《中國青銅器全集》（第10卷），文物出版社，1998年，九。河南省文物考古研究所、南陽市文物考古研究所、淅川縣博物館：《淅川和尚嶺與徐家嶺楚墓》，大象出版社，2004年，彩版四，2；第12頁圖一〇。湖北省文物考古研究所：《曾國青銅器》，文物出版社，2007年，第401～403頁。
⑤ 湖北省博物館：《曾侯乙墓》（下冊），文物出版社，1989年，圖版二二四、圖版二三〇。
⑥ 集成16.10138；湖北省文物考古研究所：《曾國青銅器》，文物出版社，2007年，第444頁。
⑦ 湖北省文物考古研究所、隨州市曾都區考古隊、隨州市博物館：《湖北隨州義地崗墓地曾國墓1994年發掘簡報》，《文物》2008年第2期；湖北省文物考古研究所：《曾國青銅器》，文物出版社，2007年，第338～351頁。
⑧ 集成17.11365；湖北省文物考古研究所：《曾國青銅器》，文物出版社，2007年，第319、320頁。
⑨ 《考古》2014年第7期，第27頁圖二五；圖二六，1。
⑩ 《考古》2014年第7期，第27頁圖一九，3。
⑪ 《銘圖》（第22卷），第99、100頁第12225、12226號。
⑫ 河南省文物考古研究所、南陽市文物考古研究所、淅川縣博物館：《淅川和尚嶺與徐家嶺楚墓》，大象出版社，2004年，彩版一一，3；第27頁圖二五。
⑬ 隨州市博物館：《隨州出土文物精粹》，文物出版社，2009年，第112頁118；湖北省文物考古研究所：《曾國青銅器》，文物出版社，2007年，第266～269頁。
⑭ 《銘續》（第2卷），第281～286頁第0518、0519號。

1988年，湖北隨州安居鎮汪家灣春秋墓出土曾都尹法簠、曾孫法鼎等有銘銅器[1]，鼎銘"曾孫法之胾鼎"，簠銘"曾都尹法之行簠"，兩相對照，可知器主係曾侯之孫，名"法"，"都尹"係其職稱，應係職掌都城管理的官員。

類似的情況在曾國銅器銘文中頗爲多見，下面再略舉數例。

2013年隨州文峰塔曾國墓地出土一件曾孫伯國甗（M32：9）[2]，銘作：

曾孫伯國之行甗。

該墓同出曾大司馬國鼎（M32：8）和曾大司馬伯國簠（M32：6）各1件，銘文分別作：

（1）曾大司馬國之行鼎。
（2）曾大司馬伯國之飤簠。

兩相對照，可見"曾孫伯國"係曾侯之孫，"伯"係排行，"國"爲其字，職任曾國大司馬。

文峰塔墓地又出土曾工尹喬缶（M61：11）[3]和曾孫喬壺（M61：2）[4]各1件，銘文分別作：

（1）曾工尹喬之沐缶。
（2）曾孫喬之行壺。

對照可知，器主"曾孫喬"係曾侯之孫，名"喬"，職爲工尹。

《商周青銅器銘文暨圖像集成續編》著錄有一組曾伯克父甘婁的銅器，銘文分別作：

（1）伯克父鼎[5]：唯伯克父甘婁延自得吉敘鎜金，用自作寶鼎，用追孝于我大丕顯，甘婁其用匄眉壽，其需終萬年，子孫永寶用之。

---

[1] 隨州市博物館：《湖北隨州市安居鎮發現春秋曾國墓》，《江漢考古》1990年第1期；湖北省文物考古研究所：《曾國青銅器》，文物出版社，2007年，第262~269頁。
[2] 《考古》2014年第7期，第28頁圖三一，1。
[3] 《考古》2014年第7期，第27頁圖二五；圖二六，1。
[4] 《考古》2014年第7期，第27頁圖二四，5。
[5] 《銘續》（第1卷），第279、280頁第0223號。

（2）曾伯克父簠[①]：唯曾伯克父甘婁自作大寶簠，用追孝于我皇祖文考，曾伯克父其用受多福無疆，眉壽永命，黃耇令終，其萬年子子孫孫永寶用。

（3）伯克父盨[②]：唯伯克父甘婁自作㡥䀇，用盛黍稷稻粱，用之征行，用其及百君子宴饗。

（4）曾伯克父簋：唯曾伯克父甘婁迺用吉父鏐鈘鈐金，用自作旅簋，用征用行，走追四方，用烝用嘗/禋，用盛黍稷稻粱，用饗百君子、辟王，伯克父其眉壽無疆，采夫無若，雍人孔吴，用享于我皇考，子孫永寶，錫匄眉壽，曾邦氏保。

（5）曾伯克父盨[③]：唯曾伯克父甘婁迺用作旅盨，子孫永寶。

我曾有小文指出，據該銅器群的器物組合情況和銘文內容，器主伯克父爲曾侯之子，所任係太宰、膳夫類掌饌之官，大夫級，作爲曾侯之近臣，其地位頗高[④]。

《商周青銅器銘文暨圖像集成續編》等著錄有一組曾卿事宣銅器，銘文分別作：

（1）曾卿事宣鼎：唯曾卿事宣用其吉金，自作薦鼎。
（2）曾卿事梁鬲：曾卿事梁自作薦鬲，用享。
（3）曾卿事梁簋：唯曾卿事梁用吉金自作寶簋，用享于朕文考，用錫眉壽，子子孫孫永寶。
（4）曾卿事季宣簋：唯曾卿事季宣用其吉金，自作寶簋，用享于皇祖文考，子孫用。
（5）曾季卿事奂壺：唯曾季卿事奂用其吉金，自作寶醴壺，子子孫用享。

諸器器主名字雖寫法各異，但應係一人無疑。"曾卿事季宣"的"卿事"應係職官名，"宣"係其私名，"季"係其排行兼氏稱，係曾國公室；據器物組合、年代、器主身份

[①] 《銘續》（第2卷），第125、126頁第0445號。
[②] 田率：《內史甾與伯克父甘婁盨》，"青銅器與金文"學術研討會論文，北京大學出土文獻與中國古代文明研究協同創新中心，2016年5月，載北京大學出土文獻研究所：《青銅器與金文》（第一輯），上海古籍出版社，2017年；《銘續》（第2卷），第192～197頁第0474、0475號。
[③] 《銘續》（第2卷），第181頁第0467號。
[④] 黃錦前：《曾伯克父諸器析論》，《出土文獻研究》（第18輯），中西書局，2019年。

及文字學等方面證據，其人或即見於《左傳》的春秋時赫赫有名的曾大夫季梁①。

以上所舉器主主要是曾侯之子孫。下面再看其他一些例子。

1979年湖北隨縣城郊季氏梁春秋墓葬出土一件曾大攻尹季怡戈，銘作：

穆侯之子西宮之孫曾大工尹季怡之用。

與之同出的周王孫季怡戈②銘曰：

周王孫季怡孔臧元武元用戈。

"周王"應指周文王；"西宮"應即召公奭；"穆侯"應係燕穆侯③。曾、燕皆爲姬姓國，燕穆侯之子季怡作爲姬周宗親，出仕曾國，合情合理。金文所見春秋早期有蔡公子射出仕尹氏的先例④，亦可佐證。

1994年湖北隨州義地崗曾國墓（M1）出土有一批曾少宰黃仲酉的器物，計有鼎、甗、簋、壺、盤及匜⑤，銘文分別作：

（1）黃仲酉鼎：曾少宰黃仲酉之行鼎。
（2）黃仲酉甗：曾少宰黃仲酉之行甗。
（3）黃仲酉簋：曾少宰黃仲酉之行簋。
（4）黃仲酉壺：曾少宰黃仲酉之行盂。
（5）黃仲酉盤：曾少宰黃仲酉之行匜。
（6）黃仲酉匜：曾少宰黃仲酉之行匜。

據銘文，器主曾少宰黃仲酉係在曾國任職的黃國貴族。《左傳》僖公十二年（公元

---

① 黃錦前：《曾卿事季宣簋考釋》，《楚學論叢》（第七輯），湖北人民出版社，2018年；黃錦前：《續論曾卿事宣諸器》，《楚學論叢》（第九輯），湖北人民出版社，2019年；黃錦前：《據人名稱謂例談對曾國銅器銘文中有關人物身份的理解》，未刊稿。

② 集成17.11309；湖北省文物考古研究所：《曾國青銅器》，文物出版社，2007年，第317、318頁。

③ 詳參黃錦前：《"宮伯""西宮"考——兼談召公諸子銅器》《由葉家山M107所出"西宮"銘文談曾國的族源問題》，未刊稿。

④ 黃錦前：《射壺的年代與史事》，未刊稿。

⑤ 湖北省文物考古研究所：《曾國青銅器》，文物出版社，2007年，第338~351頁。

前648年）：“黃人恃諸侯之睦于齊也，不共楚職，曰：‘自郢及我九百里，焉能害我？’夏，楚滅黃。”這批器物的年代爲春秋晚期後段，此時黃國已滅亡，因而貴族流亡他國爲仕。

《左傳》桓公八年（公元前704年）：“夏，楚子合諸侯于沈鹿。黃、隨不會。”文獻中的"隨"，即漢淮一帶所出銅器銘文中的"曾"，已爲歷年的考古發現所證實[1]。由《左傳》記載可知黃、隨在對楚問題上是有默契的。據出土銅器銘文材料可知，春秋時期，曾、黃之間互爲婚姻關係，來往較爲密切[2]。因此，與曾國鄰近且互爲婚姻的黃國，在滅國後其貴族徙仕曾國，也是情理之中的事情。

《左傳》桓公九年：

夏，楚使鬭廉帥師及巴師圍鄾，鄧養甥、聃甥帥師救鄾。

杜預注："二甥，皆鄧大夫。"又《左傳》莊公六年：

楚文王伐申，過鄧。鄧祁侯曰："吾甥也。"止而享之。騅甥、聃甥、養甥請殺楚子，鄧侯弗許。三甥曰："亡鄧國者，必此人也。若不早圖，後君噬齊，其及圖之乎？圖之，此爲時矣。"鄧侯曰："人將不食吾餘。"對曰："若不從三臣，抑社稷實不血食，而君焉取餘？"弗從。

杜預注："皆鄧甥，仕於舅氏也。"即騅甥、聃甥、養甥皆係鄧侯之外甥，係鄧侯姊妹之子而仕於鄧者。可見當時姻親之間爲仕的現象並不鮮見。

上揭2015年湖北棗陽郭家廟曹門灣M43出土的曾太保𢍰簠（M43：3、M43：4）[3]銘曰：

唯曾太保𢍰用其吉金，自作寶盨，用享。

《商周青銅器銘文暨圖像集成續編》新著錄有一件遺仲白虜鼎[4]（同書著錄的一件縢□

---

[1] 黃錦前：《曾侯與編鐘銘文讀釋》，《中國國家博物館刊》2017年第3期。
[2] 黃錦前：《新出兩件曾子鼎繹讀》，《上古漢語研究》（第三輯），商務印書館，2019年。
[3] 武漢大學歷史學院、湖北省文物考古研究所、湖北荆州文物保護中心、棗陽市博物館考古隊：《湖北棗陽郭家廟墓地曹門灣墓區（2015）M43發掘簡報》，《江漢考古》2016年第5期，圖版六、圖版一三～圖版一五，拓片二、拓片三。
[4] 《銘續》（第1卷），第233～236頁第0202號。

伯毃鼎^①，其器形、紋飾及銘文與遺仲白虜鼎皆同，二者實係一器，《銘續》誤以爲二器，重出），銘曰：

　　唯正九月初吉丁亥，遺仲白虜自作鑄其䢇鼎，子子孫孫萬年用之。

我曾有小文指出，據器形、紋飾及銘文風格，該鼎應係漢淮流域一帶出土的楚系器物。器主遺仲白虜與棗陽出土的發孫虜鼎[②]和發孫虜簠[③]的發孫虜或即一人，虜之先人"發"或即棗陽曹門灣墓地出土的曾太保發簠的曾太保發，曾太保發係遺氏之人[④]。若此推論不誤，則可確定曾太保發亦非曾國公室。

　　綜觀上舉各例，可見曾國上層貴族之間權力分配格局之一斑，總體而言是任人唯親，親疏的標準是以血緣關係的遠近爲準。所見職官位高權重者如大司馬、卿事、太保、太師、大工尹、都尹等，一般由曾侯子孫或公室擔任，同時亦吸納與其有姻親關係等關係密切的別國貴族任職，如故黃國貴族黃仲西曾任曾少宰，但數量很有限，所任往往也非要職。這種情況在其他諸侯國如楚國也很普遍，如楚昭王時令尹子西即係楚平王之庶子、楚昭王之兄。由此大概可以窺見當時各諸侯國乃至兩周時期姬周王朝權力分配情況之一斑。

　　附記：據湖北隨州棗樹林墓地M169出土加嬭編鐘[⑤]"余文王之孫子，穆之元子"，"文王""西宮"皆指周文王；"穆"與曾大工尹季怡戈的"穆侯"係一人，指曾穆侯；周王孫季怡係曾穆侯子，文王裔孫，與曾穆侯下一任曾侯係兄弟。詳黃錦前《加嬭編鐘及有關曾楚史事》（未刊稿）。據河南潢川余樓墓地等所出春秋晚期黃國銅器銘文資料，可知公元前648年楚滅黃後，仍使其貴族偏安其舊邦一隅，以"守其祀"，而並非徹底的"國絕祀廢"。詳黃錦前《讀近刊黃子諸器》（《秦始皇帝陵博物院院刊》（第9輯），三秦出版社，待刊）。

2019年7月15日

---

① 《銘續》（第1卷），第239、240頁第0204號。
② 張光裕：《新見"發孫虜鼎"及"鄟凡伯怡父鼎"小記》，《徐中舒先生百年誕辰紀念文集》，巴蜀書社，1998年。
③ 徐正國：《湖北棗陽市博物館收藏的幾件青銅器》，《文物》1994年第4期。
④ 黃錦前：《遺仲白虜鼎及相關銅器的繫聯》，未刊稿。
⑤ 湖北省文物考古研究所、北京大學考古文博學院、隨州市博物館等：《湖北隨州棗樹林墓地2019年發掘收獲》，《江漢考古》2019年第3期；郭長江、李曉楊、凡國棟等：《嬭加編鐘銘文的初步釋讀》，《江漢考古》2019年第3期。

第六章　曾國之謎

第一節　隨仲嬭加鼎補說

　　曹錦炎在《江漢考古》2011年第4期新公布了一件隨仲嬭加鼎，並對其銘文進行了很好的考釋。曹文根據鼎的形制、紋飾和銘文字體等特徵，推定其年代"應是在楚武王（引案：當爲楚成王之誤）得隨人之助爭得王位之後，定在楚穆王或楚共王之際可能性較大"[①]。張昌平也通過對該鼎器形、紋飾、銘文及工藝等時代特徵的觀察，並對比分析相關楚系青銅器，認爲該鼎制作年代在春秋中期無疑[②]。我們在拜讀二位先生的文章之後，有一點簡單的想法，或可爲二位先生對於該鼎年代的判定增添一點更直接的證據。

　　傳世有一件王子申盞盂蓋[③]，銘作：

　　　　王子申作嘉嬭盞盂，其眉壽無期永保用之。

　　其年代一般認爲在春秋中期晚段。春秋時楚國的王子申，《左傳》有兩見，一爲楚共王時人，於公元前571年被殺[④]；一爲楚平王之子、楚昭王時的公子申，楚昭王十一年至楚惠王十年任令尹[⑤]。劉彬徽曰：

　　　　從此器的蓋紐形制與填雲紋的三角形紋來看，與下寺M7的盞相近，應定爲共王時的王子申。此人於公元前571年被殺，因之，這件器的年代上限

[①] 曹錦炎：《"曾"、"隨"二國的證據——論新發現的隨仲嬭加鼎》，《江漢考古》2011年第4期。

[②] 張昌平：《隨仲嬭加鼎的時代特徵及其他》，《江漢考古》2011年第4期。

[③] 《殷周金文集成》9.4643。

[④] 《左傳》襄公二年："楚公子申爲右司馬，多受小國之賂，以逼子重、子辛。楚人殺之。故書曰：'楚殺其大夫公子申。'"

[⑤] 臺北故宮博物院收藏的一件王子申匜，陳昭容（《故宮新收青銅器王子䰙匜》，《中國文字》（新25輯），藝文印書館，1999年）認爲王子申即此楚公子申。

约爲共王即位之年（前590年），下限爲其死年，年代介於前590～前571年之間①。

　　張連航從文字的形體特徵入手，進一步闡發共王說②。鄒芙都云其立論的依據不足爲證，指出該器的年代祇能依據劉彬徽先生的器形學方法才能得以解決，認爲劉彬徽將其定爲楚共王前期大體可信③。我們也基本同意劉彬徽等對該器年代的判定，將其定在春秋中期偏晚前段④。

　　值得注意的是，該器乃王子申爲嘉嬭所作，根據我們對於金文人名一般規律的認識，"嘉嬭"乃嬭姓名嘉之女子，她與王子申同姓。按照金文中此類銘文的一般規律來看，此器很可能是王子申爲嘉嬭出嫁所作媵器。此"嘉嬭"或即隨仲嬭加鼎之"嬭加"。前述曹錦炎將隨仲嬭加鼎定在楚穆王或楚共王之際，我們認爲應以楚共王時爲妥。

　　王子申盞盂蓋飾填雲紋的三角形紋和絢索紋一周，與隨仲嬭加鼎腹部紋飾完全一致。從王子申盞盂蓋與隨仲嬭加鼎腹部紋飾比較來看，其年代應相近。

　　另外，兩器銘文文字如"王""其""期"等字的形體風格皆甚接近，說明其年代也應相近同。

　　據以上討論，把隨仲嬭加鼎的年代定在春秋中期偏晚前段，應完全可以成立。

第二節　隨州文峰塔新出隨大司馬嘉有戈小議

　　新近發掘的湖北隨州文峰塔曾國墓地出土了大量重要銅器，其中M21出土的一件戈（M21：1）⑤，銘文相當重要，本文試對其有關文字進行考釋，並就相關問題作簡單討論。

---

① 劉彬徽：《楚系青銅器研究》，湖北教育出版社，1995年，第309頁。
② 張連航：《楚王子王孫器銘考述》，《古文字研究》（第24輯），中華書局，2002年。
③ 鄒芙都：《楚系銘文綜合研究》，巴蜀書社，2007年，第71～73頁。
④ 黃錦前：《楚系銅器銘文研究》，安徽大學博士學位論文，2009年，第16頁。
⑤ 黃鳳春、郭長江：《湖北隨州文峰塔墓地考古發掘獲重大收獲》，http://www.hbww.org/archsdetail.jsp?id=3561，2013年1月29；黃鳳春、郭長江：《湖北隨州文峰塔墓地發掘獲重大發現》，《中國文物報》2013年5月24日，第8版；湖北省文物考古研究所：《湖北隨州文峰塔墓地考古發掘的主要收獲》，《江漢考古》2013年第1期，彩版七，1、3。

一

該戈中直援，起脊，鋒略呈圭首形，中胡三穿，闌下端有齒，長方形內，上有一橫穿，援、內均較平直，內略上揚。形制類似的戈，在曾國銅器中多有所見，如1972年8月湖北棗陽段營墓葬出土的□□伯戈[①]、2002年11月棗陽郭家廟曾國墓地填土中採集的戈（G：01）[②]、1979年隨縣城郊季氏梁春秋墓出土的周王孫戈和曾大攻尹戈[③]、1975年11月隨縣涢陽鰱魚嘴出土的曾仲之孫戈[④]等。上述諸戈的年代，一般是在春秋早期或中期。比照可知，此戈之年代，亦應在春秋中期左右，而不大可能會晚至春秋晚期。

戈的援及胡部有銘文9字，作：

䢵（隨）大司馬嘉有之行戈。

首字"隨"字原篆作 （ ），類似寫法見於不久前公佈的隨仲嬭加鼎銘（作 ）[⑤]、楚簡[⑥]等，不贅述。

人名首字原篆作 ，發掘者認爲是"嘉"字。

最初看到該器照片時，我們認爲，此字左從虍、豆，右從力，可隸定作"勮"。其中豆旁與力旁共用下面一橫筆，力旁上從宀，可視爲羨符，類似寫法見於楚簡等，如郭店《語叢三》的"加"字寫作 [⑦]，其所從力旁寫法即與此相類。"勮有"爲器主名，"勮"爲氏稱，或可讀作"戲"。《說文》："戲，三軍之偏也。一曰兵也。從

---

① 湖北省博物館：《湖北棗陽縣發現曾國墓葬》，《考古》1975年第4期，圖版壹，1。
② 襄樊市考古隊、湖北省文物考古研究所、湖北孝襄高速公路考古隊：《棗陽郭家廟曾國墓地》，科學出版社，2005年，第200頁，圖版二三，1、2。
③ 隨縣博物館：《湖北隨縣城郊發現春秋墓葬和銅器》，《文物》1980年第1期，圖版叄，1、3；湖北省文物考古研究所：《曾國青銅器》，文物出版社，2007年，第317～320頁。
④ 程欣人：《隨縣涢陽出土楚、曾、息青銅器》，《江漢考古》1980年第1期；湖北省文物考古研究所：《曾國青銅器》，文物出版社，2007年，第384頁。
⑤ 曹錦炎：《"曾"、"隨"二國的證據——論新發現的隨仲嬭加鼎》，《江漢考古》2011年第4期。
⑥ 參見李守奎：《楚文字編》，華東師大出版社，2003年，第824頁。
⑦ 李守奎：《楚文字編》，華東師大出版社，2003年，第789頁。

戈虗聲。"因从力从戈意近，"勴"或可通作"戲"①。戲爲古地名。《逸周書·世俘》："呂他命伐越、戲、方。"孔晁注："戲、越、方，紂三邑也。"朱右曾《校釋》："戲，戲陽。"《國語·魯語上》："幽滅于戲。"②後或即以爲氏稱。《左傳》定公十四年載衛國有戲陽速（《史記·衛康叔世家》"速"作"遫"），《後漢書·荀彧傳》載東漢有戲志才等，應即戲氏。或可讀作"獻"。《周禮·春官·司尊彝》："其朝踐用兩獻尊。"鄭玄注引鄭司農云："'獻'讀爲'犧'。犧尊，飾以翡翠。"陸德明《釋文》："'兩獻'，本或作'戲'，注作'犧'，同。素何反。"《詩·魯頌》："犧尊將將。"陸德明《釋文》："犧，鄭素何反，毛云'有沙飾'，則宜同鄭。"應劭《風俗通·姓氏》載戰國時秦人有曰獻則者，即以獻爲氏。

劉雲認爲，該字應釋作"虖"③。春秋金文中過去有釋作"虖"的字，作：

發孫虖鼎④

發孫虖簠⑤

確實與戈銘該字寫法類似。

文峰塔墓地此前採集的一套編鐘，銘文中有字作⑥，毫無疑問，這兩個字應有很密切的關係。鐘銘該字，可與以前所見金文中下列"嘉"字寫法相比照：

---

① 關於古文字中作爲形旁的力與戈通用的證據，可參看羅運環：《隨大司馬戲有之行戈"戲"字考辨》，復旦網，2013年2月1日，http://www.gwz.fudan.edu.cn/SrcShow.asp?Src_ID=2010。
② 戰國時期的戲參分量（集成16.10362）之"戲"及貨幣銘文的"鄖（戲）"（《中國歷代貨幣大系·先秦貨幣》386、2485），亦皆係地名。
③ 簡帛網論壇討論貼，http://www.bsm.org.cn/bbs/read.php?tid=3059。
④ 張光裕：《新見"發孫虖鼎"及"鄎凡伯怡父鼎"小記》，《徐中舒先生百年誕辰紀念文集》，巴蜀書社，1998年，第125頁。
⑤ 徐正國：《湖北棗陽市博物館收藏的幾件青銅器》，《文物》1994年第4期，第79頁圖六。
⑥ "禮樂漢東——湖北隨州出土周代青銅器精華展"，深圳博物館，2012年8月3日~10月21日；深圳博物館、隨州市博物館：《禮樂漢東——湖北隨州出土周代青銅器精華》，文物出版社，2012年，第186頁。

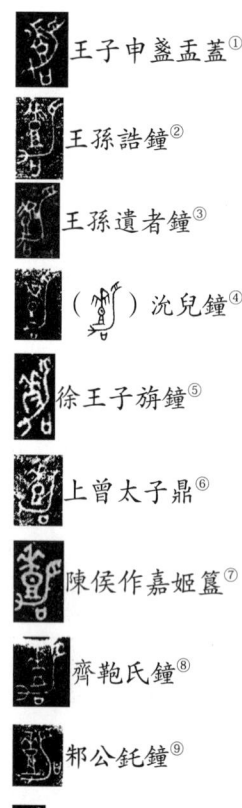

之前所見"嘉"字的各種形體，其"豆"上部分，一般寫作 、 等形，鐘銘寫作 ，略有差異，應是類化或譌變所致。因此，該字可釋作"嘉"⑪。

---

① 集成9.4643。
② 河南省文物研究所、河南省丹江庫區考古發掘隊、淅川縣博物館：《淅川下寺春秋楚墓》，文物出版社，1991年，第146頁。
③ 集成1.261。
④ 集成1.203。
⑤ 集成1.182。
⑥ 集成5.2750。
⑦ 集成7.3903。
⑧ 集成1.142。
⑨ 集成1.102。
⑩ 集成5.2782。
⑪ 小文草成後，發現簡帛網論壇討論帖中高佑仁也有類似看法，http://www.bsm.org.cn/bbs/read.php?tid=3059。

回過頭來再看戈銘的 ![字] 字，隸定作 "勵" 當不確。對照上述鐘銘的 "嘉" 字來看，此字應該也是 "嘉" 字，至於 "豆" 上所從寫作 "虍" 形，或亦係譌變所致。類似者如侯馬盟書的 "嘉" 字就寫作 ![]、![]、![] 等形①。同樣，發孫虞諸器的 ![]、![] 字，現在看來，很可能也應是 "嘉" 字而非 "虞" 字，這從楚簡的 "虞" 字寫作（![]，包山19號簡②）、![]（清華簡《楚居》12號簡③）似乎也能得到一些啓示。

二

此戈的出土，對 "曾國之謎" 的揭示或有一定促進作用。

類似的重要發現，有之前流散的2件隨仲嬭加鼎，其中一件已由曹錦炎公佈於《江漢考古》2011年第4期④。在曹文之前，吳鎮烽《商周金文資料通鑑》已披露其有關信息（第02502號，"楚王鼎"），該器據云爲海外某私人收藏。另一件據云曾流至香港文物市場，現下落不明（編案：2件隨仲嬭加鼎現分別藏於中國國家博物館和湖北省博物館）。

鼎銘 "楚王媵隨仲嬭加飤緐"，據銘文，該鼎應係楚王爲隨仲嬭加所作媵器。那麼這個隨仲嬭加究竟是誰呢？我曾有小文加以推測，認爲可能即傳世的王子申盞盂蓋⑤之 "嘉嬭"，盞盂很可能也是王子申爲嘉嬭所作媵器，並將鼎的年代進一步明確定在楚共王之時⑥。仲嬭加既是楚女，則其名字前所冠之 "隨" 應即其夫國之稱，一般認爲應即文獻記載的漢東姬姓隨國⑦，應可信。

---

① 湯志彪：《三晉文字編》，吉林大學博士學位論文，2009年，第287~291頁。
② 湖北省荆沙鐵路考古隊：《包山楚簡》，文物出版社，1991年，圖版一〇。
③ 清華大學出土文獻研究與保護中心：《清華大學藏戰國竹簡》（壹），中西書局，2010年，第223頁。
④ 曹錦炎：《"曾"、"隨" 二國的證據——論新發現的隨仲嬭加鼎》，《江漢考古》2011年第4期。
⑤ 集成9.4643。
⑥ 黃錦前：《隨仲嬭加鼎補說》，《江漢考古》2012年第2期。有關該鼎年代的討論，除上揭曹文外，還可參見張昌平：《隨仲嬭加鼎的時代特徵及其他》，《江漢考古》2011年第4期。吳鎮烽將其定在春秋晚期，誤。
⑦ 曹錦炎：《"曾"、"隨" 二國的證據——論新發現的隨仲嬭加鼎》，《江漢考古》2011年第4期；張昌平：《隨仲嬭加鼎的時代特徵及其他》，《江漢考古》2011年第4期；高成林：《隨仲嬭加鼎淺議》，《江漢考古》2012年第1期。

之前公佈的新蔡簡甲三25有"鄭憲習之以隨侯之……"①，陳偉云"隨侯"當是人名，指隨國之侯②。隨仲嬭加鼎的發現，再次確認了文獻記載的隨國的存在。隨大司馬嘉有戈的發現，又一次確證了文獻的有關記載。

以前在銅器銘文中一直未能找到作爲國名的"隨"以與文獻記載相對應，因而關於曾、隨關係的討論，有種種推測③。現在隨著新材料的不斷發現，對這一問題的認識，又能起到怎樣的促進作用呢？

陳偉據新蔡簡的材料，認爲通行的曾、隨爲一國兩名的說法應該重新考慮④，甘大明也認爲，曾、隨一國兩名的可能性不大，它們很可能是不同的、曾經並存於江漢流域的兩個國家⑤。吳良寶指出，單純依據楚簡此條材料尚不足以否定曾隨一國二名的意見，陳偉衹提出質疑而非否定，這是很謹慎的處理方式⑥。

隨仲嬭加鼎發現後，學界就此問題又展開了爭論。有學者認爲，這對於傳統認爲曾、隨爲一國的傾向性看法或有顛覆性意義。如曹錦炎認爲，這足以說明曾、隨係二國，之前所謂的曾、隨一國的看法斷不能成立了⑦，張昌平也持類似的意見⑧。

董珊對出土資料及古書所記載的有關曾國及曾、隨的關係進行了重新梳理，認爲"隨"是曾國都，國都名"隨"逐漸取代舊國名"曾"，故傳世文獻衹見後起的新國名"隨"。春秋中晚期的楚王爲"隨仲芈加"作鼎及新蔡簡的"隨侯"，即是春秋晚期至戰國早期楚國已開始稱姬姓曾國爲"隨"，這個新興名稱"隨"被戰國早、中期成書的《左傳》《國語》等傳世文獻繼承，舊名稱"曾"，隨著此時曾國的衰亡，就湮沒不顯了⑨。高成林亦指出，就目前的資料而言，尚不足以推翻曾、

---

① 河南省文物考古研究所：《新蔡葛陵楚墓》，大象出版社，2003年，第189頁，圖版七九。
② 陳偉：《讀新蔡簡札記》（四則），《康樂集——曾憲通教授七十壽慶論文集》，中山大學出版社，2006年。
③ 有關意見可參看湖北省博物館：《曾侯乙墓》（上冊），文物出版社，1989年，第470、471頁；吳良寶：《再說曾國之謎》，《新果集——慶祝林澐先生七十華誕論文集》，科學出版社，2009年；張昌平：《曾国青銅器研究》，文物出版社，2009年，第372~390頁。
④ 陳偉：《讀新蔡簡札記》（四則），《康樂集——曾憲通教授七十壽慶論文集》，中山大學出版社，2006年。
⑤ 甘大明：《曾國之謎再研究》，吉林大學碩士學位論文，2005年。
⑥ 吳良寶：《再說曾國之謎》，《新果集——慶祝林澐先生七十華誕論文集》，科學出版社，2009年。
⑦ 曹錦炎：《"曾"、"隨"二國的證據——論新發現的隨仲嬭加鼎》，《江漢考古》2011年第4期。
⑧ 張昌平：《隨仲嬭加鼎的時代特徵及其他》，《江漢考古》2011年第4期。
⑨ 董珊：《從出土文獻談曾分爲三》，復旦網，2011年12月26日，http://www.gwz.fudan.edu.cn/SrcShow.asp?Src_ID=1751。

隨爲一國的論斷①。

我們認爲，據目前的材料，上述曾、隨一國的意見較爲合理。若曾、隨非一國，則歷年考古發掘所獲曾國遺跡和遺物所表明的兩周時期曾文化的分佈範圍②和文獻記載的漢東姬姓隨國之間的諸多矛盾就很難作出合理的解釋。因此，對有關問題的正確認識，可能還需要再作進一步深入研究纔能得出，而不應倉促予以否定。前些年，吳良寶就曾明確指出，即使將來出土了明確稱爲"隨"國的金文資料，也不能根本性地否定曾、隨一國的意見③。從現有的材料及研究進展來看，這種看法應當是比較中肯的④。

隨著文峰塔墓地更多新材料的出現，對相關問題的認識或可由此能更進一步深入，就讓我們拭目以待吧。

第三節　曾侯與編鐘銘文讀釋

2009年，湖北隨州文峰塔建築工地發現一批青銅器，後經搶救發掘，這些銅器原出自一墓葬（M1）⑤。發掘及追繳的青銅器中，有10件編鐘有銘（其中鐘銘殘片2件），這裏主要對其中幾件曾侯與編鐘銘文試作考釋，並就其所涉及的有關歷史、地理問題進行探討。

一

現存的8枚曾侯與編鐘，據銘文內容，大致可分作兩組，其中M1∶1正反兩面鉦部及鼓部皆有銘，係一篇完整銘文。M1∶2，殘，僅正面二鼓銘文較爲完整，背面左鼓

---

① 高成林：《隨仲嬭加鼎淺議》，《江漢考古》2012年第1期。
② 張昌平：《曾國銅器的發現與曾國地域》，《文物》2008年第2期；張昌平：《曾國的疆域及中心區域——先秦時期歷史地理的考古學研究個案》，《荊楚歷史地理與長江中游開發——2008年中國歷史地理國際學術研討會論文集》，湖北人民出版社，2009年；張昌平：《曾國青銅器研究》，文物出版社，2009年，第326~344頁。
③ 吳良寶：《再說曾國之謎》，《新果集——慶祝林澐先生七十華誕論文集》，科學出版社，2009年。
④ 最近，李學勤又刊文就新出隨仲嬭加鼎（李文稱"楚王鼎"）重申了他關於曾、隨係一國二名的觀點，參見李學勤：《新見楚王鼎與"曾國之謎"》，《青銅器入門》，商務印書館，2013年。
⑤ 湖北省文物考古研究所、隨州市博物館：《隨州文峰塔M1（曾侯與墓）、M2發掘簡報》，《江漢考古》2014年第4期。

阙，餘皆有不同程度殘損。最近，曹錦炎又公佈了北京梁氏收藏的一件青銅鐘左鼓銘文[①]，與M1∶2殘鐘的正面右鼓銘文正好可以連讀，應係該殘鐘的背面左鼓。M1∶2與M1∶1同銘，應係一組編鐘中的2枚。

M1∶3和M1∶5可組成一篇完整的銘文，M1∶6與M1∶7可連讀，同M1∶4、M1∶8一樣，皆係上述完整銘文之一部分。該組銘文與M1∶1、M1∶2這2件鐘銘有別，可能原屬另外一組編鐘。

該墓還出有另外2件編鐘殘片，銘文與上述兩組皆不相同，應係另外一套編鐘之殘。

下面先按我們的理解，將這幾件鐘銘釋寫如下：

第一組

M1∶1

隹（唯）王正月吉日甲午，曾侯腆（與）曰：白（伯）篴（适）上庸，左（佐）右（佑）文武（正面鉦部），達（撻）殷之命，㒸（撫）䉼（定）天下。王𧧿（逝）命南公，䎽（營）宅汭土，君妣（必—庇）淮尸（夷），䚇（臨）有江瀕（夏）。周室之既庳（卑）（正面左鼓），獻（吾）用燮就楚。吳恃有眾庶，行亂，西政（征）、南伐，乃加于楚。䎽（荊）邦既刷，而天命將誤。有嚴曾侯，業＝（業業）厥（背面右鼓）諻，親博（敷）武攻（功），楚命是爭（拯），復䉼（定）楚王，曾侯之霊（靈）。穆＝（穆穆）曾侯（背面鉦部），感（壯）武愳（畏）忌（忌），恭盚（寅）齋䕺（盟），代武之堵，襄（懷）燮四旁（方）。余䎽（申）國（固）楚成，整遏（復）曾疆。擇辝吉金，自䏧（作）宗彝。龢（和）鐘（背面左鼓）鳴訊（皇），用孝台（以）高（享）于辝皇祖，台（以）旂（祈）䕺（豐—眉）壽、大命之長，期（其）胐（純）德降舍（余），萬㯃（世）是惕（尚—常）（正面右鼓）。

M1∶2

〔隹（唯）王正月〕吉〔日甲午〕，曾侯〔腆（與）曰：白（伯）〕篴（适）上〔庸，左（佐）右（佑）〕文武（正面鉦部），達（撻）殷之命，㒸（撫）䉼（定）天下。王𧧿（逝）命南公，䎽（營）宅汭土，君妣（必—庇）淮尸（夷），䚇（臨）有江瀕（夏）。周室之既庳（卑）（正面左鼓），〔獻（吾）用〕燮就楚。〔吳恃有眾庶，行亂，西政（征）、南伐，

---

① 曹錦炎：《曾侯殘鐘銘文考釋》，《江漢考古》2014年第4期。

第六章 曾國之謎

乃加于楚。劗（荊）邦既䝴，而天命將（將）誤。有嚴曾侯，業=（業業）〕（背面右鼓）厥謹，親搏（敷）武攻（功），楚命是〔爭（拯）〕，復數（定）楚王，〔曾侯之霝（靈）。〔穆=（穆穆）曾〕（背面鉦部）侯，壯（壯）武畏（畏）忌（忌），恭寅（寅）齋盟（盟），代武之堵（土），褱（懷）燮四旁（方）。余申（固）楚成，整復（復）曾疆。擇辭吉金，自乍（作）宗（背面左鼓）彝。龢（和）鐘鳴䍃（皇），用孝台（以）亯（享）于辝皇祖，台（以）旂（祈）䛗（䛗—眉）壽、大命之長，期（其）肫（純）德降舍（余），萬殊（世）是惝（尚—常）（正面右鼓）。

第二組

M1：3、M1：5

隹（唯）王十月〔吉〕日庚午，曾侯（3正面鉦部）臘（與）曰：余稷之玄孫，穆（？）誩（？）敦敏（？），畏（畏）（3正面左鼓）天之命，斁（定）呴（徇）曾土，䙷（恭）（3背面右鼓）寅（寅）齋盟。虡（吾）台（以）旂（祈）䛗（䛗—眉）壽，……（3背面鉦部）……臨觀元洋，嘉樹（5正面鉦部）芊（華）英。䙷（吾）以及夫=（大夫）（5正面左鼓），匽（宴）樂爰卿（饗），進士（5背面右鼓）備御，肅=（肅肅）倉=（倉倉—鎗鎗），余永（5背面鉦部）用畯長，難老黃（5背面左鼓）枸（耇），珥（弭）終無疆（5正面右鼓）。

M1：6、M1：7

……嘉樹芊（華）（6鉦部）英，虡（吾）台（以）（6左鼓）及夫=（大夫）（6右鼓）……難老黃枸（耇）（7鉦部），珥（弭）終（7左鼓）無疆（7右鼓）。

M1：4

……及夫=（大夫），匽（宴）樂爰卿（饗），進士（背面鉦部）備御，肅=（肅肅）倉=（倉倉—鎗鎗），余（背面左鼓）……

M1：8

……難老黃（鉦部）枸（耇），珥（弭）（左鼓）終無疆（右鼓）。

第三組

M1：9

隹（唯）王□月吉日□□，（正面鉦部）……萬……有……保……（正面右鼓）

M1∶10

……萬民其……有魚是……保。余自[作䣄]鐘……（左鼓）

二

先討論第一組。

"伯㫳上帝"，《說文》："伯，長也。"據上下文，應係曾侯與的祖先。"㫳"，原篆作[图]，即"适"。《說文》："适，疾也。從辵昏聲。"以[图]（包山簡185）[①]、[图]（璽匯5677）等形體與之相較，大致可信。銘文該字從宀，當係羨符。"上帝"即天帝，金文屢見。

李學勤認爲"伯适"即《尚書·君奭》的"南宮括"，《論語·微子》作"伯適"[②]。凡國棟云伯趌方鼎[③]的"伯趌"或與其爲一人[④]。

"左右文武"，"左右"即"佐佑"。"文武"，即文王和武王。

"達殷之命"，"達"，讀作"撻"，撻伐，征討。史牆盤[⑤]"達殷畯民"。《書·顧命》："則肄肄不違，用克達殷集大命。"曾運乾《正讀》："達，即古撻字。猶云撻伐也。"逑盤[⑥]"丕顯朕皇高祖單公，桓桓克明慎厥德，夾紹文王武王達殷"，可與對照。此句意即伯輔佐文王和武王征討殷商。董珊認爲"達"應從上揭《書·顧命》僞孔傳訓爲"通"，漢石經《顧命》"達"字即作"通"[⑦]。

"䍩敷天下"，"䍩"，即"撫"。"敷"，讀作"定"。"撫定"，安撫平定。《史記·韓信盧綰列傳》："故立韓諸公子橫陽君成爲韓王，欲以撫定韓故地。""䍩敷天下"，與逑盤"敷有四方"相對應，意即安撫平定天下。秦公鐘[⑧]、

---

① 湖北省荊沙鐵路考古隊：《包山楚簡》，文物出版社，1991年，圖版八三。
② 李學勤：《曾侯腆（與）編鐘銘文前半釋讀》，《江漢考古》2014年第4期。
③ 集成4.2190。
④ 凡國棟：《曾侯與編鐘銘文柬釋》，《江漢考古》2014年第4期。
⑤ 集成16.10175。
⑥ 陝西省考古研究所、寶雞市考古工作隊、眉縣文化館楊家村聯合考古隊：《陝西眉縣楊家村西周青銅器窖藏發掘簡報》，《文物》2003年第6期，圖四〇。
⑦ 董珊：《隨州文峰塔M1出土三種曾侯腆編鐘銘文考釋》，復旦大學出土文獻與古文字研究中心網站，2014年10月4日，http://www.gwz.fudan.edu.cn/SrcShow.asp?Src_ID=2339。
⑧ 集成1.262、265。

鎛①"以康奠協朕國"，與之相類。

銘文是說在周初曾伯德配上帝，盡力輔佐文王和武王，以安定天下。此節與逨盤"丕顯朕皇高祖單公，桓桓克明慎厥德，夾紹文王武王達殷，膺受天魯命，敷有四方，並宅厥勤疆土，用配上帝"及子犯編鐘②"子犯佑晉公左右，燮諸侯得朝王，克奠王位"等可對讀。

"王䙴命南公"，"王"從上下文並結合有關史實來看應係成王。"䙴"即"遣"，讀作"逝"③。"南公"，人名。

"縈宅汭土"，"縈"讀作"營"，類似者如秦公簋④"鼏宅禹跡"、晉公𥂳⑤"建宅京師"等。宅謂定居、居住。《詩·文王有聲》："考卜維王，宅是鎬京。"鄭箋："宅，居也。"

"汭"一般指河流匯合或彎曲處。《書·禹貢》："東過洛汭。"僞孔傳："洛汭，洛入河處。"或指水濱。《孫子·行軍》："客絕水而來，勿迎之於水內，令半濟而擊之，利。""水內"梅堯臣注謂"水濱"。或指水流之北。《禹貢》："弱水既西，涇屬渭汭。"僞孔傳："水北曰汭。""汭土"當與之有關，而非具體地名，上引秦公簋"鼏宅禹跡"及九里墩鼓座⑥"余以宅東土，至於淮之上"等皆可證。"縈宅汭土"，即在河流匯合處建都營邑。該句與逨盤"並宅厥勤疆土"相對應。

徐少華認爲"汭土"當指江漢之地或漢陽之域，與文獻所云之"漢陽之姬"相呼應⑦。

"汭"字黃杰⑧、陳劍⑨認爲當釋作"沃"。

"君厷淮尸"，"君"謂稱君。"厷"即"必"，讀作"庇"⑩。"淮夷"，即

---

① 集成1.267～269。
② 張光遠：《故宮新藏春秋晉文公稱霸"子犯和鐘"初釋》，《故宮文物月刊》1995年總145期；張光遠：《子犯和鐘的排次及補釋》，《故宮文物月刊》1995年總150期；張光遠：《春秋中期晉國子犯和鐘的新證、測音與校釋》，《故宮文物月刊》2000年總206期，圖1～4。
③ 陳劍說，見董文後跟帖。
④ 集成8.4315。
⑤ 集成16.10342。
⑥ 集成2.429。
⑦ 徐少華：《論隨州文峰塔一號墓的年代及其學術價值》，《江漢考古》2014年第4期。
⑧ 討論釋文稿，2013年10月8日。
⑨ 見董文後跟帖。
⑩ 李學勤：《曾侯與（與）編鐘銘文前半釋讀》；許可：《試說隨州文峰塔曾侯與墓編鐘銘文中從"匕"之字》，復旦網，2014年10月9日，http://www.gwz.fudan.edu.cn/SrcShow.asp?Src_ID=2341，載李學勤主編：《出土文獻》（第六輯），中西書局，2015年。

當時居於淮河流域的部族。《書·費誓》："徂茲淮夷徐戎並興。"《史記·周本紀》："召公爲保，周公爲師，東伐淮夷，殘奄，遷其君薄姑。""君庇淮夷"，即在淮河流域一帶立國。

"覜有江瀕"，"臨"謂"撫"也。《穀梁傳》哀公七年："《春秋》有臨天下之言焉。"注引徐乾曰："臨者，撫有之也。""臨有江夏"，類似於兩周金文中常見的"撫有四方"等。

"江"指長江。《書·禹貢》："江漢朝宗於海。"《孟子·滕文公上》："決汝漢，排淮泗而注之江。""瀕"即"夏"，指漢水。《楚辭·九章·哀郢》："去故鄉而就遠兮，遵江夏以流亡……惟郢路之遼遠兮，江與夏之不可涉。"此夏水故道從湖北省沙市東南分長江水東出，流經今監利縣北，折東北至沔陽縣治附近入漢水。《左傳》昭公十三年："王沿夏，將欲入鄢。"杜預注："夏，漢別名。順流爲沿，順漢水南至鄢。""江瀕"，結合上文"縈宅汭土"句來看，大概是指江水與夏水匯合地帶。"臨有江夏"，意即江水、夏水匯合一帶皆爲其領地。

"縈宅汭土，君庇淮夷，臨有江夏"，與九里墩鼓座"余以宅東土，至於淮之上"相類。

"周室之既庳"，"庳"即"卑"，謂衰微。《國語·周語上》："王室其將卑乎！"韋昭注："卑，微也。"類似者如銀雀山漢簡《晏子》的"周室之卑"[①]。

"戲（吾）用燮譹楚"，"燮"，和也。《詩·大雅·大明》："燮伐大商。"毛傳："燮，和也。""譹"，讀作"驕"。此句意即周王朝勢力衰微後，曾國的主要作用是用來抑制驕橫的楚國。這與銅器銘文所反映的西周中晚期以來楚國與周王朝的關係相吻合[②]。李天虹將其釋作"就"，謂有歸依、俯就之義[③]，可從。

銘文從"伯适上帝"至此爲一大節，云周初曾人先祖因在滅商過程中立有顯著功勳，因而南公奉命率眾南遷至淮水、江漢一帶。周王朝勢力衰微後，曾國的主要作用是抑制楚國的發展。

"吳恃有眾庶"，"眾""庶"義近，《詩·小雅·小明》："念我獨兮，我事孔庶。"鄭箋："庶，眾也。"此句意即吳國倚仗其國力強盛。

"行亂，西征、南伐，乃加于楚"，指吳攻楚之事。"加"，施及，加以。《呂氏春秋·孝行》："光耀加于百姓。"此句是說吳西進伐楚，又繞道南下伐楚入郢之

---

① 銀雀山漢墓竹簡整理小組：《銀雀山漢墓竹簡》〔壹〕，文物出版社，1985年，第60頁圖版，第103頁"釋文注釋"。

② 有關討論可參看黃錦前：《荊子鼎銘文及其所反映的歷史》，《楚系銅器銘文新研》，吉林大學博士後出站報告，2012年。

③ 李天虹：《曾侯與（輿）編鐘銘文補說》，《江漢考古》2014年第4期。

事，"西征、南伐，乃加于楚"云云，是對上文"行亂"的具體說明。

《左傳》定公四年："冬，蔡侯、吳子、唐侯伐楚。舍舟於淮汭，自豫章與楚夾漢。"石泉指出吳師入郢的道途是先溯淮西進，再棄舟南下①，與鐘銘所記相合。清華簡《繫年》第十五章（簡82～84）②："景平王即世，昭王即位。伍員爲吳太宰，是教吳人反楚邦之諸侯，以敗楚師於柏舉，遂入郢。昭王歸隨，與吳人戰於析。吳王子晨將起禍於吳，吳王闔廬乃歸，昭王焉復邦。"出土資料與文獻記載可互相印證。

"荆邦既㓞，而天命将誤"，"荆"即楚③，此由上下文義可顯見，亦可驗證荆、楚實一說。

"㓞"，原篆作 ，類似寫法亦見於叔夷鎛④、鐘⑤等，摹本分別作 、，該字過去有多種釋讀意見⑥，劉洪濤認爲當釋作"刐"⑦。結合曾侯與編鐘銘文來看，該字當釋作"㓞"，睡虎地秦簡《秦律十八種·司空》的"扁"字寫作 （扁）⑧，與鐘銘該字所從聲符可相對照。陳直將其釋作"㓞"，謂"'㓞'即'刐'字亦'踐'字之假借。《書序》：'遂踐奄'，鄭注：'讀若翦。'本銘（引按：即"㓞伐夏后"）謂殷商翦滅夏祀也"⑨。"㓞"，《集韻》："紕延切，音偏。削也。"

"荆邦既㓞，而天命将誤"，即楚國因遭受吳國的攻擊，實力大爲削弱，致使當時的國際形勢產生了很大的危險（南方地區的平衡被打破）。

董文將其讀作"荆邦既殘，而天命將虞"。陳劍云所謂"殘"當釋爲"㲋"，讀

---

① 石泉：《從春秋吳師入郢之役看古代荆楚地理》，《古代荆楚地理新探》，武漢大學出版社，1988年。

② 清華大學出土文獻研究與保護中心編，李學勤主編：《清華大學藏戰國竹簡》（貳），中西書局，2011年，第80、81頁圖版，第170頁釋文。

③ 有關討論可參看黃錦前：《楚系銅器銘文新研》，吉林大學博士後出站報告，2012年，第14、15頁。

④ 集成1.285.6。

⑤ 集成1.276.1。

⑥ 有關意見可見劉洪濤：《叔弓鐘及鎛銘文"刐"字考釋》，《中國文字》（新三十五期），藝文印書館，2010年。

⑦ 劉洪濤：《叔弓鐘及鎛銘文"刐"字考釋》，《中國文字》（新三十五期），藝文印書館，2010年。

⑧ 睡虎地秦墓竹簡整理小組：《睡虎地秦墓竹簡》，文物出版社，1990年，第25頁，簡130。

⑨ 陳直：《讀金日劄》，西北大學出版社，2000年，第45頁。

爲"削"①。董珊又云或可讀"焦"②。

"有嚴曾侯，業業厥謹"，"嚴"謂莊嚴貌。王孫誥編鐘③"有嚴穆穆"，可對照。"業業"，高大雄壯貌。《詩·小雅·采薇》："戎車既駕，四牡業業。"毛傳："業業然，壯也。"

"謹"即"聖"，聰明睿智。《老子》："絕聖棄智，民利百倍。"王弼注："聖智，才之善也。"黃杰④、董珊讀作"聲"。

"有嚴曾侯"云云，類似《詩·大雅·常武》："赫赫業業，有嚴天子"。

"親膊武攻"，"膊"即"敷"，謂佈施。"武攻"即"武功"。

"楚命是爭"，"爭"讀作"拯"。"爭"（照母耕部）、"拯"（照母蒸部）聲紐相同，韻部互爲旁轉，音近可通。《孟子·梁惠王下》："民以爲將拯己於水火之中也。""爭"或又可讀作"靜"⑤，謂使安定。《逸周書·大匡》："小匡用惠，施捨靜眾。"蔡侯紐鐘⑥、蔡侯編鎛⑦"天命是遷（將），定均庶邦"，可與之對照。凡文、黃杰讀作"靖"⑧。

"復戠楚王"，"戠"讀作"定"。據文獻記載，魯定公四年（公元前506年），吳師入郢，楚昭王奔隨，因受隨人保護纔倖免於難，所謂"復定楚王"，應即此事，這也與上文"楚命是拯"相吻合。

"曾侯之䰜"，"䰜"原篆作 [字形]，王寧指出當釋作"䰜"，用爲"靈"⑨，訓"善"。"曾侯之靈"，意即曾侯之善（謂前述救楚行爲）。董文云"靈"訓爲美善，讀爲"令"訓"善"亦可。

銘文至此爲另一節，是說吳國恃其國力強盛，大肆攻楚，楚國遭受重創，南方地區的戰略平衡一度被打破。威嚴神武的曾侯，親自佈施武功，在楚國遭受滅頂之災時，及時伸出援手，保全了楚王，拯救了楚國。

---

① 見董文後跟帖。
② 見董文後跟帖。
③ 河南省文物研究所等：《淅川下寺春秋楚墓》，文物出版社，1991年，第140、142、147、154、160、166、174頁。
④ 討論釋文稿，2013年10月8日。
⑤ 王輝：《古文字通假字典》，中華書局，2008年，第383頁。
⑥ 集成1.212～215。
⑦ 集成1.219～222。
⑧ 黃杰：《隨州文峰塔曾侯與編鐘銘文初讀》，未刊稿。
⑨ 見董文後跟帖。

第六章 曾國之謎

"穆穆曾侯",與上文"有嚴曾侯"意近,溢美之辭。類似辭例金文恒見。黃杰讀爲"穆穆曾侯"[①],范常喜指出拓本"穆"下一短橫爲重文號,摹本誤將該短橫與右側"禾"旁豎筆相連,遂致文意難通[②]。

"憼武愨忌","憼"即"臧",讀作"壯"。"憼武"即"壯武",勇壯,雄武。虢季子白盤[③]"壯武于戎功"、配兒鉤鑃[④]"壯于戎功且武"等相近同。《漢書·韓王信傳》:"上以爲信壯武。"

"愨忌"即"畏忌",金文恒語,猶謹慎。

"恭盨齋盟",《說文》:"恭,肅也。"《爾雅·釋詁》:"恭,敬也。""盨",从皿,寅聲,金文或作"夤",即"寅"。《爾雅·釋詁》:"寅,敬也。""恭""盨"義近,謂恭敬。"恭盨"多見於金文和文獻,如陳肪簠蓋[⑤]"恭夤鬼神",秦公簋[⑥]、鎛[⑦]"嚴恭夤天命",《書·無逸》:"嚴恭寅畏"。"齋盟",殆即銅器銘文中習見的"盟祀"及與兵壺[⑧]的"禋盟"[⑨]等,謂祭祀和盟誓。"恭盨齋盟",謂祭祀和盟誓時都很恭敬。

"代武之堵","代"字從陳劍說[⑩]。《說文》:"代,更也。"《書·微子之命》:"成王既黜殷命,殺武庚,命微子啟代殷后。"孔穎達疏訓"代"爲"繼"。"武"可能如陳劍說即指楚武王。"堵"字曹文摹誤,釋作"表"。陳劍指出當係"堵"字[⑪],用法應與金文"處禹之堵"等之"堵"字同[⑫]。叔夷鎛[⑬]、鐘[⑭]"咸有九州,處禹之堵",可與之對照。"代武之堵",謂繼承武王的基業。

"襄燮四旁","襄"即"懷",安撫。《禮記·中庸》:"懷諸侯,則天下

---

① 黃杰:《隨州文峰塔曾侯與編鐘銘文初讀》,未刊稿。
② 見董文後跟帖。
③ 集成16.10173。
④ 集成2.426、247。
⑤ 集成8.4190。
⑥ 集成8.4315。
⑦ 集成1.270。
⑧ 王人聰:《鄭大子之孫與兵壺考釋》,《古文字研究》(第24輯),中華書局,2002年。
⑨ 類似辭例如蔡侯作大孟姬尊(集成11.6010)、舟(集成16.10171)"禋享是以,祗盟嘗禘"。
⑩ 見董文後跟帖。
⑪ 見董文後跟帖。
⑫ 見董文後跟帖。
⑬ 集成1.285。
⑭ 集成1.272~284。

畏之。"孔疏："懷，安撫也。"金文習見"懷不廷（方）"等。《說文》："爕，和也。"秦公鎛"柔爕百邦"，晉公𥂴"協爕百蠻"。"旁"，讀作"方"，"四旁"，即"四方"，金文習見，指四方諸侯之國。《詩·大雅·民勞》："惠此中國，以綏四方。"鄭箋："四方，諸夏也。"《詩·大雅·下武》："受天之祜，四方來賀。"孔疏謂"四方"爲"四方諸侯之國"。"懷爕四方"，即使四方諸侯得以安撫、和順。該句與上一句在文義上相銜接。

本節銘文是說曾侯睿智恭敬，繼承武王之基業，使四方諸侯皆得以安撫、和順。此節與上一節在文義上互相關聯。

以上三節銘文，主要是誇耀歷代曾侯的文治武功。銘文分別記敘春秋時期吳楚之戰和曾楚關係的有關史實，強調曾國在維護南土地區穩定方面所起的重要作用。南封的曾國，一方面要鉗制楚國，但在楚國遭受吳師重創時，又及時假以援手，保全了楚王，使南方地區的平衡局面得以維持。銘文所述曾楚之間這種既鬥爭又合作的關係，與文獻的有關記載可相印證。

"余▢▢楚成"，"余"，曾侯與自稱。

"▢"，即"申"①。"申▢"，裘錫圭指出是鞏固一類意思，可能與"申固"同義②。李學勤認爲"▢"當讀作"固"，訓安定③。《左傳》宣公十五年："後之人或者將敬奉德義以事神人，而申固其命，若之何待之？""成"，和也。《詩·大雅·綿》："虞芮質厥成，文王蹶厥生。"毛傳："成，平也。"孔疏："言由諧文王而得成其和平也。"《左傳》桓公六年："楚武王侵隨，使薳章求成焉，軍於瑕以待之。""申固楚成"，即鞏固與楚和睦的政策。

"整"謂整治。《詩·大雅·皇矣》："王赫斯怒，爰整其旅。""返"即"復"，恢復、收復。"整復曾疆"，即整頓、穩定曾國的邊疆。

本節銘文是說曾侯與進一步鞏固與楚和平相處的政策，竭力維護曾國的領土完整。

---

① 裘錫圭、李家浩：《談曾侯乙墓鐘磬銘文中的幾個字》，《曾侯乙編鐘研究》，湖北人民出版社，1992年。

② 裘錫圭、李家浩：《談曾侯乙墓鐘磬銘文中的幾個字》，《曾侯乙編鐘研究》，湖北人民出版社，1992年。

③ 李學勤：《棗莊徐樓村宋公鼎與費國》，《史學月刊》2012年第1期；趙平安：《宋公䜌作㲃叔子鼎與滥國》，《中華文史論叢》2013年3期；吳雪飛：《金文"▢"字補證》，復旦網，2013年6月10日，http://www.gwz.fudan.edu.cn/SrcShow.asp?Src_ID=2073；傅修才：《新見宋公䜌鋪銘文辨正——兼論宋公䜌鋪與宋公䜌鼎的關係》，復旦網，2013年10月18日，http://www.gwz.fudan.edu.cn/SrcShow.asp?Src_ID=2143。

"擇辝吉金"，黃杰疑即"辝"字，訓"我"①，可從。董文讀作"予"。該句省略主語，主語應即上文的"余"，即曾侯與。

"大命"，金文屢見，指天命。"大命之長"，即天命長久。

"其肫德降余，萬世是尚"，"肫"讀作"純"，"純德"即純粹的德行。《國語·鄭語》："建九紀以立純德，合十數以訓百體。"韋昭注："純，純一不駁也。"《淮南子·原道訓》："穆忞隱閔，純德獨存。"高誘注："純，不雜糅也。"令狐君壺②"承受純德"、中山王方壺③"寡有純德遺訓"、史牆盤④"上帝降懿德大屏"等，皆相類。

"擇辝吉金，自作宗彝。和鐘鳴皇，用孝以享于辝皇祖，以祈眉壽、大命之長，其純德降余，萬世是尚"，此為金文恒見套語，為便於理解，茲將與之年代相近的王孫遺者鐘⑤銘文有關文字摘錄如下，以作比照：

（王孫遺者）擇其吉金自作和鐘。終翰且揚，元鳴孔煌，用享以孝，于我皇祖文考，用祈眉壽……誕永余德……萬年無期，世萬孫子，永保鼓之。

鐘銘除與逨盤及子犯編鐘銘多有可對讀之處外，也與著名的晉公䀇銘文多有異曲同工之處，為便於對照，現將晉公盆銘文抄錄於下⑥：

唯王正月初吉丁亥，晉公曰：我皇祖唐公〔膺〕受大命，左右武王，敬畏百蠻，廣闢四方，至于不廷，莫不秉煋。〔王〕命〔唐〕公，建宅京師，君□晉邦。我烈考憲〔公〕，克□亢配，強武魯宿，赫赫在〔上〕，啟寶禋祥，□虡今（？），以乂朕秉，孔嘉晉邦。公曰：余唯今小子，敢帥型先王，秉德秩秩，協燮萬邦，哀哀莫不日卑恭，余咸畜胤士，作馮左右，保乂王國，制栗（？暴？）霯（？舒）迬，丕嚴虢若否。作元女孟〔姬〕媵盨四〔蓋〕，畕廣啟邦，虔恭盟祀，昭答〔揚〕皇卿，協順百嘼（？），唯今小

---

① 黃杰：《隨州文峰塔曾侯與編鐘銘文初讀》，未刊稿。
② 集成15.9719~9720。
③ 集成15.9735。
④ 集成16.10175。
⑤ 集成1.261。
⑥ 釋文參考謝明文：《晉公䀇銘文補釋》，《出土文獻與古文字研究》（第五輯），上海古籍出版社，2013年；吳鎮烽：《晉公盤與晉公䀇銘文對讀》，復旦網，2014年6月22日，http://www.gwz.fudan.edu.cn/SrcShow.asp?Src_ID=2297。

子，整乂爾家，宗婦楚邦。于昭萬年，晉邦唯翰，永康寶。

鐘銘通篇有韻，多四字爲句，句式頗工整。

三

再看第二組銘文。

"余稷之玄孫"，此係東周時期銅器銘文中習見的標示閥閱套語。"稷"即"后稷"，周之先祖。《詩·大雅·生民》："厥初生民，時維姜嫄……載生載育，時維后稷。""玄孫"，自身以下的第五代。《爾雅·釋親》："孫之子爲曾孫，曾孫之子爲玄孫。"郭璞注："玄者，言親屬微昧也。"此應泛指遠孫。《左傳》僖公二十八年："有渝此盟，明神殛之……及而玄孫，無有老幼。"

"穆（？）誩（？）敦敏（？）"，此幾字多不清晰。"穆"，淳和，溫和。《詩·大雅·烝民》："吉甫作誦，穆如清風。"鄭箋："穆，和也。""誩"，疑係"善"字。"敦敏"，篤實敏捷。《大戴禮記·五帝德》："（黃帝）生而神靈，弱而能言，幼而慧齊，長而敦敏，成而聰明。"

"畏天之命"，即敬畏天命，類似辭例金文習見。

"钀昀曾土"，"昀"，董文讀爲"徇"，訓巡視，並以王孫遺者鐘"余溥徇于國"爲證，其說是。"土"，領土，疆土。《逸周書·作雒》："（周公）及將致政，乃作大邑成周于土中。"孔晁注："王城也，於天下土爲中。"其義與M1：1、M1：2鐘銘的"整復曾疆"近同。

"臨觀元洋"，銘文此節前應有殘闕。"臨"訓"大"。《易·序卦》："臨者，大也。""觀"，多也。《詩·小雅·采綠》："其釣維何，維魴及鱮。維魴及鱮，薄言觀者。"鄭箋："觀，多也。""元"者，大也。《書·大禹謨》："天之歷數在汝躬，汝終陟元後。"偽孔傳："元，大也。"或訓善、吉。《書·舜典》："柔遠能邇，惇德允元。"偽孔傳："元，善之長。""洋"謂眾多。《爾雅·釋詁下》："洋……多也。""臨觀""元洋"義近，結構與下文"嘉樹華英"類似。

"嘉樹芋英"，"嘉樹"，佳樹，美樹。石鼓（獵碣·吾水）[①]："吾水既清，吾道既平。吾□既止，嘉樹則里，天子永寧。"《左傳》昭公二年："既享，宴于季氏，有嘉樹焉，宣子譽之。"《楚辭·九章·橘頌》："後皇嘉樹，橘徠服

[①] 郭沫若：《石鼓文研究·詛楚文考釋》，《郭沫若全集·考古編》（第九卷），科學出版社，1982年。

兮。""芌"似當讀作"華","芌英"即"華英"。吳王光鐘"華英有慶"①。"華英",指花。《大戴禮記·少間》:"天政曰正,地政曰生,人政曰辨。苟本正則華英必得其節以秀乎矣。"王聘珍解詁:"華,草木華也。"

"臨觀元洋,嘉樹華英",是用來形容鐘聲洪亮優美,爲便於理解,茲將與之相類的吳王光鐘銘文有關文字抄錄如下:

……振鳴且敜,其音穆穆,闢闢和鐘,鳴揚條虡,既孜且青,藝茲且紫;維絑辟春,華英有慶……(第一組,1~8)

"匽樂㠯卿","匽"即"宴","宴樂",金文恒見,古代雅樂之稱,即內廷之樂。也叫"燕樂"。《大戴禮記·保傅》:"號呼歌謡聲音不中律,宴樂雅誦迭樂序……凡此其屬太史之任也。"王聘珍解詁:"鄭注《磬師》云:'燕樂,房中之樂。'賈疏云:'即《關雎》《二南》也。'誦,讀曰頌。""㠯",連詞,與。《書·顧命》:"太保命仲桓、南宮毛,俾㠯齊侯吕伋,以二干戈、虎賁百人逆子釗于南門之外。"王引之《經傳釋詞》卷二:"㠯,與也。言使仲桓、南宮毛與吕伋共迎康王也。""卿"即"饗",宴饗。

"進士備御","進"字從董文説。"備御"或認爲即"服御",是近義連用②。"服御",使用,役使。《戰國策·趙策四》:"葉陽君、涇陽君之車馬衣服,無非大王之服御者。"

"肅肅倉倉","肅"字從董文讀。"倉倉",或作"鎗鎗",象聲詞。形容金屬撞擊等響亮、清脆之聲。《後漢書·馬融傳》:"鍠鍠鎗鎗,奏于農郊大路之衢,與百姓樂之。"李賢注:"鍠鍠鎗鎗,鐘鼓之聲也。"董文將其讀爲"鏘鏘"。

"余永用畯長,難老黄耇,弭終無疆",此金文經見套語。其中"難老黄耇,弭終無疆"句,與曾子伯𠂤盤③"其黄耇靈終,萬年無疆"可對讀,可見"弭終"殆即金文習見的"靈終"。"靈"訓善。《詩·鄘風》:"靈雨既零。"鄭箋:"靈,善也。"或認爲"弭終"應即"彌終",屬近義連用④。

第三組鐘銘殘片因殘闕過甚,無可探討。唯M1:10第三列首字據殘存筆劃並對照M1:9相應位置文字看應係"保"字,簡報缺釋。"有"下一字簡報疑是"祀",但

---

① 集成1.224.1、3、10。
② 見董文後跟帖。
③ 集成16.10156。
④ 見董文後跟帖。

與"祀"字不類，黃杰指出似爲"魚"①，或是。

四

下面再對這幾件編鐘的年代、性質及其所涉及的有關歷史、地理問題進行討論。

兩組曾侯與甬鐘的形制和紋飾，對比之前安徽壽縣蔡侯墓、河南淅川下寺楚墓、湖北隨縣曾侯乙墓等出土的同類型編鐘②，其風格皆近似，年代亦應相當，綜合來看，這兩組編鐘的年代當定在春秋晚期後段爲宜。據鐘銘內容，M1：1、M1：2記吳楚之戰吳師入郢之事，《左傳》定公四年載吳師入郢時在公元前506年，編鐘製作年代應晚於此。M1：1、M1：2銘文紀年曰"唯王正月吉日甲午"，李學勤認爲"吉日"即"朔日"③，查張培瑜《中國先秦史曆表》，公元前497年，周曆正月甲午朔④，與銘文吻合。M1：3紀年爲"唯王十月吉日庚午"，查《中國先秦史曆表》可知，其製做年代可能爲公元前473年⑤。二者相差二十餘年。

曾侯與的器物，傳世與考古發掘的已有多件，如曾侯與尊缶⑥、浴缶⑦、壺⑧，曾侯𢆶盤（曾侯乙尊盤）⑨、雙戈戟⑩、三戈戟⑪及年代稍早的曾子𢆶簠⑫、缶⑬等，劉彬徽指出，曾侯𢆶盤銘與蔡侯申器格式同，曾侯𢆶的年代與蔡器相近而略晚，應屬春秋晚

---

① 黃杰：《隨州文峰塔曾侯與編鐘銘文初讀》。
② 安徽省文物管理委員會、安徽省博物館：《壽縣蔡侯墓出土遺物》，科學出版社，1956年，圖版拾捌、圖版貳拾；河南省文物研究所、河南省丹江庫區考古發掘隊、淅川縣博物館：《淅川下寺春秋楚墓》，文物出版社，1991年，圖版五八~圖版六〇；湖北省博物館：《曾侯乙墓》，文物出版社，1989年，彩版四，圖版三七。
③ 李學勤：《由蔡侯墓青銅器看"初吉"和"吉日"》，《中國社會科學院研究生院學報》1998年第5期。
④ 張培瑜：《中國先秦史曆表》，齊魯書社，1987年，第165頁。
⑤ 張培瑜：《中國先秦史曆表》，齊魯書社，1987年，第171頁。
⑥ 馬俊才：《流沙疑塚》，中國國際廣播出版社，2010年，第186頁。
⑦ 馬俊才：《流沙疑塚》，中國國際廣播出版社，2010年，第179、180、186頁。
⑧ 馬俊才：《流沙疑塚》，中國國際廣播出版社，2010年，第186頁。
⑨ 湖北省博物館：《曾侯乙墓》，文物出版社，1989年，第228、229、231、234頁。
⑩ 集成17.11178、11179。
⑪ 集成17.11181、11180；湖北省博物館：《曾侯乙墓》，文物出版社，1989年，第264、268頁。
⑫ 集成9.4488、4489。
⑬ 集成16.9996。

期①。現在研究者一般也都認爲其係曾侯乙的先人，年代約在春秋晚期後段②，這與上文從編鐘的形制等對其年代所作判斷亦基本一致。有學者認爲其係曾侯乙的祖父③，徐少華認爲還有待出土資料的進一步確認、坐實④。從上文對銘文紀時的有關分析來看，確實還有一定的討論餘地。

文峰塔M1除出土有銘文編鐘外，還有帶"曾侯與之行鬲"銘文銅鬲2件（M1∶14、M1∶19），簡報據此結合該墓的規模及隨葬品規格等材料，推定其墓主爲曾侯與，應可信。

上述這10件編鐘雖出自一墓，但原屬不同的組別，其中第三組編鐘不排除原非曾侯與所有，而由饋贈、賄賂、掠奪或其他途徑而來，究竟係何種情況，不便作過多的推論。這種特殊的組合方式，或是當時爲了適應某種需要而有意識造成的，類似情況在以往的考古工作中常見。

這兩篇銘文，有下列幾個重要問題值得關注。

首先，是關於曾國分封的時間和地望。

上述"王逝命南公"的"王"可能係周成王。之所以有這樣的推測，主要是基於以下幾方面的分析。

第一，鐘銘"伯适上帝，左右文武，達殷之命，撫定天下"，即周初曾伯的功勞，銘文主要強調其盡力輔佐周文王、武王及安定天下方面所起的作用。據銘文看，曾國在武王時受封的可能性似乎不大。

第二，鐘銘明確提到"王逝命南公，營宅汭土，君庇淮夷，臨有江夏"，"南公"也見於葉家山墓地二期發掘所獲的銅器銘文"犺作烈考南公寶尊彝"⑤，犺即曾侯犺，據已公佈的葉家山墓地有關材料，曾侯犺的年代下限爲昭王世，主要活動於康王時，簋的形制、紋飾也與康王時幾件類似器物接近，則其父南公的主要活動年代可能是在成王之時。

李學勤將鐘銘的"南公"與"伯适"（他認爲即南宮括）視爲一人，認爲"逝命

---

① 劉彬徽：《曾侯乙墓青銅禮器研究》，《湖北省考古學會論文選集》（一），《武漢大學學報》編輯部，1987年。
② 黃錦前：《楚系銅器銘文研究》，安徽大學博士學位論文，2009年，第44頁。
③ 如張昌平：《曾侯乙、曾侯遯和曾侯邨》，《江漢考古》2009年第1期；張昌平：《曾國青銅器研究》，文物出版社，2009年。簡報、凡國棟、李天虹等皆從此說。
④ 徐少華：《論隨州文峰塔一號墓的年代及其學術價值》，《江漢考古》2014年第4期；徐少華：《曾侯昃戈的年代及相關曾侯世系》，《古文字研究》（第30輯），中華書局，2014年。
⑤ 黃鳳春、胡剛：《說西周金文中的"南公"——兼論隨州葉家山西周曾國墓地的族屬》，《江漢考古》2014年第2期。

南公"的"王"肯定是周成王,"逝命南公"當在成王較早的時期①,徐少華亦持類似意見②。徐氏雖認爲伯适即曾國始封之君南公,但同時又指出:

> 伯适作爲周初名臣,或因被封于南土立國爲曾,故又稱"南公";其作爲輔弼大臣,理當于王室任要職,就封者應是其子,與呂伋、伯禽前往齊、魯就封的情況相似,若此,葉家山墓地所見的幾代曾侯皆應是南公後人,下葬年代似不能早于成王晚期或成康之際③。

這種可能性不能排除,但尚須更進一步的材料來支撐。

《國語·鄭語》:"當成周者,南有荊蠻、申、呂、應、鄧、陳、蔡、隨、唐",據文獻,隨爲"漢陽諸姬"之長。

在葉家山墓地發掘之前,張昌平曾據曾國青銅器和高等級遺存在時間和空間上的分佈情況,認爲曾國的中心區域在兩周之際前後位於今吳店一帶,春秋中期和晚期分別向東遷移至今安居和隨州市區一帶④。葉家山西周早期曾國貴族墓地的發現,表明西周早期的曾國,其中心區域在今隨州一帶。從曾國青銅器的出土地域來看,它不但擁有今以隨州爲中心的廣大地區⑤,其勢力還曾擴展至漢水以北及南陽盆地一帶,是名副其實的漢東第一大國⑥。

曾侯與編鐘"王逝命南公,營宅汭土,君庇淮夷,臨有江夏",所謂"縈宅汭土",即在河流匯合處建都營邑;"君庇淮夷",即在淮水流域一帶立國;"臨有江夏",即江漢流域亦在其統治之下。這樣,鐘銘所述早期曾國的疆域範圍,大致可以確定,即在以今隨州爲中心的淮水、漢水及江水等匯合處,約今南陽南部、隨棗走廊一帶的狹長地帶,這與文獻記載及據考古材料所得有關結論皆可相互印證。

另外,鐘銘"王逝命南公……君庇淮夷,臨有江夏",過去一般認爲,在西周早

---

① 李學勤:《曾侯脾(與)編鐘銘文前半釋讀》,《江漢考古》2014年第4期。
② 徐少華:《論隨州文峰塔一號墓的年代及其學術價值》,《江漢考古》2014年第4期。
③ 徐少華:《論隨州文峰塔一號墓的年代及其學術價值》,《江漢考古》2014年第4期。
④ 張昌平:《曾國銅器的發現與曾國地域》,《文物》2008年第2期;張昌平:《曾國的疆域及中心區域——先秦時期歷史地理的考古學研究個案》,《荊楚歷史地理與長江中游開發——2008年中國歷史地理國際學術研討會論文集》,湖北人民出版社,2009年;張昌平:《曾國青銅器研究》,文物出版社,2009年,第326~344頁。
⑤ 2007年11月,隨州安居羊子山一帶發現西周早期鄂國公室墓地及大量高等級青銅器,表明鄂國在西周早中期曾建都于此,鄂後爲王師"翦伐",原鄂國故地亦可能爲隨所有。有關討論可見黃錦前:《楚系銅器銘文新研》,吉林大學博士後出站報告,2012年,第250、251、254~258頁。
⑥ 《左傳》桓公六年:"漢東之國隨爲大。"

第六章　曾國之謎

期淮夷勢力可能尚未進入該地，而在東部地區，到西周中晚期以後，才漸漸滲透到這一地區[1]，據鐘銘所述曾國分封時南土地區的形勢來看，此前的有關認識可能要隨之予以糾正[2]。

據銘文可知，曾國的南封是周初大分封歷史背景下實施的，與文獻記載的周初分封的衛燕齊魯等地位相當[3]，祇是因文獻湮沒而不顯，鐘銘的史料價值與意義，於此可見一斑。

其次，是銘文所記之曾國，即通常所說的兩周時期南土的姬姓曾國和葉家山發現的西周早期曾國的關係。

葉家山新發現的西周早期的曾，或認爲係後來姬姓曾國的直系祖先，或認爲其當爲姒姓曾（南曾），與位於宗周附近的姒姓之曾（西曾），是同一族氏的兩個分支[4]。

上述受王命率衆南遷的曾人首領南公，其主要活動年代是在武成之世，則曾在今隨州一帶立國亦當始於此時，關於這一點，鐘銘"王逑命南公，營宅汭土，君庇淮夷，臨有江夏"等講得很清楚。

姬姓曾人在南土地區活動的最早年代，從以往的考古資料所提供的信息來看，最早也祇能早到西周晚期，更早的實物證據，目前尚未見，文獻也缺乏相關記載。

葉家山墓地發現後，因出土的青銅器中不少有帶"曾"字銘文者，有些學者很自然地就把二者聯繫起來，認爲此曾即彼曾，但在考古資料尤其是文字資料中，並未找到任何直接證據能夠將二者聯繫起來。

葉家山二期發掘的M111出土一件銅簋，銘曰"犺作剌考南公寶尊彝"，有學者據此"南公"認定葉家山的曾爲姬姓[5]。簋銘與鐘銘的"南公"，從年代、地理等方面看，很可能應係同人。這樣，這條材料或可視爲解決葉家山之曾族屬的最關鍵證據。對照鐘銘的有關記載來看，葉家山之曾與曾侯與、曾侯乙之曾同屬姬姓，目前看來，應無問題。

---

[1] 鄔國盛：《西周淮夷綜考》，南開大學碩士學位論文，2009年，第11～15、19～23頁。
[2] 李學勤則將其理解爲東南的淮夷國族均在其管理之下，見李學勤：《曾侯䡇（與）編鐘銘文前半釋讀》，《江漢考古》2014年第4期。
[3] 李學勤與徐少華對此皆有很好的論述，可參看李學勤：《曾侯䡇（與）編鐘銘文前半釋讀》，《江漢考古》2014年第4期；徐少華：《論隨州文峰塔一號墓的年代及其學術價值》，《江漢考古》2014年第4期。
[4] 有關討論可見黃錦前：《楚系銅器銘文新研》，吉林大學博士後出站報告，2012年，第263、264頁。
[5] 黃鳳春、胡剛：《說西周金文中的"南公"——兼論隨州葉家山西周曾國墓地的族屬》，《江漢考古》2014年第2期。

葉家山墓地中，M1年代最早，發掘者認爲在成、康之世①。墓中出土的銅器中有不少屬商代器物，此墓有腰坑，內葬犬，故有學者認爲，其墓主可能係殷遺民②。李伯謙據商代的曾在大體方位上與西周早期的曾一致，曾字的寫法又相同，推定商和西周早期的曾應屬同一個曾國，祇是商周更替之後曾又接受了周王朝的封號而已③。現在看來，這些說法皆不可信，商代的曾與西周的曾並非一回事。

總之，據目前的材料，我們認爲，葉家山西周早期之曾與此前湖北、河南南部等地發現的兩周時期的姬姓曾應屬同一族屬，二者一脈相承。這對重新認識周初南土地區的政治地理形勢和周初的分封格局有重要價值。

最後要討論的，也是大家關心最多的，或者說是最重要的問題，即曾、隨關係問題。

自曾侯乙墓發掘以來，歷史、考古學界曾就"曾國之謎"問題展開過熱烈討論，近年因相關新材料陸續出土，學界又就此問題展開激烈討論④。現在有了曾侯與編鐘銘文的新材料，對這一問題應可作出結論性意見。

曾侯與編鐘銘文有很大一部分篇幅主要是誇耀南封以後的歷代曾侯的文治武功，分別記敘春秋時期吳楚之戰和曾楚關係的有關史實，強調曾國在維護南土地區穩定方面所起的重要作用。其中特別提到其在鉗制楚國及吳楚之戰時及時假以援手而保全楚王等有關史實。鐘銘所述有關史實在文獻中亦有記載，不過文獻所記皆係隨國之事，這表明，曾即隨，隨即曾。總之，鐘銘所記曾國的有關史實，與文獻記載的隨國幾無二致，是曾、隨合一之鐵證。

曾侯與編鐘銘文既解決了近年學界關於葉家山之曾族屬問題的困惑，又徹底平息了幾十年來關於"曾國之謎"的種種爭論，因而是一篇史料價值極高的珍貴文獻。

附記：小文初稿寫成於2013年10月，此後曾呈一些師友教正，或有以陋見可取而引用者。有關材料正式刊佈後，修訂了其中一些明顯錯誤之處（初稿依據的是不完整且品質不高的摹本），同時吸收學界部分有益成果，文字亦稍有增減。文中有些討論或意見或與已刊諸文相同或接近，凡寫成於上述諸文之前者，則一仍其舊。小文在寫作和修訂過程中，曾得到黃錫全、涂白奎、黃鳳春、吳良寶等老師的幫助，亦曾與劉

---

① 湖北省文物考古研究所、隨州市博物館：《湖北隨州葉家山西周墓地發掘簡報》，《文物》2011年第11期。
② 見李學勤等：《湖北隨州葉家山西周墓地筆談》，《文物》2011年第11期；董珊：《從出土文獻談曾分爲三》，《出土文獻與古文字研究》（第五輯），上海古籍出版社，2013年。
③ 見李學勤等：《湖北隨州葉家山西周墓地筆談》，《文物》2011年第11期。
④ 有關意見可見黃錦前：《隨州新出隨大司馬嘉有戈小議》，《江漢考古》2013年第1期。

雲、黃杰諸友就有關文字進行過討論，在此一併致謝！

2015年6月5日

　　再記：湖北隨州棗樹林墓地M169出土加嬭編鐘①"伯舌受命，帥禹之堵，有此南洍"，"伯舌"即"伯适"，李學勤認爲即南宫括，應可信。加嬭編鐘"楚既爲伐，吾遹匹之，密臧我獻，大命毋改"，與曾侯與編鐘"周室之既卑，吾用燮就楚"可對讀。"吾用燮就楚"的"就"，李天虹釋，謂有歸依、俯就之義，對照加嬭編鐘來看應可信。我將其釋作"謞"，讀作"驕"，不確。"君庇淮夷，臨有江夏"，即曾國受封南土的使命是鎮守淮域和江漢地區的諸侯邦國，統轄鎮撫整個南土。我將"君庇淮夷，臨有江夏"理解爲在淮河流域一帶立國，江漢流域亦在其統治之下，進而認爲西周早期淮夷已在淮河上中游一帶活動，皆不甚準確。詳黃錦前《加嬭編鐘及有關曾楚史事》《"君庇淮夷，臨有江夏"與周代南土曾國的方伯地位》（未刊稿）。

2019年7月21日

第四節　隨州漢東東路墓地新出曾侯得銅器及相關問題

一

　　2017年底，湖北隨州漢東東路墓地（位於隨州市東城區文峰塔社區二組、十組、十二組，文峰塔墓地北端）發掘又有新的收穫，在M129的隨葬品中發現青銅戈及編鐘1套，皆有銘文②，分别作：

　　曾侯得之戈。

　　曾公得之行鐘，其永用之。

"得"字戈銘和鐘銘原篆分别作　、　，前者從"彳"、後者從"辵"，餘皆同。

----

　　① 湖北省文物考古研究所、北京大學考古文博學院、隨州市博物館等：《湖北隨州棗樹林墓地2019年發掘收穫》，《江漢考古》2019年第3期；郭長江、李曉楊、凡國棟等：《嬭加編鐘銘文的初步釋讀》，《江漢考古》2019年第3期。

　　② 湖北省文物考古研究所、隨州市博物館、隨州市曾都區考古隊：《隨州漢東東路墓地2017年考古發掘收穫》，《江漢考古》2018年第1期，圖版七，封三。

在古文字中，"彳"與"辵"在作爲偏旁時常可互換①，因此，二者應係一字的不同寫法，即一字之異體。該字除去所從之"彳"或"辵"部分，可分析爲從玉、從貝、從又（即"手"），下部象以手持貝之形，其上加一"玉"，據構形看應係"得"字之異構。與以往常見的"得"字寫法不同者，一是"又"（手）和"貝"連寫在一起，二是在其上加一"玉"，據古文字構形規律，"玉"旁應係添加的義符，該字仍應釋作"得"。早期古文字中的"得"字，本象以手持貝之形，會有所獲得之意，後逐漸增加形符"彳"或"辵"，而成形聲字②。古代曾以海貝或青銅鑄貝作爲貨幣，應此貝在當時是一種財富的象征，以手持貝之形會有所獲得之意，其造字理念也因源於此。玉也是財富的象征，因此古文字中如"寶""保"等字也多以"貝"和"玉"作爲義符③，如🅐、🅑、🅒、🅓、🅔、🅕、🅖，等等。"寶"在古書中即常作爲玉石、玉器的總稱。如《國語·魯語上》："莒太子僕弒紀公，以其寶來奔。"韋昭注："寶，玉也。"《公羊傳》莊公六年："冬，齊人來歸衛寶。"何休注："寶者，玉物之凡名。"《韓非子·和氏》："王乃使玉人理其璞而得寶焉，遂命曰'和氏之璧'。"總之，新見"得"字這種增加"玉"作爲義符的寫法，雖前所未見，但也並不難理解和解釋。

該字既然應確釋作"得"，那麼戈銘的"曾侯得"與鐘銘的"曾公得"則毫無疑問應係一人，此前所見出土古文字資料中，曾國的國君一般稱"曾侯"，如眾所周知的曾侯乙④、曾侯與⑤、曾侯諫⑥等；少數稱"曾伯"，如曾伯文⑦、曾伯陭⑧（曾伯

---

① 高明：《中國古文字學通論》，北京大學出版社，1996年，第139～141頁；劉釗：《古文字構形學》，福建人民出版社，2006年，第335頁。

② 羅振玉《增訂殷虛書契考釋》："从又持貝，得之意也。或增彳。"古文字"得"的有關字形可參看高明、涂白奎：《古文字類編》（增訂本），上海古籍出版社，2008年，第263頁。

③ "保"與"寶"的有關字形可參看高明、涂白奎：《古文字類編》（增訂本），上海古籍出版社，2008年，第10、308頁。

④ 湖北省博物館：《曾侯乙墓》，文物出版社，1989年。

⑤ 湖北省文物考古研究所、隨州市博物館：《隨州文峰塔M1（曾侯與墓）、M2發掘簡報》，《江漢考古》2014年第4期。

⑥ 湖北省博物館、湖北省文物考古研究所、隨州市博物館：《隨州葉家山——西周早期曾國墓地》，文物出版社，2013年。

⑦ 集成7.4051、4052、4053；16.9961；湖北省文物考古研究所：《曾國青銅器》，文物出版社，2007年，第144～153頁。

⑧ 集成15.9712；湖北省文物考古研究所：《曾國青銅器》，文物出版社，2007年，第114～120頁；http://collection.imamuseum.org/artwork/32833/index.html#labeltxt。

從寵[①]）、曾伯霥[②]等，稱"曾公"者則係首見。不過這也並不難理解，如同在南土的姬姓封國應國，其國君即既稱"應公"（如應公鼎[③]等），又稱"應侯"（如應侯簋[④]等），因而曾侯又稱"曾公"，也並沒有什麼特殊和奇怪之處。

二

曾侯得與曾公得既係一人，其所作之戈與編鐘又同出一墓，則該墓墓主應即曾侯（公）得。

M129爲長方形豎穴土坑木槨墓，帶"甲"字形斜坡墓道，殘長12.2米，墓室東西長8.7、南北寬7.8米。葬具已腐朽，據痕跡判定爲一棺重槨，棺室置於槨室北部偏東，南部、西部擺放隨葬器物。該墓被盜，出土禮樂器有青銅缶2件、盤1件、匜1件、編鐘1套（鎛鐘4、甬鐘16）、編磬2套、有銘戈1件。其墓葬規模、隨葬品組合及等級等，也與以往所見侯墓相吻合。

戈長援尖鋒，中脊起棱，長胡，闌側有兩長穿、一小穿，內上有一橫穿。甬鐘鐘體爲合瓦形，上窄下寬，甬上細下粗，旋幹齊備，正背面各有長枚18個。鉦、篆之間以絢索凸棱相隔，舞部飾夔龍紋，篆間飾對角三角形夔龍紋。紐鐘爲近橢圓體，于部齊平，雙夔組成的紐，上部作長環形，鉦間和篆間以粗綫紋作界格，每面有六組低乳丁形枚，中篆及鉦間共有六個長條孔，舞部中央有一十字孔。舞部飾夔龍紋，篆間飾對角三角形夔龍紋，鼓部飾一對大夔龍紋。年代皆在春秋中期偏晚。

總之，據隨葬品等，該墓年代應爲春秋中期偏晚，換言之，曾侯得應係春秋中期偏晚的曾侯。過去出土文字資料所見諸曾侯，其年代主要有西周早期、春秋晚期至戰國早中期，而西周中晚期曾侯世系缺失，春秋中期的曾侯，所知僅有曾侯子和曾侯

---

① 集成5.2550；湖北省文物考古研究所：《曾國青銅器》，文物出版社，2007年，第423、424頁。

② 集成9.4631、4632；湖北省文物考古研究所：《曾國青銅器》，文物出版社，2007年，第440、441頁；方勤、胡長春、席奇峰等：《湖北京山蘇家壟遺址考古收穫》，《江漢考古》2017年第6期；湖北省文物考古研究所、隨州市博物館《隨州文峰塔M1（曾侯與墓）、M2發掘簡報》，《江漢考古》2014年第4期。

③ 集成5.2553、2554。

④ 集成7.4045。

寶①，戈與編鐘銘所載之曾侯（公）得，正可補春秋中期曾侯世系之缺。

三

吳鎮烽《商周青銅器銘文暨圖像集成》②及《商周青銅器銘文暨圖像集成續編》③著錄有一組私人收藏的曾侯子鎛鐘、編鎛。曾侯子編鐘共2套，甲套鎛鐘④同出9件，形制、紋飾、銘文相同，大小相次。合瓦形紐鐘，長環形紐，鉦間和篆間以粗綫紋作界格，每面有六組低乳丁形枚。舞部飾夔龍紋，篆間飾對角三角形夔龍，鼓部飾一對大夔龍紋。年代爲春秋中期偏晚。銘作：

　　曾侯子之行鐘，其永用之。

乙套鎛鐘⑤共8件，形制、紋飾，大小相次，銘文略有差異。鐘爲合瓦形紐鐘，橢環形紐，鉦間和篆間以凸棱作界格，每面有六組低乳形枚。篆間飾對角夔龍紋，鼓部飾相對的雙龍紋，舞部飾變形夔龍紋。銘作：

　　曾侯子之（其永）用之/曾侯子之行。

曾侯子編鎛⑥同出共9件，形制、紋飾、銘文相同，大小相次。合瓦形，雙龍形紐，龍張口向下接於舞部，尾相連，鉦間和篆間以凸棱作界格，每面有六組乳形枚，于部稍曲。篆間飾對角夔龍紋，鼓部飾相對的雙龍紋，舞部飾夔龍紋。銘作：

---

① 《銘圖》（第4卷），第432~435頁第02219、02220號；中國國家博物館、中國書法家協會：《中國國家博物館典藏甲骨文金文集粹》，安徽美術出版社，2015年，第262~265頁64；《銘續》（第1卷），第202~209頁第0185~0187號；《銘圖》（第10卷），第317~320頁第04975、04976號；《銘圖》（第22卷），第303、304頁第12390號；《銘續》（第3卷），第290、291頁第0942號。

② 吳鎮烽：《商周青銅器銘文暨圖像集成》，上海古籍出版社，2012年。

③ 吳鎮烽：《商周青銅器銘文暨圖像集成續編》，上海古籍出版社，2016年。

④ 《銘圖》（第27卷），第56~71頁第15141~15149號。

⑤ 《銘續》（第3卷），第383~390頁第1001~1008號。

⑥ 《銘圖》（第29卷），第186~193頁第15763~15766號；《銘續》（第3卷），第478~484頁第1041~1044號。

唯王正月初吉丁亥，曾侯子擇其吉金，自作行鎛。

值得注意者，曾侯子鎛鐘的形制、紋飾與曾侯得鎛鐘皆近同，表明二者年代也應相當。曾侯子諸器也應盜自漢東東路墓地一帶，曾侯子之墓也應在此。

四

《商周青銅器銘文暨圖像集成續編》著錄有2件曾公子叔浸簠[①]，銘作：

唯正月吉日丁亥，曾公子叔浸擇其吉金，自作飤簠，子子孫孫其永寶用之。

2011年9月，隨州義地崗春秋墓地M6（曾公子棄疾墓）出土一批有銘銅器[②]，有曾公子棄疾鼎（M6：9、M6：10）[③]、甗（M6：6）[④]、簠[⑤]、壺[⑥]、缶（M6：5）[⑦]、斗（M6：4）[⑧]等，銘文分別作：

（1）曾公子棄疾之行鼎。
（2）曾公子棄疾之薦甗。
（3）曾公子棄疾之薦簠。
（4）曾公子棄疾之行壺。
（5）曾公子棄疾之行缶。
（6）曾公子棄疾之沐斗。

---

① 《銘續》（第2卷），第251~255頁第0507、0508號。
② 湖北省文物考古研究所、隨州市博物館：《湖北隨州義地崗曾公子去疾墓發掘簡報》，《江漢考古》2012年第3期。
③ 《江漢考古》2012年第3期，第7頁圖版二，拓片一；第8頁圖版三；第9頁拓片二。黃鳳春、郭長江：《出土大量青銅器的湖北隨州曾公子去疾墓》，《文物天地》2013年第6期。
④ 《江漢考古》2012年第3期，第13頁圖版五，拓片四。
⑤ 《江漢考古》2012年第3期，第10頁圖版四，第11頁拓片三。
⑥ 《江漢考古》2012年第3期，第14頁圖版六，拓片五，2；第15頁圖七。
⑦ 《江漢考古》2012年第3期，第16頁圖版七，第17頁拓片六。
⑧ 《江漢考古》2012年第3期，第19頁圖版八，拓片七。

我曾據《儀禮·喪服》鄭玄注"公子，君之庶子也"、《禮記·服問》孔穎達疏"公子謂諸侯之妾子也"、《禮記·玉藻》鄭注"適而傳世曰世子，餘則但稱公子而已"及《詩·豳風·七月》孔疏"諸侯之子稱公子"等，認爲曾公子叔㳟簠、曾公子棄疾簠器主皆稱"曾公子"，表明其係曾侯之庶子，或泛指曾侯之子[①]。

據新出曾公得器銘，所謂"曾公子"，應即曾公亦即曾侯之子，而與嫡庶無關，其稱謂格式如此前銘文中所見之"曾侯子"（曾侯昃劍[②]"曾侯子昃自作用劍"）。東周時期曾國銅器銘文中的"曾子"應係曾侯之子，"曾子"可視爲"曾侯子""曾公子"等省稱[③]。

綜上，該墓出土的銘文中新發現一位曾侯，可補春秋中期曾侯世系之闕；由銘文可知，曾國國君除過去所見稱"曾侯""曾伯"外，又稱"曾公"；曾侯之名"得"字寫法係首見，可豐富和補充相關古文字構形的材料；據新出曾公得器銘，可知曾國銅器銘文中的"曾公子"應即曾公亦即曾侯之子，"曾子"爲"曾侯子""曾公子"等之省稱。總之，無論是作爲新發現的史料和語料，還是對曾國歷史考古乃至整個先秦歷史語言研究而言，這些材料的價值無疑都很重要，也很值得我們去作進一步深入的探索。

附記：近日，黃錫全《曾器銘文中之"曾子"稱謂問題簡述》（《古文字研究》（第32輯），中華書局，2018年）公佈了近年隨州收集所得一件春秋晚期的曾公孫叔考臣甗，銘作"曾公孫叔考臣自作飤甗"。黃文指出，"叔考臣"爲"曾公孫"之私名，"曾公孫"爲某曾侯之孫，曾國公室成員。"曾公孫"稱謂如同"曾公子"，指曾公亦即曾侯之孫，黃說可信。東周曾國銅器銘文中常見稱"曾孫"者，如近年文峰塔墓地出土的曾孫邵簠（M21∶5）[④]、壺（M21∶3）[⑤]，曾孫伯國甗（M32∶9）[⑥]，

---

① 黃錦前：《讀近刊曾器散記》，《秦始皇帝陵博物院院刊》（第8輯），三秦出版社，2018年。
② 曹錦炎：《曾侯昃劍小考》，《中國考古學會第十三次年會論文集——三峽地區考古發現與研究暨紀念夏鼐先生誕辰100周年》，文物出版社，2011年，第273頁圖一；曹錦炎：《鳥蟲書通考》（增訂版），上海辭書出版社，2014年，第430頁圖338；曹錦炎、吳毅強：《鳥蟲書字彙》，上海辭書出版社，2014年，第582、583頁圖三三八。
③ 詳黃錦前：《"曾子""楚子"及"曾伯仲叔季"等稱謂及其身份》，未刊稿。
④ 湖北省文物考古研究所、隨州市博物館：《湖北隨州市文峰塔東周墓地》，《考古》2014年第7期，圖一九，2。
⑤ 《考古》2014年第7期，第27頁圖二四，1。
⑥ 《考古》2014年第7期，第28頁圖三一，1。

曾孫懷簠（M38∶7）①，曾孫喬壺（M61∶2）②，此前出土的曾孫法鼎③，傳世的曾孫無期鼎④及曾孫史夷簠⑤等，"曾孫"應指曾侯之孫⑥，如"曾子"爲"曾侯子""曾公子"等省稱一樣，"曾孫"應係"曾公孫"或"曾侯孫"等省稱。凡此皆可補充和印證小文上述有關結論。

2018年8月17日

第五節　新出文獻與"曾國之謎"的新認識

20世紀70年代末，在湖北隨縣（今隨州市）發現了著名的曾侯乙墓⑦，但據文獻，東周時期該地屬隨，因而引起歷史和考古學界的廣泛關注與熱烈討論，這便是學界所豔稱的"曾國之謎"。有學者指出，曾、隨係一國二名⑧，此說已廣爲學界所接受，但仍有學者提出異議，現在隨著新材料的不斷出土，曾、隨係一國可以定論。

一、舊說的檢討

近年有關"曾國之謎"的討論，主要集中在兩點，一是隨仲嬭加鼎的發現及隨之而來的關於曾隨關係的新討論；二是葉家山西周早期曾侯墓地發現後，關於曾國的始

---

① 《考古》2014年第7期，第26頁圖一九，5。
② 《考古》2014年第7期，第27頁圖二四，5。
③ 隨州市博物館：《湖北隨州市安居鎮發現春秋曾國墓》，《江漢考古》1990年第1期；湖北省文物考古研究所：《曾國青銅器》，文物出版社，2007年，第262～265頁。
④ 集成5.2606；湖北省文物考古研究所：《曾國青銅器》，文物出版社，2007年，第432頁。
⑤ 集成9.4591；陳佩芬：《夏商周青銅器研究》（東周篇），上海古籍出版社，2004年，第149～151頁五〇〇；湖北省文物考古研究所：《曾國青銅器》，文物出版社，2007年，第442、443頁。
⑥ 詳黃錦前：《"曾子""楚子"及"曾伯仲叔季"等稱謂及其身份》，未刊稿。
⑦ 湖北省博物館：《曾侯乙墓》，文物出版社，1989年；湖北省博物館：《曾侯乙》，文物出版社，2018年。
⑧ 石泉：《古代曾國——隨國地望初探》，《武漢大學學報》（哲學社會科學版）1979年第1期，後修訂輯入氏著《古代荊楚地理新探》，武漢大學出版社，1988年；李學勤：《曾國之謎》，《光明日報》1978年10月4日《文物與考古》副刊，第92期；李學勤：《筆談〈湖北隨縣曾侯乙墓出土文物展覽〉》，《中國歷史博物館館刊》1980年第2期，後輯入《新出青銅器研究》（增訂版），人民美術出版社，2016年；李學勤：《論漢淮間的春秋青銅器·再論曾國之謎》，《文物》1980年第1期，後輯入《新出青銅器研究》（增訂版），人民美術出版社，2016年；李學勤：《續論曾國之謎》，《楚學論叢》（《江漢論壇》1990年增刊），1990年。

封、族姓及族源問題的爭論。

隨仲嬭加鼎共2件，現分藏中國國家博物館和湖北省博物館[①]，銘曰：

唯王正月初吉丁亥，楚王媵隨仲嬭加飤䋈，其眉壽無期，子孫永寶用之。

一般認爲其年代爲春秋中期[②]，楚共王時器，"隨仲嬭加"即見於傳世王子申盞盂蓋[③]"王子申作嘉嬭盞盂"的嘉嬭，盞係王子申爲嘉嬭出嫁所作媵器[④]，可由新見之加嬭簋[⑤]得以進一步證實[⑥]。

仲嬭加既是楚女，則其名字前所冠之"隨"，應即其夫國之稱，一般認爲即文獻記載的漢東姬姓隨國[⑦]，可信。

之前公佈的新蔡簡甲三25有"鄭憲習之以隨侯之……"[⑧]，陳偉云"隨侯"是人名，指隨國之侯[⑨]。隨仲嬭加鼎的發現，再次確認了文獻記載的隨國的存在。2012年末，隨州文峰塔曾國墓地出土一件隨大司馬嘉有戈（M21∶1）[⑩]，又一次確證了文獻的有關記載。

以前在銅器銘文中一直未能找到作爲國名的"隨"以與文獻記載相對應，因而關

---

① 曹錦炎：《"曾"、"隨"二國的證據——論新發現的隨仲嬭加鼎》，《江漢考古》2011年第4期；中國國家博物館、中國書法家協會：《中國國家博物館典藏甲骨文金文集粹》，安徽美術出版社，2015年，第286~290頁69；《銘續》（第3卷），第251~253頁第0210號。

② 曹錦炎：《"曾"、"隨"二國的證據——論新發現的隨仲嬭加鼎》，《江漢考古》2011年第4期；張昌平：《隨仲嬭加鼎的時代特徵及其他》，《江漢考古》2011年第4期。

③ 集成9.4643。

④ 黃錦前：《隨仲嬭加鼎補說》，《江漢考古》2012年第2期。

⑤ 《銘續》（第1卷），第477頁第0375號。

⑥ 黃錦前：《讀近刊曾器散記》，《秦始皇帝陵博物院院刊》（第8輯），三秦出版社，2018年；《銘續》（第1卷），第13、14頁"前言"。

⑦ 曹錦炎：《"曾"、"隨"二國的證據——論新發現的隨仲嬭加鼎》，《江漢考古》2011年第4期；張昌平：《隨仲嬭加鼎的時代特徵及其他》，《江漢考古》2011年第4期；高成林：《隨仲嬭加鼎淺議》，《江漢考古》2012年第1期。

⑧ 河南省文物考古研究所：《新蔡葛陵楚墓》，大象出版社，2003年，圖版七九，第189頁。

⑨ 陳偉：《讀新蔡簡劄記（四則）》，《康樂集——曾憲通教授七十壽慶論文集》，中山大學出版社，2006年。

⑩ 湖北省文物考古研究所、隨州市博物館：《湖北隨州市文峰塔東周墓地》，《考古》2014年第7期，圖四〇、圖四一；湖北省文物考古研究所：《三苗與南土——湖北省文物考古研究所"十二五"期間重要考古收穫》，《江漢考古》編輯部2016年10月，第104頁。

於曾、隨關係的討論，有種種推測①。陳偉據新蔡簡的材料認爲通行的曾、隨爲一國兩名的說法應該重新考慮②，甘大明也認爲曾、隨一國兩名的可能性不大，它們很可能是不同的、曾經並存於江漢流域的兩個國家③。吳良寶指出，單純依據楚簡此條材料尚不足以否定曾、隨一國兩名的意見，陳偉祇提出質疑而非否定，這是很謹慎的處理方式④。

隨仲嬭加鼎發現後，學界就此問題又展開了爭論。有學者認爲，這對於傳統認爲曾、隨爲一國的傾向性看法或有顛覆性意義。如曹錦炎認爲，這足以說明曾、隨係二國，之前所謂的曾、隨一國的看法斷不能成立了⑤。張昌平也持類似的意見⑥。

董珊對出土資料及古書所記載的有關曾國及曾、隨的關係進行了重新梳理，認爲"隨"是曾國都，國都名"隨"逐漸取代舊國名"曾"，故傳世文獻祇見後起的新國名"隨"。春秋中晚期的楚王爲"隨仲嬭加"作鼎及新蔡簡的"隨侯"，即是春秋晚期至戰國早期楚國已開始稱姬姓曾國爲"隨"，這個新興名稱"隨"被戰國早、中期成書的《左傳》《國語》等傳世文獻繼承，舊名稱"曾"隨著此時曾國的衰亡，就湮沒不顯了⑦。高成林亦指出，就目前的資料而言，尚不足以推翻曾、隨爲一國的論斷⑧。我們認爲，從目前的材料來看，上述意見較爲合理。若曾、隨非一國，則歷年考古發掘所獲曾國遺跡和遺物所表明的兩周時期曾文化的分佈範圍⑨和文獻記載的漢東姬姓隨國之間的諸多矛盾就很難作出合理的解釋。因此，對有關問題的正確認識，需

---

① 有關意見可參看湖北省博物館：《曾侯乙墓》（上冊），文物出版社，1989年，第470、471頁；吳良寶：《再說曾國之謎》，《新果集——慶祝林澐先生七十華誕論文集》，科學出版社，2009年；張昌平：《曾國青銅器研究》，文物出版社，2009年，第372～390頁。

② 陳偉：《讀新蔡簡劄記（四則）》，《康樂集——曾憲通教授七十壽慶論文集》，中山大學出版社，2006年。

③ 甘大明：《曾國之謎再研究》，吉林大學碩士學位論文，2005年。

④ 吳良寶：《再說曾國之謎》，《新果集——慶祝林澐先生七十華誕論文集》，科學出版社，2009年。

⑤ 曹錦炎：《"曾"、"隨"二國的證據——論新發現的隨仲嬭加鼎》，《江漢考古》2011第4期。

⑥ 張昌平：《隨仲嬭加鼎的時代特徵及其他》，《江漢考古》2011年第4期。

⑦ 董珊：《從出土文獻談曾分爲三》，復旦網，2011年12月26日，http://www.gwz.fudan.edu.cn/SrcShow.asp?Src_ID=1751。

⑧ 高成林：《隨仲嬭加鼎淺議》，《江漢考古》2012年第1期。

⑨ 張昌平：《曾國青銅器的發現與曾國地域》，《文物》2008年第2期；張昌平：《曾國的疆域及中心區域——先秦時期歷史地理的考古學研究個案》，《荊楚歷史地理與長江中游開發——2008年中國歷史地理國際學術研討會論文集》，湖北人民出版社，2009年；張昌平：《曾國青銅器研究》，文物出版社，2009年，第326～344頁。

作進一步深入研究纔能得出，而不應倉促予以否定。前些年，吳良寶就曾明確指出，即使將來出土了明確稱爲"隨"國的金文資料，也不能根本性地否定曾、隨一國的意見①。從現有的材料及研究進展來看，這種看法應比較中肯②。近年，李學勤又就新出隨仲嬭加鼎（李文稱"楚王鼎"）重申了他關於曾、隨係一國兩名的觀點③。

二、新證據與新認識

2011年葉家山墓地一期發掘後，葉家山的曾與過去傳世和出土銅器銘文中的漢東姬姓之"曾"即文獻中的"隨"究竟是什麼關係，自然是大家都十分關心的首要問題。有關材料甫一公佈便引起了熱烈的討論，因材料有限，眾說紛紜，或認爲其係後來姬姓曾國的直系祖先，或認爲其當爲姒姓曾（南曾），與位於宗周附近的姒姓之曾（西曾）是同一族氏的兩個分支④，因當時尚缺乏直接證據，我自己也曾一度傾向於二者應非一源的看法。但這個問題很快就得到了徹底的解決。

2009年，隨州文峰塔墓地M1出土3套曾侯與編鐘：

（1）曾侯與編鐘（M1：1、M1：2）⑤：唯王正月吉日甲午，曾侯與曰：伯适上庸，佐佑文武，達殷之命，撫定天下。王逝命南公，營宅汭土，君庇淮夷，臨有江夏。周室之既卑，吾用燮就楚。吳恃有眾庶，行亂，西征、南伐，乃加於楚。荊邦既㓰，而天命將誤。有嚴曾侯，業業厥諲，親敷武功，楚命是拯，復定楚王，曾侯之靈。穆穆曾侯，壯武畏忌，恭寅齋盟，代武之堵，懷燮四方。余申固楚成，整復曾疆。擇辥吉金，自作宗彝。和鐘鳴皇，用孝㠯享于辟皇祖，以祈眉壽、大命之長，其純德降余，萬世是常。

---

① 吳良寶：《再說曾國之謎》，《新果集——慶祝林澐先生七十華誕論文集》，科學出版社，2009年。
② 黃錦前：《隨州新出隨大司馬嘉有戈小議》，《江漢考古》2013年第1期。
③ 李學勤：《新見楚王鼎與"曾國之謎"》，《青銅器入門》，商務印書館，2013年。
④ 有關討論可參見黃錦前：《楚系銅器銘文新研》，吉林大學博士後出站報告，2012年，第263、264頁。
⑤ 湖北省文物考古研究所、隨州市博物館：《隨州文峰塔M1（曾侯與墓）、M2發掘簡報》，《江漢考古》2014年第4期，圖版二二～圖版三三，拓片三～拓片一三，摹本一～摹本六，圖一、圖二。

（2）曾侯與編鐘（M1∶3～M1∶8）[①]：唯王十月〔吉〕日庚午，曾侯與曰：余稷之玄孫，穆（？）詰（？）敦敏（？），畏天之命，定狗曾土，恭寅齋盟。吾以祈眉壽，……臨觀元洋，嘉樹華英。吾以及大夫，宴樂爰饗，進士備御，肅肅倉倉，余永用畯長，難老黄耇，彈終無疆。

（3）曾侯與編鐘（M1∶9、M1∶10）[②]：唯王□月吉日□□，……萬民其……有祀（？）是……保……

編鐘形制、紋飾與安徽壽縣蔡侯墓、河南淅川下寺楚墓、湖北隨縣曾侯乙墓等出土的同類型編鐘[③]風格皆近似，年代當在春秋晚期後段。據鐘銘内容看，M1∶1、M1∶2記吴楚之戰吴師入郢之事，《左傳》定公四年載吴師入郢時在公元前506年，編鐘製作年代應晚於此。M1∶1、M1∶2銘文紀年曰"唯王正月吉日甲午"，李學勤認爲"吉日"即"朔日"[④]，查張培瑜《中國先秦史曆表》，公元前497年，周曆正月甲午朔[⑤]，與銘文吻合。M1∶3紀年爲"唯王十月吉日庚午"，查《曆表》可知，其製作年代可能爲公元前473年[⑥]。二者相差二十餘年[⑦]。文峰塔M1出土的編鐘及鬲[⑧]皆有"曾侯與"之名，簡報據此結合該墓的規模及隨葬品規格等材料推定其墓主爲曾侯與[⑨]，應可信。

將曾侯與編鐘"伯适上帝，左右文武，達殷之命，撫定天下。王逝命南公，營宅

[①] 《江漢考古》2014年第4期，第26～31頁圖版三四～圖版四二，拓片一四～拓片一八，摹本七～摹本一〇；第34頁拓片一九、拓片二〇，摹本一一、摹本一二；第35頁圖版四三～圖版四六；第36頁圖版四七～圖版四九；第37頁圖版五〇～圖版五二，拓片二一；第38頁圖版五三，拓片二二；第39頁圖版五四～圖版五七；第40頁圖版五八～圖版六〇，拓片二三。

[②] 《江漢考古》2014年第4期，第41頁圖版六一～圖版六三，拓片二四～拓片二六。

[③] 安徽省文物管理委員會、安徽省博物館：《壽縣蔡侯墓出土遺物》，科學出版社，1956年，圖版拾捌、圖版貳拾；河南省文物研究所、河南省丹江庫區考古發掘隊、淅川縣博物館：《淅川下寺春秋楚墓》，文物出版社，1991年，圖版五八～圖版六〇；湖北省博物館：《曾侯乙墓》（下册），文物出版社，1989年，彩版四，圖版三七。

[④] 李學勤：《由蔡侯墓青銅器看"初吉"和"吉日"》，《中國社會科學院研究生院學報》1998年第5期。

[⑤] 張培瑜：《中國先秦史曆表》，齊魯書社，1987年，第165頁。

[⑥] 張培瑜：《中國先秦史曆表》，齊魯書社，1987年，第171頁。

[⑦] 黄錦前：《曾侯與編鐘銘文讀釋》，《中國國家博物館館刊》2017年第3期。

[⑧] 《江漢考古》2014年第4期，第13頁圖版一九，拓片二。

[⑨] 湖北省文物考古研究所、隨州市博物館：《隨州文峰塔M1（曾侯與墓）、M2發掘簡報》，《江漢考古》2014年第4期。

汭土，君庇淮夷，臨有江夏"與葉家山M111出土的犺簋（M111∶67）①"犺作剌考南公寶尊彝"及陝西岐山出土太保玉戈②"六月丙寅，王在豐，命太保省南國，帥漢，誕殷南。命曾侯辟"合觀，可知姬姓曾國係周成王封南公於今隨州一帶所立，冊命曾侯者係召公奭，因南土地區的形勢需要而受封於南土，其地望在以今隨州爲中心的淮水、漢水及江水匯合處，約今南陽南部、隨棗走廊、南至京山一帶；葉家山的曾與傳世和出土銅器銘文中的漢東姬姓之"曾"即文獻中的"隨"實一；鐘銘所記曾國的有關史實與文獻記載的隨國幾無二致，是曾、隨合一的鐵證，以往學界關於曾、隨的關係的爭論，應可作出結論性意見③。

"南公"或稱"南宮"，又見於叔䟒鼎④、季盨鼎⑤、或者鼎、或者簋⑥、大盂鼎⑦、南宮乎鐘⑧等，係文王子，因其居住宫室稱謂而得名。葉家山M107出土曾伯爵"曾伯作西宮寶尊彝"⑨，"西宮"又稱"西宮伯"，見於伯曲甗、卣、盂⑩及曾大攻尹季怡戈⑪等，指周文王。葉家山M111所出太保鉞之"太保"即召公奭，與南宮係兄弟，無怪乎曾侯與編鐘銘"曾侯與曰：余稷之玄孫"⑫。

曾侯與編鐘銘文既解決了近年學界關於葉家山之曾族屬問題的困惑，又徹底平息了幾十年來關於"曾國之謎"的種種爭論，因而是一篇史料價值極高的珍貴文獻。

---

① 黄鳳春、胡剛：《說西周金文中的"南公"——兼論隨州葉家山西周曾國墓地的族屬》，《江漢考古》2014年第2期。
② 龐懷靖：《跋太保玉戈——兼論召公奭的有關問題》，《考古與文物》1986年第1期，圖二；徐錫臺、李自智：《太保玉戈銘補釋》，《考古與文物》1993年第3期，圖三；吳鎮烽：《商周青銅器銘文暨圖像集成》（第35卷），上海古籍出版社，2012年，第373、374頁第19764號；黄錦前：《曾國始封的新證據——重讀太保玉戈銘》，未刊稿。
③ 黄錦前：《曾侯與編鐘銘文讀釋》，《中國國家博物館館刊》2017年第3期。
④ 集成4.2342。
⑤ 集成4.2340。
⑥ 集成5.2662、6.3675。
⑦ 集成5.2837。
⑧ 集成1.181。
⑨ 湖北省文物考古研究所、隨州市博物館：《湖北隨州葉家山M107發掘簡報》，《江漢考古》2016年第3期。
⑩ 吕章申：《海外藏中國古代文物精粹·英國國立維多利亞與艾伯特博物館卷》，安徽美術出版社，2014年，第204、205頁112；集成10.5340、15.9427。
⑪ 集成17.11365。
⑫ 黄錦前：《由葉家山M107所出"西宮"銘文談曾國的族源問題》，未刊稿。

三、進一步的討論

隨州葉家山和文峰塔墓地所出犺簋、曾侯與編鐘等銅器銘文的有關記載，已清楚揭開了"曾國之謎"的核心謎底。因材料的日新月異，曾國始封、族姓和族源、曾隨關係、曾侯世系、曾都及疆域變遷等重要問題漸次得到解決或基本解決，所謂的"曾國之謎"已逐漸揭開，不再是謎。自1978年曾侯乙墓發掘以來一直方興未艾、及至近年葉家山墓地等新發現又迅速升溫的有關"曾國之謎"問題的討論，至此基本可以終結。但也有少數學者仍堅稱曾、隨為兩個不同的國家[①]。

1981年4月山東臨朐泉頭村墓葬出土一件上曾太子般殷鼎（M乙：1）[②]：

上曾太子般殷乃擇吉金，自作鷺彝，心聖若慮，哀哀利錐，用孝用享，既穌無測，父母嘉持，多用旨食。

因該鼎出自山東，銘文又稱"上曾"，故學界一般認為該鼎係山東姒姓曾器[③]，而鮮有不同意見，祇有王恩田指出根據其形制、銘文書體、詞彙等，該鼎應為姬姓曾器[④]。從器形、紋飾、銘文內容、文例及字體等各方面來看，該鼎應係湖北姬姓曾國之器，而非山東姒姓之曾，當可確定無疑。上曾太子般殷與曾子軹鼎[⑤]的曾子軹應係同人，"軹"為其名，"般殷"係其字，係曾國太子，後即位為曾侯，年代為春秋早期前段。鼎銘既稱"上曾"，則當時必有"下曾"，這與兩周時期曾國都城曾多次遷徙有

---

① 曹錦炎：《"曾"、"隨"二國的證據——論新發現的隨仲嬭加鼎》，《江漢考古》2011年第4期；張昌平：《曾隨之謎再檢視》，《中國國家博物館館刊》2015年第11期；張昌平：《從五十年到五年——曾國考古檢討》，《江漢考古》2017年第1期；杜勇：《曾隨非一辨惑》，《天津師範大學學報》（社會科學版）2017第年4期。

② 集成5.2750；臨朐縣文化館、濰坊地區文物管理委員會：《山東臨朐發現齊、鄀、曾諸國銅器國》，《文物》1983年第12期，圖版貳，8；圖一三。

③ 孫敬明、何琳儀、黃錫全：《山東臨朐新出銅器銘文考釋及有關問題》，《文物》1983年第12期；李學勤：《試論山東新出青銅器的意義》，《文物》1983年第12期，後輯入《新出青銅器研究》（增訂版），人民美術出版社，2016年；黃盛璋：《山東諸小國銅器研究——〈兩周金文大系續編〉分國考釋之一章》，《華夏考古》1989年第1期；張昌平：《曾國青銅器研究》，文物出版社，2009年，第381頁。

④ 王恩田：《上曾太子鼎的國別及其相關問題》，《江漢考古》1995年第2期。

⑤ 集成5.2757；湖北省文物考古研究所：《曾國青銅器》，文物出版社，2007年，第428、429頁。

上曾太子般殷鼎國屬的準確判定，可廓清過去不正確的有關認識，對現在一些學者仍堅持的幾個曾國的糾葛和混亂也可起到袪疑的作用。

上揭2012年發掘的文峰塔墓地M21出土的隨大司馬嘉有戈，中直援，起脊，鋒略呈圭首形，中胡三穿，闌下端有齒，長方形內，上有一橫穿，援、內均較平直，內略上揚，年代在春秋中期左右[2]。

該墓還出土曾孫邵壺（M21：3）[3]和曾孫邵簠（M21：5）[4]各1件：

（1）曾孫邵之大行之壺。
（2）曾孫邵之行簠。

據銘文，作器者曾孫邵係曾侯之孫。該墓同出銅器，還有1件銅甗（M21：11），另有一批帶"曾"字銘文的銅器未公佈，發掘者認爲墓主係曾孫邵[5]。

位於其北部不遠的M32出土曾孫伯國甗（M32：9）[6]、曾大司馬國鼎（M32：8）[7]和曾大司馬伯國簠（M32：6）[8]各1件：

（1）曾孫伯國之行甗。
（2）曾大司馬國之行鼎。
（3）曾大司馬伯國之飤簠。

對照可知，"曾孫伯國"係曾侯之孫，"伯"係排行，"國"爲其字，職任曾國大司

---

① 黃錦前：《覆議上曾太子般殷鼎國別及相關問題》，未刊稿。
② 黃錦前：《隨州新出隨大司馬嘉有戈小議》，《江漢考古》2013年第1期。
③ 湖北省文物考古研究所、隨州市博物館：《湖北隨州市文峰塔東周墓地》，《考古》2014年第7期，第27頁圖二四，1。
④ 《考古》2014年第7期，第26頁圖一九，2。
⑤ 湖北省文物考古研究所、隨州市博物館：《湖北隨州市文峰塔東周墓地》，《考古》2014年第7期；湖北省文物考古研究所：《三苗與南土——湖北省文物考古研究所"十二五"期間重要考古收獲》，《江漢考古》編輯部，2016年，第104頁。
⑥ 《考古》2014年第7期，第28頁圖三一，1。
⑦ 《考古》2014年第7期，第25頁圖一七。
⑧ 《考古》2014年第7期，第26頁圖一九，4。

馬。曾孫伯國即曾大司馬伯國，係M32的墓主①。

綜合有關材料來看，曾孫卲與曾孫伯國關係應很密切，或皆係隨大司馬嘉有之後②。這也可以進一步説明，曾即隨，隨即曾。

近年出版的《商周青銅器銘文暨圖像集成續編》著録有一件私人收藏的陽侯制隨夫人壺③，銘作：

　　陽侯制隨夫人行壺，其永祐福。

黄鳳春指出，該壺年代應爲春秋早期偏晚階段或春秋中期早段，"陽"應讀作"唐"，唐侯應是漢東的姬姓唐國，而非山東的姬姓陽國，這是一件唐侯爲隨夫人製作的行壺，説明此時唐、隨關係非同一般。黄文同時公佈了隨州市博物館所藏銘文與壺銘基本相同的3件唐侯制隨夫人鼎等有關材料，推定這些器物可能都出自隨州義地崗的同一座墓葬④，基本可信。

"唐侯制隨夫人"器群的發現，爲曾、隨爲一説提供了新的證據，可平息關於"曾國之謎"的爭論。

附記：湖北隨州棗樹林墓地M169出土加嬭編鐘⑤"伯舌受命，帥禹之堵，有此南洍。余文王之孫子，穆之元子，之邦于曾"，"伯舌"即"伯适"，李學勤認爲即南宫括，應可信。可進一步明確首封曾侯南公即南宫括，係文王子；可進一步確認曾、隨爲一，徹底揭開曾國之謎，袪除疑問，解决爭端。據周王孫戈⑥"周王孫季怡"、曾大攻尹戈"穆侯之子西宫之孫曾大工尹季怡"及加嬭編鐘"余文王之孫子，穆之元

---

① 湖北省文物考古研究所、隨州市博物館：《湖北隨州市文峰塔東周墓地》，《考古》2014年第7期。

② 黄錦前：《曾孫卲與曾孫懷銅器繫聯》，《出土文獻綜合研究集刊》（第八輯），巴蜀書社，2019年。

③ 《銘續》（第3卷），第110頁第0829號。

④ 黄鳳春：《談"唐侯制隨夫人"壺的國别、年代及相關問題》，復旦大學出土文獻與古文字研究中心網站，2018年7月19日，http://www.gwz.fudan.edu.cn/Web/Show/4278；武漢大學簡帛網，2018年7月19日，http://www.bsm.org.cn/show_article.php?id=3193。

⑤ 湖北省文物考古研究所、北京大學考古文博學院、隨州市博物館等：《湖北隨州棗樹林墓地2019年發掘收獲》，《江漢考古》2019年第3期；郭長江、李曉楊、凡國棟等：《嬭加編鐘銘文的初步釋讀》，《江漢考古》2019年第3期。

⑥ 集成17.11309；湖北省文物考古研究所：《曾國青銅器》，文物出版社，2007年，第317、318頁。

子"，"西宫"應與"周王""文王"係同人，指周文王，而非召公奭，應據改。詳黃錦前：《加嬭編鐘及有關曾楚史事》（未刊稿）。曾公䋣壺"曾公䋣擇其吉金，用作宗彝尊壺，用享以孝于辥皇祖南公皇考桓叔"，"南公"與曾侯與編鐘及犺簋的"南公"爲一人，係曾人始祖，周文王子伯适，曾國始封君。詳黃錦前：《曾公䋣壺釋讀及有關問題》（未刊稿）。

2019年7月22日

第七章　葉家山墓地與西周早期的曾國

第一節　西周早期曾侯世系與葉家山三座大墓的年代和墓主

西周早期的曾侯，目前所知有三位，即曾侯諫、曾伯生及曾侯犺，主要見於葉家山墓地所出銅器銘文中[①]。

一

2009年隨州文峰塔墓地M1出土的曾侯與編鐘[②]銘曰：

> 伯适上庸，左右文武，達殷之命，撫定天下。王逝命南公，營宅汭土，
> 君庇淮夷，臨有江夏。

可知周初首封曾侯係"南公"。2013年葉家山墓地第二次發掘中，M111出土的犺簋

[①] 黃鳳春、陳樹祥：《湖北隨州葉家山西周墓地考古發掘獲階段性重大成果》，《中國文物報》2011年10月12日，第4版；湖北省文物考古研究所、隨州市博物館：《湖北隨州葉家山M65發掘簡報》，《江漢考古》2011年第3期；湖北省文物考古研究所、隨州市博物館：《湖北隨州葉家山西周墓地發掘簡報》，《文物》2011年第11期；湖北省文物考古研究所、隨州市博物館：《湖北隨州市葉家山西周墓地》，《考古》2012年第7期；湖北省文物考古研究所、隨州市博物館：《隨州葉家山西周墓地第二次考古發掘的主要收穫》，《江漢考古》2013年第3期；湖北省文物考古研究所、隨州市博物館：《湖北隨州葉家山M28發掘報告》，《江漢考古》2013年第4期；湖北省文物考古研究所、隨州市博物館：《湖北隨州葉家山M107發掘簡報》，《江漢考古》2016年第3期；湖北省博物館、湖北省文物考古研究所、隨州市博物館：《隨州葉家山——西周早期曾國墓地》，文物出版社，2013年；湖北省文物考古研究所：《三苗與南土——湖北省文物考古研究所"十二五"期間重要考古收穫》，《江漢考古》編輯部，2016年，第54~73頁。

[②] 湖北省文物考古研究所、隨州市博物館：《隨州文峰塔M1（曾侯與墓）、M2發掘簡報》，《江漢考古》2014年第4期。

（M111∶67）①銘曰：

犺作剌考南公寶尊彝。

兩相對照，可知簋銘與編鐘的"南公"應爲一人，係周文王子，於周初成王時期被封於今隨州一帶立國，爲始封曾侯②。

南公又稱"南宫"，除上揭諸器外，又見於康王時期的叔䱸鼎③、大盂鼎④及宣王時的南宫乎鐘⑤等器：

（1）叔䱸鼎：叔䱸肇作南宫寶尊。
（2）大盂鼎：命汝盂型乃嗣祖南公……錫乃祖南公旂，用狩……盂用對王休，用作祖南公寶鼎。
（3）南宫乎鐘：司徒南宫乎作大林協鐘，兹鐘名曰無斁。先祖南公、亞祖公仲必父之家，天子其萬年眉壽，畯永保四方，配皇天。乎拜手稽首，敢對揚天子丕顯魯休，用作朕皇祖南公、亞祖公仲……

叔䱸鼎已佚，形制未知。其年代一般定爲西周早期。銘文字體較爲古樸，年代應與美國大都會博物館藏叔䱸鼎⑥相當，係同人所作，爲康王時器⑦。叔䱸係南公子⑧。盂與南宫乎皆係南公之後，盂爲其孫。南宫乎係南宫氏，其"先祖南公、亞祖公仲"分別係首封和第二代曾侯，可知其祖先應係南宫後裔未隨其至南土就封而留在王朝任職者。盂的情形應與之相同⑨。

---

① 黄鳳春、胡剛：《說西周金文中的"南公"——兼論隨州葉家山西周曾國墓地的族屬》，《江漢考古》2014年第2期。

② 黄錦前：《曾侯與編鐘銘文讀釋》，《中國國家博物館館刊》2017年第3期；黄錦前：《由葉家山M107所出"西宫"銘文談曾國的族源問題》，未刊稿。

③ 集成4.2342；《銘圖》（第3卷），第451頁第01787號。

④ 集成5.2837。

⑤ 集成1.181；《中國青銅器全集》編輯委員會：《中國青銅器全集》（第5卷），文物出版社，1996年，一八五。

⑥ http://www.metmuseum.org/collection/the-collection-online/search/44513?rpp=30&pg=1&ft=Ritual%2BTetrapod%2BCauldron%2B%28Fangding%29%2B&pos=1&imgno=0&tabname=online-resources。

⑦ 黄錦前：《叔䱸鼎考釋及相關問題》，未刊稿。

⑧ 黄錦前：《"宫伯""西宫"考——兼談召公諸子銅器》，未刊稿。

⑨ 黄錦前：《公仲考論》，《文物春秋》2017年第5期。

第七章 葉家山墓地與西周早期的曾國

葉家山M111出土的犺簋銘"犺作刺考南公寶尊彝",可見犺係南公之子。簋侈口,方唇,腹微鼓,圈足沿下折,有階,其下連鑄方座,獸首耳,扁圓形獸角高聳,長方形垂珥。腹前後及方座四壁均飾下卷角獸面紋,圈足上有四道"C"形扉棱,飾夔龍紋,垂珥飾鳥爪紋[①]。與遼寧喀左小波汰溝出土的圉簋[②]等形制、紋飾近同,約康王時器。由此簋可知,首封曾侯即簋銘的"南公"應卒於康王時,這與過去我曾據傳世的叔鼋鼎"叔鼋肇作南宫寶尊"推定"南宫"即"南公"卒於康王時[③]相吻合,大盂鼎"命汝盂型乃嗣祖南公……錫乃祖南公旂,用狩",亦可佐證。

葉家山M2、M3、M28及M65等出土有一批曾侯諫器:

(1)曾侯諫方鼎[④]:曾侯諫作寶彝。
(2)曾侯諫圓鼎[⑤]:曾侯諫作寶彝。
(3)曾侯諫分襠鼎[⑥]:曾侯諫作寶彝。
(4)曾侯諫簋(Ⅰ式)[⑦]:曾侯諫作寶彝。

[①] 《江漢考古》2014年第2期,第52頁圖版一、圖版二,第54頁拓片一。
[②] 《中國青銅器全集》編輯委員會:《中國青銅器全集》(第6卷),文物出版社,1997年,一二。
[③] 黃錦前:《"宮伯""西宮"考——兼談召公諸子銅器》,未刊稿。
[④] 《江漢考古》2011年第3期,第9頁圖版三、圖六。《考古》2012年第7期,圖版陸,3;第37頁圖九,5。《江漢考古》2013年第4期,第8頁圖版二,第9頁圖版三、拓片一,第10頁拓片二。湖北省博物館、湖北省文物考古研究所、隨州市博物館:《隨州葉家山——西周早期曾國墓地》,文物出版社,2013年,第20~23、58、59頁。
[⑤] 《江漢考古》2011年第3期,第10頁圖版四,第12頁圖八。《文物》2011年第11期,第15頁圖一七;第52頁圖八〇,3。《江漢考古》2013年第4期,第12頁圖版五,第13頁圖版七、拓片三。《考古》2012年第7期,圖版陸,2;第37頁圖九,8。湖北省博物館、湖北省文物考古研究所、隨州市博物館:《隨州葉家山——西周早期曾國墓地》,文物出版社,2013年,第24~27、60、61、168、169頁。
[⑥] 《中國文物報》2011年10月12日,第4版。《文物》2011年第11期,第17頁圖二〇。《考古》2012年第7期,圖版柒,1;第37頁圖九,3。《江漢考古》2013年第4期,第12頁圖版六;第14頁圖版八、拓片四。湖北省博物館、湖北省文物考古研究所、隨州市博物館:《隨州葉家山——西周早期曾國墓地》,文物出版社,2013年,第62~65、170、171頁。
[⑦] 《江漢考古》2011年第3期,第15頁圖版八,第16頁圖一二;《江漢考古》2013年第4期,第16頁圖版九、拓片五;湖北省博物館、湖北省文物考古研究所、隨州市博物館:《隨州葉家山——西周早期曾國墓地》,文物出版社,2013年,第32~35、72、73頁。

（5）曾侯諫簋（Ⅱ式）①：曾侯諫作媿寶尊彝。

（6）曾侯諫甗②：曾侯諫作媿寶彝。

（7）曾侯諫尊③：曾侯諫作媿寶尊彝。

（8）曾侯諫卣④：曾侯諫作媿寶尊彝。

（9）曾侯諫壺⑤：曾侯諫作媿鬱壺。

（10）曾侯諫盤⑥：曾侯諫作寶彝。

（11）曾侯諫盉⑦：曾侯諫作寶彝。

（1）曾侯諫方鼎共3件（M65：47、M28：157、M28：165），形制、紋飾、大小及銘文均基本相同。長方體，直口，平沿，方唇，直壁，平底，立耳，四柱足較細，四隅鑄有扉棱，四壁上部各有一短扉。口下飾小鳥紋，以雲雷紋填地，四足飾陰綫簡化蟬紋，四足上部飾陰綫垂葉紋。與鄧小仲鼎⑧形制近同。

（2）曾侯諫圓鼎共5件（M65：44、M2：6、M3：8、M28：152、M28：164），形制、紋飾、大小及銘文皆基本相同。斂口，鼓腹，窄沿，圜底，索狀立耳，三柱足

---

① 《考古》2012年第7期，圖版柒，4；第42頁圖一八，7。《文物》2011年第11期，第19頁圖二五；第52頁圖八〇，2。《江漢考古》2013年第4期，第18頁圖版一一、圖版一二，第19頁拓片七。湖北省博物館、湖北省文物考古研究所、隨州市博物館：《隨州葉家山——西周早期曾國墓地》，文物出版社，2013年，第69~71、181~183頁。

② 《中國文物報》2011年10月12日，第4版。《文物》2011年第11期，第22頁圖三〇；第52頁圖八〇，1。湖北省博物館、湖北省文物考古研究所、隨州市博物館：《隨州葉家山——西周早期曾國墓地》，文物出版社，2013年，第176~179頁。

③ 《江漢考古》2013年第4期，第23頁圖版一五，拓片一〇。湖北省博物館、湖北省文物考古研究所、隨州市博物館：《隨州葉家山——西周早期曾國墓地》，文物出版社，2013年，第82、83頁。

④ 《江漢考古》2013年第4期，第25頁圖版一七，第26頁拓片一一，第27頁圖版一八；湖北省博物館、湖北省文物考古研究所、隨州市博物館：《隨州葉家山——西周早期曾國墓地》，文物出版社，2013年，第85~87頁。

⑤ 《江漢考古》2013年第4期，第37頁圖版二六，第36頁拓片一九；湖北省博物館、湖北省文物考古研究所、隨州市博物館：《隨州葉家山——西周早期曾國墓地》，文物出版社，2013年，第88~91頁。

⑥ 《江漢考古》2013年第4期，第36頁圖版二五，第36頁拓片一八；湖北省博物館、湖北省文物考古研究所、隨州市博物館：《隨州葉家山——西周早期曾國墓地》，文物出版社，2013年，第100~102頁。

⑦ 《江漢考古》2013年第4期，第28頁圖版一九，第29頁拓片一二；湖北省博物館、湖北省文物考古研究所、隨州市博物館：《隨州葉家山——西周早期曾國墓地》，文物出版社，2013年，第96~99頁。

⑧ 集成4.2528；李學勤、艾蘭：《歐洲所藏中國青銅器遺珠》，文物出版社，1995年，81。

較細。口下飾夔龍紋，間以圓渦紋，以雲雷紋填地。與寶鷄竹園溝出土的豐公㝬鼎（BZM7：3）[①]、父辛鼎（M13：13）[②]等形制、紋飾近同。

（3）曾侯諫分襠鼎共4件（M2：3、M2：5、M28：158、M28：181），口呈三角弧圓形，斂口，鼓腹，窄沿，方唇，立耳，淺分襠，三柱足。腹飾三組下卷角獸面紋，兩旁填以倒置的夔龍，以雲雷紋填地紋。與獻侯鼎[③]等形制、紋飾近同。這幾類鼎的年代皆爲西周早期前段，約成康時器。

（4）曾侯諫簋共2件（Ⅰ式，M65：49、M28：162），形制、紋飾、大小及銘文均基本相同。斂口，鼓腹，平折沿，獸首耳，長方形垂珥，圈足沿下折，有階。頸部和圈足均飾三列雲雷紋組成的列旗脊獸面紋，頸前後增飾浮雕獸頭。

（5）曾侯諫簋共4件（Ⅱ式，M2：8、M2：9、M28：153、M28：154），形制、紋飾、銘文及大小皆基本相同。侈口，束頸，鼓腹，獸首耳，方形垂珥，圈足較高，沿外侈。頸部及圈足均飾雲雷紋填地的鳥紋，頸前後增飾浮雕獸頭，腹飾直棱紋。

（6）曾侯諫甗（M2：1），合體式，侈口，深腹，立耳，深腹向下收斂，束腰，分襠，內有箅，三柱足。頸飾三列雲雷紋組成的獸面紋帶，鬲腹飾三組浮雕牛角獸面紋。簋、甗皆係典型的周初成康時器。

（7）曾侯諫尊（M28：174），喇叭口，鼓腹，高圈足，沿下折，有階。頸下部和圈足上部各飾兩道弦紋，腹飾兩列垂冠回首夔龍紋，以雲雷紋填地，上列前後增飾浮雕獸頭。與卿尊[④]形制、紋飾近同。

（8）曾侯諫卣共2件（M28：167、M28：169），橫截面呈橢圓形，長子口，鼓腹，高圈足，下有階，外罩式蓋，蓋頂有花苞形鈕，沿下折作束腰形。蓋面和器口沿下飾垂冠回首夔龍紋，圈足飾兩組共首雙身龍紋，均以雲雷紋填地，口沿下增飾浮雕獸頭。與卿卣[⑤]形制、紋飾接近。卿尊、卿卣爲成王時器[⑥]，曾侯諫尊、卣年代應相近。

（9）曾侯諫壺（M28：178），體呈截尖棗核形，口微侈，長頸，鼓腹，圈足沿外撇，內插式蓋，上有圈狀捉手。蓋沿和器頸均飾體呈"S"形垂冠回首的雙頭夔龍紋。

（10）曾侯諫盤（M28：163），敞口，淺腹，窄沿，方唇，斂腹，高圈足，沿下

---

① 盧連成、胡智生：《寶鷄強國墓地》，文物出版社，1988年，彩版一〇，2；圖版四四，2。
② 盧連成、胡智生：《寶鷄強國墓地》，文物出版社，1988年，圖版一五，2。
③ 陳夢家：《西周銅器斷代》，中華書局，2004年，第606頁32。
④ Jessica Rawson. Western Zhou ritual bronzes from the Arthur M. Sackler Collections, Volume ⅡB, Cambridge: Havard University Press, 1990, p. 578, Fig. 87. 6.
⑤ 《銘圖》（第24卷），第32、33頁第13121、13122號。
⑥ 黃錦前：《卿器繫聯與周公東征》，《東嶽論叢》2018年第7期。

折，有階，腹兩側有一對斜出的附耳。耳飾雲紋，腹飾臥牛紋，前後增飾浮雕獸頭，圈足飾蟬紋，均以雲雷紋填地。與1974年北京琉璃河M253所出蟬紋盤[①]形制接近。

（11）曾侯諫盉（M28∶166），侈口，束頸，鼓腹，分襠，前有管狀流，後有牛首半環形鋬，弧形蓋，上有圓雕兔形紐。蓋與鋬以鏈條相連，三柱足。蓋面飾兩組牛角獸面紋，腹飾三組牛角獸面紋，均以雲雷紋填地，流管上飾圓雕爬龍。壺、盤、盉亦皆係成康時器。

綜上，曾侯諫組器的年代爲成康時期，曾侯諫應主要活動於成康時期，這與上述首封曾侯南公的主要活動年代相當，換言之，曾侯諫應即首封曾侯南公[②]。

葉家山M26、M27、M28、M65及M111等又出土有一批未具名的曾侯器：

（1）曾侯鼎[③]：曾侯作寶（尊彝）鼎。
（2）曾侯鼎[④]：曾侯作父乙寶尊彝。
（3）曾侯鬲[⑤]：曾侯作寶尊。
（4）曾侯甗[⑥]：曾侯用彝。
（5）曾侯簋[⑦]：曾侯作旅彝。
（6）侯斝[⑧]：侯用彝。

[①]《中國青銅器全集》編輯委員會：《中國青銅器全集》（第6卷），文物出版社，1997年，二四。

[②] 李學勤亦認爲曾侯諫爲成康時人，似爲周初第一代曾侯，詳參李學勤：《試說葉家山M65青銅器》，《楚簡楚文化與先秦歷史文化國際學術研討會論文集》，湖北教育出版社，2013年。

[③]《中國文物報》2011年10月12日，第4版。《文物》2011年第11期，第13頁圖一四；第43頁圖七〇，6、7。《考古》2012年第7期，第37頁圖9，1、2。《江漢考古》2013年第4期，第10頁拓片二、第11頁圖版四。湖北省博物館、湖北省文物考古研究所、隨州市博物館：《隨州葉家山——西周早期曾國墓地》，文物出版社，2013年，第56、57、186頁。

[④] 湖北省博物館、湖北省文物考古研究所、隨州市博物館：《隨州葉家山——西周早期曾國墓地》，文物出版社，2013年，第114~117頁。

[⑤]《江漢考古》2013年第4期，第20頁圖版一三，拓片八；湖北省博物館、湖北省文物考古研究所、隨州市博物館：《隨州葉家山——西周早期曾國墓地》，文物出版社，2013年，第68頁。

[⑥]《江漢考古》2013年第4期，第21頁圖版一四，拓片九；湖北省博物館、湖北省文物考古研究所、隨州市博物館：《隨州葉家山——西周早期曾國墓地》，文物出版社，2013年，第66、67頁。

[⑦]《考古》2012年第7期，圖版柒，5。

[⑧] 湖北省博物館、湖北省文物考古研究所、隨州市博物館：《隨州葉家山——西周早期曾國墓地》，文物出版社，2013年，第126、127頁。

（7）曾侯卣[①]：曾侯用彝。
（8）曾侯壺[②]：曾侯作田壺。
（9）曾侯壺[③]：曾侯作田壺。
（10）曾侯盤[④]：曾侯用彝。
（11）侯盉[⑤]：侯用彝。

（1）曾侯鼎共3件（M27：23、M27：26、M28：156），長方體，直口，平沿，立耳，平蓋，中部有橋形鈕，兩端有長方形缺口以納立耳，直壁，平底，四柱足，四隅鑄有扉棱。四壁上部飾雙身共首龍紋，龍身彎曲處填以圓渦紋，左右和下部各飾三排乳丁紋，蓋鈕飾兩條鱗紋帶，蓋面四邊飾獸面紋，四足上部飾浮雕獸首紋。屬王世民等《西周青銅器分期斷代研究》鼎的Ⅰ型1式[⑥]，年代爲西周早期前段。與1975年陝西眉縣鳳池村出土的父辛鼎[⑦]及美國華盛頓弗瑞爾美術館藏襄父丁鼎[⑧]等形制、紋飾近同，約成康時器。

（2）曾侯鼎（M111：85），長方體，直口，平底，窄沿，方唇，附耳，體四角及口沿下各有一道雙牙扉棱，薄板平蓋，中部有環鈕，鈕四周飾四條扁體龍形扉，四柱足較細，上部飾浮雕獸面，獸角外翹。口沿下飾六組浮雕獸面紋，四壁下部飾陽綫垂葉紋。與2007年隨州安居羊子山四號墓出土的鄂仲鼎[⑨]形制、風格近似，年代爲西周早期前段，約康王時器。

（3）曾侯鬲（M28：151），侈口，束頸，立耳，鼓腹，分襠，三柱足。頸飾兩

[①] 湖北省博物館、湖北省文物考古研究所、隨州市博物館：《隨州葉家山——西周早期曾國墓地》，文物出版社，2013年，第129頁。

[②] 《江漢考古》2011年第3期，第26頁圖版一九，圖一九；湖北省博物館、湖北省文物考古研究所、隨州市博物館：《隨州葉家山——西周早期曾國墓地》，文物出版社，2013年，第40、41頁。

[③] 湖北省博物館、湖北省文物考古研究所、隨州市博物館：《隨州葉家山——西周早期曾國墓地》，文物出版社，2013年，第130頁。

[④] 湖北省博物館、湖北省文物考古研究所、隨州市博物館：《隨州葉家山——西周早期曾國墓地》，文物出版社，2013年，第131頁。

[⑤] 《江漢考古》2011年第3期，第24頁圖版一八，圖一七；湖北省博物館、湖北省文物考古研究所、隨州市博物館：《隨州葉家山——西周早期曾國墓地》，文物出版社，2013年，第42、43頁。

[⑥] 王世民、陳公柔、張長壽：《西周青銅器分期斷代研究》，文物出版社，1999年，第11、12頁。

[⑦] 《銘圖》第1卷，第305頁第00393號。

[⑧] 《銘圖》第2卷，第120頁第00817號。

[⑨] 隨州市博物館：《隨州出土文物精粹》，文物出版社，2009年，第68、69頁74。

道陰綫，其間佈以圓餅紋，鬲腹飾三組獸面紋，獸耳浮雕，獸目以陰綫勾劃。與1974年陝西寶雞茹家莊一號墓出土的強伯鬲（M1乙：33）[①]形制、紋飾接近。

（4）曾侯甗（M28：159），連體式，侈口，深腹，索狀立耳，束腰內有隔，下部分襠，三柱足。頸飾三列雲雷紋組成的獸面紋帶，鬲腹飾三組牛角獸面紋。

（5）曾侯簋（M26：23），侈口，折沿，方唇，束頸，圓鼓腹略向下傾垂，圜底近平，矮圈足略外撇，有階，獸首耳，長方形垂珥，下端外鉤，通體素面。與御正衛簋[②]等形制近同。鬲、甗及簋均爲成康時器。

（6）侯斝（M111：111），侈口，束頸，鼓腹，分襠，口沿上有一對立柱，腹一側有牛首半環鋬。頸飾兩道絃紋。

（7）曾侯卣（M111：126），橫截面呈橢圓形，長子口，鼓腹，圈足，沿下折，有階，外罩式蓋，頂有花苞形紐，沿下折作束腰形。蓋面和器口沿下飾垂冠回首夔龍紋，以雲雷紋填地，口沿下增飾浮雕獸頭，圈足飾兩絃紋。斝、卣年代皆爲西周早期，約成康時器。

（8）曾侯壺（M65：31），橫截面呈橢圓形，直口，長頸，鼓腹，圈足，頸部有一對小紐，套接龍頭提梁，內插式蓋，蓋面隆起，上有圈狀捉手。蓋面和圈足各飾兩道弦紋，頸、腹飾絡帶紋，相交處有釘蓋形凸起。形制、紋飾與沫伯疑壺[③]近同。

（9）曾侯壺（M111：117），體修長，口微侈，長頸，鼓腹，圈足沿外撇，然後下折，內插式蓋，蓋面隆起，上有半環紐，蓋沿有鏈條與器相連，前有管狀流，後有牛首半環形鋬。蓋沿和器頸均飾三列雲雷紋組成的獸面紋帶，上下以連珠紋鑲邊，圈足飾兩道弦紋。兩件壺的年代均爲西周早期，約成康時器。

（10）曾侯盤（M111：119），敞口，淺腹，窄沿，方唇，底部呈弧形。頸部及圈足均飾三列雲雷紋組成的獸面紋帶。與琉璃河出土的伯矩盤（M251：2）[④]形制、紋飾近同。

（11）侯盉（M65：34），侈口，束頸，鼓腹，分襠，三足下部呈圓柱形，蓋面隆起，上有半環形鈕，前有管狀流，後有獸首半環形鋬，蓋與鋬以鏈條相連。流管飾簡化陰綫蟬紋，蓋沿飾列旗脊獸面紋，頸飾雲雷紋填地的獸面紋，腹飾雙綫"V"形

---

① 盧連成、胡智生：《寶雞強國墓地》，文物出版社，1988年，圖版一五八，2。
② 陳夢家：《西周銅器斷代》，中華書局，2004年，第591頁18。
③ 《中國青銅器全集》編輯委員會：《中國青銅器全集》（第6卷），文物出版社，1997年，三一。
④ 北京市文物研究所：《琉璃河西周燕國墓地（1973—1997）》，文物出版社，1995年，圖版壹佰伍拾柒，1；圖版陸拾玖，4；第197頁圖一一四（B）。《北京文物精粹大系》編委會、北京市文物局：《北京文物精粹大系·青銅器卷》，北京出版社，2002年，第148頁128。

第七章　葉家山墓地與西周早期的曾國 ·249·

紋。與琉璃河出土的父辛盉（M253：10）[①]及竹園溝出土的盉（BZM13：12）[②]形制紋飾均近。盤、盉年代皆爲西周早期，約成康時器。

將此組曾侯器與曾侯諫組器相關器類、器形及紋飾進行對照（詳下表），總體上看年代接近，皆爲成康時期。

	曾侯諫	曾侯
方鼎		
圓鼎		
分襠鼎		
鬲		
甗		

---

① 北京市文物研究所：《琉璃河西周燕國墓地（1973—1997）》，文物出版社，1995年，圖版壹佰伍拾陸，2；圖版陸拾捌，2。

② 盧連成、胡智生：《寶雞強國墓地》，文物出版社，1988年，彩版九，3；圖版二三，1。

续表

	曾侯諫	曾侯
簋		
尊		
斝		
壺		
卣		
盤		
盉		

綜上，此組器年代應爲成康時期，結合銘文看應係同人所作，與曾侯諫組器作器者相同，即曾侯諫，亦即首封曾侯南公。

二

與犺簋爲同人所作之器，又有同墓所出的2件曾侯犺簋（M111：59、M111：60）①，銘作：

曾侯犺作寶尊彝。

可見曾侯犺是繼曾侯諫之後的第二代曾侯。簋侈口，束頸，鼓腹，圈足沿下折成階，弧形蓋，上有圈狀捉手，獸首耳，長方形垂珥。蓋沿、頸部及圈足均飾三列雲雷紋組成的列旗脊獸面紋帶，頸前後增飾浮雕獸頭，垂珥飾鳥爪紋。應係康王時器。

西周銅器銘文中常見"公仲"，如：

（1）南宮乎鐘：司徒南宮乎作大林協鐘，茲鐘名曰無斁。先祖南公、亞祖公仲必父之家，天子其萬年眉壽，畯永保四方，配皇天。乎拜手稽首，敢對揚天子丕顯魯休，用作朕皇祖南公、亞祖公仲……西周晚期（宣王）

（2）南方追孝鼎②：南方追孝作公仲寶尊鬴彝，子子孫永寶。西周早期（昭王）

（3）亳鼎③：公侯錫亳杞土、麇土、𪊦禾、齔禾，亳敢對公仲休，用作尊鼎。西周早期後段

（4）䛈簋④：唯八月甲申，公仲在宗周，錫䛈貝五朋，用作父辛尊彝，𡩜。西周早期後段

（5）脣觶⑤：乙丑，脣錫貝于公仲，用作寶尊彝。西周早期後段

---

① 黃鳳春：《隨棗走廊話曾國 隨州的曾侯墓地》，《中國文化遺產》2013年第5期；湖北省博物館、湖北省文物考古研究所、隨州市博物館：《隨州葉家山——西周早期曾國墓地》，文物出版社，2013年，第124、125頁。
② 《銘圖》（第4卷），第251頁第02073號。
③ 集成5.2654；《銘圖》（第4卷），第444頁第02226號。
④ 集成16.10581；《銘圖》（第10卷），第283頁第04950號。
⑤ 集成12.6509；《銘圖》（第19卷），第467頁第10652號。

（6）庶觯（公仲觯）①：乙丑，公仲錫庶貝十朋，庶用作寶尊彝。西周早期後段

（7）公仲祧簋②：公仲祧作公姊寶簋，其萬年用。西周早期（昭王）

我曾通過有關銅器銘文的繫聯和分析，推定公仲應爲康昭時人，南公之子，係曾侯諫之後的第二代曾侯，曾在王朝兼任職務。南方爲其子，係昭穆時人③。

綜合以上有關材料，可知第二代曾侯曾侯犺應係康昭時人，爲首封曾侯南公之子，其在位時間主要爲昭王時期，卒於昭王時。

曾侯諫的器物分散在M2、M3、M26、M27、M28、M65及M111等墓葬中，可見曾侯諫與M2、M3、M26、M27、M28及M111的墓主應係親屬關係。曾侯犺的器物祇見於M111中，M111所出曾侯鼎（M111：85）銘曰"曾侯作父乙寶尊彝"，"父乙"應指曾侯諫之父輩，與周文王同輩。同墓出土的犺簋（M111：67）銘云"犺作剌考南公寶尊彝"，"南公"爲首封曾侯。M111出土2件最早兩代曾侯分別爲其父輩所作銅器，其墓主很可能亦係曾侯。該墓又出土2件曾侯犺簋（M111：59、M111：60），其墓主或即第二代曾侯曾侯犺。

發掘者指出，葉家山墓地M65、M28及M111作南北縱向排列分佈，不但佔據著葉家山崗地的最高位置，而且處於整個墓地的核心。這3座墓葬在墓地中規模最大，隨葬品最多，許多青銅器帶有"曾侯"銘文，應皆係曾侯之墓④。

M65位於葉家山墓地中部，墓葬東西長5.02、南北寬3.5～3.62米，葬具爲一棺兩槨，出土隨葬品有銅器、陶器、玉器、漆木器及原始瓷器。其中青銅禮器有方鼎1、圓鼎6、甗1、鬲1、簋4、爵2、觯1、尊1、卣1、壺1、盤1、盉1件，又有半環形鉞等禮儀兵器及車馬器等。

M28位於葉家山墓地中部偏南，墓室西側有一長方形墓道，呈"甲"字形，東西長7.4、南北寬5.7～6米，葬具爲一棺一槨，隨葬品有銅器、陶器、玉器、漆木器及原始瓷等。其中青銅禮器有方鼎3、圓鼎4、甗1、簋4、爵2、觚1、觯1、罍1、尊2、卣2、貫耳壺1、盤1、盉1件，兵器有鉞、戈、戟等。

M111位於墓地的中南部，墓室西側有一長方形墓道，呈"甲"字形，墓口東西長

---

① 集成12.6510；《銘圖》（第19卷），第468頁第10653號。

② 《保利藏金》編輯委員會：《保利藏金（續）——保利藝術博物館精品選》，嶺南美術出版社，2001年，第118～121頁。

③ 黃錦前：《公仲考論》，《文物春秋》2017年第5期。

④ 湖北省博物館、湖北省文物考古研究所、隨州市博物館：《隨州葉家山——西周早期曾國墓地》，文物出版社，2013年，第17頁。

第七章　葉家山墓地與西周早期的曾國 ·253·

13.08～13.48、南北寬10.1～10.28米，墓底東西長8.08～8.22、南北寬5.58～5.96米，葬具爲一棺一槨，隨葬品有銅器、陶器、玉器、漆木器及原始瓷等，青銅禮器和玉器皆有序地分類放置在二層臺上和棺內。二層臺上鋪有竹席，在近二層臺四壁貼壁滿置長方形漆盾，形成一周盾牆，留存有大量銅鍚。其中青銅禮樂器有方鼎6、圓鼎14、鬲1、甗1、簋12、爵4、斝1、觚1、觶2、罍3、尊2、卣3、貫耳壺1、盤1、盉2、編鐘4、鎛1件，兵器有鉞、戈、戟、盾，另有車馬器等。

關於這3座墓葬的年代，發掘者指出，葉家山墓地的墓葬北早南晚，M65爲康昭之際，M28爲昭王前期，M111晚於M65和M28。

爲便於區別這幾座墓的年代，除上表已列曾侯諫組及曾侯（諫）組器外，下面再將已公佈的其他有關青銅禮樂器、兵器等分類列表對照如下。

	M65	M28	M111
方鼎			
圓鼎			
扁足鼎			
分襠鼎			
甗			

续表

	M65	M28	M111
簋			
尊			
卣			
罍			
觚			
爵			
觯			

第七章　葉家山墓地與西周早期的曾國　　　　　　　　　　　　　　　　　　　·255·

续表

	M65	M28	M111
鉞			
戈			
戟			
面具			
鎛鐘			
編鐘			

　　據隨葬銅器的對比，顯然如發掘者所云，M65、M28、M111的年代分别依次漸晚。綜合有關材料來看，M65的年代應係康王前期，M28稍晚，爲康王時期，下限或可至康昭之際，M111爲昭王時期。

　　上述首封曾侯南公（南宫）即曾侯諫卒於康王時，第二代曾侯曾侯犺在位時間主要爲昭王時期，卒於昭王時，對照M65、M28及M111三座墓葬的年代及出土有銘銅器來看，M65應係首任曾侯曾侯諫之墓，M111的墓主應係第二代曾侯曾侯犺。曾侯與編鐘銘云首封曾侯南公"伯适上庸，左右文武，達殷之命，撫定天下"，M65出土的半環形龍紋鉞及獸首形面具，也正是銘文所述南公在周初輔佐文王、武王及安定天下方面卓越武功的體現。M28的年代居於M65與M111之間，其墓主應係曾侯諫與曾侯犺之間的又一位曾侯。據該墓出土銅器中既有曾侯諫自作之器，又有曾侯諫爲夫人媿所作銅器等情況來看，墓主應即伯生，係曾侯諫長子。

2011年葉家山第一次發掘中，M27出土一件伯生盉（M27：15）[①]，體呈瓠形，侈口，束頸，圓腹，圜底，三柱足，蓋面隆起，上有圈狀捉手，前有管狀流，後有獸首半環形鋬，蓋與鋬以鏈條相連。蓋沿和頸部均飾雲雷紋填地的象鼻夔龍紋，兩兩相對，前後有浮雕獸頭，以連珠紋鑲邊。與琉璃河燕國墓地出土的父乙盉[②]等形制接近，年代應爲西周早期，康王前後。盉銘作：

伯生作彝，曾。

M27一般認爲係M28墓主之曾侯夫人墓，伯生所作銅器出自該墓，表明伯生與曾侯夫人應有密切關係。作器者稱"伯生"，銘末又具以"曾"，亦可理解爲"曾伯生"，"伯"應係爵稱或排行，或兼二者而有之。綜合各方面信息來看，"伯生"亦即"曾伯生"應即曾侯伯生，係曾侯諫長子，曾侯犺即公仲之兄[③]。伯生所作之器出自其夫人之墓，則很自然。

2013年葉家山墓地第二次發掘中，M107出土有一件曾伯爵（M107：12）[④]，銘作：

曾伯作西宮寶尊彝。

該爵曲口長流槽，尖尾上翹，口沿有一對束傘形立柱，卵形杯體，腹內一側有獸首鋬，三棱錐足外撇。柱頂飾陰綫凹絃紋，腹飾獸面紋，流、尾下部飾夔龍紋，均以雲雷紋填地。與呂仲僕爵[⑤]形制、紋飾可比照，年代應爲西周早期前段，約康王時器。據年代、稱謂及其出土情況，"曾伯"應即首任曾侯曾侯諫之子、第二代亦係第二任曾侯伯生。

[①] 《文物》2011年第11期，第28頁圖四四；第51頁圖七九，8、12。湖北省博物館、湖北省文物考古研究所、隨州市博物館：《隨州葉家山——西周早期曾國墓地》，文物出版社，2013年，第220、221頁。

[②] 王世民、陳公柔、張長壽：《西周青銅器分期斷代研究》，文物出版社，1999年，第145頁。

[③] 馮時也認爲伯生係第二代曾侯，不過其論證和本文不同，參看馮時：《葉家山曾國墓地劄記三題》，《江漢考古》2014年第2期。

[④] 湖北省文物考古研究所、隨州市博物館：《湖北隨州葉家山M107發掘簡報》，《江漢考古》2016年第3期。

[⑤] 《銘圖》（第17卷），第127頁第08578號。

第七章　葉家山墓地與西周早期的曾國　　·257·

爵銘的"西宫"應係召公奭，與首封曾侯"南宫"皆係文王之子，係曾侯伯生之叔父，卒於康王時期，故曾伯即伯生爲其作器，也就不難理解。傳世的叔𪓑鼎"叔𪓑肇作南宫寶尊"，"南宫"即首封曾侯南公，"叔𪓑"爲召公奭子[①]。此二器皆係子侄爲叔父作器，性質相類，亦可互證。

M55出土有一件伯作彝簋（M55∶8）[②]，與上揭曾侯簋（M26∶23）形制接近，頸及圈足飾細綫獸面紋，應係康王前後器。銘曰"伯作彝"，"伯"或即曾伯生。另據黃鳳春先生告知，與M107鄰近的M109出土有"公伯"有銘銅器，"公伯"很可能即係曾侯伯生，與第三任曾侯曾侯犺又稱"公侯""公仲"（見於上揭亳鼎等銘）也正可互爲印證。

總之，將銅器銘文和有關考古材料結合分析，可知西周早期的曾侯主要有曾侯諫、曾伯生及曾侯犺，共兩代三任。曾侯諫、伯生及曾侯犺分別係葉家山M65、M28及M111三座大墓的墓主。

附記：朱鳳瀚《曾國墓地大墓之墓主人身份與曾侯腆鐘銘》（"文明的和諧與共同繁榮——互信·合作·共用"北京論壇2016"出土文獻與中國古代文明"論文，2016年11月，北京；"曾國考古發現與研究暨紀念蘇家壟出土曾國青銅器五十周年國際學術研討會"論文，湖北京山，2016年12月16～19日，載湖北省文物考古研究所：《曾國考古與發現研究》，科學出版社，2018年，第119～132頁）一文關於西周早期曾侯世系，M65、M28、M111三座墓的年代及墓主身份等問題的有關結論與小文基本相同，但具體論證過程則殊異，讀者可參看。

2017年5月6日

再記：據周王孫戈[③]"周王孫季怡"、曾大攻尹戈[④]"穆侯之子西宫之孫曾大工尹季怡"及隨州棗樹林墓地M169出土嬭加編鐘[⑤]"余文王之孫子，穆之元子"，"西宫"應與"周王""文王"係同人，指周文王，而非召公奭，應據改。詳黃錦前《加

---

① 黃錦前：《"宫伯""西宫"考——兼談召公諸子銅器》，未刊稿。
② 湖北省博物館、湖北省文物考古研究所、隨州市博物館：《隨州葉家山——西周早期曾國墓地》，文物出版社，2013年，第235頁。
③ 集成17.11309；湖北省文物考古研究所：《曾國青銅器》，文物出版社，2007年，第317、318頁。
④ 集成17.11365；湖北省文物考古研究所：《曾國青銅器》，文物出版社，2007年，第319、320頁。
⑤ 湖北省文物考古研究所、北京大學考古文博學院、隨州市博物館等：《湖北隨州棗樹林墓地2019年發掘收獲》，《江漢考古》2019年第3期；郭長江、李曉楊、凡國棟等：《嬭加編鐘銘文的初步釋讀》，《江漢考古》2019年第3期。

孄編鐘及有關曾楚史事》（未刊稿）。葉家山M107出土曾伯爵"曾伯作西宮寶尊彝"的曾伯也不排除係曾侯諫，具體情況待有關資料完整公佈後再作進一步討論。

2019年7月22日

追記：徐少華云，據曾侯與編鐘銘文可知伯适即曾國始封之君南公，伯适作爲周初名臣，或因被封于南土立國爲曾，故又稱"南公"；其作爲輔弼大臣，理當于王室任要職，就封者應是其子，與呂伋、伯禽前往齊、魯就封的情況相似，若此，葉家山墓地所見的幾代曾侯皆應是南公後人，下葬年代似不能早于成王晚期或成康之際①。據現有材料，此說可信。現藏上海博物館的南公有司譬鼎②銘"南公有司譬作尊鼎，其萬年子子孫孫永寶用享于宗廟"，該鼎體呈半球形，平折沿，方唇，立耳，圜底，三蹄足。頸飾大小相間的重環紋和一道弦紋。形制、紋飾與毛公鼎③近同，約爲宣王時器。可見同周公、召公一樣，南公在有周一代世代相繼，在王朝任職。換言之，同周公、召公一樣，曾人始祖南公雖被封於南土立國，但作爲輔弼大臣，始終於王室任職，而未就國，就封者應係其子即曾侯諫。本文及本書有關南公與首任曾侯曾侯諫係一人的看法，應據改。

2019年9月9日

第二節　荊子鼎與成王岐陽之盟

2011年上半年，湖北隨州葉家山西周早期曾侯家族墓地出土一件荊子鼎（M2：2）④，其銘文有相當重要的史料價值。這裏主要就鼎銘所反映的幾個重要歷史問題進行討論，以就正於方家及同好。

一

爲方便討論，先按照我們的理解，將鼎銘隸釋於下：

　　丁巳，王大祐。戊午，荊子蔑厤，啟白牡一；己未，王賞多邦伯，荊子

---

① 徐少華：《論隨州文峰塔一號墓的年代及其學術價值》，《江漢考古》2014年第4期。
② 集成5.2631；《銘圖》（第4卷），第448頁第02230號。
③ 《中國青銅器全集》編輯委員會：《中國青銅器全集》（第5卷），文物出版社，1996年，三六。集成5.2631；《銘圖》（第4卷），第448頁第02230號。
④ 湖北省文物考古研究所、隨州市博物館：《湖北隨州葉家山西周墓地發掘簡報》，《文物》2011年第11期，圖二一。

麗，賞毌卣、貝二朋。用作文母乙尊彝。

"荊"字原篆作 ![字], 我們在宋華強將其隸定爲"艿"①的基礎上，根據相關金文及楚簡文字的用法，將其釋作"荊"，下列字形和辭例可以爲據：

(1) 堆叔簋②：堆叔從王員征楚![字]（荊），在成周。西周早期
(2) 壼簋③：壼從王伐![字]（荊），孚。西周早期
(3) 過伯簋④：過伯從王伐反![字]（荊），孚金。西周早期
(4) 荊曆鐘⑤：唯![字]（荊）曆屈夷，晉人救戎于楚境。春秋晚期後段

"荊子"即"楚子"。楚亦稱"荊"，又或稱"荊楚""楚荊"。其得名之故，在於其族居之地多生荊木。近年新見清華簡《楚居》篇恰好又有可印證的文字⑥。以實際而言，"荊""楚"雖一，而作爲稱謂語言卻有質文之別。"荊"乃俗語，"楚"爲文言。楚人始名其族，文明尚未發達，當以鄙言俚語爲稱，故稱"荊"⑦。

李學勤等認爲，該鼎係成王時物⑧。李文說：

> 保卣、保尊從形制、紋飾看，在西周同類器中最爲古樸，《西周青銅器分期斷代研究》定之爲成王時物，是完全正確的。斗子鼎（引案：即我們所說的"荊子鼎"）的形制、花紋也頗有特色，與之最接近的是燕侯旨分襠鼎，其銘文云"燕侯旨初見事于宗周"，是第二代燕侯即位不久時所作，估計在成康之際，而器上的饕餮紋是分解的，兩側有橫出的羽毛形，也見於成王時較早的康侯封方鼎，所以把斗子鼎排在保卣、保尊同時，是

---

① 參見凡國棟：《隨州葉家山新出"𢆷子鼎"銘文簡釋》，《楚簡楚文化與先秦歷史文化國際學術研討會論文集》，武漢大學，2011年。
② 集成7.3950、3951。
③ 集成6.3732。
④ 集成7.3907。
⑤ 集成1.38。
⑥ 清華大學出土文獻研究與保護中心編：《清華大學藏戰國竹簡》（壹），中西書局，2010年，第118頁圖版，第181頁釋文。
⑦ 涂白奎、黃錦前：《試論𢆷子鼎國別》，未刊稿。
⑧ 如李學勤、李天虹等，參見《湖北隨州葉家山西周墓地筆談》，《文物》2011年第11期。

没有问题的①。

其分析有道理。

鼎出自曾侯墓，年代最起碼不晚於該墓，亦當在周初。鼎銘自言"荆子"，則知楚國初始實從鄉人俗語自稱"荆"。而年代在其前後的周原甲骨，H11：83片云"今秋楚子來"②；H11：14云"楚伯乞今秋來，厄于王其則"③。一般認爲此兩片甲骨的年代爲成王時期。荆子鼎銘自稱"荆子"，其年代顯然不會在成王之後。從鼎銘記時風格及祭祀用"白牡"，又云"王賞多邦伯"類字眼處還可見殷人遺風，因此，荆子鼎的年代，應在由殷入周後不久。

另外，從鼎銘的某些文字如"戊""午""鬯"等的寫法，以及整篇銘文的佈局及書風來看，將其年代定在成王時也很合適。

周成王生活的年代，過去學者據文獻記載，推定在公元前1055～公元前1021年。其在位時間，夏商周斷代工程定爲公元前1042～公元前1021年④。與之年代相當的諸位楚國先王，祇有熊繹的生活年代與之相近。熊繹是成康時人，其活動時間在公元前1042～公元前1006年。因此，從年代方面考慮，銘文所錄的這位"荆子"，應該就是熊繹。

《晉語八》：

> 昔成王盟諸侯於岐陽，楚爲荆蠻，置茅蕝，設望表，與鮮牟守燎，故不與盟。

說明熊繹曾參加成王時的岐陽之會⑤，且任"置茅蕝，設望表""守燎"之事。這與荆子鼎銘文"己未，王賞多邦伯，荆子麗，賞鬯卣、貝二朋"所記相吻合。且如李文所言，保卣等之"二月"是仲春之月，與《左傳》稱岐陽會盟爲"蒐"，即仲春舉行的

---

① 李學勤：《斗子鼎與成王岐陽之盟》，《中國國家博物館館刊》2012年第1期。以下簡稱"李文"。下文引其觀點凡出自此文者，不再出注。
② 曹瑋：《周原甲骨文》，世界圖書出版公司，2002年，第63頁。
③ 曹瑋：《周原甲骨文》，世界圖書出版公司，2002年，第14頁。釋文參考黃天樹：《殷墟甲骨文所見夜間時稱考》，《新古典新義》，學生書局，2001年。
④ 夏商周斷代工程專家組：《夏商周斷代工程1996—2000年階段成果報告》（簡本），世界圖書出版公司北京公司，2000年，第88頁"夏商周年表"。
⑤ 參加岐陽盟會的楚君爲熊繹，以前學者多有論述，最近的討論可參見李學勤：《論鳳雛卜甲中的周王與楚》，《楚文化研究論集》（第十集），湖北美術出版社，2011年。

田獵活動在時間上也正相合。

因此，綜合以上分析，鼎銘的"荊子"，應即見於文獻的楚王熊繹。

二

李學勤等認爲，鼎銘内容與保尊、保卣所載之祭祀典禮有關①。現錄保尊②、保卣③二器銘文（二者同銘）如下：

乙卯，王令保及殷東國五侯，誕貺六品，蔑曆于保，錫賓，用作文父癸宗寶尊彝。遘于四方會，王大祀祐于周，在二月既望。

李學勤更進一步指出，卣、尊"四方會"，可參照《尚書·康誥》"四方民大和會"，是指已屬周王統治的四方諸侯的大聚會，對成王朝見。保卣、保尊與斗子鼎記載的，正是成王岐陽會盟諸侯的史跡。

熊繹在這次勝會上究竟扮演著怎樣的角色呢？據前引《晉語八》可知，因"楚爲荊蠻"，故在這盛大的典禮上，荊子熊繹祇能做一些"置茅蕝，設望表，與鮮牟守燎"之類的雜役，"故不與盟"即並未能真正地與盟。

荊子鼎記此事云"己未，王賞多邦伯，荊子麗，賞鬯卣、貝二朋"，"荊子麗"的"麗"對認識荊子在盟會上具體所扮演的角色至爲關鍵。我曾認爲，"麗"即"邐"，應讀爲"蒞"或"位"，訓作臨④。沈培進一步指出，"麗"應讀爲"贊"，訓"助""佐"⑤。文獻中的"贊者"和青銅器銘文如小盂鼎中的"瓚"大都是贊賓，以"邐"或"麗"爲"贊"是贊王或比贊者地位高的人⑥。

前引《晉語八》"置茅蕝"韋昭注："置，立也。蕝，謂束茅而立之，所以縮酒。"王引之《經義述聞·國語下》："案：會盟無縮酒之文，韋注非也，當以賈說爲長。竊謂置茅蕝者，未盟之先，擯相者習儀也。習儀則必爲位，故以茅蕝表之。"

---

① 如李學勤、王占奎、李天虹等，參見李學勤、王占奎、李天虹等：《湖北隨州葉家山西周墓地筆談》，《文物》2011年第11期，第64、65、72、73、76、77頁。
② 集成11.6003。
③ 集成10.5415。
④ 參見黃錦前：《再論荊子鼎》，復旦大學出土文獻與古文字研究中心網站，2012年2月28日，http://www.gwz.fudan.edu.cn/SrcShow.asp?Src_ID=1789。
⑤ 參見黃錦前：《再論荊子鼎》後的跟帖發言。
⑥ 引自沈培給作者的電子郵件。

《史記·劉敬叔孫通列傳》："（叔孫通）遂與所徵三十人西，及上左右爲學者與其弟子百餘人爲緜蕞野外。""蕞"裴駰《集解》：

> 徐廣曰："表位標準。音子外反。"駰案：如淳曰"置設緜索，爲習肆處。蕞謂以茅翦樹地爲纂位。《春秋傳》曰：'置茅蕝'也"。

司馬貞《索隱》：

> 徐音子外反。如淳云"翦茅樹地，爲纂位尊卑之次"。蘇林音"纂"。韋昭云"引繩爲緜，立表爲蕞。音兹會反"。按：賈逵云"束茅以表位爲蕝"。又《纂文》云"蕝，今之'纂'字。包愷音即悅反。又音纂"。

上引《史記·劉敬叔孫通列傳》有關内容亦見於《漢書·叔孫通傳》，顏師古注：

> 應劭曰："立竹及茅索營之，習禮儀其中也。"如淳曰："謂以茅翦樹地，爲纂位尊卑之次也。《春秋傳》曰'置茅蕝'。"師古曰："蕞與蕝同，並音子悅反。如說是。"

沈培將荊子鼎的"麗"讀作"贊"，與古注所描述的演習禮儀之類的活動在意思上有相通之處，也合於《晉語八》的記載。因此，"荊子麗"之"麗"，似乎就是《晉語八》的"置茅蕝"，即在盟會上充任贊者即擯相的角色。

三

關於岐陽會盟的時間，史無明文，但可據有關金文、楚簡及文獻記載加以推定。

保尊、保卣所記曆日有"乙卯"，荊子鼎銘干支日有"丁巳""戊午""己未"，這幾個日期前後相連[①]。保尊、保卣"乙卯……在二月既望"，按照王國維的月

[①] 此係李天虹較早指出，陳小三對此又有較詳細的討論。參見李學勤、王占奎、李天虹等：《湖北隨州葉家山西周墓地筆談》，《文物》2011年第11期，第77頁；陳小三：《新出荊子鼎與武王克殷的年代——兼論周武王時期的標準青銅器群》，復旦大學出土文獻與古文字研究中心網站，2012年1月18日，http://www.gwz.fudan.edu.cn/SrcShow.asp?Src_ID=1776。

相四分說,既望爲每月的第十五、十六日至二十二、三日①,將其與干支日進行換算,再對照《中國先秦史曆表》②,便可推算出其大致年份。

查《中國先秦史曆表》,周成王在位的公元前1042~公元前1021年,朔日相合的年份共有三個,分別見於下表:

二月既望乙卯	二月朔日	合朔年份（公元前）
十六日	庚子	1025
十九日	丁酉	1040
二十二日	甲午	1029

因此可將岐陽之盟的具體年份鎖定在這三個有限的時間範圍內。

《左傳》昭公四年:

> 六月丙午,楚子（楚靈王）合諸侯于申,椒舉言于楚子曰:"……霸之濟否,在此會也。夏啟有鈞台之享,商湯有景亳之命,周武有孟津之誓,成有岐陽之蒐,康有酆宮之朝,穆有塗山之會,齊桓有召陵之師,晉文有踐土之盟……"

杜預注:

> 周成王歸自奄,大蒐於岐山之陽。

這又爲確定岐陽之盟的具體時間提供了綫索。

奄係在今山東省滕州市境內的古國,《孟子·滕文公下》:"周公相武王,誅紂。伐奄,三年討其君。"新近公佈的清華簡《繫年》第13~15號簡又有可相對照的文字:

> 周武王既克殷,乃設三監于殷。武王陟,商邑興反,殺三監而立㹇子耿。成王屎（踐）伐商邑,殺㹇子耿,飛廉東逃于商盍（蓋）氏。成王伐商盍（蓋）,殺飛廉,西遷商盍（蓋）之民于邾圉,以御奴虘之戎,是秦

---

① 王國維:《生霸死霸考》,《觀堂集林》,中華書局,1959年。
② 張培瑜:《中國先秦史曆表》,齊魯書社,1987年。

先人。①

李學勤指出，簡文記周成王伐商邑平叛事，"商盍氏"即《墨子·耕柱篇》《韓非子·說林上》的"商蓋"，也便是稱作"商奄"的奄，也即是《秦本紀》講的運奄氏②。

《逸周書·作雒》：

> 周公立，相天子，三叔及殷、東、徐、奄及熊盈（嬴）以畔（叛）……二年，又作師旅，臨衛政（征）殷，殷大震潰……凡所征熊盈（嬴）族十有七國，俘維九邑。

《尚書大傳》：

> 周公攝政，一年救亂，二年克殷，三年踐奄……

禽簋③銘曰：

> 王伐蓋侯，周公謀。

李學勤指出，"蓋侯"即奄君，事即"三年踐奄"④。

據文獻記載，"周公立"之年，亦即周成王即位之年，在公元前1042年，伐奄亦在此年。《孟子》謂"伐奄，三年討其君"，則伐奄的勝利是在公元前1040年。

《書·多士》："王曰：'多士，昔朕來自奄，予大降爾四國民命。'"孔安國傳：

> 昔我來從奄，謂先誅三監，後伐奄、淮夷。

孔穎達疏：

---

① 清華大學出土文獻研究與保護中心編：《清華大學藏戰國竹簡》（貳），中西書局，2011年，第45、46頁圖版，第141頁釋文。釋文參考李學勤：《清華簡關於秦人始源的重要發現》，《光明日報》2011年9月8日，第11版。
② 李學勤：《清華簡關於秦人始源的重要發現》，《光明日報》2011年9月8日，第11版。
③ 集成7.4041。
④ 李學勤：《李学勤谈青铜器：青銅器入門之七》，《紫禁城》2009年第7期。

王復言曰:"眾士,昔我來從奄國,大黜下汝管蔡商奄四國民命……"

《金縢》之篇說周公東征,言"居東二年,罪人斯得",則"昔我來從奄"者,謂攝政三年時也。於時王不親行,而王言"我來自奄"者,周公以王命誅四國,周公師還,亦是王來還也。一舉而誅四國,獨言"來自奄"者,謂先誅三監,後伐奄與淮夷,奄誅在後,誅奄即來,故言"來自奄"也。

因此,《尚書》的"昔朕來自奄"與上引杜注的"周成王歸自奄",所述實即一事。由此可知,周公旦殘奄之年,亦即"周成王歸自奄"之年,皆在公元前1040年。杜注既云"周成王歸自奄,大蒐於岐山之陽",因此,岐陽之盟的時間,藉此也就可以推定。

綜合以上分析,岐陽之盟的時間,當在公元前1040年,亦即周成王三年的二月。

第三節　葉家山M107所出濮監簋及相關問題

2013年夏,湖北隨州葉家山墓地第二次發掘的M107出土一批青銅器,該墓發掘簡報已將相關材料正式公佈①。其中有一件青銅方座簋(M107:2)②,銘文非常重要。

一

簋方唇,侈口,束頸,弧壁,圓腹向下略傾垂,圜底近平,四獸首半環形耳,長方形垂珥。高圈足略外撇,下有階,下接方座,其下有懸鈴(殘)。頸飾夔龍紋,間以圓渦紋一周,腹飾四組卷角獸面紋帶,圈足飾間以短扉棱的卷尾龍紋一周,方座飾卷角獸面紋,均以雲雷紋填地。屬王世民等《西周青銅器分期斷代研究》簋的Ⅱ型1式③,年代應為西周早期前段,約為康王時器。簋內底鑄銘文作:

濮監作尊簋。

---

① 湖北省文物考古研究所、隨州市博物館:《湖北隨州葉家山M107發掘簡報》,《江漢考古》2016年第3期。

② 湖北省文物考古研究所、隨州市博物館:《湖北隨州葉家山M107發掘簡報》,《江漢考古》2016年第3期,圖版八~圖版一〇。

③ 王世民、陳公柔、張長壽:《西周青銅器分期斷代研究》,文物出版社,1999年,第72、73頁。

"濮"字原篆作[圖]，簡報釋作"𢈭"，但其右部並不从"畢"。其右部構件，像雙手持箕畚之形，與殷墟甲骨文的（合集10956①）字可對照。該字構形可參照古文字中的"僕"字：

[圖]呂仲僕爵（集成14.9095）、[圖]靜簋（集成8.4273）、[圖]螨鼎（集成5.2765）、[圖]五年琱生簋（集成8.4292）、[圖]師旂鼎（集成5.2809）、[圖]逆鐘（集成1.62）

或以爲"僕"字所从之"甾"係箕之形譌變。《說文》："僕，給事者。从人从菐，菐亦聲。𩒰，古文从臣。"因此，該字可隸定作"㚨"，係會意字，會以雙手持箕畚棄穢物於道旁之意，係"僕"之異構，在簋銘中讀作濮國之"濮"②。

濮是商周時期少數民族之一，曾參加周武王伐紂會盟，最早見於《書·牧誓》："及庸、蜀、羌、髳、微、盧、彭、濮人。"僞孔傳："庸、濮在江漢之南。"周匡王二年（公元前611年），與麇人伐楚。《左傳》文公十六年："麇人率百濮聚於選，將伐楚。"周景王二十二年（公元前523年），楚爲舟師以伐濮。《左傳》昭公十九年："楚子爲舟師以伐濮。"以後，滇西南亦有關濮人記載。其演變有三說：一說戰國以後演變爲百越，發展爲漢藏語系壯侗語族各族；一說百濮與百越是兩個不同的族體，元代以後稱蒲人，以後發展爲南亞語系孟高棉語族各族；一說前期的百濮與百越有密切關係，後期的百濮指孟高棉語族各族。

濮之地望，學界有不同看法，或以爲其分佈在江漢之南或楚國西南。近年有學者據文獻和出土資料認爲周初的濮族位於楚、豫之間的江漢平原地區③，大致可從。

《左傳》昭公九年：

> 及武王克商……巴、濮、楚、鄧，吾南土也。

---

① 郭沫若：《甲骨文合集》（第四冊），中華書局，1979年，第1594頁。
② 古書中"僕"和"濮"有相通的例證，參見高亨纂著，董治安整理：《古字通假會典》，齊魯書社，1989年，第365頁。
③ 周書燦：《〈牧誓〉蜀、濮地望新考》，《南都學壇》（人文社會科學學報）2012年第1期。

則周初濮在南土，與巴、楚、鄧等鄰近。

濮爲商之古國，滅商時與周人同盟，兩周之世綿延不絶於南土地區，當係周人建國後對濮人進行褒封和確認。

仲幾父簋[①]"仲幾父使幾使于諸侯、諸監"，將"諸監"與"諸侯"並稱，可見"監"的設置一般是與"侯"相對應。葉家山墓地出土西周早期的濮監簋，表明周初的濮確係爲周人所褒封之國。濮監簋出於葉家山曾侯家族墓地，可能係賵賻或饋贈等原因所致，表明濮距離曾較近，可以佐證上述濮在江漢一帶與鄧楚鄰近的推論。

M107的墓主，簡報認爲係"曾伯"，或以爲是曾國的一般公卿貴族[②]。從該墓出土數量衆多、組合完整的高等級青銅器，數量衆多的其他國族青銅器，數量不菲的玉器，銘文有"曾伯""西宮""濮監"等重要人物，以及該墓在整個葉家山墓地中的位置等各方面情況來看，該墓墓主即使非簡報所云係"曾伯"，也應係高級貴族，而非一般公卿貴族所能匹配。濮監簋出自該墓，也爲簡報認爲墓主係"曾伯"提供了佐證。

早期出土古文字資料中未見有關濮國的記載，濮監簋是目前所見年代最早的有關濮國的原始資料，或者說是目前所見唯一一件可以確認與濮國直接相關的西周早期銅器，其史料價值自然不言而喻。銘文有關"濮監"的記載，對西周時期有關制度史的研究也不無裨益。

二

關於濮監簋本身，暫討論至此。接下來簡要討論一下西周金文中有關"監"的問題。

關於西周金文中的"監"，目前有關材料積累越來越多，最近有學者對其有較詳細的分析[③]，可參看。這裏暫不打算對此問題作系統的討論，而衹就有關材料談一點我們的初步認識。爲便於討論，先將有關材料臚列如下：

（1）應監鼎[④]：應監作旅。西周早期

---

① 集成7.3954。
② 于薇、常懷穎：《叶家山"西宮"爵與兩周金文"三宮"及其相關問題》，《江漢考古》2016年第5期。
③ 田率：《新見鄂監簋與西周監國制度》，《江漢考古》2015年第1期。
④ 集成4.1975。

（2）應監甗①：應監作寶尊彝。西周早期

（3）應監甗②：應監作寶尊彝，其萬年永用。西周晚期

（4）叔趯父冉③：叔趯父作旅冉，其寶用，榮監。西周晚期

（5）管監引鼎④：管監引作父己寶鼒彝。西周中期前段

（6）鄂監簋⑤：鄂監作父辛寶彝。西周早期

（7）濮監簋：濮監作尊簋。西周早期

（8）句監鼎⑥：句監作寶尊彝。西周早期

（9）仲幾父簋：仲幾父使幾使于諸侯、諸監，用厥儐作丁寶簋。西周晚期

（10）善鼎⑦：王曰：善，昔先王既命汝佐胥彝侯，今余唯肇申先王命，命汝佐胥彝侯，監䌛師戍。西周中期

（11）頌鼎⑧、頌簋⑨、頌壺⑩、頌盤⑪：王曰：頌，命汝官司成周賈二十家，監司新造，賈用宮御。西周晚期

其中（1）~（8）之監由銘文可知爲王朝在各諸侯國所設，其目的是監察這些諸侯國。榮在王畿附近，管在中原，句在東土，應、鄂、濮位於南土。由諸銘可知，周王朝不但在異姓諸侯國設監，同姓亦不例外，如（1）~（5）之應、榮及管國即爲其例。諸器年代自周初延續到西周晚期，可見監國制度終西周之世，皆一以貫之。

例（9）仲幾父簋"仲幾父使幾使于諸侯、諸監"，將"諸監"與"諸侯"並列，

---

① 集成3.883。
② 《銘圖》（第7卷），第207頁第03329號。
③ 羅西章：《扶風溝原發現叔趯父冉》，《考古與文物》1982年第4期，圖一，3；圖二，1。集成18.11719。
④ 集成4.2367。
⑤ 《銘圖》（第9卷），第192頁第04441號；中國國家博物館、中國書法家協會：《中國國家博物館典藏甲骨文金文集粹》，安徽美術出版社，2015年，第114~118頁30。
⑥ 高至喜：《西周士父鐘的再發現》，《文物》1991年第5期，圖四；李步青、王錫平：《建國來煙臺地區出土商周銘文青銅器概述》，《古文字研究》（第19輯），中華書局，1992年，第78頁圖二，1。
⑦ 集成5.2820。
⑧ 集成5.2827~2829。
⑨ 集成8.4332~4339。
⑩ 集成15.9731、9732。
⑪ 張長壽、聞廣：《跋落照堂藏頌鼎頌盤拓本——落照堂藏拓之三》，《文物》2009年第9期，圖三。

可見"諸監"亦係監國之"監"。由本銘所透露的兩點信息尤爲值得注意。

一是諸監的設置應是普遍性的，即一般諸侯國都設有監，其級别或與諸侯相當。監和侯一樣，由王和執政大臣直接統轄。

二是諸監與王朝的交通聯繫方式，同諸侯國一樣，除定期的朝覲述職外，王或執政大臣還不定期派使者交通往來。

總之，仲幾父簋雖係西周晚期器物，但其所記當時的監國制度應係西周時期的一般情形。

例（10）善鼎"命汝佐胥彙侯""監豳師戍"，與上述（1）～（9）監國之監不同，本銘的監顯然不是監察彙侯，而是輔助彙侯，其主要任務是"監豳師戍"，即監察駐守豳地的王師。

例（11）頌諸器"命汝官司成周賈二十家，監司新造"，同例（10）類似，此監亦職有專司，係"監司新造"，即監察成周的有關手工業生產部門，以"用宮御"。

總之，與例（1）～（9）爲監國之監不同，例（10）和例（11）是兩例專門的監察官員，分别監察駐守各地的王師和手工業製造部門。由此也可看出，西周之世，監察制度較爲細致嚴密，在政治、軍事及經濟等各個領域皆有反映。西周時期監察制度的完備細致，於此可見一斑。

綜上，由金文材料可知，西周時期有一套相當完備健全的監察制度。

三

說到西周的監察制度，就不能不提及周初的"三監"。傳世文獻中，"三監"之稱最早見於《尚書大傳》（《詩譜·邶鄘衛譜》孔穎達正義所引）：

> 武王殺紂，立武庚，繼公子祿父。使管叔、蔡叔監祿父，祿父及三監叛。

《逸周書·作雒》：

> 武王克殷，乃立王子祿父，俾守商祀。建管叔于東，建蔡叔、霍叔于殷，俾監殷臣。

《史記·周本紀》：

武王爲殷初定未集，乃使其弟管叔鮮、蔡叔度相祿父治殷。

《管蔡世家》：

武王已克殷紂，平天下，封功臣昆弟。於是封叔鮮于管，封叔度于蔡，二人相紂子武庚祿父，治殷遺民。

《衛康叔世家》：

武王已克殷紂，復以殷余民封紂子武庚祿父，比諸侯，以奉其先祀勿絕。爲武庚未集，恐其有賊心，武王乃令其弟管叔、蔡叔傅相武庚祿父，以和其民。

後世文獻關於"三監"有不同的說法，如《漢書·地理志》：

河內本殷之舊都，周既滅殷，分其畿內爲三國，《詩·風》邶、庸、衛國是也。邶，以封紂子武庚；庸，管叔尹之；衛，蔡叔尹之；以監殷民，謂之三監。故《書序》曰："武王崩，三監畔。"周公誅之，盡以其地封弟康叔，號曰孟侯，以夾輔周室；遷邶、庸之民於洛邑，故邶、庸、衛三國之詩相與同風。

班固依據《書序》，以武庚、管叔、蔡叔爲"三監"。而鄭玄則以管叔、蔡叔、霍叔爲"三監"，《詩譜·邶鄘衛譜》：

邶、鄘、衛者，商紂畿內方千里之地。其封域在《禹貢》冀州大行之東。北逾衡漳，東及兗州桑土之野。周武王伐紂，以其京師封紂子武庚爲殷後。庶殷頑民，被紂化日久，未可以建諸侯，乃三分其地，置三監，使管叔、蔡叔、霍叔尹而教之。自紂城而北謂之邶，南謂之鄘，東謂之衛。

三監導武庚叛。成王既黜殷命，殺武庚，復伐三監。更於此三國建諸侯，以殷余民封康叔于衛，使爲之長。後世子孫稍並彼二國，混而名之。七世至頃侯，當周夷王時，衛國政衰，變風始作。故作者各有所傷，從其國本而異之，爲《邶》《鄘》《衛》之詩焉。

有學者指出，班固、鄭玄所云之周人以"三監"三分商畿說缺乏可靠的史料支撐，並不能作爲西周初年的歷史事實來理解[①]，其說是。

清華簡《繫年》第13～14號簡[②]：

> 周武王既克殷，乃設三監于殷。武王陟，商邑興反，殺三監而立彔子耿。成王屎（踐）伐商邑，殺彔子耿。

路懿菡指出，武王克商後通過設置"三監"的方式來監視和控制封於"商邑"的以彔子聖（王子祿父）爲首的商室貴族，而以分封功臣子弟的方式，在所征服的原商屬地設置軍事據點，從而形成對新征服地區的軍事佔領和控制。管、蔡、霍等諸叔之"封"同"三監"之設的性質不完全相同，周初的"三監"應同"三叔"無關[③]。

據上文分析，西周時期監察制度已相當完備健全，因而不太可能發生身兼監察重任又爲姬周同姓的管叔、蔡叔及霍叔等聯合武庚作亂的監守自盜行爲。再者，據金文資料看，諸侯、諸監應職有專司，互相分離，管叔、蔡叔及霍叔皆爲諸侯，似乎也不太可能同時兼任監的職責。因此，從這個角度講，路說也有一定合理性。

綜上，隨州葉家山墓地M107出土的濮監簋的"濮"係"僕"之異構，在簋銘中當讀作濮國之"濮"。據文獻和出土古文字資料，西周時期的濮在南土，與曾、楚鄰近。濮監簋出自葉家山曾國墓地，可能係賵賻或饋贈等原因所致，表明周初的濮確係爲周人所褒封之國。M107的墓主應係高級貴族。據金文材料，西周時期有一套相當完備健全的監察制度，周初"三監"應同"三叔"無關。

第四節　新刊兩件胡國銅鼎讀釋

最近，李學勤《胡應姬鼎試釋》[④]《試說新出現的胡國方鼎》[⑤]（下文分別簡稱

---

① 路懿菡：《從清華簡〈繫年〉看周初的"三監"》，《遼寧師範大學學報》（社會科學版）2013年第6期。

② 清華大學出土文獻研究與保護中心編：《清華大學藏戰國竹簡》（貳），中西書局，2011年，第45、46頁圖版，第141頁釋文與注釋。

③ 路懿菡：《從清華簡〈繫年〉看周初的"三監"》，《遼寧師範大學學報》（社會科學版）2013年第6期。

④ 李學勤：《胡應姬鼎試釋》，《出土文獻與古文字研究（第六輯）——復旦大學出土文獻與古文字研究中心成立十週年紀念文集》，上海古籍出版社，2015年。李文未公佈其器形、銘文圖片，有關材料衹在網絡上流傳。《銘續》（第1卷），第274、275頁第0221號。

⑤ 李學勤：《試說新出現的胡國方鼎》，《江漢考古》2015年第6期。該文亦未公佈其器形、銘文圖片。

"李文A""李文B")先後介紹和討論了兩件西周早期的胡國有銘銅鼎,這兩件鼎都非常重要,小文擬在李文的基礎上談一些初步看法。

一

先說胡應姬鼎。

鼎斂口,方唇,下腹傾垂,圜底近平,雙立耳微外傾,三細柱足。頸飾兩道絃紋。屬王世民等《西周青銅器分期斷代研究》鼎的Ⅳ型3式①,年代爲西周早期後段。與陝西寶雞茹家莊出土的方耳圓鼎(BRM1乙:10)②及河南平頂山應國墓地出土的晏鼎(M242:11)③等形制紋飾接近,爲昭王時器。

鼎內壁鑄銘文作:

唯昭王伐楚荆,胡應姬見于王,辭皇,錫貝十朋,玄布二匹,對揚王休,用作厥嫡君公叔乙尊鼎。

"唯昭王伐楚荆",與古本《竹書紀年》"周昭王十六年,伐楚荆"④可對讀。銅器銘文中有關昭王伐楚的記載還有:

(1) 過伯簋⑤:過伯從王伐反荆,俘金,用作宗室寶尊彝。西周早期(昭王)

(2) 𫘤馭簋⑥:𫘤馭從王南征,伐楚荆,有得,用作父戊寶尊彝,𢀉。西周早期(昭王)

(3) 𧱶簋⑦:𧱶從王伐荆,俘,用作饎簋。西周早期(昭王)

---

① 王世民、陳公柔、張長壽:《西周青銅器分期斷代研究》,文物出版社,1999年,第29~31頁。
② 盧連成、胡智生:《寶雞強國墓地》,文物出版社,1988年,圖版一五七,2。
③ 河南省文物考古研究所、平頂山市文物管理局:《平頂山應國墓地Ⅰ》,大象出版社,2012年,彩版二二,1。
④ 方詩銘、王修齡:《古本竹書紀年輯證》(修訂本),上海古籍出版,2005年,第45頁。
⑤ 集成7.3907;旅順博物館:《旅順博物館館藏文物選粹·青銅器卷》,文物出版社,2008年,第40、41頁12。
⑥ 集成7.3976。
⑦ 石志廉:《𧱶殷》,《文物》1959年第12期;集成6.3732。

第七章　葉家山墓地與西周早期的曾國　　·273·

（4）䚄鼎（𪓪叔鼎）①：𪓪叔從王南征，唯歸，唯八月在䣙宫，䚄作寶鬲鼎。西周早期（昭王）

（5）䚄簋（𪓪叔簋）②：唯九月，𪓪叔從王員征楚荊，在成周，䚄作寶簋。西周早期（昭王）

（6）京師畯尊③：王涉漢伐楚，王有緐④功，京師畯克匹王，蠚貝，用作日庚寶尊彝，𠭯。西周早期（昭王）

（7）作冊夨令簋⑤：唯王于伐楚，伯在炎，唯九月既死霸丁丑，作冊夨令尊宜于王姜，姜賞令貝十朋、臣十家、鬲百人，公尹伯丁父䭱于戍，戍冀司氣，令敢揚皇王室，丁公文報，用稽後人享，唯丁公報，令用𠭯揚于皇王，令敢揚皇王室，用作丁公寶簋，用尊事于皇宗，用饗王逆復，用𦣞僚人，婦子後人永寶，𠭯（雋）冊。西周早期（昭王）

（8）史牆盤⑥：宏魯昭王，廣敮楚荊，唯貫南行。西周中期（恭王）

（9）逨盤⑦：雩朕皇高祖惠仲盠父，調龢于政，有成于猷，用會昭王、穆王，盜政四方，蒥伐楚荊。西周晚期（宣王）

均可與鼎銘對讀。

---

① 集成5.2615。
② 陝西省文物管理委員會：《西周鎬京附近部分墓葬發掘簡報》，《文物》1986年第1期，圖版壹，6；第12頁圖二三。集成7.3950、3951。
③ 李學勤：《由新見青銅器看西周早期的鄂、曾、楚》，《文物》2010年第1期，圖一、圖二；《銘圖》（第21卷），第253、254頁第11784號；吳鎮烽：《京師畯尊釋文補正》，復旦大學出土文獻與古文字研究中心網站，2012年7月26日，http://www.gwz.fudan.edu.cn/SrcShow.asp?Src_ID=1908。
④ 詳參黃錦前：《京師畯尊讀釋》，《文物春秋》2017年第1期。
⑤ 集成8.4300、4301；陳夢家：《西周銅器斷代》，中華書局，2004年，第587頁15；《中國青銅器全集》編輯委員會：《中國青銅器全集》（第5卷），文物出版社，1996年，五三。
⑥ 集成16.10175；《中國青銅器全集》編輯委員會：《中國青銅器全集》（第5卷），文物出版社，1996年，一九八；曹瑋主編：《周原出土青銅器》，巴蜀書社，2005年，第646～653頁。
⑦ 山西省考古研究所、寶雞市考古工作隊、眉縣文化館聯合考古隊：《陝西眉縣楊家村西周青銅器窖藏》，《考古與文物》2003年第3期，圖一八；陝西省考古研究所、寶雞市考古工作隊、眉縣文化館楊家村聯合考古隊：《陝西眉縣楊家村西周青銅器窖藏發掘簡報》，《文物》2003年第6期，圖四〇；陝西省考古研究院、寶雞市考古研究所、眉縣文化館：《吉金鑄華章——寶雞眉縣楊家村單氏青銅器窖藏》，文物出版社，2008年，第184～191頁。

"昭王"這種類似的稱謂金文習見，如利簋①之"武王"、內史亳同之"成王"②等，究竟是生稱還是死謚，學者間有不同看法，不贅述。本銘的"昭王"，與李文A認爲係謚稱不同，我們認爲應係生稱。

"胡應姬見于王"，李文A云胡應姬是嫁到胡國的應國之女，胡爲歸（媿）姓，在今河南漯河東，與應國鄰近，可從。

"辭皇"，李文A云"辭"是言辭，"皇"訓美，胡應姬朝見昭王，言辭甚美，因而得到王的贊許賞賜。恐未逮。《詩·大雅·板》："辭之輯矣，民之洽矣。"鄭箋："辭，辭氣。謂政教也。"高亨注："辭，指王朝政令之辭。"即特指王命。本銘的"辭"，或可如是理解。"皇"可讀作"遟"，即"將"③，訓爲遵奉、秉承。《儀禮·聘禮》："束帛將命于朝。"鄭玄注："將，猶奉也。"史頌鼎④、簋⑤"日遟天子親命"、麥方彝⑥"用齍邢侯出入遟命"及蔡侯申歌鐘⑦與蔡侯申鎛⑧"天命是遟"等均可證。所謂"辭皇"，即遵奉王命，這是胡應姬此番覲見於王的重要內容。揆之上下文，並結合金文及文獻的有關記載來看，胡應姬的丈夫很可能在此次伐楚戰爭中死去，而新君尚未即位，因而胡應姬纔覲見王。其夫雖死於伐楚的戰役，她代表胡國表示仍遵從周王的調遣，協同伐楚，即銘文之"辭皇"，因而得到昭王的賞賜。這是理解本銘的關鍵所在。

"錫貝十朋，玄布二匹"，"匹"字原篆作 ，李文A釋作"乙"，非是。此從蔣玉斌釋⑨。

"用作厥嫡君公叔乙尊鼎"，李文A認爲"嫡君"與"公叔乙"係二人，分別指胡應姬之夫的正夫人和胡應姬之子，恐非。首先，若胡應姬爲其夫的正夫人和其子作器，卻不言及其夫，從邏輯和情理上來講皆難以講通。若此時其夫仍在世，則不大可能由胡應姬本人去覲見昭王，因此其夫此時當已亡故。換言之，銘文不提及其夫，而

---

① 集成8.4131。
② 吳鎮烽：《內史亳豐同的初步研究》，《考古與文物》2010年第2期。
③ 王輝：《古文字通假字典》，中華書局，2008年，第405、436頁。
④ 集成5.2787～2788。
⑤ 集成8.4229～4236；劉雨、汪濤：《流散歐美殷周有銘青銅器集錄》，上海辭書出版社，2007年，第113頁。
⑥ 集成16.9893。
⑦ 集成1.210、211、217。
⑧ 集成1.219～222。
⑨ 參見李春桃《胡應姬鼎銘文試說》文後跟帖，武漢大學簡帛論壇，http://www.bsm.org.cn/bbs/read.php?tid=3243。

言其夫的正夫人和其子，於情於理皆不合。其次，若按李文A所言，"嫡君"係其夫的正夫人，公叔乙亦不當爲胡應姬之子，而應係其夫。李文A所云理由是若公叔乙是"嫡君"的丈夫，他應該排在"嫡君"之前，其實未必。請看下面一組銘文：

（1）冄鼎①：遣伯作冄宗彝，其用夙夜享卲文神，用禴②祈眉壽。朕文考其經遣姬、遣伯之德言，其競余一子。朕文考其用作厥身，念冄哉，無害。

（2）冄簋（國博）③：遣伯作冄宗彝，其用夙夜享卲文神，用禴祈眉壽。朕文考其經遣姬、遣伯之德言，其競余一子。朕文考其用作厥身，念冄哉，無害。

（3）冄簋（私人）④：遣伯作冄宗彝，其用夙夜享卲文神，用禴祈眉壽。朕文考其經遣姬、遣伯之德言，其競余一子。朕文考其用作厥身，念冄哉，無害。

（4）冄盨⑤：遣伯作冄宗彝，其用夙夜享卲文神，用禴祈眉壽。朕文考其經遣姬、遣伯之德言，其競余一子。朕文考其用作厥身，念冄哉，無害。

這幾例銘文中的夫人皆排在丈夫之前，類似的例子金文中還有一些，不贅述。因此李文A所云不可信。

我們認爲，所謂"嫡君公叔乙"應係一人，即胡應姬之夫。"君"謂君主，此指先君。"公"爲尊稱。"叔"係排行，"乙"爲日名。金文中類似的文例有：

（1）宗人鼎⑥：用爲汝嫡彝器。

---

① 中國國家博物館、中國書法家協會：《中國國家博物館典藏甲骨文金文集粹》，安徽美術出版社，2015年，第147~149頁38。

② 或認爲此字應讀作"匃"，或可從。參見陳夢兮：《談遣伯盨銘文中的"匃祈"》，《考古與文物》2015年第6期。

③ 中國國家博物館、中國書法家協會：《中國國家博物館典藏甲骨文金文集粹》，安徽美術出版社，2015年，第150~158頁39。

④ 《銘圖》（第11卷），第241、242頁第05213號。

⑤ 張懋鎔、王勇：《遣伯盨銘考釋》，《出土文獻》（第一輯），中西書局，2010年，又輯入氏著《古文字與青銅器論集》（第三輯），科學出版社，2010年；《銘圖》（第12卷），第433、434頁第05666號。

⑥ 曹錦炎：《宗人鼎銘文小考》，《吉林大學古籍研究所建所三十周年紀念論文集》，吉林大學出版社，2014年。

（2）晉伯卣①：晉伯作厥嫡宗寶彝。

（3）章叔將簋②：章叔將自作尊簋，其用追孝于朕嫡考。

（4）商尊（庚姬尊）③：商用作文辟日丁寶尊彝。

（5）南姞鬲④：南姞庫乍厥皇辟伯氏寶鬻彝。

（6）孟姬洍簋⑤：孟姬洍自作饙簋，其用追孝于其辟君武公。

對照可知，"嫡君"與"公叔乙"係一人，應無疑義。

綜上，鼎銘是說昭王伐楚，途經胡國，胡應姬覲見昭王，表示要遵從周王的調遣、協同王師伐楚，昭王賞賜其貝十朋、玄布二匹，胡應姬爲稱揚昭王的榮光，製作了用來祭祀先君公叔乙的祭器尊鼎。

二

下面接著討論伯夌方鼎（即李文B所云胡國方鼎）。

伯夌方鼎器形和銘文圖像未公佈⑥，據李文B介紹，該鼎爲扁足方鼎，無蓋，立耳，長方形淺腹，口沿下飾鳥喙夔紋，器底有鳥形四扁足。屬王世民等《西周青銅器分期斷代研究》鼎的Ⅰ型5式⑦，形制類似陝西寶雞竹園溝M4所出"伯作彝"方鼎（BZM4：10）⑧。據形制和紋飾看約爲成康時器，對照下文將要討論的太保玉戈來看，應係成王時器。

鼎銘作：

唯公省，徂南國，至于漢。厥至于胡，公錫伯夌寶玉五品、馬四匹，用

---

① 首陽齋、上海博物館、香港中文大學文物館：《首陽吉金——胡盈瑩、范季融藏中國古代青銅器》，上海古籍出版社，2008年，第92、93頁30。

② 集成7.4038。

③ 集成11.5997。

④ 吳鎮烽：《獻器銘文考釋》，《考古與文物》2006年第6期，圖九。

⑤ 集成7.4071、4072。

⑥ 剛出版的《商周青銅器銘文暨圖像集成續編》著錄有該器形和銘文圖像，參見《銘續》（第1卷），第261、262頁第0213號。

⑦ 王世民、陳公柔、張長壽：《西周青銅器分期斷代研究》，文物出版社，1999年，第16、17頁。

⑧ 盧連成、胡智生：《寶雞強國墓地》，文物出版社，1988年，彩版一五，1；圖版七四，1。

鑄宮伯寶尊彝。

其中"䔲"原篆作（ ，照片），上部爲銹所掩。吳鎮烽釋作"䔲"，據殘劃看，下从多，上部似从大，與許䔲魯生鼎①的 字形近，暫釋作"䔲"。

"唯公省，徂南國，至于漢"，"公"，李文B據大保玉戈銘推定係召公，可從。"徂"原作"叔"，李文B讀作"徂"，訓"往"，可從。"漢"指漢水，無疑義。散氏盤②"至于邊柳，復涉瀗，陟雩，叔（徂）邊陳以西，封于敝城"、梁十九年亡智鼎③"穆穆魯辟，復（徂）省朔方"等，皆可參照。

"厥至于胡"，"胡"即胡國。李文B云公省行的路綫可能是自今河南洛陽的成周出發，從而途經今河南漯河東的胡國，此路綫同昭王伐楚荊時的路綫基本一致。這種可能性不能排除，不過單從銘文本身來看，恐未必（詳下文）。

"公錫伯䔲寶玉五品、馬四匹"，"伯"下之字不清晰，李文B認爲伯䔲是方鼎的作器者，可從。據上下文，伯䔲當爲胡國的首領，應即上述胡應姬鼎"公叔乙"之父或祖。尹姞鬲④"錫玉五品，馬四匹"、應侯見工簋⑤"錫玉五瑴，馬四匹，矢三千"、鄂侯馭方鼎⑥"王親錫馭方玉五瑴，馬四匹"、鮮簋⑦"王賞祼玉三品、貝廿朋"、毛公鼎⑧"錫汝……圭瓚寶……玉環、玉琮……馬四匹……"等，均可與之對讀。

"用鑄宮伯寶尊彝"，"宮伯"，李文B認爲"宮"是謚稱，並引《史記·蔡世家》的"宮侯"爲證，恐未必。參照同時期有關銘文的"宮伯"來看，這個"宮伯"不是別人，正是銘文上述之"公"，即召公奭。在其他有關銅器銘文中，"宮伯"或稱"西宮伯""西宮""西"，對照可知，所指實即召公奭⑨（編按："西宮"應指周

---

① 集成5.2605。
② 集成16.10176。
③ 集成5.2746。
④ 集成3.754、755。
⑤ 《保利藏金》編輯委員會：《保利藏金（續）——保利藝術博物館精品選》，嶺南美術出版社，2001年，第123~127頁。
⑥ 集成5.2810。
⑦ 集成16.10166。
⑧ 集成5.2841。
⑨ 參看黃錦前：《"宮伯""西宮"考——兼談召公諸子銅器》《由葉家山M107所出"西宮"銘文談曾國的族源問題》，未刊稿。

文王而非召公奭）。或以爲此"宮伯"當爲作器者伯叕之祖考，恐未必。上揭諸冉器"遣伯作冉宗彝"，遣伯與冉即非親屬關係。又保員簋①"唯王既燎，咸伐東夷。在十又二月，公返自周。己卯，公在虞，保員邐，辟公錫保員金車，曰：'用事。'施于寶簋二，用饗公逆洀事"，保員作器，亦係答謝賞賜者辟公。此二例均可爲證。

綜上，方鼎銘是說召公省察南國，至漢水流域。途經胡國，賞賜伯叕禮玉、馬匹等，伯叕鑄作尊彝以誌之，以答謝召公。

三

大家都熟知的周初成王時著名的銅器保尊②和保卣③銘曰：

  乙卯，王令保及殷東國五侯，誕貺六品，蔑曆于保，錫賓，用作文父癸宗寶尊彝。

"保"即召公奭，銘文是說成王時召公奉王命殷見東國五侯，與伯叕方鼎銘可對讀，表明周初爲確保東土和南土的穩定，對這些地區所採取的一些安撫策略。

與本銘關係最爲密切的，當即上揭太保玉戈④。戈之年代，李學勤曾有詳細討論，認爲屬周初成王前期⑤，可從。

戈銘曰：

  六月丙寅，王在豐，命太保省南國，帥漢，誕殷南。命曾侯辟，用鼁走百人。⑥

---

① 張光裕：《新見保鼎段銘試釋》，《考古》1991年第7期，第650頁圖一；陳佩芬：《夏商周青銅器研究》（西周篇），上海古籍出版社，2004年，第94、95頁二三四。

② 集成11.6003；《中國青銅器全集》編輯委員會：《中國青銅器全集》（第5卷），文物出版社，1996年，一五九。

③ 集成10.5415；《中國青銅器全集》編輯委員會：《中國青銅器全集》（第5卷），文物出版社，1996年，一七二；陳佩芬：《夏商周青銅器研究》（西周篇），上海古籍出版社，2004年，第160～163頁二六四。

④ 龐懷靖：《跋太保玉戈——兼論召公奭的有關問題》，《考古與文物》1986年第1期，圖二；徐錫臺、李自智：《太保玉戈銘補釋》，《考古與文物》1993年第3期，圖三。

⑤ 李學勤：《太保玉戈與江漢的開發》，《楚文化研究論集》（第二集），湖北人民出版社，1991年，後輯入氏著《李學勤文集》，上海辭書出版社，2005年。

⑥ "曾""鼁"等字的改釋詳參黃錦前：《曾國始封的新證據——重讀太保玉戈銘》，未刊稿。

銘文自開頭至"誕殷南"等文字與伯麥方鼎有關内容可對讀。

仔細繹讀，這2件銘文所述很可能爲同一件事情，而非李文B所云係召公兩次巡省。上揭李文B關於伯麥方鼎公省行的路綫是自成周出發，同昭王伐楚荊時的路綫基本一致的有關推測恐不可從。胡國在今河南漯河東，位於漢水以北，然則伯麥方鼎"厥至于胡"句就應該理解爲召公在巡省南國後，回程時途經胡國，因而有賞賜伯麥等事。由此可見，召公此次巡省，去程和回程的路綫並不相同。據戈銘，去時自宗周出發，沿漢水而下；據伯麥方鼎銘，回程途經胡國，則很可能繞道成周，再回到宗周復命。或直接至成周復命，類似情形見於昭王時期的靜方鼎[①]銘：

　　唯七月甲子，王在宗周，令師中眔靜省南國相，設居。八月初吉庚申，
至，告于成周。

中和靜至南國，即係在宗周受王命，完成使命後復告於成周。

總之，召公南巡，去程自宗周出發，沿漢水而下，回程途經胡國，繞道成周，再回到宗周復命，或直接至成周復命，其行程可由這兩篇銘文而大致勾勒復原。

據太保玉戈銘可知，召公此行的使命，主要是"省南國"（下文云"殷南"，義同）。同時作爲其重要內容之一，是冊命曾侯，即"命曾侯辟，用黿走百人"[②]。據伯麥鼎銘，召公在回程時，途經胡國，召見其君伯麥並賞賜禮玉、馬匹等，這也是其"省南國"或"殷南"的內容之一。在周初封建屏藩的大背景下，成王初年，在南土地區封建親戚[③]，安撫諸侯，由此而可窺見一斑。

穆王時期，與胡國有關的又有幾件銅器：

　　（1）彔簋（泉屋）[④]：伯雍父來自胡，蔑彔曆，賜赤金，對揚伯休，用作文祖辛公寶䵼簋，其子子孫孫永寶。
　　（2）竃鼎[⑤]：唯十又一月，師雍父省道，至于胡[⑥]，竃從，其父蔑竃曆，錫金，對揚其父休，用作寶鼎。

---

① 徐天進：《日本出光美術館收藏的靜方鼎》，《文物》1998年第5期，圖一，圖四。
② 參看黃錦前：《曾國始封的新證據——重讀太保玉戈銘》，未刊稿。
③ 關於曾國的族源，詳參黃錦前：《由葉家山M107所出"西宮"銘文談曾國的族源問題》，未刊稿。
④ 集成8.4122；《銘圖》（第11卷），第49、50頁第05115號。
⑤ 集成5.2721。
⑥ 該句斷讀參看黃錦前：《師雍父諸器及有關史事》，未刊稿。

（3）遇甗①：唯六月既死霸丙寅，師雍父戍在古師，遇從。師雍父肩使遇使于胡侯，侯蔑遇曆，賜遇金，用作旅甗。

結合有關銅器銘文來看，師雍父（或作"伯雍父"）此次"肩使遇使于胡侯""省道至于胡"，其主要任務是征伐淮夷②。如上述胡應姬鼎云昭王伐楚時胡國協同王師作戰一樣，胡國在此次征伐淮夷的戰爭中亦承擔協同、配合王師的任務。

胡應姬鼎開頭即云"唯昭王伐楚荊"，據文獻和出土材料可知，康王以後，荊楚勢力逐漸崛起，周初至成王時南土的安定局面逐漸被打破，至昭王時，楚與周王朝的關係日趨緊張，文獻及銅器銘文中常見雙方兵戎相見的有關記載，即是這一歷史背景的反映③。連年伐楚，王師不斷失利，昭王被迫親自南征，胡應姬鼎"唯昭王伐楚荊"及京師畯尊"王涉漢伐楚"所云均即此，但最後亦以王師潰敗、"昭王南征而不復"即溺死於漢水而告終。胡應姬鼎銘所記即昭王溺於漢水之前不久、伐楚過程中途經胡國的情形。

綜之，這2件胡國銅鼎是周初至昭王時期周王朝與南土關係的見證，直接或間接反映了周王室與荊楚之間關係逐漸惡化以至兵戎相見的過程，是不可多得的珍貴史料。

另外，或據有關文獻記載認爲兩周時期胡有歸姓、姬姓之別，歸姓胡國在汝陰、即今安徽阜陽一帶，姬姓胡國在郾城，即今河南漯河東④。但正如裘錫圭所言，"關於姬姓之胡的史料，實際上是不充分的"，"郾城和阜陽很可能是歸姓之胡先後所居之地，並非一爲姬姓之國，一爲歸姓之國"⑤。今據胡應姬鼎與伯夌方鼎銘，亦可佐證西周早期歸姓胡國確應在今漯河東，而非遠在阜陽一帶，舊說關於歸姓胡國在汝陰、姬姓胡國在郾城實誤。

最後對以上所論略作總結。

胡應姬鼎和伯夌方鼎年代分別屬昭王末年和成王初年。胡應姬鼎"辭皇"之"皇"

---

① 集成3.948；陳夢家：《西周銅器斷代》，中華書局，2004年，第659頁78；《銘圖》（第7卷），第243頁第03359號。

② 黃錦前：《伯雍父諸器及有關史事》《禺器及相關銘文繫聯研究》，未刊稿。

③ 黃錦前：《荊子鼎銘文及其所反映的歷史》，《楚系銅器銘文新研》，吉林大學博士後出站報告，2012年。

④ 主要見於《路史·國名紀丁》"胡國"條；楊伯峻：《春秋左傳注》，中華書局，2009年；徐少華：《周代南土歷史地理與文化》，武漢大學出版社，1994年，第215頁等。

⑤ 裘錫圭：《說或簋的兩個地名——棫林和胡》，《古文字論集》（一）（《考古與文物叢刊》第二號），陝西省考古研究所，1983年，後輯入氏著《古文字論集》，中華書局，1992年，又輯入氏著《裘錫圭學術文集·第三卷·金文及其他古文字卷》，復旦大學出版社，2012年。

可讀作"將","辭皇"即遵從王命;"嫡君"與"公叔乙"應係一人,即胡應姬之夫。伯夆方鼎的作器者伯夆爲胡國首領,係胡應姬鼎"公叔乙"之父或祖。

伯夆方鼎與太保玉戈銘所記爲同一件事,而非召公兩次南巡。召公巡省去程和回程的路綫不同,去時自宗周出發,沿漢水而下,回程很可能繞道成周,或直接至成周復命。

這2件鼎銘是周初至昭王時期周王朝與南土關係的見證,直接或間接反映了周王室與荊楚之間關係逐漸惡化以至兵戎相見的過程,是彌足珍貴的史料。同時亦可佐證西周早期歸姓胡國確應在今漯河東,而非遠在阜陽一帶,舊說關於歸姓胡國在汝陰、姬姓胡國在郾城實誤。

以上所論,希望能起拋磚引玉之效。

附　　錄

附錄一　鄂、曾、楚青銅器的新發現及意義

近年來，隨著各地大規模基建工作的不斷開展，加上盜墓活動的猖獗，一些配合基建等的搶救性考古發掘工作陸續進行，不少激動人心的重要發現，就是在這一時期不斷湧現的。這裏主要就近年湖北、河南、安徽、湖南等地出土及流散的有關鄂、曾、楚有銘青銅器的最新重要發現，談一些初步看法，倘有遺漏或不妥之處，請大家指正。

一、鄂　　國

鄂國銅器的最新發現，最重要的有兩個地點。一是前幾年發掘的湖北隨州安居羊子山西周早期鄂國公室墓地，一是正在發掘的河南南陽夏餉鋪春秋早期鄂侯家族墓地。

（一）隨州安居羊子山墓地

隨州安居羊子山一帶，早在20世紀40年代前後，就有鄂國銅器零星出土[1]，但因材料的限制，或受該地當時爲曾（或隨）國屬地觀點的制約，學界一直未能對其屬性做

---

[1] 隨州市博物館：《湖北隨縣安居出土青銅器》，《文物》1982年第12期；隨州市博物館：《湖北隨縣發現商周青銅器》，《考古》1984年第6期。上海博物館於上世紀50年代末、60年代初從廢銅中揀選收集鄂叔簋（上海市文物保管委員會：《近年來上海市從廢銅中搶救出的重要文物》，《文物》1959年第10期；集成6.3574）、鄂季奞父簋及鄂侯弟曆季卣（馬承源：《記上海博物館新收集的青銅器》，《文物》1964年第7期；集成6.3669、10.5325）各1件，經后加昇實地調查，鄂叔簋與鄂侯弟曆季卣係1958年安居羊子山開荒造田時被當地社員李老三挖出，當作廢銅賣掉，後輾轉流落至上海，從而被博物館揀選收藏。參見后加昇：《隨州安居遺址的再認識》，《荊楚文化與長江文明》，湖北人民出版社，2011年。與之差不多同時，洛陽博物館也收集到一件鄂侯弟昇季簋（張劍：《洛陽博物館館藏的幾件青銅器》，《文物資料叢刊》（第3集），文物出版社，1980年；集成6.3668），可能亦出自該地。

出合理的判定。2007年11月，羊子山一帶因古墓被盜，湖北省文物考古研究所等單位及時對其進行了搶救性發掘，其中M4獲得了一批殊爲珍貴的西周早期青銅器[①]，不少銅器上有"鄂侯"等銘文，表明這是一處西周早期鄂國公室墓地[②]。出土大量精美的青銅禮樂器表明，當時的鄂國實力相當強大，是西周王朝在南土的一個重要方國和屏障。

（二）南陽夏餉鋪墓地

南陽夏餉鋪春秋早期鄂侯家族墓地位於南陽新區新店鄉夏餉鋪村北500米處，2012年4月中旬，南陽市文物考古研究所對其進行了全面鑽探，發現西周至春秋早期的墓葬30餘座，目前發掘墓葬20座，陪葬坑1座[③]。

據零星公佈的材料，M1~M10這10座墓排列基本有序（附圖）。其中第一組由4座墓葬組成（M1~M4），位於墓地的西邊。M1曾被盜，部分文物流散，殘存及追回的青銅禮器主要有鼎9、鬲3、簋2、簠2、方壺2、盤1、匜1、三足器2件等，還有一些車馬器。據其形制及紋飾，年代約在春秋早期。

這批器物多有銘文，其中6件鼎銘"鄂侯作夫人行鼎"，3件鬲和2件簋上亦有類似的銘文。匜殘片上有銘文，內容不明。兩件方壺銘"養？伯作寶壺"，器主可能係養國公族[④]。春秋早期養國的地望，約在今河南泌陽南部及桐柏縣境内，今桐柏縣月河鎮及其周圍地區，是其中心活動區域[⑤]。養？伯壺出於鄂國墓葬中，或係助喪而致[⑥]。

除車馬器外，該墓還出土有一件玉戈，說明墓主可能係鄂侯本人，而非如發掘者所云係鄂侯夫人[⑦]，這從該墓的規模與相鄰墓葬的比較也可看出。

位於其右側的M2、M4目前尚未發掘，M3情況也不明。在M4的右上角處，發掘一長15、寬5、深8米的陪葬坑，其與M4連接處有部分打破關係，未見任何遺物，其年代、性質尚不很清楚。這幾座墓之間的關係暫時也還不明確。

---

① 李學勤進一步將其年代定爲康昭時期，參見李學勤：《由新見青銅器看西周早期的鄂、曾、楚》，《文物》2010年第1期。
② 隨州市博物館：《隨州出土文物精粹》，文物出版社，2009年。
③ 崔本信、王偉：《南水北調中綫工程南陽夏響鋪鄂國貴族墓地發掘成果》，《中國文物報》2013年1月4日，第8版。
④ 黃錦前：《談幾件新著錄的養國有銘銅器》，《中原文物》2018年第1期。
⑤ 徐少華：《䍙國銅器及其歷史地理探析》，《考古學報》2008年第4期；黃錦前：《養國銅器與銘文綜合研究》，待刊。
⑥ 黃錦前：《談幾件新著錄的養國有銘銅器》，《中原文物》2018年第1期。
⑦ 關於此墓墓主的推測，之前的報道云係鄂侯（李賓：《西周古墓裏，葬著一位鄂侯》，《南陽晚報》2012年5月11日，第12版），後則改稱係鄂侯夫人。

第二組由5座墓葬組成（M5、M6、M8～M10），位於墓地的東部，與第一組中間隔有一定距離。該組墓葬又可割分爲兩個小組，其中M5、M6兩座墓並排於南部，另外幾座墓並列於其北部，兩組之間也間隔有一段距離。

M5出土的銅器有鼎、鬲、簋、簠各2件，盤、盉、壺各1件，鈴2件等，其中鬲、簋等銘文均有"鄂姜"。M6早期被盜，出土的青銅禮樂器有編鐘一組6件，鈴鐘一套5件、鈴一套9件，尊、方彝、觶、鼎、簋、簠蓋各1件，熏爐蓋1、鶴首1件，還有兵器（3件保存較完整的帶木柄銅戈）和車馬器（2件帶木柄的銅策）、皮甲等，在棺上還發現有銅魚等。其中編鐘銘文有"鄂侯作"等。整體上看，M5、M6的規格較低，器物制作較粗糙，年代也較晚。M6與M5東西並列，據出土器物及銘文看應是一組鄂侯及其夫人墓，其中M6的墓主爲鄂侯，M5墓主爲其姜姓夫人。

值得注意的是，M6還出土有2件1米多高的人形木俑。木俑在春秋晚期以後的楚墓中多有出土，有學者曾做過專門研究[①]，另在戰國早中期的秦墓中也有陶俑出土。在春秋晚期以前的中原墓葬中出土這樣的人形木俑，是最近幾年纔看到的現象，如2008年陝西韓城梁帶村墓地M502墓室四角各發現一高約80釐米的彩色木俑[②]；2008年山西翼城大河口墓地M1東邊二層臺上發現2件1米多高的漆木俑，雙足站立於漆木龜上，雙手作持物狀，其前及側面放置漆木器[③]。大河口M1的年代爲西周早期，比夏餉鋪出土的木俑要早得多。梁帶村出土的木俑年代爲春秋早期，發掘者推測可能是用以替代殉人[④]。大河口M1出土的漆木俑，韓巍也認爲或可視爲人殉習俗的遺留[⑤]，謝堯亭則推測應與禮制和宗教有關[⑥]，大致可信。鄂侯墓地出土的木俑，可能也具有類似的功能。

M16位於M1東側7米處，出土的青銅器有鼎3、鬲4、簋4、壺2，盤、匜各1件等，現已發現鼎、鬲、簋及盤等有銘文，鼎銘有"鄂伯"。另在棺的兩側發現有4件形制較大的"山"字形銅器，棺上有銅魚、銅鈴等。"山"字形銅器實即具有禮儀標識作用

---

① 〔日〕松崎權子，陳洪譯：《關於戰國時期楚國的木俑與鎮墓獸》，《文博》1995年第1期。
② 陝西省考古研究院、渭南市文物保護考古研究所、韓城市文物旅游局：《陝西韓城梁帶村墓地北區2007年發掘簡報》，《文物》2010年第6期，圖六；陝西省考古研究院、渭南市文物保护考古研究所、韩城市景区管理委员会：《梁帶村芮國墓地二〇〇七年度發掘報告》，文物出版社，2010年，彩版一七、彩版五二～彩版五四。
③ 謝堯亭、王金平、李永敏等：《翼城大河口墓地發掘紀實：一個考古工地管理案例》，《中國文化遺產》2011年第1期。
④ 陝西省考古研究院、渭南市文物保護考古研究所、韓城市景區管理委員會：《梁帶村芮國墓地二〇〇七年度發掘報告》，文物出版社，2010年，第224頁。
⑤ 韓巍：《橫水、大河口西周墓地若干問題的探討》，"陝西韓城出土芮國文物暨周代封國考古學研究國際學術研討會"論文，上海博物館，2012年8月13～15日。
⑥ 《西周"霸"國揭千年封國之謎》，《北京日報》2011年4月28日。

的飾棺之翣，類似器物以前考古發掘多有出土，有學者曾作過探討[①]。河南信陽長臺關M1及湖北江陵望山M2出土的遣策中，就有關於翣的記載[②]，不過，研究者指出，這些可能都是用作儀仗的翣，而與作爲棺飾的翣不同[③]。《禮記·禮器》："天子崩，七月而葬，五重八翣；諸侯五月而葬，三重六翣；大夫三月而葬，再重四翣。"該墓出土4件翣，與禮書所云正相符合。《公羊傳》桓公二年何休注："禮祭天子九鼎，諸侯七、大夫五、元士三也。"該墓出土鼎3件，而簋、鬲各4件，按正常的情況來說，應該還有2件鼎，這種情況也很常見，可能與殺禮有關。

M7出土有矛、鐏、箭鏃、扣飾、車軎、車轄、銅魚等。據介紹，M16與M7可能是一組夫妻合葬墓。M7據云也出土大量有銘銅器，其中簋上有"鄂"，具體情況不明。

M19出土有銅鼎、簋、盤、匜、壺、鈴、鑾鈴、車馬器等，其中簋、匜上均有"鄂侯"銘文，4件簋上亦有"鄂姜"等銘文。M20出土有鼎、簋、簠、盤、盂各1件，其中銅簋上亦有"鄂姜"銘文。據介紹，這兩座墓是一組夫妻合葬墓。

另外，南陽市博物館收繳的4件銅器中，也有一件"鄂侯"簋，另有一件"上鄀太子"匜（編案：即上鄀太子平侯匜[④]"上鄀大子平侯作盥匜，子子孫孫永寶用"），亦係該墓地附近墓葬（西側）所出。

（三）新發現與新思考

這些最新考古發現，使學界不得不對有關問題進行重新思考。

首先，是關於鄂國的地望及其南遷問題。

---

① 孫華：《中山王譻墓銅器四題》，《文物春秋》2003年第1期；王龍正、倪爱武、张方涛：《周代喪葬禮器銅翣考》，《考古》2006年第9期；陝西省考古研究院、渭南市文物保護考古研究所、韓城市景區管理委員會：《梁帶村芮國墓地二〇〇七年度發掘報告》，文物出版社，2010年，第221～223頁；曹建墩：《先秦禮制探賾》，天津人民出版社，2010年，第62～67頁；張天恩：《周代棺飾與銅翣淺識》，《考古學研究》（八），科學出版社，2011年。

② 河南省文物研究所：《信陽楚墓》，文物出版社，1986年，第129、130頁，圖版一二五，2-019；圖版一二八，2-028。湖北省文物考古研究所、北京大學中文系：《望山楚簡》，中華書局，1995年，第60、111頁第47號簡。

③ 曹建墩：《先秦禮制探賾》，天津人民出版社，2010年，第65頁。

④ "楚風漢韻——南水北調中綫工程渠首水源地南陽文物展"，首都博物館，2013年11月13日～2014年1月5日。

據文獻記載，鄂國在殷商時即已存在[①]。《戰國策·趙策三》："昔者，鬼侯、鄂侯、文王，紂之三公也。"《史記·殷本紀》："（紂）以西伯昌、九侯（一作"鬼侯"）、鄂侯爲三公。"《魯仲連列傳》與《戰國策》所載相同。鄂亦見於殷墟甲骨卜辭，李學勤認爲"鄂在沁陽"，位於盂的鄰側而偏東[②]，徐少華進一步指出，其地望大致不出今沁陽縣城或略偏南一帶[③]。商代早中期的鄂，一般認爲在今山西寧鄉縣一帶，及至武丁之時或稍前，東南遷於沁陽一帶[④]。

西周時期鄂國的地望，歷來學界有不同看法，如影響較大的有"東鄂說"[⑤]和"西鄂說"[⑥]。其分歧源於《史記·楚世家》張守節《正義》。

《楚世家》："當周夷王之時，王室微，諸侯或不朝，相伐。熊渠甚得江漢間民和，乃興兵伐庸、楊粵，至于鄂。""鄂"張守節《正義》曰：

  劉伯莊云："地名，在楚之西，後徙楚，今東鄂州是也。"《括地志》云："鄧州向城縣南二十里西鄂故城是楚西鄂。"

又《楚世家》：

[①] 郭沫若指出，西周鄂侯"當即殷本紀鄂侯之後裔"，徐少華、李學勤等皆從其說。參見郭沫若：《兩周金文辭大系圖錄考釋》，上海書店出版社，1999年，第108頁A；徐少華：《周代南土歷史地理與文化》，武漢大學出版社，1994年，第19~21、23頁；李學勤：《論周初的鄂國》，《中華文史論叢》2008年第4期。

[②] 李學勤：《殷代地理簡論》，科學出版社，1959年，第23~30、58~60頁。

[③] 徐少華：《周代南土歷史地理與文化》，武漢大學出版社，1994年，第19~21頁。

[④] 徐少華：《鄂國銅器及其歷史地理綜考》，《考古與文物》1994年第2期。

[⑤] 陳夢家：《西周銅器斷代》，中華書局，2004年，第71頁；陳佩芬：《上海博物館新收集的西周青銅器》，《文物》1981年第9期；劉翔：《周夷王經營南淮夷及其與鄂之關係》，《江漢考古》1983年第3期；曹淑琴：《噩器初探》，《江漢考古》1993年第2期；李學勤：《論周初的鄂國》，《中華文史論叢》2008年第4期。

[⑥] 徐中舒：《禹鼎的年代及其相關問題》，《考古學報》1959年第3期；馬承源：《記上海博物館新收集的青銅器》，《文物》1964年第7期，馬承源：《商周青銅器銘文選》（三），文物出版社，1988年，第102頁一五七號"鄂叔簋"注釋〔一〕，第281頁四〇六號"鄂侯馭方鼎"注釋〔三〕；張劍：《洛陽博物館館藏的幾件青銅器》，《文物資料叢刊》（第3集），文物出版社，1980年；黃盛璋：《樸君述鼎國別、年代及其相關問題》，《江漢考古》1987年第1期；徐少華：《周代南土歷史地理與文化》，武漢大學出版社，1994年，第25~27頁；張昌平：《噩國與噩國銅器》，《華夏考古》1995年第1期；楊寶成：《鄂器與鄂國》，《洛陽考古四十年——1992年洛陽考古學術研討會論文集》，科學出版社，1996年。

熊渠曰："我蠻夷也，不與中國之號謚。"乃立其長子康爲句亶王，中子紅爲鄂王，少子執疵爲越章王，皆在江上楚蠻之地。

裴駰《集解》："《九州記》曰：'鄂，今武昌。'"張守節《正義》："《括地志》云：'武昌縣，鄂王舊都。'"這裏的"東鄂""西鄂"，分別是指今湖北鄂城和河南南陽。

熊渠所伐之"鄂"，從《楚世家》等記述來看，自然不是西鄂[①]，張守節《正義》所引劉伯莊及《括地志》所云，皆不確。但也不是《集解》所引《九州記》及《括地志》所云之古武昌即今湖北鄂州境内之東鄂[②]。持"西鄂說"者，如徐少華主張，西周時期的鄂國應在南陽盆地内的西鄂故城，即西漢之西鄂縣，約在今河南南陽市北40餘里的白河（古淯水）西岸一帶。持"東鄂說"者，如李學勤主張應在江漢會合處的今湖北鄂城。趙世綱則認爲，成王時，鄂自沁陽南遷至南陽，至厲王時東遷至鄂城、武昌、大冶一帶[③]。這三種意見，皆本於《楚世家》的上述幾種注解，皆爲近年考古新發現證明不確。總之，關於西周時期鄂之地望諸說，或係古書注解訛誤，或係對古書理解產生偏差而致，據新的考古發現所提供的證據，現在皆可予以澄清。

張昌平曾據鄂侯弟厤季尊等出自隨州安居羊子山一帶，推測西周早、中期之際，鄂人活動範圍曾經到達過這裏[④]。羊子山M4發掘後，傅玥提出，鄂在西周早期遷至隨棗走廊一帶，其都城在隨州安居一帶[⑤]。現在看來，這些看法無疑都是正確的。但他們都認爲，殷墟卜辭所載的鄂在今南陽盆地[⑥]，則顯非事實，夏餉鋪春秋早期鄂侯家族墓地的發現，表明南陽之鄂出現較晚，所謂"殷墟卜辭所載的鄂在今南陽盆地"是以較晚的材料附會早期的歷史，並無根據。

李學勤又撰文，認爲鄂之地望既不在鄂城，也不在南陽，而在今湖北隨州一帶。

---

① 張昌平：《噩與噩國銅器》，《華夏考古》1995年第1期。羅運環認爲是隨州鄂侯國，參見羅運環：《安居新出鄂侯諸器與楚熊渠所伐之鄂》，《出土文獻與楚史研究》，商務印書館，2011年。

② 王先福認爲湖北襄陽楚王城遺址或即西周晚期楚熊渠征伐和封王之鄂王城，參見王先福：《襄陽楚王城或爲楚熊渠所封鄂王城初考》，《楚簡楚文化與先秦歷史文化國際學術研討會論文集》，武漢大學，2011年；襄陽市博物館：《湖北襄陽楚王城西周城址調查簡報》，《江漢考古》2012年第1期。

③ 趙世綱：《鄬子受鐘與鄂國史跡》，《江漢考古》1995年第1期。

④ 張昌平：《噩與噩國銅器》，《華夏考古》1995年第1期。

⑤ 傅玥、高旭旌：《從羊子山M4青銅器群看西周鄂國的地望》，《楚文化研究論集》（第九集），上海古籍出版社，2011年。

⑥ 張昌平：《噩與噩國銅器》，《華夏考古》1995年第1期。

但據夏餉鋪的最新考古發現，此說也需作進一步修正。

據銅器銘文記載，西周晚期屬王時①，鄂被王師"翦伐"，且"勿遺壽幼"（見禹鼎②銘），可見在當時，鄂國遭受了周人斬草除根式的毀滅性打擊。戰爭的結果以"獲厥君馭方"而告終。此後鄂國便不見於文獻記載，亦無相關出土文字資料涉及。故一般認爲，鄂國可能因此於西周晚期即已滅亡③。馬承源等指出，鄂爲周所伐，禹鼎銘所謂"勿遺壽幼"，其餘族則再南遷於鄧之向城南，同爲西鄂④。趙世綱亦云，從禹鼎銘僅說"休獲厥君馭方"來看，周王"勿遺壽幼"的命令並沒有得到執行，鄂國可能在經過這沉重的打擊之後，其餘部即遷於今湖北鄂城、武昌、大冶一帶⑤。徐少華則兼採二說，認爲可能周天子"無遺壽幼"的征討令得到貫徹實行，鄂爲周師所滅；或者慘遭重創，其後國族衰弱、離散，無力立於諸侯之林⑥。諸家意見，可歸結爲兩點：一是西周晚期鄂可能未亡；二是如馬承源所說，鄂之餘部可能再遷於鄧之向城縣（縣治位於今南陽市南召縣東南皇路店鎮皇路店附近，距離夏餉鋪約10千米）南。但這也僅是推測之辭，而並無任何實據。今據夏餉鋪出土的銅器銘文來看，南陽之鄂並非西周之鄂的延續，而係周人在今南陽一帶重新封立的宗親。

有學者認爲，西周中葉，鄂國因受楚的威脅，又南遷到湖北古鄂城⑦。據現有的資料，鄂國在西周晚期確曾有過遷徙，不過並非是受楚的威脅，而是遭到了周王朝的沉重打擊；其所遷之地，也並非今湖北鄂城，而在今河南南陽。

關於沁陽之鄂地，有學者認爲係西周鄂國之地望⑧，而省視其所立論的理由，其實

---

① 徐中舒：《禹鼎的年代及其相關問題》，《考古學報》1959年第3期；李學勤：《談西周屬王時器伯㦰父簋》，《安作璋先生史學研究六十周年紀念文集》，齊魯書社，2007年。
② 集成5.2833、2834。
③ 張昌平：《噩與噩國銅器》，《華夏考古》1995年第1期；張昌平：《論隨州羊子山新出噩國青銅器》，《文物》2011年第11期；羅運環：《安居新出鄂侯諸器與楚熊渠所伐之鄂》，《出土文獻與楚史研究》，商務印書館，2011年；李學勤：《由新見青銅器看西周早期的鄂、曾、楚》，《文物》2010年第1期。
④ 馬承源：《商周青銅器銘文選》（三），文物出版社，1988年，第281頁四〇六號"鄂侯馭方鼎"注釋〔三〕。
⑤ 趙世綱：《鄾子受鐘與鄂國史跡》，《江漢考古》1995年第1期。
⑥ 徐少華：《周代南土歷史地理與文化》，武漢大學出版社，1994年，第25頁。
⑦ 何光嶽：《揚子鰐的分佈與鄂國的遷移》，《江漢考古》1986年第3期。
⑧ 王國維：《鄂侯馭方鼎跋》，《王國維遺書》（四），《觀堂別集》（卷二），上海古籍書店，1983年，第二B～三A頁；郭沫若：《兩周金文辭大系圖錄考釋》，上海書店出版社，1999年，第107頁B～108頁A。

也都沒有什麼較可靠的依據①。隨著新的考古材料的面世，此說自然也就不攻自破了。

鄂國原在黃河以北，何時、何故南遷於今隨州一帶，文獻闕載。馬承源等指出，鄂爲商之舊國，原在野王，即今河南沁陽，後武王封子於此，則鄂南遷②。徐少華亦認爲，據商鄂故地周圍於周初即分封了姬姓的邢、雍和已姓蘇國等情況分析，可能在成王初年或更早，鄂部族即離開了其沁陽故地而南遷③。羊子山墓地年代最早的墓葬，據發掘者推測約在商末周初，表明至遲在周初，鄂國即已活動於今隨州一帶。最近公佈的西周早期疑尊、疑卣銘云"仲義父于入鄂侯于蓥城"④，說明西周早期鄂確曾有過遷徙，祇是不知其所遷"蓥城"的地望。因此，上述徐少華關於鄂國南遷時間的推斷，應大致可信。

接下來的一個問題是，鄂在何時爲誰所滅？

據夏餉鋪春秋早期鄂侯家族墓地的發掘可知，姞姓鄂國被滅後重新封立的姬姓鄂國，至春秋早期實力仍不可小視，這從墓中出土的大量隨葬青銅禮樂器及精美玉器等即可窺見。過去有學者指出，鄂爲楚王熊渠所滅⑤。然據《楚世家》可知，熊渠是夷厲時人，故此說當不確。那鄂究竟又是在何時爲楚所滅的呢？從目前的資料來看，夏餉鋪墓地的年代下限，可能是在春秋早期偏晚，換句話說，鄂滅亡的時間，應不早於此時。綜合來看，鄂國最終爲楚所滅的時間，可能是在春秋早期偏晚階段⑥。

（四）鄂監簋

最後再簡單介紹一下近年新出現的一件鄂監簋。

該簋著錄於吳鎮烽《商周金文資料通鑒》第05384號，爲某私人收藏。銘曰："鄂監作父辛寶彝"，年代爲西周早期。西周銅器銘文中的"×監"已發現有多例，如著

---

① 張昌平：《噩與噩國銅器》，《華夏考古》1995年第1期；徐少華：《周代南土歷史地理與文化》，武漢大學出版社，1994年，第20、21頁；李學勤：《論周初的鄂國》，《中華文史論叢》2008年第4期。

② 馬承源：《商周青銅器銘文選》（三），文物出版社，1988年，第102頁一五七號"鄂叔簋"注釋〔一〕，第281頁四〇六號"鄂侯馭方鼎"注釋〔三〕。

③ 徐少華：《周代南土歷史地理與文化》，武漢大學出版社，1994年，第26頁。

④ 見法國希拉克博物館出版的《東波齋藏中國青銅器和金器》（Chine de bronze et D'OR, Musée du président Jacques Chirac, 2011.）第10、11號。

⑤ 何光嶽：《揚子鱷的分佈與鄂國的遷移》，《江漢考古》1986年第3期。趙世綱亦云鄂爲楚所滅，但他將鄂的滅亡時間定在楚惠文王十四年，即公元前475年，是因對鄔子受鐘銘文文字的誤釋而致，故不可信，參見趙世綱：《鄔子受鐘與鄂國史跡》，《江漢考古》1995年第1期。

⑥ 謝肅認爲，鄂國大約在公元前687～公元前684年間和申國一起滅亡，但這僅屬推測，並未提出有說服力的根據，參見謝肅：《噩國銅器及相關問題》，未刊稿。

名的應監甗[1]。研究者一般認爲，這些"監"者，多係王朝派往各諸侯國執行監察任務的官員[2]。西周晚期的仲幾父簋[3]"仲幾父使幾使于諸侯、諸監，用厥賓作丁寶簋"，將"諸侯"與"諸監"並提，說明在當時，於諸侯國設監，已是一種常制，是當時諸侯與王朝關係的一個縮影。這也表明，過去所謂西周時期係以國監國之說[4]，恐怕還值得再斟酌。東周時期，一些較大的諸侯國，往往也派員至與其有臣服關係的國家和地區，以執行監察任務，如王孫袖戈銘之"楚君監"[5]，可能即屬此種情形。

早期的鄂在北方，後遷往漢水流域，是爲了周王朝鎮守南土的需要。鄂國在南方的經營，爲周王朝南土的安寧提供了有力的保障，但至鄂侯馭方時（厲王時），鄂率南淮夷、東夷內侵（即禹鼎"廣伐南國、東國，至于歷內"，應侯視工鼎[6]、應侯視工簋[7]等銘也有類似的記載）[8]，動搖了周王朝在南方的統治，因而遭王師翦滅。鄂監簋的發現，有助於深化對這一歷史事件有關細節的認識。

二、曾　國

曾國青銅器早在解放前就有零星發現，解放後，在今河南、湖北等地，又多有發現。20世紀70年代末，在湖北隨縣（今隨州市）發現了著名的曾侯乙墓，但據文獻記載，東周時期，該地屬姬姓隨國，因而引起廣泛關注與熱烈討論，這便是歷史考古學

---

[1] 集成3.883，4.1975；吳婉莉：《記新發現的幾件西周銅器》，《考古與文物》2010年第4期，圖五、圖六。

[2] 李學勤：《應監甗新說》，《江西歷史文物》1987年1期；王龍正、孫清遠：《也談應監甗》，《中原文物》2012年第1期。

[3] 集成7.3954。

[4] 任偉：《從"應監"諸器銘文看西周的監國制度》，《社會科學輯刊》2005年第5期。

[5] 高至喜：《楚文物圖典》，湖北教育出版社，2000年，第122頁。

[6] 陳佩芬：《夏商周青銅器研究》（西周篇），上海古籍出版社，2004年，第413～415頁三六三。

[7] 首陽齋、上海博物館、香港中文大學文物館：《首陽吉金——胡盈瑩、范季融藏中國古代青銅器》，上海古籍出版社，2008年，第112～114頁39。

[8] 李學勤：《論應侯視工諸器的時代》，《文物中的古文明》，商務印書館，2008年；李學勤：《談西周厲王時器伯乂父簋》，《安作璋先生史學研究六十周年紀念文集》，齊魯書社，2007年；李學勤：《論周初的鄂國》，《中華文史論叢》2008年第4期；李學勤：《由新見青銅器看西周早期的鄂、曾、楚》，《文物》2010年第1期；張昌平：《噩與噩國銅器》，《華夏考古》1995年第1期。

界所艷稱的"曾國之謎"。有學者提出,曾、隨係一國二名①,此說已廣爲學界所接受。此後,有關曾國的遺跡遺物又不斷有新的發現,相關研究也有進展。但對研究者而言,關於兩周時期的曾國,尚有一些未能解開的歷史謎團。

近年有關曾國銅器的最新發現,大大推進了我們對有關問題的認識。這裏重點要討論的,一是隨州義地崗曾侯墓地的最新發現,二是兩件流散的隨仲嬭加鼎。

(一)隨州義地崗墓地

2011年,隨州義地崗因古墓被盜,湖北省文物考古研究所隨後對其進行了搶救性發掘,所獲青銅器部分有"曾侯"銘文,年代爲春秋中期,是以前未曾見過的新材料,對完善春秋時期的曾侯世系具有重要價值。目前公佈的M6出土器銘中"棄""葬"等文字的寫法②,就很值得注意。被盜的青銅器據云有數十件,部分已面世,目前見有鼎4、簋5、簠2、方壺2、圓壺1件,共14件,除器名外,銘文基本相同,器主爲曾侯寳,年代爲春秋中期③。部分器物目前已被追回。此外,在文峰塔墓地,還出土了"曾侯與"編鐘及其他數量較多的曾國有銘銅器,這些材料目前尚未公佈。

(二)隨仲嬭加鼎

有關"曾國之謎"的另外一個重要發現是隨仲嬭加鼎。

隨仲嬭加鼎共2件,其一已由曹錦炎公佈於《江漢考古》2011年第4期④。在曹文之前,吳鎮烽《商周金文資料通鑒》已披露其有關信息(第02502號,"楚王鼎"),據云現爲海外某私人收藏。另一件據云曾流至香港文物市場,現下落不明(編案:此二鼎現分別藏中國國家博物館和湖北省博物館)。

鼎銘"楚王媵隨仲嬭加飤繇",可知係楚王爲隨仲嬭加所作媵器。隨仲嬭加的身

---

① 石泉:《古代曾國——隨國地望初探》,《武漢大學學報》(哲學社會科學版)1979年第1期,後修訂稿輯入氏著《古代荊楚地理新探》,武漢大學出版社,1988年;李學勤:《曾國之謎》,《光明日報》1978年10月4日《文物與考古》副刊,第92期,後輯入氏著《新出青銅器研究》,文物出版社,1990年;石泉:《論漢淮間的春秋青銅器·再論曾國之謎》,《文物》1980年第1期;石泉:《續論曾國之謎》,《楚學論叢》(《江漢論壇》1990年增刊),1990年;吳良寳:《再說曾國之謎》,《新果集——慶祝林澐先生七十華誕論文集》,科學出版社,2009年。

② 湖北省文物考古研究所、隨州市博物館:《湖北隨州義地崗曾公子去疾墓發掘簡報》,《江漢考古》2012年第3期;徐在國:《曾公子弃疾銘文補釋》,《中國文字學報》(第五輯),商務印書館,2014年。

③ 參見吳鎮烽:《商周金文資料通鑒》1.2版,第02483、02484、05366、12448號。

④ 曹錦炎:《"曾"、"隨"二國的證據——論新發現的隨仲嬭加鼎》,《江漢考古》2011年第4期。

份，我曾推測可能即傳世王子申盞盂蓋①之"嘉嫡"，盞盂很可能也是王子申爲嘉嫡所作媵器，並將鼎的年代進一步明確定在楚共王之時②。仲嫡加既是楚女，則其名字前所冠之"隨"，應即其夫國之稱，一般認爲應即文獻記載的漢東姬姓隨國③，應可信。

新蔡簡甲三25"鄭憲習之以隨侯之……"④，陳偉云"隨侯"當是人名，指隨國之侯⑤。隨仲嫡加鼎的發現，再次確認了文獻記載的隨國的存在。2012年末，隨州文峰塔曾國墓地M21出土一件隨大司馬嘉有戈⑥，又一次證實了文獻的有關記載。

以前在銅器銘文中，一直未能找到作爲國名的"隨"以與文獻記載相對應，因而關於曾、隨關係的討論，有種種推測⑦。現在新材料的不斷發現，對這一問題的認識，又能起到怎樣的促進作用呢？

陳偉據新蔡簡的材料，認爲通行的曾、隨爲一國兩名的說法應該重新考慮⑧，甘大明也認爲，曾、隨一國兩名的可能性不大，它們很可能是不同的、曾經並存於江漢流域的兩個國家⑨。吳良寶指出，單純依據楚簡此條材料尚不足以否定曾隨一國二名的意見，陳偉衹提出質疑而非否定，這是很謹慎的處理方式⑩。

隨仲嫡加鼎發現後，學界就此問題又展開了爭論。有學者認爲，這對於傳統認爲曾、隨爲一國的傾向性看法或有顛覆性意義。如曹錦炎認爲，這足以說明曾、隨係二

---

① 集成9.4643。
② 黃錦前：《隨仲嫡加鼎補說》，《江漢考古》2012年第2期；張昌平：《隨仲嫡加鼎的時代特徵及其他》，《江漢考古》2011年第4期。
③ 曹錦炎：《"曾"、"隨"二國的證據——論新發現的隨仲嫡加鼎》，《江漢考古》2011年第4期；張昌平：《隨仲嫡加鼎的時代特徵及其他》，《江漢考古》2011～第4期；高成林：《隨仲嫡加鼎淺議》，《江漢考古》2012年第1期。
④ 河南省文物考古研究所：《新蔡葛陵楚墓》，大象出版社，2003年，圖版七九，第189頁。
⑤ 陳偉：《讀新蔡簡札記（四則）》，《康樂集——曾憲通教授七十壽慶論文集》，中山大學出版社，2006年。
⑥ 湖北省文物考古研究所、隨州市博物館：《湖北隨州市文峰塔東周墓地》，《考古》2014年第7期。
⑦ 有關意見可參看湖北省博物館：《曾侯乙墓》（上冊），文物出版社，1989年，第470、471頁；吳良寶：《再說曾國之謎》，《新果集——慶祝林澐先生七十華誕論文集》，科學出版社，2009年；張昌平：《曾國青銅器研究》，文物出版社，2009年，第372～390頁。
⑧ 陳偉：《讀新蔡簡札記（四則）》，《康樂集——曾憲通教授七十壽慶論文集》，中山大學出版社，2006年。
⑨ 甘大明：《曾國之謎再研究》，吉林大學碩士學位論文，2005年。
⑩ 吳良寶：《再說曾國之謎》，《新果集——慶祝林澐先生七十華誕論文集》，科學出版社，2009年。

國，之前所謂的曾、隨一國的看法斷不能成立了。張昌平也持類似的意見[1]。

董珊對出土資料及古書所記載的有關曾國及曾、隨的關係進行了重新梳理，認爲"隨"是曾國都，國都名"隨"逐漸取代舊國名"曾"，故傳世文獻只見後起的新國名"隨"。春秋中晚期的楚王爲"隨仲芈加"作鼎，及新蔡簡的"隨侯"，即是春秋晚期至戰國早期楚國已開始稱姬姓曾國爲"隨"，這個新興名稱"隨"被戰國早、中期成書的《左傳》《國語》等傳世文獻繼承，舊名稱"曾"隨著此時曾國的衰亡，就湮沒不顯了[2]。高成林亦指出，就目前的資料而言，尚不足以推翻曾、隨爲一國的論斷[3]。我們認爲，從目前的材料來看，上述意見較爲合理。若曾、隨非一國，則歷年考古發掘所獲曾國遺跡和遺物所表明的兩周時期曾文化的分佈範圍[4]和文獻記載的漢東姬姓隨國之間的諸多矛盾就很難做出合理的解釋。因此，對有關問題的正確認識，需作進一步深入研究纔能得出，而不應倉促予以否定。前些年，吳良寶就曾明確指出，即使將來出土了明確稱爲"隨"國的金文資料，也不能根本性地否定曾、隨一國的意見[5]。從現有的材料及研究進展來看，這種看法應比較中肯[6]。

（三）隨州葉家山墓地

討論曾國青銅器的新發現，就不能不提及隨州葉家山西周早期曾侯家族墓地的重大發現。

葉家山墓地位於隨州市淅河鎮蔣寨村，安居鎮羊子山西周早期鄂侯公室墓地東北，二者直綫距離僅25千米。2011年上半年，湖北省文物考古研究所對該墓地進行了搶救性發掘，共揭露墓葬63座（尚有2座大墓未發掘），馬坑1座，出土了大量的青銅

---

[1] 張昌平：《隨仲芈加鼎的時代特徵及其他》，《江漢考古》2011年第4期。

[2] 董珊：《從出土文獻談曾分爲三》，復旦網，2011年12月26日，http://www.gwz.fudan.edu.cn/SrcShow.asp?Src_ID=1751。

[3] 高成林：《隨仲芈加鼎淺議》，《江漢考古》2012年第1期。

[4] 張昌平：《曾國銅器的發現與曾國地域》，《文物》2008年第2期；張昌平：《曾國的疆域及中心區域——先秦時期歷史地理的考古學研究個案》，《荊楚歷史地理與長江中游開發——2008年中國歷史地理國際學術研討會論文集》，湖北人民出版社，2009年；張昌平：《曾國青銅器研究》，文物出版社，2009年，第326~344頁。

[5] 吳良寶：《再說曾國之謎》，《新果集——慶祝林澐先生七十華誕論文集》，科學出版社，2009年。

[6] 最近，李學勤又刊文就新出隨仲芈加鼎（李文稱"楚王鼎"）重申了他關於曾、隨係一國二名的觀點，參見李學勤：《新見楚王鼎與"曾國之謎"》，《青銅器入門》，商務印書館，2013年。

器，其中不少有很珍貴的銘文，有關材料正陸續公佈[①]。

該墓地共勘探出墓葬80餘座[②]，皆東西向。其中大型墓葬（長4、寬3米以上）有10座，中型墓葬（長3、寬2.5米以上）5座，小型墓葬50座。所有墓葬排列有序，極少有打破關係，顯係一處經過規劃的墓地。

該墓地的年代從西周初年一直延續到西周晚期。其中M2、M3、M26、M27、M65五座墓出土的銅器中都有"曾""侯""曾侯""曾侯諫"等銘文，年代在成、康、昭之世。發掘者據墓葬規格和出土銘文初步判定，M65可能爲曾侯諫墓、M2爲曾侯諫夫人媿氏墓、M27可能爲曾侯諫之子白生或其夫人墓[③]。M65的年代，發掘者認爲在康昭之際[④]。李學勤等認爲曾侯諫應爲成康時人，似即周初第一代曾侯[⑤]。

發掘者認爲，從銅器出土範圍看，西周早期的曾國並不大，似應僅局限於隨州的漂水流域。他們還對以葉家山墓地爲中心方圓10千米範圍內進行區域系統調查，在其周圍又新發現了9處商周時期的大型聚落遺址。其中以已知的廟臺子遺址爲中心的聚落群最大，面積達30萬平方米，地面調查和局部勘探顯示，有城牆、壕溝和大型建築基址等遺跡，可能是西周早期的一個重要古城。葉家山墓地與廟臺子遺址相距不足1千米，初步判定葉家山墓地的主人當與廟臺子遺址有關，廟臺子遺址或即西周早期曾國都城所在[⑥]。

[①] 黃鳳春、陳樹祥：《湖北隨州葉家山西周墓地考古發掘獲階段性重大成果》，《中國文物報》2011年10月12日，第4版；湖北省文物考古研究所、隨州市博物館：《湖北隨州葉家山M65發掘簡報》，《江漢考古》2011年第3期；湖北省文物考古研究所、隨州市博物館：《湖北隨州葉家山西周墓地發掘簡報》，《文物》2011年第11期；湖北省文物考古研究所、隨州市博物館：《湖北隨州市葉家山西周墓地》，《考古》2012年第7期。

[②] 據最新消息，最近在墓地周圍又鑽探出一些墓葬，目前正在發掘之中。

[③] 黃鳳春、陳樹祥：《湖北隨州葉家山西周墓地考古發掘獲階段性重大成果》，《中國文物報》2011年10月12日，第4版；湖北省文物考古研究所、隨州市博物館：《湖北隨州葉家山西周墓地發掘簡報》，《文物》2011年第11期；湖北省文物考古研究所、隨州市博物館：《湖北隨州市葉家山西周墓地》，《考古》2012年第7期。

[④] 湖北省文物考古研究所、隨州市博物館：《湖北隨州葉家山M65發掘簡報》，《江漢考古》2011年第3期。

[⑤] 李學勤：《試說葉家山M65青銅器》，《楚簡楚文化與先秦歷史文化國際學術研討會論文集》，湖北教育出版社，2013年。

[⑥] 黃鳳春、陳樹祥：《湖北隨州葉家山西周墓地考古發掘獲階段性重大成果》，《中國文物報》2011年10月12日，第4版；湖北省文物考古研究所、隨州市博物館：《湖北隨州市葉家山西周墓地》，《考古》2012年第7期。

之前，在隨州及其周圍發現的曾國青銅器①，沒有早於西周晚期的。因此，一般認爲，葉家山曾侯墓地的發現，將曾侯乙家族史前推了500年②。

有學者指出，葉家山所埋葬的曾侯，應是夏商曾國的後裔而受封於周者，是配合武丁南征的曾國的後裔，爲姒姓，而非之前隨州及其周圍地區所發現的銅器銘文中常見的姬姓之曾，這個姒姓的曾（南曾），與位於宗周附近的姒姓之曾（西曾），是同一族氏的兩個分支③。據最新材料，首封曾侯南公應係周文王子，爲姬周宗親④。

葉家山墓地中，M1年代最早，發掘者認爲在成、康之世⑤。墓中出土的銅器中有不少商代器物，此墓有腰坑，內葬犬，故有學者認爲，其墓主可能係商遺民⑥，現在看來應不確。

羊子山鄂國墓地發現後，李學勤指出，曾是鄂國地名，曾（即隨）是在西周晚期厲王時鄂被攻滅後纔在其故地建立起來的，銘文中稱"曾"是沿用都邑原有的地名⑦。徐少華、張昌平、董珊等也持類似看法⑧。葉家山早期曾侯墓地的發現，使大家意識到，當時該地區的形勢，應遠較原先想象的複雜。

上述姬姓曾國自西周早期及至中晚期，一直存在於今隨州一帶，這與鄂國的情況

---

① 湖北省文物考古研究所：《曾國青銅器》，《曾國青銅器及其反映的地域問題》，文物出版社，2007年；張昌平：《曾國青銅器研究》，文物出版社，2009年，第84～91頁。

② 黃鳳春、陳樹祥：《湖北隨州葉家山西周墓地考古發掘獲階段性重大成果》，《中國文物報》2011年10月12日，第4版；黃鳳春、陳樹祥、凡國棟：《湖北隨州葉家山新出西周曾國銅器及相關問題》，《文物》2011年第11期；李學勤：《試說葉家山M65青銅器》，《楚簡楚文化與先秦歷史文化國際學術研討會論文集》，湖北教育出版社，2013年。

③ 楊昇南：《葉家山曾侯家族墓地曾國的族屬》，《中國文物報》2011年11月2日，第3版；董珊：《從出土文獻談曾分爲三》，復旦網，2011年12月26日，http://www.gwz.fudan.edu.cn/SrcShow.asp?Src_ID=1751；笪浩波：《漢東的㘈國、曾國與隨國考》，《楚簡楚文化與先秦歷史文化國際學術研討會論文集》，武漢大學，2011年；李學勤等：《湖北隨州葉家山西周墓地筆談》，《文物》2011年第11期。

④ 黃錦前：《由葉家山M107所出"西宮"銘文談曾國的族源問題》，待刊。

⑤ 湖北省文物考古研究所、隨州市博物館：《湖北隨州葉家山西周墓地發掘簡報》，《文物》2011年第11期。

⑥ 朱鳳瀚：《湖北隨州葉家山西周墓地筆談》，《文物》2011年第11期。此外，王占奎等也指出，該墓地東西向墓向、腰坑、日名、族徽、銅器重酒器組合及陶器組合等屬商文化因素，參見李學勤等：《湖北隨州葉家山西周墓地筆談》，《文物》2011年第11期；董珊：《從出土文獻談曾分爲三》，復旦網，2011年12月26日，http://www.gwz.fudan.edu.cn/SrcShow.asp?Src_ID=1751。

⑦ 李學勤：《由新見青銅器看西周早期的鄂、曾、楚》，《文物》2010年第1期。

⑧ 張昌平：《論隨州羊子山新出噩國青銅器》，《文物》2011年第11期；董珊：《從出土文獻談曾分爲三》，復旦網，2011年12月26日，http://www.gwz.fudan.edu.cn/SrcShow.asp?Src_ID=1751。

有些類似。換句話說，從西周早期到中晚期，曾、鄂共存於今隨州一帶。因此，李學勤等的說法需加以修正。鑒於目前所見隨棗地區的曾國遺存年代都較晚，張昌平曾據曾國青銅器和高等級遺存在時間和空間上的分佈情況，認爲曾國的中心區域在兩周之際前後位於今吳店一帶、春秋中期和晚期分別向東遷移至今安居和隨州市區一帶[①]。西周時期曾國在噩國（西周早期噩國的中心區域在今安居鎮一帶）之西，噩與曾鄰近[②]。這些意見在一定程度上也都支持了這一推論。

爲什麼會出現如此複雜的情形呢？這自然又引起了我們對西周早中期鄂、曾、楚關係的新思考。

李學勤指出，昭王時，楚的政治中心已在漢水以南[③]。而這一時期，鄂與曾也共存於今隨州一帶的漢水流域。

葉家山墓地出土的一件成王初年[④]的荊子鼎（M2∶2）[⑤]，爲探討西周早期的曾、楚關係提供了一些新信息。大家知道，古代的銅器通常會以饋贈、掠奪等途徑易手。葉家山西周早期曾侯墓地和大量鑄造精美的青銅器的發現，使我們對西周早期的曾國有了較明確的認識。此時的曾國國力相當强盛，應是漢淮間的强國。楚國此時雖也是地區性强國，但從清華簡《楚居》篇所反映的楚與鄀之間的實力對比來看[⑥]，它顯然不是曾國的對手。因此，曾、楚之間因戰亂而導致曾人擄掠楚人宗廟重器以歸，應是情理之中的事[⑦]。

同樣，上述西周早期的鄂國實力也相當强大。據銅器銘文，西周晚期鄂侯曾與王

---

① 張昌平：《曾國銅器的發現與曾國地域》，《文物》2008年第2期；張昌平：《曾國的疆域及中心區域——先秦時期歷史地理的考古學研究個案》，《荊楚歷史地理與長江中游開發——2008年中國歷史地理國際學術研討會論文集》，湖北人民出版社，2009年；張昌平：《曾國青銅器研究》，文物出版社，2009年，第326~344頁。

② 張昌平：《論隨州羊子山新出噩國青銅器》，《文物》2011年第11期。

③ 李學勤：《由新見青銅器看西周早期的鄂、曾、楚》，《文物》2010年第1期。

④ 李學勤等：《湖北隨州葉家山西周墓地筆談》，《文物》2011年第11期；李學勤：《斗子鼎與成王岐陽之盟》，《中國國家博物館館刊》2012年第1期；黃錦前：《荆子鼎与成王岐阳之盟》，《中國國家博物館館刊》2013年第9期。

⑤ 湖北省文物考古研究所、隨州市博物館：《湖北隨州葉家山西周墓地發掘簡報》，《文物》2011年第11期，圖二一。

⑥ 清華大學出土文獻研究與保護中心編：《清華大學藏戰國竹簡》（壹），中西书局，2010年，第118、119頁圖版，第181頁釋文；子居：《清华简〈楚居〉解析》，简帛研究网，2011年3月30日，http://www.jianbo.org/admin3/2011/ziju001.htm；黃錦前：《荊子鼎銘文及其所反映的歷史》，《楚系銅器銘文新研》，吉林大學博士後出站報告，2012年。

⑦ 黃錦前：《荊子鼎銘文及其所反映的歷史》，《楚系銅器銘文新研》，吉林大學博士後出站報告，2012年。

室通婚（鄂侯作王姞簋①），於厲王用兵南方歸途中覲見納饗，得到厚賞（鄂侯馭方鼎②），凡此可見其在諸侯及王朝的地位。另從禹鼎銘文所載王師伐鄂的戰鬥過程來看，其時鄂的實力也相當強大。故徐中舒說："鄂爲申伯就封以前，周王室即倚以控制南淮夷東夷諸國，王因與鄂通婚以寵異之……在楚國興起以前，噩爲南方大國，頗受周室重視……"③總之，鄂國在周初便相當顯赫，在西周史上地位相當重要④，也正因爲如此，鄂纔能"成爲諸夷之領袖"，率淮夷、東夷以叛周。

因此，在西周早期的江漢地區，相對來說，楚國的實力還較弱，至少還不足以與曾、鄂相抗衡⑤。

《楚世家》說熊渠"乃興兵伐庸、楊粵，至于鄂"，"乃立其長子康爲句亶王，中子紅爲鄂王，少子執疵爲越章王"⑥，後"及周厲王之時，暴虐，熊渠畏其伐楚，亦去其王"，表明當時周王朝在南方地區尚有一定的控制力。與楚爲臨鄰的鄂，在西周早中期雖曾強盛一時，但在厲王時被翦滅。這樣，在該地區能與楚相抗衡的力量就祇剩下曾國，因而纔有上述熊渠時興兵討伐南土諸國而立子爲王的局面。《楚世家》說熊渠因畏厲王暴虐，懼其伐楚而"去其王"。曾（隨）是姬周宗親，承擔著牽制楚國的重任，故《國語·鄭語》說南當成周者有隨國。據文獻記載，隨爲"漢陽諸姬之長"；從姬姓曾國青銅器的出土地域來看，它不但擁有此前鄂國的領土，其勢力還曾擴展至漢水以北及南陽盆地一帶，是名副其實的漢東第一大國⑦，其實力，於春秋時期與楚的幾次戰爭即可得到證明，故高士奇《左傳記事本末》說"夫隨之爲國，限在方城内，於楚尤逼，而能屢抗楚鋒，獨爲後亡"。

總之，葉家山西周曾侯墓地的發現，豐富了我們對於西周早期曾國的認識；對西周初年漢東地區政治格局及周代南土地區歷史文化的認識，亦可由此而得以更新；對

---

① 集成7.3928~3930。

② 集成5.2810。

③ 徐中舒：《禹鼎的年代及其相關問題》，《考古學報》1959年第3期。

④ 徐中舒：《禹鼎的年代及其相關問題》，《考古學報》1959年第3期；馬承源：《商周青銅器銘文選》（三），文物出版社，1988年，第281頁四〇六號"鄂侯馭方鼎"注釋〔三〕；李學勤：《論周初的鄂國》，《中華文史論叢》2008年第4期。

⑤ 黄錦前：《荊子鼎銘文及其所反映的歷史》，《楚系銅器銘文新研》，吉林大學博士後出站報告，2012年。

⑥ 對該句的解讀，最新的研究可參看鄭威：《〈史記·楚世家〉熊渠封三子史料性質小考》，《江漢考古》2011年第1期。

⑦ 《左傳》桓公六年："漢東之國隨爲大。"

準確理解傳世銅器如中甗①"在曾""在鄂師次"、靜方鼎②銘"在曾、鄂師"等也有很大幫助③。

曾國青銅器還有一些較重要的零星發現。如河南上蔡郭莊楚墓出土的曾侯與浴缶及提鏈壺各一件④，曹錦炎公佈的一件新見曾侯戉劍⑤，此二位曾侯的器物以前雖不乏見，但新出資料如郭莊楚墓出土者，對深入探討春秋晚期的曾、楚關係仍有重要意義。此外，吳鎮烽《商周金文資料通鑒》還著錄有春秋中期的曾侯子編鐘、編鎛⑥、曾仲㠱鼎、鬲、簋、簠等⑦，對曾國青銅器研究亦有一定價值。

三、楚國（系）

大家知道，東周時期，隨著楚國不斷向周邊擴張，一些鄰近的原屬周文化系統的諸侯國也逐漸被納入楚文化的範疇，因而在談楚文化的青銅器時，自然也就包括這些受楚文化影響的國家和地區的器物。

楚國及楚系青銅器，近年在河南、湖北、湖南、安徽等地都有一些重要的新發現。另外還有一些流散者，如前面談到的兩件隨仲嬭加鼎等。

河南地區楚國（系）青銅器的最新重要發現，主要集中於兩個地點，一是南陽地區，一是上蔡郭莊楚墓。

（一）南陽楚彭氏家族墓地

南陽地區主要集中在以楚彭氏家族墓地爲主的南陽市區及其周圍地區。楚彭氏家族墓地位於南陽市區八一路南陽市商貿中心（原南陽汽車發動機廠），當地俗稱"五頃四"的地方。該地早在20世紀70年代始就不斷有青銅器出土，著名的申公彭宇銅器

---

① 集成3.949。

② 徐天進：《日本出光美術館收藏的靜方鼎》，《文物》1998年第5期，圖4。

③ 李學勤：《由新見青銅器看西周早期的鄂、曾、楚》，《文物》2010年第1期；李學勤等：《湖北隨州葉家山西周墓地筆談》，《文物》2011年第11期。

④ "國家寶藏——慶祝河南博物院建院八十周年特展"，河南博物院，2007年12月。

⑤ 曹錦炎：《曾侯戉劍小考》，《中國考古學會第十三次年會論文集——三峽地區考古發現與研究暨紀念夏鼐先生誕辰100周年》，文物出版社，2011年。

⑥ 吳鎮烽：《商周金文資料通鑒》1.2版，第15141~15149、15762~15765號。

⑦ 吳鎮烽：《商周金文資料通鑒》1.2版，第02458、03030、05373~05375、05977、05978號。

就是在這一時期被發現的①。2000年9月，在物資城工地發現彭子壽墓②，2003年3月，在其北部又發現彭無所墓③，皆出土了大批重要銅器。2008年6~8月，南陽市文物考古研究所爲配合基建工程，對該墓地進行了大規模的發掘，揭露楚墓60餘座④，其中比較重要的有彭啟（M1）、彭子射（M38）⑤等墓。發掘資料表明，這裏是春秋中晚期至戰國晚期的楚彭氏家族墓地。該墓地規劃有序，隨葬品中有很多精美的青銅器，不少還有珍貴的銘文。

這些器物主要是楚器，還有一些屬於蔡、養、番、許、鄀等國，但從器形及銘文來看，多可歸入楚系範疇。這對探討當時這些諸侯國與楚的關係，無疑具有十分重要的價值。如中原機械工業學校工地M6出土的許子佗盞盂及養子曰鼎，對探討其時楚與許、養等國的關係，提供了重要的新證據。還有兩件比較重要的青銅兵器，即蔡侯班戈（M27出土）與楚王戈（M45出土）。前者在南陽出土，印證了《史記·管蔡世家》的有關記載⑥。後者銘"楚王之元允（用），鑄之用克莒"，與《史記·楚世家》"簡王元年，北伐滅莒"等有關記載可相印證，填補了楚簡王時期標準器的空白，對於相關銅器和楚簡的斷代亦有重要參考價值⑦。

這批器物的器主，有楚王、蔡侯、養子、番子、許子等諸侯一級的人物，又有彭氏、景氏、屈氏等楚國重要公族，其中屬楚彭氏家族成員且有名可考者就有彭宇、彭無所、彭射、彭壽、彭啟等。

總之，這批材料所蘊含的文獻與史料價值十分豐富。從語言文字學的角度來看，其地域特徵也十分鮮明，如其中有不少新見字和異體字，有些則與以往所見有關資料可相互補充、印證或比較，其價值也相當重要。

---

① 王儒林、崔慶明：《南陽市西關出土一批春秋青銅器》，《中原文物》1982年第1期；尹俊敏：《〈南陽市西關出土一批春秋青銅器〉補記》，《華夏考古》1999年第3期。
② 喬保同、李長周：《南陽發現蔡侯申簠》，《中原文物》2009年第2期。
③ 董全生、李長周：《南陽市物資城一號墓及其相關問題》，《中原文物》2004年第2期。
④ 喬保同、柴中慶、王鳳劍：《河南南陽楚墓發掘取得重大收穫》，《中國文物報》2008年8月29日，第2版；喬保同、柴中慶、赫玉建等：《南陽發現楚國貴族墓》，《文物天地》2009年第3期；柴中慶、喬保同、王鳳劍：《河南南陽楚彭氏墓地》，《2008中國重要考古發現》，文物出版社，2009年。
⑤ 南陽市文物考古研究所：《河南南陽春秋楚彭射墓發掘簡報》，《文物》2011年第3期。
⑥ 喬保同、李長周：《南陽發現蔡侯申簠》，《中原文物》2009年第2期。
⑦ 黃錦前：《南陽新出楚王戈考釋》，待刊。

（二）䕾夫人嬭鼎與克黃諸器

南陽地區另外一項重要新發現，即淅川徐家嶺墓地M11出土的一件䕾夫人嬭鼎[①]。該鼎的重要性，在於其銘文兼用歲星與太歲紀年、以"孟甲"[②]計日等，皆前所未見，可補傳世文獻記載之闕，對研究楚國曆法制度具有十分重要意義[③]。發掘者推測，M11的年代爲戰國早期，墓主可能即䕾夫人[④]。有學者指出，M11與之前發掘的M10（墓主爲蒍子昃）可能係一組夫妻合葬墓[⑤]。但細究之，恐不可信。首先，該墓還出土有一件䕾夫人巠浴缶，嬭與巠係同一人的可能性不大，然則簡報所推測的墓主䕾夫人，無論是嬭還是巠，另外一位夫人的器物出於其墓，似乎都不太好理解。其次，該墓還出土有多件兵器，然檢視該墓地的有關資料，女性墓出土兵器的現象似未見，這種現象恐也很難做出合理解釋。從和尚嶺、徐家嶺及下寺墓地的資料來看，出土車馬器和兵器的墓，墓主一般皆爲男性。因此，該墓的墓主，可能並非女性，而應係男性，然則該墓隨葬其二位夫人的器物，自然也就不難理解[⑥]。

汪濤《玫茵堂藏中國銅器》公佈了一件可能由淅川和尚嶺M1流出的克黃豆，銘曰"楚叔之孫克黃之䇞"[⑦]，引起了學界的熱議。馮峰指出，銘文表明，克黃是"楚叔之孫"，屬蒍氏，之前著錄的克黃諸器的器主不是《左傳》中屬鬬氏（若敖氏）的春秋中期的箴尹克黃，而應是春秋晚期偏晚屬蒍氏（楚叔之孫氏）的克黃，此克黃非彼克黃，他纔是和尚嶺M1的墓主，過去有關和尚嶺M1的爭議或可平息，所謂克黃升鼎爲目前所見最早升鼎之説也不能成立[⑧]。

---

① 河南省文物管理局南水北調文物保護辦公室、南陽市文物考古研究所：《河南淅川縣徐家嶺11號楚墓》，《考古》2008年第5期；王長豐、喬保同：《河南南陽徐家嶺M11新出䎡夫人嬭鼎》，《中原文物》2009年第3期。

② 黃錦前：《楚系銘文中的"孟庚"與"孟甲"》，《中原文物》2012年第4期。

③ 王長豐、郝本性：《河南新出"䎡夫人嬭鼎"銘文紀年考》，《中原文物》2009年第3期；馮時：《䎡夫人嬭鼎銘文及相關問題》，《中原文物》2009年第6期。

④ 河南省文物管理局南水北調文物保護辦公室、南陽市文物考古研究所：《河南淅川縣徐家嶺11號楚墓》，《考古》2008年第5期。

⑤ 河南省文物考古研究所、南陽市文物考古研究所、淅川縣博物館：《淅川和尚嶺與徐家嶺楚墓》，大象出版社，2004年。

⑥ 黃錦前：《淅川徐家嶺M11出土文字資料及相關問題》，《考古與文物》待刊。

⑦ Tao Wang. Chinese bronzes from the Meiyintang Collection, London: Paradou Writing, 2009, p.140.

⑧ 葛亮：《〈玫茵堂藏中國銅器〉有銘部份校讀》，復旦網，2009年12月11日，http://www.gwz.fudan.edu.cn/srcshow.asp?src_id=1012. 有關討論意見可參見文後跟帖。馮峰：《克黃器與淅川蒍氏墓群》，《湖南考古輯刊》（第11集），科學出版社，2015年。

附　　錄

另外，胡永慶公佈了1989年盜自和尚嶺墓地，後爲淅川縣公安局繳獲，現藏淅川縣博物館的2件克黃壺的資料①，對相關材料的深入研究也有一定意義。

（三）上蔡郭莊楚墓

郭莊楚墓位於河南省上蔡縣郭莊村王金鼎，2005年5月～2006年6月，河南省文物考古研究所搶救發掘了2座大型楚國貴族墓②。M1出土有大量的青銅禮樂器等，其中食器有圓鼎11、升鼎4、鬲7、簋10、簠4、敦4、圓形蓋豆6、方豆1、淺盤豆1件，水器有小口鼎1、方壺2、圓壺1、浴缶1、盉1、四龍耳鑒2件，樂器有甬鐘3、鈴6件等，墓主身份由此可見一斑。這些器物不少有珍貴的銘文，其中有"楚王之孫""陳洹公""曾侯與""吳土"等重要人名、地名，年代爲春秋晚期或春秋戰國之際。該墓出土的青銅器據銘文顯示，有些屬陳、蔡、曾、吳等與楚關係密切的諸侯國，這對進一步深入探討當時楚與諸國的關係提供了豐富的資料。M2年代較M1略晚，亦在戰國早期或春秋戰國之交。該墓歷史上曾多次被盜，隨葬的青銅器被洗劫一空，僅殘留一些碎片。發掘者推測，這是一組夫妻合葬墓。

從目前公佈的有關資料來看，其中最值得注意的是幾件可能屬M1墓主競氏所有的銅器。

一是7件鬲③與2件方壺④，二者銘文密切相關。這兩篇銘文雖較簡短，但卻很有意義。如銘中用作計時的"建期"一語，以往就未曾見過；某些文字如壺銘"用"的寫法，也十分罕見；其中"子孫是則"一語，對以往著錄的黃君孟諸器銘等相關金文辭例的理解，也有新的啟示作用，因而引起廣泛關注與熱議⑤。

二是1件競氏鼎。該鼎的重要性，在於其自名爲"䵼"（"䵼"），然其形制卻與鬴鼎和鐈鼎關係密切，因而"䵼"和"䵼"應讀作"鬴"，指鬴鼎，亦即包山楚簡

---

① 胡永慶、齊延光：《淅川縣博物館藏和尚嶺與徐家嶺墓地銅器》，《楚文化研究論集》（第十集），湖北美術出版社，2011年。
② 馬俊才：《上蔡郭莊楚墓》，《文物天地》2007年第1期；馬俊才：《河南上蔡周代墓地發掘獲重大發現》，《中國文物報》2007年5月9日，第2版；馬俊才：《流沙疑塚》，中國國際廣播出版社，2010年；馬俊才、張學濤：《上蔡縣郭莊楚墓》，《中國考古學年鑒2007》，文物出版社，2008年。
③ 其中一件參見吳鎮烽：《商周金文資料通鑒》1.2版，第03026號。
④ 吳鎮烽：《商周金文資料通鑒》1.2版，第12370、19502號；中国古文字研究会、中华书局编辑部：《古文字研究》（第28輯），中華書局，2010年，第325頁圖二。
⑤ 黃錦前：《郭莊楚墓出土競孫鬲、方壺銘試釋》，《國學學刊》2017年第1期；董珊：《競孫鬲、壺銘文再考》，復旦網，2012年6月4日，http://www.gwz.fudan.edu.cn/SrcShow.asp?Src_ID=1882。

遣策所記的"鑐"鼎。包山簡的"鑐",以往認爲即東室中的兩件無蓋大鼎(M2:125、M2:146),其實應分別指M2:109、M2:83兩件螭紐鼎。過去學界關於包山簡"鑐"字的釋讀及鑐鼎問題的有關誤解,可因此而得以澄清。同時也表明,鑐鼎可能並非鑊鼎,傳統對於鑊鼎的一些看法,也有結合考古出土實物而加以重新認識的必要①。

該鼎器主自名競之漁(器銘作"寧"),與以前湖北出土的王孫漁雙戈戟、矛的器主同屬一人,應即見於《左傳》哀公十七年的公孫朝,亦即郭莊M1的墓主②。公孫朝是楚平王之孫,令尹子西之子,他曾任武城尹,還曾率兵滅陳,又參加了對吳的戰爭,並建有功勳,無怪乎其死後能享受如此豪華的葬禮了。

該墓出土幾件有兒簠,簠銘器主自稱"陳洹公之孫有兒",從該器年代及文字學角度來看,"洹"應讀爲"宣",陳洹公即陳宣公。舊錄洹子孟姜壺"洹"字的釋讀,亦應重加審視。"洹"亦應讀作"宣","洹子"即"宣子",而非傳統認爲的"桓子"。李學勤曾指出,洹子孟姜壺的年代,應提早至春秋早期③,應可信④。關於這幾件簠的來歷,應與楚滅陳的戰爭有關,可能係墓主伐陳所獲戰利品⑤。

(四)崇源楚器與競畏矛

新近出土與楚景氏有關的銅器,除郭莊楚墓所出者外,還有兩個較爲重要的發現。

2007年春,上海崇源國際澳門拍賣有限公司及北京等地出現一批楚器⑥,計有升鼎7(其中1件在台灣)、簠8、鬲8(其中1件在北京)、豆2、方壺2件和浴缶、盤、匜各1件,共30件⑦。崇源楚器數量大,組合關係較爲明確,且多有銘文,遂引起學界的廣

---

① 黃錦前:《鑐鼎小議》,未刊稿。
② 黃錦前:《競之漁、王孫漁與公孫朝》,《楚系銅器銘文新研》,吉林大學博士後出站報告,2012年。
③ 李學勤:《齊侯壺的年代與史事》,《中華文史論叢》(2006年第2輯)(總第82輯),上海古籍出版社,2006年。
④ 黃錦前:《有兒簠釋讀及相關問題》,《中國國家博物館館刊》2014年第5期。
⑤ 黃錦前:《競之漁、王孫漁與公孫朝》,《楚系銅器銘文新研》,吉林大學博士後出站報告,2012年。
⑥ 陳全方、陳馨:《澳門驚現一批楚青銅器》,《收藏》2007年第11期;張光裕:《新見楚式青銅器器銘試釋》,《文物》2008年第1期。
⑦ 關於這批器物的詳細數目,可參見下注董珊文及吳鎮烽:《商周金文資料通鑒》1.2版,第03005號。

泛關注與熱烈探討[①]。關於這批器物的真僞，董珊等已有探討，可參看。

其中鬲、豆、簠銘的"競之定"，與1973年湖北當陽季家湖楚城遺址出土的競坪王之定甬鐘（舊稱秦王卑命鐘）的"競坪王之定"[②]、1957年河南信陽楚墓出土的競坪王之定紐鐘（舊稱敇篙鐘）的"競坪王之定"[③]應係同人，爲楚平王之族人[④]。李學勤認爲，景之定爲平王之子，即《左傳》的楚左司馬眅。董珊在李說的基礎上，將"定"改釋爲與之同形的《說文》"灋（法）"字之古文"仝"，認爲"競（景）之仝"即見諸《左傳》的昭王之兄公子啟（字子閭）。田成方認爲即春秋晚期的析君公孫寧。

崇源器銘所記"救秦戎"及"大有功于洛之戎"，亦可與上述二器銘相互印證。一般認爲戎即伊洛之戎。董珊云"晉人救戎"與"競之仝救秦戎"爲先後相次的兩事。

季家湖鐘銘的"王"即楚昭王。宋華強認爲與《史記·魏世家》所記魏文侯敗秦于注之事有關，皆係悼王九年（公元前393年）之事。

盤、匜銘的楚王"酓忎"係首見。陳全方認爲是楚成王熊惲，吳鎮烽認爲是楚平王熊居，王輝、我、趙世綱及董珊皆以爲是楚昭王熊珍，許全勝以爲是楚簡王，宋華

---

① 王輝：《也說崇源新獲楚青銅器群的時代》，《收藏》2007年第11期；王輝：《古文字所見的早期秦、楚》，"第二屆古文字與古代史國際學術研討會"論文，歷史語言研究所，2008年12月14日；宋華強：《澳門崇源新見楚青銅器芻議》，《中文學術前沿》（第三輯），浙江大學出版社，2012年；吳鎮烽：《競之定銅器群考》，《江漢考古》2008年第1期；李學勤：《論"景之定"及有關史事》，《文物》2008年第2期；許全勝：《楚王、秦戎與洛之戎——新見先秦西戎史料初探》，《文匯報》2008年3月9日，第8版；黃鳳春：《新見楚器銘文中的"競之定"及相關問題》，《江漢考古》2008年第2期；鄒芙都：《新見"楚王酓忎"考釋》，《考古與文物》2009年第2期；黃錦前：《楚系銅器銘文研究》，安徽大學博士學位論文，2009年，第11、24、25、106、111、182、183、215頁；田成方：《東周時期楚國宗族研究》，武漢大學博士學位論文，2011年，第96~103頁；王紅星：《楚郢都探索的新綫索》，《江漢考古》2011年第3期；董珊：《救秦戎銅器群的解釋》，《江漢考古》2012年第3期。

② 荊州地區博物館：《湖北枝江出土一件銅鐘》，《文物》1974年第6期；湖北省博物館：《當陽季家湖楚遺址》，《文物》1980年第10期；集成1.37。

③ 河南省文物研究所：《信陽楚墓》，文物出版社，1986年，第25頁；集成1.38。

④ 黃錫全、劉森淼：《"救秦戎"鐘銘文新解》，《江漢考古》1992年第1期；李零：《楚景平王與古多字諡——重讀"秦王卑命"鐘銘文》，《傳統文化與現代化》1996第6期；李零：《"三閭大夫"考——兼論楚國公族的興衰》，《文史》（第54輯），中華書局，2001年；巫雪如：《包山楚簡姓氏研究》，台灣大學碩士學位論文，1996年，第177頁；許全勝：《包山楚簡姓氏譜》，北京大學碩士學位論文，1997年，第31頁；董珊：《出土文獻所見"以諡爲族"的楚王族——附說〈左傳〉"諸侯以字爲諡因以爲族"的讀法》，《出土文獻與古文字研究》（第二輯），復旦大學出版社，2008年；董珊：《〈出土文獻所見"以諡爲族"的楚王族〉補記》，復旦網，2011年11月16日，http://www.gwz.fudan.edu.cn/srcshow.asp?src_id=1710。

強、黃鳳春、鄒芙都認爲是楚悼王熊疑。

另有5件鼎、6件簋單銘"君"字，張光裕、我及趙世綱推測墓主身份可能爲封君。吳鎮烽認爲，鼎、簋、豆、鬲的作器者競之定是楚的封君，盤、匜是楚平王所賜。田成方亦云君器、競之定器皆應屬封君之器。

關於這批器物的年代，因對銘文的理解不同，學界的看法亦有較大分歧。陳全方認爲鼎是春秋晚期至戰國初期之物，其他器物則屬春秋早期。王輝則認爲"崇源青銅器應是一個整體，並無早晚之分，其年代爲春秋晚期至戰國早期，而最大可能爲春秋晚期。"李學勤認爲，此銅器群的年代與壽縣蔡侯申墓器群相同。吳鎮烽據該銅器群的形制、紋飾、銘文等方面所表現出的特徵，認爲其年代應在春秋晚期後段。張光裕、田成方認爲在春秋晚期與戰國早期之間。宋華強則認爲應在戰國早期末段或早中期之交。黃鳳春、鄒芙都、王紅星亦認爲應爲戰國早期晚段。從有關器物的對比來看，應以定爲春秋晚期後段至戰國早期比較合適。

據該批器物的組合，吳鎮烽、黃鳳春、王紅星指出，應屬7鼎6簋的配置，其他兩件"救秦戎"銘文簋爲臨時所加，墓主並非楚王，但與楚王關係密切，所使用的應是上卿、上大夫之葬制。董珊也對各組器物組合及彼此之間的關係提出了一些新的看法。

王紅星推測這批器物可能出自荊門市沙洋縣十里鋪鎮白玉村的白玉冡，該處是十里鋪東周墓群的組成部分，又是江陵紀南城東周聚落群高級貴族墓地的組成部分，從墓葬的年代、墓主的等級及與楚王關係密切等因素來看，傳統認爲紀南城的始建年代爲戰國中期晚段的看法也就值得重新考慮。這也是這批器物背後所深藏的意義所在。

此外，楚王酓悆盤、匜銘"楚王酓悆作持"，還揭示出一些較爲重要的歷史信息。這是目前所見最早的這種形式的辭例，而在曾國，這樣的例子最早見於曾侯郕簋及戈[1]銘，曾侯郕的年代，一般認爲是在春秋戰國之際或戰國早期。在曾侯乙墓所出的青銅器銘文中，這類銘辭大量出現，這種特殊形式的辭例（有兩個含義和功能不同的主動詞），現在看來，可能並非曾人的首創，而可能是受楚文化的影響所致[2]。

另外一件楚競氏的器物，即2006年6月湖南省張家界市永定區且住崗野貓溝戰國墓出土的競畏矛[3]，其銘文雖極簡短，但卻有相當重要的學術價值：如對楚王熊璋戈銘文的讀序、銘末文字的擬補及戈之年代的確定，都有重要的參考意義；對過去出土的同

---

[1] 湖北省文物考古研究所：《曾國青銅器》，文物出版社，2007年，第375、376頁；集成17.11094、11095。

[2] 黃錦前：《楚系銅器銘文研究》，安徽大學博士學位論文，2009年，第111頁。

[3] 陳松長：《湖南張家界新出戰國銅矛銘文考略》，《文物》2011年第9期。

類器物的定名、釐清字書訓釋以及古書注解的疑義，也有重要幫助；對正確理解以往戰國兵器銘文中常見的"卒"或"萃"的訓釋，也有重要參考價值[1]。

（五）荊子鼎與楚季鐘

湖北地區近年楚國有銘青銅器的最新重要發現，是上揭隨州葉家山曾國墓地出土的一件荊子鼎（M2:2）。鼎銘與傳1948年河南洛陽出土的保尊、保卣等器關係密切，蘊含著豐富的歷史文化信息，因而有特殊的歷史意義，遂引起學界的熱烈討論與持續關注。

據字形及與之相關的金文及楚簡文字的用法，鼎銘的"𣄰"實即"荊"字，"荊子"即"楚子"[2]；從器物年代、銘文內容等方面加以綜合分析，"荊子"應即見於文獻的楚王"熊繹"[3]。李學勤指出，"保卣[4]、保尊[5]與斗子鼎（引案：即我們所說的"荊子鼎"）記載的，是成王岐陽會盟諸侯的史跡"[6]。在此基礎上，結合有關文獻記載可知，"荊子麗"可能即熊繹在盟會上充任贊者即儐相的記錄[7]。又據相關出土和傳世文獻所提供的信息，可推定岐陽之盟的時間，是在公元前1040年，亦即成王三年的二月[8]。凡此可補傳世文獻記載之不足，對先秦歷史文化研究具有重要意義[9]。

總之，荊子鼎是目前所知年代最早的一件楚國標準器，對於楚史楚文化研究的價值，自然不言而喻，對先秦歷史文化研究，亦有非常重要的意義。

楚國早期青銅器的另外一項重要發現，是2012年6月湖北枝江萬福垴遺址出土的一批銅器，共有編鐘11枚、鼎1件，據出土情況看這批器物可能原係窖藏。據形制看編鐘可能原非同套，其中1件上有"楚季子寶鐘，厇（厥）孫迺（乃）獻于公，公其邁

---

[1] 黃錦前：《競畏矛補論及其相關問題》，《湖南考古輯刊》（第十二輯），科學出版社，2016年。

[2] 涂白奎、黃錦前：《試論𣄰子鼎國別》，待刊。該文部分內容曾以《隨州葉家山M2所出荊子鼎銘文補釋》爲題節選釋字部分刊復旦網，2011年11月4日，http://www.gwz.fudan.edu.cn/SrcShow.asp?Src_ID=1696。

[3] 黃錦前：《荊子鼎與成王岐陽之盟》，《中國國家博物館館刊》2013年第9期。

[4] 集成10.5415。

[5] 集成11.6003。

[6] 李學勤：《斗子鼎與成王岐陽之盟》，《中國國家博物館館刊》2012年第1期。

[7] 黃錦前：《說荊子鼎銘文中的"麗"》，《湖南省博物館館刊》（第十二輯），嶽麓書社，2016年。

[8] 黃錦前：《荊子鼎與成王岐陽之盟》，《中國國家博物館館刊》2013年第9期。

[9] 黃錦前：《荊子鼎銘文及其所反映的歷史》，《楚系銅器銘文新研》，吉林大學博士後出站報告，2012年。

（萬）年受㽙（厥）福"等銘文，年代爲西周晚期①。據報道稱，當地是一東周時期的遺址，在其附近還發現有春秋戰國時期的楚王族墓葬②。但即便如此，恐也不能將其視作是早期楚都當陽"枝江說"的有力物證。這批材料目前尚未公佈，有關情況需等材料公佈後，纔能作進一步深入探討。

（六）其他楚器

楚國（系）青銅器的最新發現與研究，還應提及以下幾例。

一是楚王熊頜媵徐季嬭逑母瓹③，傳山東出土，銘曰：

唯八月初吉丁亥，楚王頜媵郐（徐）季嬭逑母（？）（姆）媵瓹，用享以孝，用祈萬年眉壽，子子孫孫永寶用之。

據器物形制及銘文風格看應係春秋早期後段楚器。

作器者楚王熊頜，前人或說是楚成王，失之過早；或說是楚悼王，則失之太晚；或認爲是楚共王，亦不能成立④。李學勤認爲是昭王熊珍，但此說除嚴志斌文所指出的問題外，還有兩個缺陷。首先，昭王在位的時間是公元前515～公元前489年，徐國滅亡的時間是公元前512年。若如李說，熊頜是昭王熊珍，那麼瓹的制作時間即可限定在公元前515～公元前512年之間，瓹銘"唯八月初吉丁亥"，但查《中國先秦史曆表》⑤，卻沒有一年與之相合。其次，李文認爲熊頜是昭王的依據是"'頜'字所從的'今'與'珍'字所從的'㐱'形近，以致傳誤"，這其實是沒有根據的揣測之辭。且前文已提到，昭王之名在銅器銘文中寫作"忎"。因此，李說不能成立。何琳儀以爲即楚堵敖㜏艱，但正如嚴志斌所言，也有一定障礙。嚴志斌贊同李零的意見⑥，認爲是楚靈王熊虔，屬春秋中期偏晚（後段）。值得注意的是，瓹銘"楚王頜媵徐季嬭逑

---

① 肖芸曉認爲，所謂的"季"當爲"季子"的合文。

② 《湖北宜昌發現西周重要遺址》，《中國文物報》2012年8月22日，第2版；宜昌博物館：《宜昌萬福堖編鐘出土及遺址初步勘探》，《中國文物報》2012年9月28日，第8版。

③ 中華青銅器俱樂部網，http://www.bronzes.cn/bbs8/dispbbs.asp?boardID=64&ID=42860&page=1；劉雨、嚴志斌：《近出殷周金文集錄二編》，中華書局，2010年，第124號。

④ 有關其他說法及得失可參見下揭諸文，不贅述。何琳儀：《楚王頜鐘器主新探》，《東南文化》1999年第3期；鄒芙都：《楚系銘文綜合研究》，巴蜀書社，2007年，第43頁；李學勤：《有紀年楚簡年代的研究》，《文物中的古文明》，商務印書館，2008年；嚴志斌：《楚王"頜"探討》，《考古》2011年第8期。

⑤ 張培瑜：《中國先秦史曆表》，齊魯書社，1987年，第84頁。

⑥ 李零：《再論淅川下寺楚墓——讀〈淅川下寺楚墓〉》，《文物》1996年第1期。

母賸甗"，其謂語爲"賸"，這樣的例子，目前在楚國賸器銘文中僅有幾例，一是新發現的隨仲嬭加鼎"楚王賸隨仲嬭加飤繇"，另一例即楚王賸邛仲嬭南鐘①"楚王賸邛仲嬭南龢鐘"。隨仲嬭加鼎係楚共王時器，亦屬春秋中期偏晚（前段）。楚王賸邛仲嬭南鐘的年代，一般認爲是在春秋中期偏早。因此，從這一點來看，似乎是對嚴說的支持。但正如嚴文所說，春秋時期（楚系）青銅甗的發現還不多，而且此甗目前還不知其共出器物，所以類型學分析的結論也祇是一種相對的看法，其年代向早推移也是可能的。

二是以色列耶路撒冷博物館所藏春秋早期的楚大師編鎛②，該編鎛與前些年上海博物館徵集的楚大師編鐘③係同人（鄧子辝）所作，銘文內容也大致相同，可以對讀，對重新認識編鐘銘文、研究春秋時期楚國的官制及楚與鄧等國的關係等都將會有新的啟示作用。

三是王子臣諸器④。見諸公佈者有俎1、戈4件⑤，據云同出還有鼎、簠、簋等禮器，然皆不知所終。器主王子臣，韓自強認爲即楚穆王商臣，諸器係其爲王子時所鑄，年代屬春秋中期偏早後段。

四是兩件春秋晚期的楚國申氏兩簠⑥，其器主分別爲"申文王之孫州桒"與"申王之孫叔姜"，學者以此認爲申曾稱王，當時且已復國或作相關解釋⑦。李學勤指出，此說同史實不合，兩器均屬楚文王後裔申氏，叔姜則係申氏之婦⑧。這一新釋，雖仍有一

---

① 集成1.72。
② 朱鳳瀚：《關於以色列耶路撒冷國家博物館所藏楚大師編鎛》，《楚簡楚文化與先秦歷史文化國際學術研討會論文集》，武漢大學，2011年。
③ 周亞：《楚大師登編鐘及相關問題的認識》，《上海博物館集刊》（第11期），上海書畫出版社，2008年。
④ 2009年7月見於和訊網，傳安徽出土。
⑤ 韓自強：《楚國有銘兵器的重要發現》，《紀念中國古文字研究會成立三十周年國際學術研討會論文集》；曹錦炎：《鳥蟲書銘文考釋（二則）》，《古文字研究》（第28輯），中華書局，2010年。韓文著錄3件戈，2009年9月第11次楚文化年會（安徽淮南）期間，承韓先生面告，另有1件戈器体較小，文字不甚清晰。吳鎮烽則云戈5件，參見吳鎮烽：《商周金文資料通鑒》1.2版，第06321號。
⑥ 鄖陽地區博物館：《湖北鄖縣肖家河春秋楚墓》，《考古》1998年第4期；黃錫全：《申文王之孫州簠銘文及相關問題》，《古文字研究》（第25輯），中華書局，2004年。
⑦ 參見上引黃錫全文及尹俊敏：《叔姜簠及其相關問題》，《江漢考古》1999年第3期；徐少華：《從叔姜簠析古申國歷史與文化的有關問題》，《文物》2005年第3期；鄒芙都：《楚系銘文綜合研究》，巴蜀書社，2007年，第107、108頁；劉彬徽、劉長武：《楚系金文彙編》，湖北教育出版社，2009年，第493頁注六六，第711頁注四四；黃錦前：《楚系銅器銘文研究》，安徽大學博士學位論文，2009年，第77頁。
⑧ 李學勤：《楚國申氏兩簠讀釋》，《江漢考古》2010年第2期。

些小的疑問，但對我們重新理解相關銅器銘文卻頗有啟發意義。

（七）楚系青銅器等

有關春秋中晚期曾國青銅器的新發現，上文已作介紹，不再重復。

春秋中晚期的蔡器，近年也有一些較爲重要的新發現。

1. 蔡器

2008年春，浙江紹興出土一件蔡侯朔戟①，銘文與1980年9月安徽舒城九里墩春秋楚墓出土的蔡侯朔戈②及1999年冬湖北丹江口市均縣鎮吉家院墓地M19出土的一件蔡侯朔劍③相類，同上述南陽出土的蔡侯班戈一樣，這些器物及銘文，對於探討春秋晚期蔡與楚及吳越的繁雜關係提供了重要綫索④。此外，安徽壽縣還出土蔡公子啟戟、蔡叔戟⑤各一件，銘文也很值得注意。

前些年，在網上看到蘇州博物館收藏的幾件春秋晚期青銅器，其中鼎與壽縣蔡侯墓出土的鼒鼎（3.1）⑥形制接近，三件紐鐘與該墓出土的幾件紐鐘（31.1～9）⑦形制及紋飾近同，有銘，但具體内容不得而知。

2006年7～10月，河南省考古工作者在位於上蔡故城内的翟莊墓地，發掘了大型蔡國墓葬30餘座。這是一處西周晚期至春秋中期的蔡國家族墓地，中小型墓排列密集有序，按墓葬方向的不同可分爲數個不同的組群。其中M1爲"甲"字形積炭大墓，因該墓歷史上多次被盜，只殘存一些青銅禮器、兵器和玉器殘塊，其年代爲春秋中期偏晚。從墓葬規模、形制、陪葬棺槨、隨葬品的級别、墓南有車馬坑等分析，發掘者推

---

① 陳陽：《新見蔡侯朔之用戟》，《東方博物》（第二十九輯），浙江大學出版社，2008年。
② 安徽省文物工作隊：《安徽舒城九里墩春秋墓》，《考古學報》1982年第2期，圖4.1；集成17.11150；李治益：《蔡侯戟銘文補正》，《文物》2000年第8期。
③ 王紅星主編：《塵封的瑰寶——丹江口水庫湖北淹没區文物圖珍》，湖北美術出版社，2004年，第134頁；黃錦前：《讀近刊蔡器散記》，《楚文化研究論集》（第13輯），上海古籍出版社，2018年。
④ 曹錦炎：《蔡侯兵器三題》，"中國考古學會第十四次年會暨慶祝宿白先生九十華誕學術研討會"論文，浙江嘉興，2011年11月22～24日。
⑤ 吳鎮烽：《商周金文資料通鑒》1.2版，第16798號，名曰："蔡叔戟（蔡叔戈）"；朱多良：《文物選粹》，安徽人民出版社，2009年，第38頁，原稱："蔡叔戈"；黃錦前：《讀近刊蔡器散記》，《楚文化研究論集》（第13輯），上海古籍出版社，2018年。
⑥ 安徽省文物管理委員會、安徽省博物館：《壽縣蔡侯墓出土遺物》，科學出版社，1956年，圖版五。
⑦ 安徽省文物管理委員會、安徽省博物館：《壽縣蔡侯墓出土遺物》，科學出版社，1956年，圖版一九；圖版二一，2。

測，這可能是一座蔡國的侯級大墓。M29隨葬鼎5、簋4、圓壺2等青銅禮器21件，銅盤銘文顯示，墓主是一位蔡國貴婦人[①]。有關材料目前尚未公佈，因而不能詳論。

2. 黄與蓼

2011年，曹錦炎公佈了新見的黄子鼎和蓼子鼎各1件[②]。曹文認爲黄子鼎係"西黄"器，理由是：從整篇銘文書體看，該銘與河南地區出土的黄國銅器銘文風格相殊，但與同時期的楚國銅器銘文風格卻雷同。曹文同時也指出，該器從形制及紋飾可以定爲春秋晚期，銘文"安"字的寫法同於楚簡的構形，是受到楚文化影響所致，這些都是正確的意見。該鼎年代，據相關器形對比看約在春秋晚期後段。而此時的西黄，恐早已不存，故曹說可疑。《左傳》僖公十二年（公元前648年）："黄人恃諸侯之睦于齊也，不共楚職，曰：'自郢及我九百里，焉能害我？'夏，楚滅黄。"黄子鼎的發現，對傳統認爲春秋中期前段黄國即已最後滅亡的看法提供了反證。前些年，河南省文物考古研究所在潢川發掘獲得一批黄國器物，有鼎2、簋1、尊缶1、浴缶2、盤1件等，據目驗實物，這批器物多係典型楚器。朱鳳瀚亦云其在香港見到一套春秋晚期的"黄子"器，亦係典型楚器[③]。因此，黄國最終滅亡的時間，恐怕還值得重新考慮。同樣，曹文認爲蓼子鼎屬西蓼之器，似亦不妥，而可能應係東蓼器[④]。同時，該鼎的發現，對傳統有關東蓼的滅亡時間的意見也構成了挑戰[⑤]。這些都是以前我們所不曾預料到的問題。

[①] 馬俊才：《河南上蔡周代墓地發掘獲重大發現》，《中國文物報》2007年5月9日，第2版；馬俊才：《上蔡縣翟莊周代墓地》，《中國考古學年鑑（2007）》，文物出版社，2008年。

[②] 曹錦炎：《黄子鼎與蓼子鼎——兼談黄國與鄝國的地望問題》，《楚簡楚文化與先秦歷史文化國際學術研討會論文集》，武漢大學，2011年。

[③] 朱鳳瀚：《中國青銅器綜論》，上海古籍出版社，2009年，第1749頁。

[④] 徐少華：《周代南土歷史地理與文化》，武漢大學出版社，1994年，第54～56、118～123頁；徐少華：《古蓼國歷史地理考異》，《歷史地理》（第14輯），上海人民出版社，1998年；田成方：《鄝子妝戈的年代——國別及相關問題》，《考古與文物》2011年第5期。

[⑤] 徐少華：《周代南土歷史地理與文化》，武漢大學出版社，1994年，第54～56、118～123頁；徐少華：《古蓼國歷史地理考異》，《歷史地理》（第14輯），上海人民出版社，1998年；田成方：《鄝子妝戈的年代——國別及相關問題》，《考古與文物》2011年第5期。

3. 鍾離

安徽地區近年有關楚系有銘青銅器的最重要發現，當屬蚌埠雙墩M1[①]及鳳陽卞莊M1[②]等鍾離國墓葬發掘所獲者。

雙墩M1出土的青銅禮樂器等，已屬典型的楚系器物，銘文亦係典型楚系文字。這些銅器中，有數量較多的童麗君柏所作器，計有編鐘9、簠2、戟、戈等，發掘者推測，墓主應即童麗君柏。其中戈（M1：47）據銘文可知原係徐人之器，後加刻銘文"童（鍾）麗（離）公柏獲徐人"[③]，對重新認識春秋時期鍾離國的實力及其與徐的關係、淮北地區政治地理格局、印證和重新理解相關傳世和出土文獻的記載、深入探討鍾離國及徐國的歷史文化等，皆有重要意義，因而有相當重要的史料價值。

在M1西南約80米處，還有一座與其規模相當的大墓（編號M2），目前尚未發掘。

卞莊M1出土的青銅器中，最重要的是一套5枚季子康編鎛，器主自稱"余戚厥于之孫童（鍾）麗（離）公柏之季子康" "柏之季康"，應即雙墩M1的墓主童麗君柏之子。值得注意的是，20世紀70年代安徽舒城九里墩楚墓出土的鼓座（九里墩鼓座）[④]銘中，亦有與季子康編鎛銘相關的文字：

> 唯正月初吉庚午，余戚厥于之玄孫童（鍾）麗（離）公魝（？）擇其吉金玄鏐純鋁自作鼉鼓，命从若敔，遠淑聞于王東吳谷，逆〔于〕徐人、陳〔人〕，达（却）蔡于寺，其神其臭，☐以攴埜（野）于陳☐☐山之下，余寺（持）可參☐☐，其☐鼓愉愉（狄狄），乃于之雩，永祀是拥，俳公獲飛龍，日夜白，☐，余以共祁示☐嫡庶子，余以會同姓九礼，以飤大夫、朋友，〔余以〕宅東土，至于淮之上，世萬子孫永保。

該銘因鏽蝕嚴重，過去難以辨認通讀，對其器主及國屬的推斷，學界也有較大的分

---

① 闞緒杭、周群、錢仁發等：《春秋鍾離國墓的發掘收穫》，《東南文化》2009年第1期；安徽省文物考古研究所、蚌埠市博物館：《安徽蚌埠市雙墩一號春秋墓葬》，《考古》2009年第7期；安徽省文物考古研究所、蚌埠市博物館：《安徽蚌埠雙墩一號春秋墓發掘簡報》，《文物》2010年第3期。

② 闞緒杭、周群、錢仁發等：《春秋鍾離國墓的發掘收穫》，《東南文化》2009年第1期；安徽省文物考古研究所、鳳陽縣文物管理所：《安徽鳳陽卞莊一號春秋墓發掘簡報》，《文物》2009年第8期；安徽省文物考古研究所、鳳陽縣文物管理所：《鳳陽大東關與卞莊》，科學出版社，2010年。

③ 黃錦前：《蚌埠雙墩M1出土的兩件徐國有銘兵器》，《湖南省博物館館刊》（第十輯），嶽麓書社，2013年。

④ 安徽省文物工作隊：《安徽舒城九里墩春秋墓》，《考古學報》1982年第2期；集成2.429。

歧，或說是舒①，或認爲是徐②。現據上述新出資料，亦屬鍾離無疑。銘文的内容，或可由此再作進一步深入研究。

除季子康外，另外兩組器物的器主，由銘文可知均爲鍾離公。徐少華指出，季子康有可能是鍾離公柏之後的又一代鍾離君③，其說頗有道理。如此，則柏、康、𢻉當爲前後相繼的三代鍾離公④。

我曾推測，九里墩鼓座應係鍾離國亡國之君的舊物，其由淮域流落至舒城，可能與春秋時期楚滅鍾離的戰事有關，同墓出土的蔡侯朔戈，性質亦類似。舒城楚墓的墓主，可能是楚設於群舒故地的一位高級統治者，或即楚滅鍾離戰爭的主要組織和領導者⑤。這一現象，與上述郭莊M1出土的有兒簠情況頗似。鼓座的年代，應在春秋晚期後段偏晚。墓葬年代，發掘者認爲是春秋晚期⑥，其實可具體到春秋晚期後段偏晚⑦。李學勤據該墓所出的一件窄援長胡無内戈，將其年代定爲春秋末至戰國前期⑧。又有學

---

① 安徽省文物工作隊：《安徽舒城九里墩春秋墓》，《考古學報》1982年第2期；陳秉新：《舒城鼓座銘文初探》，《江漢考古》1984年第2期；曹錦炎：《舒城九里墩鼓座銘文補釋》，《中國文字》（新17期）（董作賓先生百歲誕辰紀念特集），藝文印書館，1993年。

② 殷滌非：《舒城九里墩墓的青銅鼓座》，《古文字學論集初編》，香港中文大學中國文化研究所、吳多泰中國語文研究中心，1983年。

③ 徐少華：《童麗公諸器與古鍾離國歷史和文化》，《古文字研究》（第28輯），中華書局，2010年；徐少華：《蚌埠雙墩與鳳陽卞莊兩座墓葬年代析論》，《文物》2010年第8期。

④ 徐少華：《童麗公諸器與古鍾離國歷史和文化》，《古文字研究》（第28輯），中華書局，2010年。

⑤ 黃錦前：《楚系銅器銘文研究》，安徽大學博士學位論文，2009年，第217頁；黃錦前：《楚系銅器銘文所見楚域内諸國關係初探》，《長江·三峽古文化學術研討會暨中國先秦史學會第九屆年會論文集》，重慶出版社，2011年。張志鵬也有類似意見，參見張志鵬：《舒城九里墩墓年代與國別考》，《東南文化》2012年第2期。之前，李學勤曾指出，舒城大墓很可能屬於群舒，但也可能屬於封在當地的楚國貴族。朱鳳瀚亦云，九里墩墓主"很可能是楚國佔領該地後封於此地之貴族（封君）"，但他又說"也可能是群舒之貴族"，參見李學勤：《東周與秦代文明》，上海人民出版社，2007年，第118頁；朱鳳瀚：《古代中國青銅器》，南開大學出版社，1995年。

⑥ 安徽省文物工作隊：《安徽舒城九里墩春秋墓》，《考古學報》1982年第2期。

⑦ 黃錦前：《楚系銅器銘文研究》，安徽大學博士學位論文，2009年，第217頁；黃錦前：《楚系銅器銘文所見楚域内諸國關係初探》，《長江·三峽古文化学术研讨会暨中国先秦史学会第九届年会论文集》，重慶出版社，2011年；徐少華：《舒城九里墩春秋墓的年代與族屬析論》，《東南文化》2010年第1期；徐少華：《童麗公諸器與古鍾離國歷史和文化》，《古文字研究》（第28輯），中華書局，2010年。

⑧ 李學勤：《東周與秦代文明》，上海人民出版社，2007年，第118頁。

者認爲是在公元前445年之後,即戰國早期①,也有人提出質疑②。

季子康編鎛的年代,應較鼓座爲早,可能在春秋晚期後段偏早。

童麗君柏墓所出鼎、簠、甗、豆(鋪)等,皆係典型春秋中晚期楚系銅器。其禮器組合爲鼎、甗、簠、豆、盉、缶、盤、匜,亦爲同時期典型楚墓銅禮器組合模式。從總體上看,該墓所代表的此時鍾離國的文化,已經楚化得十分嚴重了。從器物形制與其他相關材料的對比,並綜合其他相關信息來看,墓葬的年代,大致可確定在春秋晚期前段③。

除上述墓葬外,考古工作者還在鳳陽發現了鍾離國城址。據新的考古發現,春秋時期鍾離的地望及族姓等問題皆漸趨明朗。最近,有學者對文獻所載有關鍾離的地名進行了梳理,指出《春秋》經傳所見"鍾離"分指三地,分別是鍾離國舊居、一遷地和再遷地。鍾離國舊居在今山東棗莊嶧城,後遷於州來之西,再東遷至今安徽鳳陽、蚌埠一帶。後楚滅鍾離,以其地置鍾離縣。由於鍾離國的遷徙,相繼留下了鍾離城、鍾離邑等"鍾離"之名,先後形成了多個"鍾離"並存的局面④。這有助於廓清之前學界的有關誤解。關於鍾離國的族姓,此前也有一些認識上的混亂,最近有學者也對有關材料作了重新梳理⑤,可參看。

另外值得注意的是,除出土器物部分受吳文化因素影響以外,季子康編鎛銘文的某些用語,與吳越地區出土的年代相仿的銅器銘文又有一些共性⑥,這表明,鍾離此時也不同程度的受到了吳越文化的影響,這與鍾離地處吳、楚之間,在其夾縫中生存的形勢也相吻合。同時,該墓出土的器物中,還有一些可能受同時期山東地區及群舒文化的影響,因此,其內涵還值得作進一步深入探究⑦。還有學者指出,九里墩鼓座及卞莊鎛鐘的形制、文字、紋飾風格更接近春秋中晚期的徐國銅器及銘文,古鍾離國與徐國的關係更值得關注⑧。這些都是值得繼續關注和深入探討的問題。

總之,這些新出資料,豐富了文獻關於鍾離的簡略記載,糾正了過去的一些錯誤

---

① 張志鵬:《舒城九里墩墓年代與國別考》,《東南文化》2012年第2期。
② 陳立柱、闞緒杭:《鍾離國史稽考》,《武漢科技大學學報》(社會科學版)2011年第3期。
③ 徐少華:《童麗公諸器與古鍾離國歷史和文化》,《古文字研究》(第28輯),中華書局,2010年;徐少華:《蚌埠雙墩與鳳陽卞莊兩座墓葬年代析論》,《文物》2010年第10期。
④ 張志鵬:《"鍾離"並存辨正》,《淮北師範大學學報》(哲學社會科學版)2011年第2期;張志鵬:《〈春秋〉經傳所見"鍾離"爲三地考》,《古籍整理研究學刊》2011年第5期。
⑤ 張志鵬:《"鍾離氏"族姓考》,《考古與文物》2012年第2期。
⑥ 黃錦前:《談兩周金文中的"舍"字》,《出土文獻》(第二輯),中西書局,2011年。
⑦ 繆鵬:《鍾離國青銅器初步研究》,安徽大學碩士學位論文,2010年。
⑧ 安徽省文物考古研究所、鳳陽縣文物管理所:《鳳陽大東關與卞莊》,科學出版社,2010年,第208頁。

認識，填補了春秋時期鍾離國銅器的空白，揭開了古鍾離國的神秘面紗。

4. 京師畯尊

最後，還應提到一件與早期楚國密切相關的銅器，即近年公佈的周昭王時的京師畯尊[①]，尊銘"王涉漢伐楚"，可與古本《竹書紀年》"周昭王十六年，伐荊楚，涉漢，遇大兕"等記載相對照，是昭王時期的一件標準器，對確定昭王時期楚都的位置、周楚關係的探討以及相關銅器的斷代都有重要意義[②]。

四、餘　　論

以上所介紹的這些鄂、曾、楚有銘青銅器的最新發現，或起填補空白作用，或具顛覆性意義，或有全局性影響，對研究鄂、曾、楚等國及周代南土地區的歷史地理、語言文字、名物禮俗、制度文化等皆有重要價值。

近年來，對戰國秦漢簡牘新材料的不斷成批涌現，學者常有"應接不暇"之嘆，其實，青銅器銘文資料又何嘗不是如此呢？且不論全部新出金文資料，單就楚系及相關金文資料而言，就足以令我們"應接不暇"了。

早在1925年，王國維就說，"古來之新學問起，大都由於新發見"[③]，正是這些最新的考古發現，在不斷挑戰著我們的知識儲備與想像力的同時，也極大的促進了我們對相關問題的反思與進一步深入思考。

面對這些最新的考古發現，當前我們應努力去做的，就是通過這些最新的發現而獲得新的認知，對舊材料作新的詮釋與應用，以"迎頭趕上"，或"推陳出新"。其中有些問題可能由此而得到解決，但還有一些歷史謎團，或許仍不能揭開，而有待於新的考古發現，或需我們努力去作更進一步深入研究纔能找到答案。也正因為如此，纔使我們所從事的研究充滿著魅力與挑戰。因而也就需要我們進一步做好相關的知識積累，以應對將來因新發現而可能帶來的新挑戰。

附記：本文原係拙作《楚系銅器銘文新研》（吉林大學博士後出站報告，2012年）中的一個總結性章節，主要討論的是2008年~2012年7月5年內有關鄂、曾、楚青銅器的

---

① 《文物》2010年第1期，第42頁圖一；吳鎮烽：《商周金文資料通鑒》1.2版，第16798號。
② 李學勤：《由新見青銅器看西周早期的鄂、曾、楚》，《文物》2010年第1期；李學勤：《論清華簡〈楚居〉中的古史傳說》，《中國史研究》2011年第1期。
③ 王國維：《最近二三十年中中國新發見之學問》，《王國維論學集》，中國社會科學出版社，1997年。

新發現及研究情況，近5年來，鄂、曾、楚青銅器又有很多新發現，將另有專文討論。

　　編校追記：《江漢考古》2019年第4期公佈了一組河南南陽夏餉鋪鄂國墓地的發掘簡報（河南省文物局南水北調辦公室、南陽市文物考古研究所：《河南南陽夏餉鋪鄂國墓地M19、M20發掘簡報》《河南南陽夏餉鋪鄂國墓地M7、M16發掘簡報》《河南南陽夏餉鋪鄂國墓地M1發掘簡報》，《江漢考古》2019年第4期），有關材料有較詳細地報導，可參看。

2019年10月11日

附圖

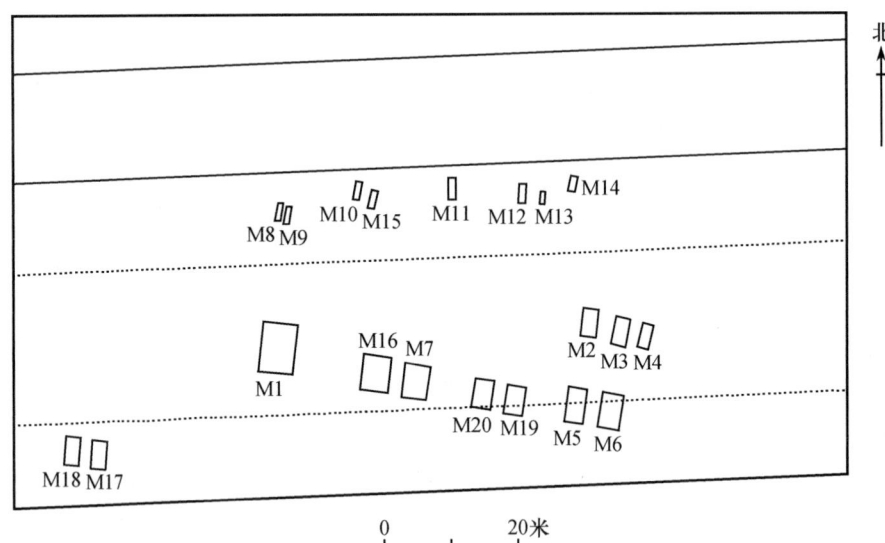

圖一　夏餉鋪墓地墓葬分佈圖（局部）

附錄二　曾國青銅器的最新發現及其意義

近5年來，有關曾國的考古工作緊張有序、如火如荼地不斷展開，如隨州葉家山墓地（二期）、廟臺子遺址、文峰塔墓地、棗陽郭家廟墓地及京山蘇家壟墓地等先後展開大規模考古發掘工作，有些工作正在進行或將要開展，各種琳瑯滿目、振奮人心的重要發現接踵而至，令人目不暇接，甚至激動不已。

一、葉家山墓地二期發掘的新收獲

葉家山墓地位於隨州市東北約20千米的淅河鎮蔣寨村八組，漂水自東北環繞墓地北部及西部注入涢水（府河），2011～2013年，先後進行過兩次大規模的發掘，共揭露面積8000餘平方米，發掘墓葬140座和馬坑7座，出土大批西周早期的銅、陶、玉、原始瓷器等珍貴文物，至少可確定有三位曾侯的墓葬[1]，係西周早期曾侯家族墓地。

葉家山M111出土犺簋[2]"犺作剌考南公寶尊彝"，結合文峰塔M1出土曾侯與編鐘[3]"伯适上庸，左右文武，達殷之命，撫定天下。王逝命南公，營宅汭土，君庀淮夷，臨有江夏"及陝西岐山出土太保玉戈[4]"六月丙寅，王在豐，命太保省南國，帥

---

[1] 黃鳳春、陳樹祥：《湖北隨州葉家山西周墓地考古發掘獲階段性重大成果》，《中國文物報》2011年10月12日，第4版；湖北省文物考古研究所、隨州市博物館：《湖北隨州葉家山M65發掘簡報》，《江漢考古》2011年第3期；湖北省文物考古研究所、隨州市博物館：《湖北隨州葉家山西周墓地發掘簡報》，《文物》2011年第11期；湖北省文物考古研究所、隨州市博物館：《湖北隨州市葉家山西周墓地》，《考古》2012年第7期；湖北省文物考古研究所、隨州市博物館：《隨州葉家山西周墓地第二次考古發掘的主要收穫》，《江漢考古》2013年第3期；湖北省文物考古研究所、隨州市博物館：《湖北隨州葉家山M28發掘報告》，《江漢考古》2013年第4期；湖北省文物考古研究所、隨州市博物館：《湖北隨州葉家山M107發掘簡報》，《江漢考古》2016年第3期；湖北省博物館、湖北省文物考古研究所、隨州市博物館：《隨州葉家山——西周早期曾國墓地》，文物出版社，2013年；湖北省文物考古研究所：《三苗與南土——湖北省文物考古研究所"十二五"期間重要考古收穫》，《江漢考古》編輯部，2016年，第54～73頁。

[2] 黃鳳春、胡剛：《說西周金文中的"南公"——兼論隨州葉家山西周曾國墓地的族屬》，《江漢考古》2014年第2期。

[3] 湖北省文物考古研究所、隨州市博物館：《隨州文峰塔M1（曾侯與墓）、M2發掘簡報》，《江漢考古》2014年第4期。

[4] 《銘圖》（第35卷），第373、374頁第19764號；黃錦前：《曾國始封的新證據——重讀太保玉戈銘》，未刊稿。

漢，誕殷南。命曾侯辟"，可知曾國係周成王封南公於今隨州一帶所立[①]，冊命曾侯者係召公奭。葉家山的曾與傳世和出土銅器銘文中的漢東姬姓之"曾"即文獻中的"隨"實一。

"南公"或稱"南宮"，又見於叔夨鼎[②]、季䵼鼎[③]、或者鼎、或者簋[④]、大盂鼎[⑤]、南宮乎鐘[⑥]等，係文王子，因其居住宮室稱謂而得名。葉家山M107出土曾伯爵"曾伯作西宮寶尊彝"[⑦]，"西宮"又稱"西宮伯"，見於伯曲甗、卣、盉[⑧]及曾大攻尹季怡戈[⑨]等，指周文王。葉家山M111所出太保鉞之"太保"即召公奭，與南宮係兄弟，無怪乎曾侯與編鐘銘"曾侯與曰：余稷之玄孫"[⑩]。

綜合有關銅器銘文和考古材料，可知西周早期的曾侯有曾侯諫、曾伯生及曾侯犺，三者分別係M65、M28、M111三座大墓的墓主。曾侯諫係南公子，康王時卒，其長子伯生（"曾伯生"）、南公子犺（"公侯""公仲""曾侯犺"）先後繼任，共兩代三任[⑪]。

西周早期曾侯家族墓地既在葉家山，當時曾都也應在附近，距離葉家山僅1千米的西花園及廟臺子遺址，1983年曾試掘[⑫]，近年又發現西周早期大型建築基址和遺存，應係西周早期曾國的政治中心所在[⑬]，與曾侯與編鐘"營宅汭土"，即在河流匯合處營建都邑也相吻合。

"縈宅汭土"，"汭"指下文的"淮"（淮水）"江"（江水）"夏"（漢水）匯合處，即今隨州一帶。"臨有江夏"，即早期曾國的疆域範圍，大致在以今隨州為

---

① 黃錦前：《曾侯與編鐘銘文讀釋》，《中國國家博物館館刊》2017年第3期。
② 集成4.2342。
③ 集成4.2340。
④ 集成5.2662、6.3675。
⑤ 集成5.2837。
⑥ 集成1.181。
⑦ 湖北省文物考古研究所、隨州市博物館：《湖北隨州葉家山M107發掘簡報》，《江漢考古》2016年第3期。
⑧ 呂章申主編：《海外藏中國古代文物精粹·英國國立維多利亞與艾伯特博物館卷》，安徽美術出版社，2014年，第204、205頁112；集成10.5340、15.9427。
⑨ 集成17.11365。
⑩ 黃錦前：《由葉家山M107所出"西宮"銘文談曾國的族源問題》，未刊稿。
⑪ 黃錦前：《西周早期曾侯世系與葉家山三座大墓的年代和墓主》，《南方文物》2020年第1期。
⑫ 武漢大學歷史系考古教研室、襄樊市博物館、隨州市博物館：《西花園與廟臺子》，武漢大學出版社，1993年。
⑬ 湖北省文物考古研究所：《三苗與南土——湖北省文物考古研究所"十二五"期間重要考古收獲》，《江漢考古》編輯部，2016年，第106、107頁。

中心的漢水及江水匯合處，約北起今南陽南部，東入隨棗走廊，南至京山一帶①。

葉家山M28出土1件青銅觚形器（M28：170，簡報稱"目雷紋觚"），其上方有一銅棒形器（M28：176②），與陝西寶雞竹園溝墓地M13及茹家莊墓地M1乙所出銅棒（BZM13：8③）和棒形玉飾（BRM1乙：251④）形制接近，功能也應相同。結合考古出土實物與文字資料看，這種觚形器及銅棒的組合應即文獻記載的"瓚"，用作祼器；"瓚"非文獻所云之勺或斗形器，觚形器亦非宋人所謂的"觚"、時人所謂的"同"⑤。

葉家山M107出土1件康王時的濮監簋（M107：2）⑥，係賵器或饋贈等途徑所致。濮監簋是目前唯一一件可以確認有關早期濮國的銅器，對西周有關制度史的研究不無裨益⑦。

總之，曾國的始封、族姓及族源，西周早期曾國都城、疆域及曾侯世系等幾個重大問題，皆因葉家山墓地的發掘而得以解決。同曾侯乙墓一樣，葉家山墓地的發掘，是曾國考古及研究史上的又一個里程碑，爲"曾國之謎"的揭底及目前曾國研究基本格局和框架的形成奠定了堅實的基礎，對西周歷史考古研究及古代文明研究也有重要的促進作用。

二、文峰塔墓地的新材料

文峰塔墓地位於義地崗墓地的東南部，2009年、2011年，因基建工程部分墓葬遭破壞而搶救發掘。2012年7月～2013年1月對該墓地進行了大規模發掘，共發掘墓葬66座、車馬坑2座及馬坑1座，墓主包括曾侯越、曾侯與、曾侯丙及大司馬、大工尹等高

---

① 黃錦前：《曾侯與編鐘銘文讀釋》，《中國國家博物館館刊》2017年第3期。
② 湖北省文物考古研究所、隨州市博物館：《湖北隨州葉家山M28發掘報告》，《江漢考古》2013年第4期，圖一二，7；《江漢考古》2013年第3期，彩版四，2；湖北省博物館、湖北省文物考古研究所、隨州市博物館：《隨州葉家山——西周早期曾國墓地》，文物出版社，2013年，第76頁。
③ 盧連成、胡智生：《寶雞㚄國墓地》，文物出版社，1988年，第85頁；第84頁圖六六，3；圖版三五，3。
④ 盧連成、胡智生：《寶雞㚄國墓地》，文物出版社，1988年，第337頁；第338頁圖二三四，7；圖版一七九，6。北京大學震旦古文明研究中心等：《㚄國玉器》，文物出版社，2010年，第83頁。
⑤ 黃錦前：《試說葉家山M28所出觚形器》，《江漢考古》待刊。
⑥ 湖北省文物考古研究所、隨州市博物館：《湖北隨州葉家山M107發掘簡報》，《江漢考古》2016年第3期，圖版八～圖版一〇。
⑦ 黃錦前：《葉家山M107所出濮監簋及相關問題》，《四川文物》2017年第2期。

級貴族，年代爲春秋晚期①，表明此處應是春秋晚期曾國公室墓地。

將M1出土的曾侯與編鐘與葉家山M111出土的㲋簋合觀，可知周初因南土地區形勢的需要，成王封南公於今隨州一帶，建立曾國；鐘銘所記曾國的有關史實與文獻記載的隨國幾無二致，是曾、隨合一的鐵證，以往學界關於曾、隨關係的爭論，可以平息②。曾侯與編鐘銘文既解決了近年學界關於葉家山之曾族屬問題的困惑，又徹底平息了幾十年來關於"曾國之謎"的種種爭論，因而是一篇史料價值極高的珍貴文獻。

M4出土曾侯鐘（M4:016）③和曾侯戟（M4:08）④各1件，年代爲春秋晚期後段，略早於曾侯與諸器，墓葬年代也略早於M1即曾侯與墓，墓主爲曾侯越⑤。M1和M4出土的曾侯與編鐘、曾侯鐘的"穆穆曾侯"應係同人，即曾侯越，他曾"親敷武功，楚命是拯，復定楚王"⑥。

M18出土1件曾侯丙缶（M18:2）⑦，年代爲戰國中期，墓主爲曾侯丙。

M21出土隨大司馬嘉有戈（M21:1）⑧、曾孫卲壺（M21:3）⑨、簠（M21:5）⑩及吳公子光戟⑪等，墓主曾孫卲係曾侯之孫。戈的年代爲春秋中期左右⑫，早於墓葬。

---

① 湖北省文物考古研究所：《湖北隨州文峰塔墓地考古發掘的主要收獲》，《江漢考古》2013年第1期；黃鳳春、郭長江：《湖北隨州文峰塔墓地發掘獲重大發現》，《中國文物報》2013年5月24日，第8版；湖北省文物考古研究所、隨州市博物館：《隨州文峰塔M1（曾侯與墓）、M2發掘簡報》，《江漢考古》2014年第4期；湖北省文物考古研究所、隨州市博物館：《湖北隨州市文峰塔東周墓地》，《考古》2014年第7期；湖北省文物考古研究所、隨州市博物館：《湖北隨州文峰塔墓地M4發掘簡報》，《江漢考古》2015年第1期；湖北省文物考古研究所：《三苗與南土——湖北省文物考古研究所"十二五"期間重要考古收獲》，《江漢考古》編輯部，2016年，第90~105頁。

② 黃錦前：《曾侯與編鐘銘文讀釋》，《中國國家博物館館刊》2017年第3期。

③ 《江漢考古》2015年第1期，第5頁拓片一、拓片二，第7頁圖版一，第8頁圖版二、圖版三，第9頁圖版四、圖版五，第10頁圖版六。

④ 《江漢考古》2015年第1期，第11頁拓片三。

⑤ 詳參黃錦前：《出土古文字資料所見曾侯世系》，未刊稿。

⑥ 黃錦前：《隨州文峰塔墓地出土曾侯編鐘"穆穆曾侯"及其他》，《出土文獻》（第十二輯），中西書局，2018年。

⑦ 《考古》2014年第7期，第28頁圖二七；第27頁圖二六，2、3。

⑧ 湖北省文物考古研究所、隨州市博物館：《湖北隨州市文峰塔東周墓地》，《考古》2014年第7期，圖四〇、圖四一；湖北省文物考古研究所：《三苗與南土——湖北省文物考古研究所"十二五"期間重要考古收獲》，《江漢考古》編輯部，2016年，第104頁。

⑨ 《考古》2014年第7期，第27頁圖二四，1。

⑩ 《考古》2014年第7期，第26頁圖一九，2。

⑪ 湖北省文物考古研究所：《三苗與南土——湖北省文物考古研究所"十二五"期間重要考古收獲》，《江漢考古》編輯部，2016年，第105頁。

⑫ 黃錦前：《隨州新出隨大司馬嘉有戈小議》，《江漢考古》2013年第1期。

曾孫卲器與隨州均川劉家崖、四川新都晒壩出土的卲方豆①及卲之飤鼎②可以繫聯。

與其北鄰的M32出土曾孫伯國甗（M32：9）③、曾大司馬國鼎（M32：8）④和曾大司馬伯國簠（M32：6）⑤等，其墓主曾孫伯國與曾孫卲關係應很密切，或皆係隨大司馬嘉有之後⑥。這也可以進一步說明曾即隨，隨即曾。諸器對探討曾國的職官、制度等也皆有重要價值⑦。

M33出土孃盤（M33：30）⑧"余邡君之元女余周侄及俌"的"周侄及"係人名，"俌"應讀作"婦"，即"妻"，器主孃爲邡君之女、周侄及之妻，係M33的墓主；其夫周侄及應係曾侯子孫，或即與其鄰近的M29的墓主，所任應係武職，與大司馬嘉有、大司馬伯國（曾孫伯國）及曾孫卲可能爲親屬關係，係曾大司馬家族成員⑨。

M38出土的曾孫懷簠（M38：7）⑩與傳世及近年流散的裏簠⑪、裏鼎⑫、裏兒鎛⑬可以繫聯，裏（兒）與曾孫懷係一人，M38的墓主，流散諸器可能即盜掘於此⑭。

三、郭家廟墓地第二次發掘的新進展

郭家廟墓地位於棗陽市吳店鎮東趙湖村一、二組，坐落在滾河以北的一處崗地

---

① 隨州市博物館：《隨州均川出土銘文青銅器》，《江漢考古》1986年第2期；集成9.4660、4661；湖北省文物考古研究所：《曾國青銅器》，文物出版社，2007年，第188、189頁。
② 四川省博物館、新都縣文物管理所：《四川新都戰國木槨墓》，《文物》1981年第6期；集成4.1980；湖北省文物考古研究所：《曾國青銅器》，文物出版社，2007年，第190、191頁。
③ 《考古》2014年第7期，第28頁圖三一，1。
④ 《考古》2014年第7期，第25頁圖一七。
⑤ 《考古》2014年第7期，第26頁圖一九，4。
⑥ 黃錦前：《曾孫卲與曾孫懷銅器繫聯》，《出土文獻綜合研究集刊》（第八輯），巴蜀書社，2019年。
⑦ 黃錦前：《銅器銘文所見曾國職官及其身份舉隅》，《紀念徐中舒先生誕辰120周年國際學術研討會論文集》，巴蜀書社，待刊。
⑧ 《考古》2014年第7期，第28頁圖三二，第29頁圖三三。
⑨ 黃錦前：《孃盤"余邡君之元女余周侄及俌"釋讀及相關問題》，未刊稿。
⑩ 《考古》2014年第7期，第26頁圖一九，5。
⑪ 《銘續》（第2卷），第221～223頁第0492、0493號。
⑫ 集成5.2551；陳佩芬：《夏商周青銅器研究》（東周篇），上海古籍出版社，2004年，第294～296頁五五六。
⑬ 《銘圖》（第29卷），第313～315頁第15805號。
⑭ 湖北省文物考古研究所、隨州市博物館：《湖北隨州市文峰塔東周墓地》，《考古》2014年第7期。

上，2002年11月、2014年11月～2015年1月、2015年7月～2016年4月，先後進行過多次大規模發掘，共清理春秋早期墓葬137座、車坑3座、馬坑2座、車馬坑4座及戰國墓葬3座[①]。

宋代安陸（今湖北省安陸市）出土的2件楚王酓章鐘[②]及1978年隨州擂鼓墩曾侯乙墓出土的楚王酓章鎛（c65下2：6）[③]均提及"西陽"，據銘文，西陽有曾侯乙及其先人宗廟，應爲當時或稍早之曾都。考古發掘表明，棗陽吳店一帶當係春秋早期前段曾國政治中心所在[④]，亦即楚王酓章鐘、鎛所云之曾都"西陽"[⑤]。

曹門灣M43出土曾太保發簠（M43：3、M43：4）等[⑥]，爲曾國職官研究增添了新材料。近年京山蘇家壠又出土曾太保慶鼎、曾太祝商仲克簠等器，使相關資料更加豐富。

矢叔匜（M43：2）"矢叔䇧父滕孟姬元女匜盤"與吳叔襄鼎[⑦]"唯吳叔襄自作寶盂"及山西侯馬上馬墓地出土吳叔戈[⑧]"矢叔""吳叔"的"矢""吳"皆應讀作"虞"，係春秋早期中原地區的姬姓虞國而非關中地區姬姓矢國器，"矢叔䇧父"應即"吳（虞）叔襄"，匜係吳叔襄爲其女孟姬出嫁曾國所作媵器，孟姬應係曹門灣M43的墓主，吳叔襄鼎或即盜自曹門灣墓地。

[①] 方勤、胡剛：《棗陽郭家廟曾國墓地曹門灣墓區考古主要收穫》，《江漢考古》2015年第3期；長江文明館、湖北省博物館、湖北省文物考古研究所等：《穆穆曾侯——棗陽郭家廟曾國墓地》，文物出版社，2015年；湖北荊州文物保護中心、襄陽市文物考古研究所、棗陽市博物館考古隊：《湖北棗陽郭家廟墓地曹門灣墓區（2014）M10、M13、M22發掘簡報》，《江漢考古》2016年第5期；武漢大學歷史學院、湖北省文物考古研究所、湖北荊州文物保護中心、棗陽市博物館考古隊：《湖北棗陽郭家廟墓地曹門灣墓區（2015）M43發掘簡報》，《江漢考古》2016年第5期；湖北省文物考古研究所：《三苗與南土——湖北省文物考古研究所"十二五"期間重要考古收獲》，《江漢考古》編輯部，2016年，第74～85頁。

[②] 集成1.83、84。

[③] 集成1.85；《中國青銅器全集》編輯委員會：《中國青銅器全集》（第10卷），文物出版社，1998年，一五八。

[④] 方勤：《郭家廟曾國墓地的性質》，《江漢考古》2016年第5期。

[⑤] 黃錦前：《從棗陽郭家廟墓地的發掘看楚王熊章鐘鎛的"西陽"》，《華中國學》2019年秋之卷。

[⑥] 武漢大學歷史學院、湖北省文物考古研究所、湖北荊州文物保護中心、棗陽市博物館考古隊：《湖北棗陽郭家廟墓地曹門灣墓區（2015）M43發掘簡報》，《江漢考古》2016年第5期。

[⑦] 《銘續》（第1卷），第183頁第0171號。

[⑧] 山西省考古研究所：《上馬墓地》，文物出版社，1994年，第229～245頁，圖版二六，1；第81頁圖六六，2。

曹門灣M22出土邟君慮鼎①的"邟"在今河南濬縣一帶②。鄀伯貝柟盤③的"鄀"與士山盤④及中甗⑤的"方"皆係房國之"房"⑥。同此前郭家廟墓地出土的衛伯須鼎（GM01：01）⑦等中原地區國族諸器一樣，其器、銘皆與同時期南土地區器物類似，是中原文化和南土文化交融的產物。矢叔匜、衛伯須鼎、邟君慮鼎及鄀伯貝柟盤等出自曾國墓地，反映了曾與遠近各國的往來，以實物和文字的證據揭示了湮沒已久的春秋時期南土的曾國與中原的虞、衛及邟等國族以聯姻等形式密切交往的史實⑧。

邟君慮鼎"其或唯喪，則盟亟之"類勸誡、詛誓性質的文辭，與時代相近的出土盟書資料及《左傳》等傳世古書的有關內容可以互相發明和印證，從側面折射了西周、春秋以降貴族間因"禮崩樂壞"而導致的信譽危機變得愈加深重的社會現象。

曹門灣M10、M13出土曾子澤鼎和曾子壽鼎⑨各1件，曾子壽又見於河南平頂山應國墓地M3出土的曾子壽簠⑩，據其年代（春秋早期前段）等情況來看，應國墓地M3的墓主應係楚人，而非所謂復國後的應侯⑪。

隨州義地崗墓地出土曾仲姬壺（M3：20）⑫與應國墓地M313出土曾仲姬缶⑬的"曾仲姬"為一人，係嫁至楚國的姬姓曾國女子。應國的滅亡時間，當在春秋早中期

---

① 長江文明館、湖北省博物館、湖北省文物考古研究所等：《穆穆曾侯——棗陽郭家廟曾國墓地》，文物出版社，2015年，第136~139頁54。

② 黃錦前：《棗陽曹門灣M22出土邟君慮鼎及相關問題》，《江漢考古》待刊。

③ 長江文明館、湖北省博物館、湖北省文物考古研究所等：《穆穆曾侯——棗陽郭家廟曾國墓地》，文物出版社，2015年，第144、145頁57。

④ 朱鳳瀚：《士山盤銘文初釋》，《中國歷史文物》2002年第1期；中國國家博物館、中國書法家協會：《中國國家博物館典藏甲骨文金文集粹》，安徽美術出版社，2015年，第213~215頁53。

⑤ 集成3.949。

⑥ 黃錦前：《鄀伯貝柟盤釋讀——兼論中甗與士山盤之"方"》，未刊稿。

⑦ 襄樊市考古隊、湖北省文物考古研究所、湖北孝襄高速公路考古隊：《棗陽郭家廟曾國墓地》，科學出版社，2005年，第188、189頁，第187頁圖一四八；彩版七，1；圖版四，3。湖北省文物考古研究所：《曾國青銅器》，文物出版社，2007年，第131~133頁。

⑧ 黃錦前：《從吳叔襄鼎談到棗陽曾國墓地出土的矢、衛、邟諸器》，《北方民族考古》（第四輯），科學出版社，2017年。

⑨ 長江文明館、湖北省博物館、湖北省文物考古研究所等：《穆穆曾侯——棗陽郭家廟曾國墓地》，文物出版社，2015年，第140~143頁55、56。

⑩ 王龍正：《古應國訪問記》，中國國際廣播出版社，2010年，第64、110頁。

⑪ 黃錦前：《新出兩件曾子鼎繹讀》，《上古漢語研究》（第三輯），商務印書館，2019年。

⑫ 湖北省文物考古研究所、隨州市曾都區考古隊、隨州市博物館：《湖北隨州義地崗墓地曾國墓1994年發掘簡報》，《文物》2008年第2期，圖八，5；湖北省文物考古研究所：《曾國青銅器》，文物出版社，2007年，第367頁。

⑬ 王龍正：《古應國訪問記》，中國國際廣播出版社，2010年，第65、151頁。

之際的楚文王時①，此後，應國墓地的墓葬性質發生變化，係楚墓而非應國墓葬，曾仲姬缶出自應國墓地的戰國楚墓，應與曾楚聯姻有關②。

四、蘇家壠墓地第二次發掘的新認識

京山蘇家壠一帶，過去曾有高等級曾國墓葬發現③，近年的勘探工作表明，該墓地可分爲蘇家壠和石家壠兩個墓區，共有墓葬110餘座，均爲中小型墓葬，目前大規模的考古發掘工作正在進行④。蘇家壠墓地有一些規模較大、等級較高的墓葬，據隨葬青銅器看應係侯墓，如1960年代出土包括9鼎7簋等在内的33件青銅禮器墓。發掘情況表明，該地在春秋早期後段可能曾作爲曾都。

最近發掘的M79出土有曾伯桼鼎、簋、簠等器，與傳世曾伯桼簠⑤的器主係一人，墓主應即曾伯桼。傳世的曾伯桼簠，過去學者多認爲屬山東姒姓鄫國，據器形、紋飾、銘文内容、文例及字體等各方面特徵看，此簠係湖北姬姓曾器，當可定讞⑥。

五、近刊流散曾器的新資訊

近年因盜掘而流落到文物市場和私人手裏的曾器很多，如曾侯寶⑦、曾侯子⑧、曾

---

① 黃錦前：《應侯啟戟考釋》，《華夏考古》待刊。
② 黃錦前：《讀近刊曾器散記》，《秦始皇帝陵博物院院刊》（第8輯），三秦出版社，2018年。
③ 湖北省博物館：《湖北京山發現曾國銅器》，《文物》1972年第2期；熊學兵：《京山縣發現一批西周青銅器》，《江漢考古》1983年第1期；湖北省文物考古研究所：《曾國青銅器》，文物出版社，2007年，第2~47頁。
④ 湖北省文物考古研究所：《三苗與南土——湖北省文物考古研究所"十二五"期間重要考古收獲》，《江漢考古》編輯部，2016年，第86、87頁；方勤、胡長春、席奇峰等：《湖北京山蘇家壠遺址考古收獲》，《江漢考古》2017年第6期。
⑤ 集成9.4631、4632；湖北省文物考古研究所：《曾國青銅器》，文物出版社，2007年，第440、441頁。
⑥ 黃錦前：《曾伯桼簠爲姬姓曾器申論》，未刊稿。
⑦ 《銘圖》（第4卷），第432~435頁第02219、02220號；中國國家博物館、中國書法家協會：《中國國家博物館典藏甲骨文金文集粹》，安徽美術出版社，2015年，第262~265頁64；《銘續》（第1卷），第202~209頁0185~0187號；《銘圖》（第10卷），第317~320頁第04975、04976號；《銘圖》（第22卷），第303、304頁第12390號；《銘續》（第3卷），第290、291頁第0942號。
⑧ 《銘圖》（第27卷），第56~71頁第15141~15149號；《銘續》（第3卷），第383~390頁第1001~1008號；《銘圖》第29卷，第186~193頁，第15763~15766號；《銘續》（第3卷），第478~484頁，第1041~1044號。

伯克父[①]、曾仲霯[②]、曾子叔嚞[③]、曾公子叔浕[④]、曾卿事宣[⑤]諸器及隨仲嬭加鼎[⑥]等，部分已爲博物館所收藏，如隨仲嬭加鼎、曾侯寳鼎、伯克父簠等。曾侯子鎛鐘的形制、紋飾與漢東東路墓地M129出土的曾侯得鎛鐘[⑦]皆近同，鏽色接近；隨州市公安局於2012年5月8日在義地崗盜墓現場繳獲3件與隨仲嬭加鼎係同人所作的加嬭簠等銅器（俗稱"5.8大案"），表明曾侯子、隨仲嬭加鼎等可能也盜於此。這些器物皆成組成套，組合較爲完整，作器者或器主級別都很高，有曾侯、曾公子及曾卿事等曾侯家族成員和曾國權力核心成員，年代主要爲春秋早中期，據坑口、銘文等看，多係隨州、棗陽一帶出土。

現分藏於中國國家博物館和湖北省博物館的隨仲嬭加鼎，年代爲春秋中期[⑧]，楚共王時器，隨仲嬭加應即見於傳世王子申盞盂蓋[⑨]"王子申作嘉嬭盞盂"的"嘉嬭"，盞係王子申爲嘉嬭出嫁所作媵器[⑩]，可由新見之加嬭簠[⑪]進一步證實[⑫]。

---

① 《銘續》（第1卷），第279、280頁第0223號；《銘續》（第2卷），第125、126頁第0445號，第192~197頁第0474、0475號，第281~286頁第0518、0519號，第181頁第0467號。
② 《銘圖》（第4卷），第481、482頁02254號；《銘圖》（第6卷），第250、251頁02862號；《銘圖》（第10卷），第399~407頁第05029~05031號；《銘圖》（第13卷），第214~218頁第05930、05931號。
③ 《銘編》（第1卷），第142、143頁第0139號，第379頁第0285號；《銘編》（第2卷），第230~231頁第0496號；《銘編》（第3卷），第277頁第0934號，第356頁第0987號。
④ 《銘續》（第2卷），第251~255頁第0507、0508號。
⑤ 《銘續》（第1卷），第162~164頁第0155~0157號，第331~334頁第0250、0251號；《銘續》（第2卷），第79~81頁第0427號；《銘續》（第3卷），第118、119頁第0835號。"@融齋朱冰"在其微博上公佈了一件自藏的"曾卿簠"全形拓圖像資料，該微博鏈接爲：http://weibo.com/rongzhaizhubing?from=feed&loc=nickname&is_all=1。
⑥ 曹錦炎：《"曾"、"隨"二國的證據——論新發現的隨仲嬭加鼎》，《江漢考古》2011年第4期；中國國家博物館、中國書法家協會：《中國國家博物館典藏甲骨文金文集粹》，安徽美術出版社，2015年，第286~290頁69；《銘續》（第3卷），第251~253頁第0210號。
⑦ 湖北省文物考古研究所、隨州市博物館、隨州市曾都區考古隊：《隨州漢東東路墓地2017年考古發掘收獲》，《江漢考古》2018年第1期。
⑧ 曹錦炎：《"曾"、"隨"二國的證據——論新發現的隨仲嬭加鼎》，《江漢考古》2011年第4期；張昌平：《隨仲嬭加鼎的時代特徵及其他》，《江漢考古》2011年第4期。
⑨ 集成9.4643。
⑩ 黃錦前：《隨仲嬭加鼎補說》，《江漢考古》2012年第2期。
⑪ 《銘續》（第1卷），第477頁第0375號。
⑫ 黃錦前：《讀近刊曾器散記》，《秦始皇帝陵博物院院刊》（第8輯），三秦出版社，2018年；《銘續》（第1卷），第13、14頁"前言"。

曾伯克父甘婁諸器（伯克父鼎、盨，曾伯克父鼎、甗、簠、簋、盨、鑐及壺[①]），年代爲春秋早期前段，據該銅器群組合和銘文內容看，器主伯克父爲曾侯子，所任或係太宰、膳夫類掌饌之官，大夫級，作爲曾侯之近臣，地位頗高[②]。

曾子叔齋諸器（鼎、甗、簠、盤、匜），年代爲春秋中期後段，"大曾文"應即曾伯文諸器的"曾伯文"，稱"曾子"，表明其係曾國公室，這對"楚子""曾子"等器器主身份的認定及有關古文字資料的理解皆有重要意義[③]。

曾卿事宣諸器（曾卿事宣鼎、曾卿事梁鬲、曾卿事梁簠、曾卿事季宣簠、曾季卿事奐壺），"卿事"係職官名，"宣"係私名，"季"係排行兼氏稱，器主係曾國公室，其人或即見於《左傳》的著名的春秋曾大夫季梁[④]。

《銘續》著錄的遺仲白虜鼎[⑤]，據器形、紋飾及銘文風格，應係春秋晚期曾器。最近在漢東東路以北的棗樹林墓地也出土一件類似形制的鼎。器主遺仲白虜與棗陽出土的發孫虜鼎[⑥]及簠[⑦]的"發孫虜"或即一人，虜之先人"發"或即曹門灣M43出土曾太保發簠的"曾太保發"，"遺"係其氏[⑧]。

曾侯寶鼎、曾卿事宣鼎及王孫燮鼎[⑨]皆自名"升鼎"，而器形皆係盆形鼎，因此過去所謂"升鼎"專指春秋中晚期曾、楚二國常見的一種平底束腰鼎（盤形鼎）的看法，應重新考慮，"升鼎"之"升"應係從鼎的用途而非其形制而言，"升鼎"似不僅指平底束腰鼎，至少還應包括盆形鼎。升鼎在曾國出現的時間要早於楚國，楚國升鼎的出現或係受曾國文化影響所致。升鼎的出現是楚文化的首創還是楚文化受姬周文化影響所致，也需重新考慮[⑩]。

---

① 東京中央春季拍賣 | 赫赫宗周 鬱鬱周文——西周晚期曾伯克父青銅組器，https://mp.weixin.qq.com/s/SxSaChJju4BNNVy4sL8_ZA。

② 黃錦前：《曾伯克父諸器析論》，《出土文獻研究》（第18輯），中西書局，2019年。

③ 黃錦前：《讀新刊曾子叔齋諸器》，《出土文獻研究》（第16輯），中西書局，2017年。

④ 黃錦前：《曾卿事季宣簠考釋》，《楚學論叢》（第七輯），湖北人民出版社，2018年；黃錦前：《續論曾卿事宣諸器》，《楚學論叢》（第九輯），湖北人民出版社，2019年。

⑤ 《銘續》（第1卷），第233~236頁第0202號；第239、240頁第0204號。

⑥ 張光裕：《新見"發孫虜"及"鄘凡伯怡父鼎"小記》，《徐中舒先生百年誕辰紀念文集》，巴蜀書社，1998年。

⑦ 徐正國：《湖北棗陽市博物館收藏的幾件青銅器》，《文物》1994年第4期。

⑧ 黃錦前：《遺仲白虜鼎及相關銅器的繫聯》，未刊稿。

⑨ 《銘圖》（第3卷），第335頁第01672號。

⑩ 黃錦前：《由曾侯寶鼎再議升鼎的有關問題》，《楚文化與長江中游早期開發國際學術研討會論文集》，待刊。

六、舊材料的重新發現

所謂"舊材料",衹是就發現和公佈的時間來講的相對概念,而材料本身本無所謂新舊。對研究者而言,若深入細加探索,人所共見的舊材料往往會發掘出意想不到的價值;舊材料若解讀準確,使用得當,往往也會起到出其不意的作用和效果;同時,舊材料也是解讀新材料的基礎和依托。因此,相對新材料而言,舊材料的潛力更大,因而更值得重視。

就解讀和使用層面而言,一是純粹的依據舊材料,運用新的視野和方法對其作新的解讀,以發掘新問題,獲得新的認知;二是結合新材料,對其重加解讀或探討,對舊問題作出新的思考和認識。無論是哪一種途徑,皆殊途而同歸,即以獲得新的認知爲目的。

隨著考古新發現帶來的新認知,對舊材料的新理解也有一定的進展,"舊材料"也因此而變成了"新材料"。

傳世的伯家父部簠蓋[1]"唯伯家父部廼用吉金,自作寶簠,用享于其皇祖文考,用錫匄眉壽、黃耉、令終、萬年,子孫永寶用享",據文字、文例,佐以器形等方面的證據,應係春秋早期曾器。新刊佈的曾器伯克父鼎、簠銘與其立意與措辭皆近似,部分文字如"眉"字寫法也相類,亦可佐證[2]。

湖南省博物館藏䵼壺蓋[3]"□□□弟□□〔老〕奠□□□䵼以□□〔用〕其吉〔金,自作〕寶壺,用錫眉壽,子子孫孫其永用之",據器形、銹色及銘文辭例看應係春秋早期曾器[4]。最近京山蘇家壟墓地M79、M88出土與曾伯陭壺[5]及䵼壺形制、紋飾皆近的蓮瓣圓壺各2件[6],可予以進一步佐證。

1978年河南淅川下寺楚墓出土的敬事天王鐘(M1∶20-28)[7]"唯王正月初吉庚

---

[1] 集成8.4156;《銘圖》(第11卷),第131頁第05160號。
[2] 黃錦前:《伯家父部簠國別析論——兼談曾子仲宣喪鼎與番君贏匜》,《紀念于省吾先生誕辰120周年姚孝遂先生誕辰90周年學術研討會論文集》,待刊。
[3] 集成15.9677。
[4] 黃錦前:《壺蓋的年代與國別》,《湖南省博物館館刊》(第十三輯),嶽麓書社,2017年。
[5] 集成15.9712;湖北省文物考古研究所:《曾國青銅器》,文物出版社,2007年,第118~120頁;http://collection.imamuseum.org/artwork/32833/index.html#labeltxt。
[6] 方勤、胡長春、席奇峰等:《湖北京山蘇家壟遺址考古收獲》,《江漢考古》2017年第6期,圖版七。
[7] 集成1.73~81。河南省文物研究所、河南省丹江庫區考古發掘隊、淅川縣博物館:《淅川下寺春秋楚墓》,文物出版社,1991年,圖版三四;圖版三五;圖版三六,1~3。

申，□□□□自作詠鈴，其眉壽無疆，敬事天王，至于父兄，以樂君子，江漢之陰陽，百歲之外，以之大行"，據銘文內容、文例及措辭如"敬事天王""江漢之陰陽"等所體現的作器者身份和地理信息看應係曾器，作器者爲春秋晚期前段的曾侯，約與楚靈王年代相當，編鐘或即楚靈王時以戰爭途徑擄掠自曾人，"江漢之陰陽"應指江漢流域曾國的疆域範圍，與曾侯與編鐘"臨有江夏"相對應①。

1979年河南固始侯古堆一號墓出土"鄱子成周"編鐘（M1P：9～M1P：17）及□□□□編鎛（M1P：1～M1P：8）②，鐘、鎛器主名亦皆被鏟去，其中M1P：9、M1P：11、M1P：13三件鐘再加刻"鄱子成周"之名。據器形、紋飾、銘文字體及內容如"保此鐘鼓與楚""百歲外，遂以之遣"等，編鐘編鎛亦應係曾器，與敬事天王鐘爲同人所作，其來源亦同。

1981年山東臨朐泉頭村墓葬出土的上曾太子般殷鼎（M乙：1）③，因出自山東，銘文又稱"上曾"，一般認爲係姒姓鄱器，王恩田據其形制、銘文書體及詞彙等，指出該鼎應爲姬姓曾器④。據器形、紋飾、銘文內容、文例及字體等看該鼎係湖北姬姓曾國之器，可確定無疑⑤。

總之，近5年來，有關曾國的考古新發現，規模和速度空前，材料日新月異，研究上也隨之處於一個空前的繁榮時期，各方面給我們的認知都帶來巨大的衝擊和挑戰，無論是對曾國歷史考古，還是對早期中國研究而言，皆必將產生重大而深遠的影響。

補記：據周王孫戈"周王孫季怡"（集成17.11309）、曾大攻尹戈"穆侯之子西宮之孫曾大工尹季怡"及隨州棗樹林墓地M169出土加嬭編鐘"余文王之孫子，穆之元子"（湖北省文物考古研究所等：《湖北隨州棗樹林墓地2019年發掘收穫》，《江漢考古》2019年第3期；郭長江等：《嬭加編鐘銘文的初步釋讀》，《江漢考古》2019年第3期），"西宮"應與"周王""文王"係同人，指周文王，而非召公奭，應據改。詳拙文《加嬭編鐘及有關曾楚史事》（未刊稿）。

2019年7月22日

---

① 黃錦前：《敬事天王鐘與侯古堆M1所出編鐘、編鎛爲曾器說》，《湖南省博物館館刊》（第十六輯），嶽麓書社，待刊。
② 固始侯古堆一號墓發掘組：《河南固始侯古堆一號墓發掘簡報》，《文物》1981年第1期。河南省文物考古研究所：《固始侯古堆一號墓》，大象出版社，2004年，第57頁圖五五；第59頁圖五七，1；第61頁圖五八，1；第62頁圖五九；第63頁圖六○，1、2；第64頁圖六一，1、2；第65頁圖六二；第66頁圖六三，1、2；彩版二四、彩版二六；圖版二三、圖版二四、圖版二六、圖版二七。
③ 集成5.2750；臨朐縣文化館、濰坊地區文物管理委員會：《山東臨朐發現齊、鄱、曾諸國銅器國》，《文物》1983年第12期，圖版貳，8；圖一三。
④ 王恩田：《上曾太子鼎的國別及其相關問題》，《江漢考古》1995年第2期。
⑤ 黃錦前：《復議上曾太子般殷鼎國別及相關問題》，未刊稿。

後　　記

　　本集是近年我以曾國銅器銘文資料爲中心對有關問題探索與思考的結集，所收36篇小文主要按材料來源和所涉及的內容進行大致分類，各組依次分別集中討論葉家山、文峰塔、郭家廟所出銅器及新近流散、舊錄諸器，接下來一組集中討論一些較爲宏觀的問題，如都城及疆域變遷、世系等，最後2篇附錄是對近十年來有關曾國青銅器發現與研究的歸納和總結。

　　此次整理收錄，修訂主要有三：一是文字方面，訂正一些明顯的錯字、別字及標點符號錯誤，刪改一些冗餘拖沓的文句，使行文更加簡潔。一般隨手改過，不一一說明。二是修訂部分內容明顯錯誤者，如"葉家山M107所出濮監簋及相關問題"引用徐中舒、楊樹達關於馭鐘"南國服孳"即《牧誓》與《左傳》濮國之"濮"之說而加以肯定者，其他則一仍其舊，有問題者於文中以"編案"或於文末以"附記"形式加以說明。三是形式上對部分文章如"新刊兩件胡國銅鼎讀釋"等加以分節，以使其層次分明，條理清晰，便於閱讀。少數章節中有部分內容重復現象，爲保持完整性和連貫性，皆一仍其舊。修訂工作是一個糾正錯誤和加深認識的過程，雖繁瑣繁雜，但也能借此機會自我反省與檢討，因而獲益良多。

　　這些文章多已在各種刊物上陸陸續續發表過，因此要感謝這些刊物的編輯及有關工作人員的辛勤勞動和默默付出。感謝本書責任編輯王光明兄的辛勤付出。

　　小文在經年的寫作過程中，各地師友如涂白奎、劉雲、樊溫泉、馬蕭林、黃鳳春、郭長江、凡國棟、蔡丹、李天虹、劉國勝、黃杰、劉彬徽、黃錫全、劉緒、魏堅、吳良寶、章水根、馬立志、Giavincent Wang等先後以不同形式給予支持和幫助，熊騰躍同學幫助核對三校校改部分，在此謹以致謝！

　　本集所收諸文的醞釀和寫作時間，和幼子黃襄的孕育、出生和成長大致相當，如今他已蹣跚學步，這本曾國青銅器的學步集也即將脫稿，因此，我要把它獻給它的小伙伴黃襄和他的媽媽肖啟榮博士，感謝她的艱辛付出和他給我們帶來的歡樂！